교회를 묻다가 하나님을 만나다

초판 1쇄 발행 2023년 3월 3일

지은이 박준영
펴낸이 박준영
펴낸곳 CAP
출판등록 제2021-000066호

교정 서은영
디자인 윤혜성
편집 윤혜성
검수 주경민, 윤혜성
마케팅 정연우

이메일 thecryandark@gmail.com
홈페이지 https://litt.ly/tcta

ISBN 979-11-980291-0-2(03230)
값 24,500원

- 이 책에 사용한 '성경전서 새번역'의 저작권은 (재)대한성서공회에 있으며, 허락을 받고 사용하였습니다.
- 이 책의 판권은 지은이에게 있습니다.
- 본 저작물은 신저작권법에 의하여 보호받는 저작물이므로 무단 전재와 무단 복제를 금합니다.
- 잘못된 책은 구입하신 곳에서 바꾸어 드립니다.

아버지
아들 — 성령

교회를 묻다가 하나님을 만나다

박준영 지음

CAP

contents

인사말 6
글을 시작하며 8
나의 작은 이야기 19

PART 1
삼위일체 하나님과 교회의 신비(A)

1장 에베소서에 감추어진 교회의 신비 35
2장 삼위일체 하나님과 가족 공동체 41
3장 새로운 가족을 꿈꾸시는 하나님 55

PART 2
아버지의 시간에 감추어진 교회의 신비

1장 창조에 감추어진 교회의 신비 61
2장 깨어진 관계와 회복의 약속 99
3장 회복을 위한 아버지의 첫 발걸음 113
4장 예언자를 통해 교회의 터를 세우시는 하나님 171

PART 3
아들의 시간에 감추어진 교회의 신비

1장 마침내 기한이 차매 193
2장 교회를 위한 예수님의 사역 213
3장 교회를 위한 예수님의 희생과 영광 241

PART 4
성령의 시간에 감추어진 교회의 신비(I)

1장 교회를 해산하시는 성령님 259
2장 재창조된 교회의 특징 277

PART 5
성령의 시간에 감추어진 교회의 신비(II)

1장 사도행전 29장 327
2장 교회의 변질과 타락 343
3장 교회를 개혁하시는 성령님 365
4장 성령께서 이루신 선교의 역사 387

PART 6
삼위일체 하나님과 교회의 신비(Ω)

1장 환난과 부흥 413
2장 재림과 부활 431
3장 만물의 회복과 하나님의 영광 445

글을 마치며 464

인사말

  이 책을 쓰기로 하고 출판하기까지는 꼬박 2년이 넘게 걸렸다. 처음에는 쉽게 생각하였지만, 쓰면 쓸수록 왜 탈고하기 위해 해산의 수고를 해야 하는지를 이해하게 되었다. 그러나 나 혼자 이 책을 쓴 것은 아니다. 이 책을 완성하기까지 나를 도와준 많은 지체가 있었다.

  먼저 아내에게 고마움을 전하고 싶다. 아내를 통해서 사고의 획기적인 전환이 있었으며, 집필하는 동안 아낌없이 후원해 주었다. 그 외에도 늘 격려해 준 지체들, 후원해 준 지체들, 기도해 준 지체들, 읽고 조언해 준 지체들, 함께 고민하고 제안해 준 지체들, 부족한 것을 가르쳐 준 지체들, 그리고 나를 믿고 끝까지 기다려 준 지체들이 있었다. 이들이 아니었다면 이 책은 나올 수가 없었다. 특히 이 여정에 함께해 준 방주의 공동체 지체들에게 깊은 고마움을 전한다. 이들은 나의 진정한 믿음의 동역자들이다. 하나님께서 이들 모두의 섬김을 아시고 하늘나라에서 더 큰 상급으로 갚아 주시리라 믿는다. 그리고 내가 도움을 받은 책을 쓰신 많은 저자들에게 진심으로 감사한다. 그들의 수고와 연구 덕분에 참으로 많은 것을 배울 수가 있었다. 더불어서 날 선 비판을 해 주신 분들도 계시는데 그분들 덕분에 더 고민하게 되었다.

  특히 어머니에게 감사드린다. 지금은 치매에 걸리셨지만, 어머니는 내가 어떤 길을 가든지 늘 믿어 주시고 늘 기도로 후원해 주셨다. 얼마 전 우연히 35년 전에 나에게 보내신 편지를 발견했는데, 그때 이미 어머니는 마지막 때에 순교할 이름 모를 성도들을 위해 기도하신다고 하셨다. 그래서인지 종말은 나의 신앙의 핵심이 되었으며, 지금 내가 이렇게 된 것은 어머니 기도의 열매라고 믿는다. 따라서 내 책은 이 모든 분의 섬김으로 인해 맺은 작은 열매이다.

  그러나 무엇보다 하나님께 감사드린다. 나도 지난 2년간 책과 씨름하였지만, 하나님은 나를 도와주시려고 더 많은 수고를 하셨다. 그래서 하나님을 사랑하지 않을 수가 없다. 하나님. 사랑하고 감사합니다.

글을 시작하며

팬데믹과 하나님

2020년 1월에 시작된 팬데믹은 세계 역사에 한 획을 그은 중요한 사건으로 기록될 것이다. 사실 그 전까지는 사람들에게 팬데믹이란 단어조차 매우 생소했지만, 몇 개월도 되지 않아 이것을 모르는 사람은 아무도 없을 만큼 모든 사람에게 엄청난 영향을 미친 사건이었다.

나는 원래 웬만한 것은 그리 불안해하거나 힘들어하지 않는 편이다. 그런데 팬데믹이 발생하기 2년 전인 2018년에 접어들면서 내 마음에 갑자기 뭔가 세상에 큰 변화가 일어날 것 같은 불길한 느낌이 들면서 마음이 힘들어졌다. 그것이 무엇인지 구체적으로 설명할 수는 없지만, 한 가지 분명한 것은 그것이 예수님의 재림과 관련된 것이라는 점이다. 만약 그것이 분명하다면 세상은 이전에 볼 수 없던 격동기가 되리라는 것이 그 무렵 나의 생각이었다.

독자들이 어떻게 생각할지 모르겠지만, 나는 개인적으로 예수님의 재림이 가까이 왔다고 믿는다. 많은 성도가 미래의 어느 날 갑자기 예수님께서 재림하실 것으로 생각하지만, 그렇지는 않다. 예수님은 재림의 징조들을 말씀하시면서 진통의 시작이라고 하셨다(마 24:8; 막 13:8). 여기에서 진통은 여인의 해산(birth pang)을 의미하는데, 해산에는 단계가 있다. 물론 사람마다 진통의 간격과 강도는 차이가 있지만, 해산의 단계가 있다는 것은 분명한 사실이다.

 예수님께서 재림을 해산에 비유하신 것은 여인의 해산을 통해 새 생명이 탄생하듯이, 하나님도 진통의 시간을 통해서 새로운 세상을 창조하기 때문이다. 따라서 산통이 다음 단계로 진행될수록 진통도 커지고 주기도 짧아지는 것처럼, 예수님의 재림을 위한 진통도 다음 단계로 접어들수록 주기가 짧아지고 고통도 강해진다. 이렇게 되면 새로운 단계로 접어들 때마다, 세상은 더 강한 진통으로 인해 이전보다 더 힘들고 어둡고 혼란스러워진다.

 그러면 교회는 어떻게 될까? 성도들도 영적으로 매우 힘들겠지만, 교회도 큰 어려움을 겪게 될 것이다. 그러나 중요한 것은 외적인 어려움이 아니라, 이제 교회가 새롭게 변해야 할 시기가 되었다는 것이다. 왜 그런가? 이 상태로는 다가오는 대환난을 이길 수도 없고, 거룩하고 성숙한 신부로서 기쁘게 예수님을 맞이할 수 없기 때문이다. 따라서 성령님은 교회가 예수님을 맞이할 수 있도록 교회가 기존의 전통과 제도와 건물을 떠나서 초대교회처럼 가정에서 모여 예배를 드리게 하신다. 많은 사람이 이런 상황을 혼란스러워하겠지만, 교회는 마치 출애굽 했던 이스라엘처럼 믿음으로 성령님의 인도하심을 따라가야 하는데 이것은 이전과는 전혀 다른 새로운 여정이 될 것이다. 그래서 낯설고 두렵기도 한 여정이다.

 그런데 과연 지금 교회는 이것에 준비되어 있는가? 성경은 분명히 **"귀 있**

는 자들은 성령이 교회에 하시는 말씀을 들어라."라고 했는데, 우리는 이 음성을 듣고 있는가? 아니 나는 정말 들을 마음이 있는지 묻고 싶다.

지난 몇 년간 전문가라 하는 저자들이 교회의 미래에 관한 책들을 썼다. 그런데 지극히 세상적인 관점에서 미래를 논했지, 종말의 관점에서 미래를 준비하지 않는 것을 보면서 나는 놀라지 않을 수가 없었다. 예수님은 이미 많은 징조를 통해서 재림이 가까이 왔음을 계속 말씀하시는데, 도대체 우리는 과연 무엇을 보고 듣고 있는가?

시간이 흐를수록 교회를 향한 안타까움이 배가되면서 내 마음은 편치 않았고, 나는 이런 마음을 주변에 있는 지체들과 나누었다. 물론 내 말에 귀 기울이는 사람들도 있었지만 아주 소수일 뿐 대부분은 별 관심이 없었다. 오히려 대부분 사람은 무슨 이야기를 하는지 이해하지 못하거나, 자꾸 부담스러운 이야기만 한다고 불편해했다.

그런데 이것은 교회도 마찬가지이다. 심지어 예수님의 재림이 가까이 왔고 교회가 환난을 통과해야 한다는 사실을 믿는 사람들도 실제 삶에서는 이를 믿지 않는 사람들과 큰 차이가 없어 보인다. 이러한 사실은 더 충격적이다. 왜 이런가?

한국은 그동안 다른 선진국에 비해 유난히 많은 대형 사고가 일어났는데, 이렇게 된 요인 중의 가장 큰 것은 국민의 안전을 책임져야 할 정부가 안전불감증에 걸렸기 때문이다. 설마가 사람 잡는다는 말처럼 설마 하다가 돌이킬 수 없는 사고가 발생한 것이 어디 한두 번인가? 그래도 안 바뀐다. 그런데 문제는 성도들의 영혼을 책임져야 할 교회도 영적인 안전불감증에 걸려, 시급한 상황임에도 막연하게 괜찮을 것으로 생각하고 아무런 조치도 취하지 않는다. 그렇지만 나중에는 뒤늦은 후회뿐이다.

시급한 과제

팬데믹이 시작되던 2020년만 해도 큰 충격을 받은 교회는 이 시대를 향한 성령님의 뜻을 분별하고, 성경이 가르치는 교회와 예배로의 회복을 외쳤다. 그러나 불과 3년도 되지 않아서 지금 교회를 보면, 벌써 성령님께서 주신 말씀들을 다 잊어버린 듯하다. 그렇다면 이것은 무엇을 의미하는가?

예를 들어 보자. 올해는 전 세계적으로 무척 더웠는데, 휴가철을 맞이하여 많은 사람이 강가나 바닷가로 피서를 갔다. 그런데 기상청에서 뉴스 속보를 통해 이전에 보지 못한 강력한 태풍이 갑자기 발생했는데, 지금 엄청난 속도로 한국을 향해 오고 있으니 모두들 매우 조심하라고 주의를 시켰다. 특히 강가나 바닷가에 있는 사람들은 곧 떠나야 한다는 경고까지 내렸다. 그런데도 뉴스를 들은 사람들이 마치 이 사실을 모르는 것처럼 계속 피서를 즐기고 있다면, 도대체 이들은 어떤 사람들인가? 그리고 그들을 보면서 어떤 마음이 들겠는가?

그런데 태풍으로 인해 바람도 조금씩 강해지고 파도도 조금씩 세지고 있지만, 아직은 한국에 도착하지 않았다면 어떻게 할 것인가? 2022년 9월 초에 초강력 태풍 힌남노가 올 때, 어느 뉴스에서 이런 문구를 보았다. "**태풍은 피할 수 없지만, 피해는 줄일 수 있습니다.**"

지금이 이런 시기이다. 예수님의 재림과 대환난을 피할 수는 없지만, 아직은 준비할 시간이 있다. 오히려 이것들은 성도에게 피할 것이 아니라 기쁘게 기다려야 할 복스러운 소망이기에, 더욱 힘을 다해 예수님을 맞이할 준비를 해야 한다. 이것이 성경의 가르침이다.

그렇다면 이제 우리는 무엇을 해야 하는가? 어떤 성도들은 종말을 두려워하며 피난처를 준비해야 한다고 하지만, 나는 무엇보다 삼위 하나님과 교회를 알아야 한다고 믿는다. 이것이 모든 것의 근간이자 핵심이며, 내가 책을 쓴 이유이기도 하다. 성경은 처음부터 끝까지 이 이야기로 가득하다.

이 말은 하나님께서 우리에게 진정으로 알려 주고 싶으신 것이 삼위 하나님과 교회라는 것이며, 우리가 반드시 알아야 할 것도 삼위 하나님과 교회라는 의미이기도 하다. 이번에 팬데믹으로 말미암아 많은 교회가 갑자기 이것을 고민하기 시작했는데, 이는 성령님께서 교회를 깨우셔서 신앙의 본질과 핵심을 생각하게 하셨기 때문이다.

문제는 우리가 하나님을 안다고 말하지만, 생각보다 하나님을 많이 모른다는 사실이다. 특히 삼위 하나님은 더욱 모르며, 삼위 하나님의 관계성에 대해서는 더 모르는 것 같다. 교회를 모르는 것도 마찬가지이다.

왜 이런 일이 발생하였는가? 그동안 우리는 마르다처럼 교회를 섬기는 것에는 열심이었지만, 정작 마리아처럼 교회가 무엇인지 열심히 탐구하지는 않았다. 배덕만 교수는 이렇게 말하였다. **"한국교회는 성서를 그토록 숭앙하면서, 정작 성서를 철저하게 공부하는 데 실패했습니다. 교회 생활을 그토록 열심히 하면서도 그 열심의 대상과 의미에 대해 비판적 성찰을 시도한 적은 거의 없습니다."**[1]

결국 하나님이 진짜 기뻐하시는 것이 무엇인지도 모른 채, 지레짐작으로 하나님을 섬기지만 결국 헛수고일 뿐이다.

사실 이것은 나의 이야기였다. 교회성장학으로 유명한 학교에 다닌 나는 교회 성장에만 관심을 가졌지, 교회 자체에는 관심이 거의 없었다. 그리고 열심히 사역하면 교회가 부흥할 것이며, 이것이 나의 성공이자 하나님이 기뻐하시는 것이라 믿었다.

지금 나는 가정교회 사역자이지만, 사실 가정교회에는 전혀 관심이 없었다. 나의 꿈은 크게 성장하는 교회였다. 그런데 하나님의 인도하심으로 어쩔 수 없이 가정교회를 하게 되면서, 이전에 없던 교회에 관한 질문이 떠오르기 시작했다. 무엇보다 교회를 개척하였고 담임 목회를 하면서도 교회가 무엇인지 모르는 나를 발견하게 되었다. 얼마나 아이러니한가? 교회도 모르면서, 교회성장학은 공부하고 교회도 개척하고 목회한다니….

이것이 나에게는 너무나 큰 충격이어서 주변의 여러 사역자를 만나 이런 고민을 나누다 보니, 이는 비단 나만의 문제가 아니라 많은 사역자가 가진 동일한 문제라는 사실을 발견했다.

그렇다면 독자들은 어떠한가? 그래도 이 글을 읽는 독자라면 적어도 교회에 대한 사랑과 열정이 있을 것인데, 과연 교회가 무엇인지 그리고 왜 중요한지 말할 수 있는가? 그것도 독자들의 생각이나 경험이 아니라 성경을 근거로 말할 수 있으며, 이것이 독자들의 믿음과 소망이 되며 기도가 되고 있는가? 안타깝지만 교회를 섬긴다는 사역자들이 교회가 무엇인지도 모르면서 교회를 개척하고 목회도 한다. 직분자들도 마찬가지이다. 교회가 무엇인지도 모르면서 각종 직분을 받는다. 교회를 열심히 다니는 성도들도 왜 교회로 모여야 하는지도 모르고 교회를 다니고 섬긴다.

한번 생각해 보라. 어떤 사람이 경제도 모르는데 경제부 총리를 하고, 군대가 무엇인지도 모르는데 국방부 장관이 되고, 교육이 무엇인지도 모르는데 교육부 장관이 된다면, 도대체 이 나라가 어떻게 되겠는가? 독자들은 이런 상황을 용납할 수 있는가? 분명히 모두 분노할 것이다. 그런데 솔직히 이것이 지금 우리의 모습이 아닌가? 그러면서도 우리는 자신을 보지 못한다.

이 책은 이러한 나의 안타까움에서 시작되었으며, 그동안 교회에 관해 고민하고 갈등하며 탐구하는 동안 하나님께서 나에게 가르쳐 주신 것을 독자들에게 조금이나마 도움이 되게 하려고 쓴 책이다.

이 책의 특징

교회에 관한 책은 많이 있지만, 이 책은 여러 가지로 독특한 책이다. **첫째, 이 책은 구원의 역사를 기록한 책**이다. 이것을 구속사라 한다. 그렇지만 이 책은 일반적인 구속사를 기록한 책이 아니다. 보통 구속사는 창조에서 종말까지 성경에 기록된 구원의 역사를 의미한다. 따라서 성경에 기록되지 않는 사도행전 28장 이후부터 종말 이전까지의 긴 역사는 침묵하고 있다. 그렇다고 해서 이것이 구속사가 아닌 것은 아니다. 다만 이것을 교회사 또는 선교사로 분류하다 보니, 성도들은 구속사가 아니라 완전히 다른 역사로 생각한다.

그 결과 독자들로서는 구속사의 흐름이 끊어지면서 최소 2,000년 이상 시간적인 불연속성이 생긴다. 이렇게 되면 하나님의 구속사를 하나의 큰 그림으로 보지 못하게 되면서, 그리스도인으로서의 바른 역사의식을 가지기가 어렵게 되고 하나님의 구원 역사와 상관없이 그저 내 인생만 생각하게 된다.

이 책의 기본 구조는 구속사이지만, 후반부에는 2,000년간의 교회사와 선교사를 추가했고, 끝에는 종말에 일어날 일까지 기록했다. 심지어 이 책은 창조 이전부터 시작하기에, 독자들은 구속사의 큰 줄기를 조금의 끊어짐도 없이 이해할 수 있다. 이런 점에서 이 책은 매우 독특하고, 독자들도 새로운 흥미와 재미를 느낄 것이다.

그렇다고 모든 구속사를 설명하지는 않는다. 나는 구속사 중에서도 핵심적인 것들만을 집중적으로 설명함으로써, 독자들은 중요한 사건에 담긴 깊은 의미와 구속사 전체를 간략하지만 분명하게 이해할 것이다.

둘째, 이 책은 교회에 관한 책처럼 보이지만, 사실은 **삼위 하나님의 사랑에 관한 책**이다. 이 책은 성부 하나님과 성자 예수님과 성령님의 깊은 사랑을 이야기하고 있다. 사랑의 하나님은 어떤 분이신가? 그리고 하나님은 무엇을 사랑하시며, 왜 사랑하시는지를 소상히 밝히고 있다. 또한, 하나님께서 그 사랑을 위해서 무엇을 계획하고 계시며, 실제로 그 사랑을 이루기 위해서 무엇을 하고 계시는지를 이야기한다. 그래서 그 사랑이 완성되었을 때 어떻게 될 것인지도 설명한다.

따라서 독자들은 이 책을 통해서 사랑의 삼위 하나님을 새롭게 이해할 뿐 아니라 하나님의 사랑을 총체적으로 이해하게 되면서, 지금도 역사를 통치하시는 사랑의 하나님을 만날 것이다. 이것이 가장 중요하다. 그래서 이 책의 제목이 『교회를 묻다가 하나님을 만나다』이다.

셋째, 이 책은 **하나님과의 관계와 성도의 삶에 관한 책**이기도 하다. 교회에 관한 책은 많지만, 대부분은 신학적이거나 경험적이거나 사역적인 책이다. 그러다 보니 성도들은 이런 책을 너무 어렵거나 자신들과는 상관없는 책으로 여기고 아예 관심조차 두지 않는다. 사실 사역자들도 관심을 가지지 않으니, 일반 성도들에게는 당연한 반응일지도 모르겠다.

그렇지만 삼위 하나님은 매우 관계적인 존재이시며, 교회도 관계 공동체이고 성도의 삶도 관계적이다. 그리고 성경도 하나님과의 관계를 위한 책일 만큼 관계는 중요하다. 그래서 나는 이 책을 하나님과의 관계와 성도들의 삶의 측면에서 썼다. 아마 독자들은 이 책을 통해서 하나님의 깊은 마음을 깨닫고 느낄 뿐 아니라, 하나님과 관계 맺는 방법에 관해서 많은 도전과 교훈을 받을 것이다.

넷째, 이 책은 교회와 **초대교회를 설명하는 책**이다. 독자들은 이 책을 통해서 진정한 교회가 무엇인지 알게 될 것이며, 그 교회의 모형이 성경에 기록된 초대교회임을 알게 될 것이다. 이것이 우리가 초대교회로 돌아가야 할 이유이기도 하다. 그런데 우리는 초대교회로 돌아가자는 이야기는 많지만, 정작 초대교회가 어떤 교회인지는 잘 모른다. 우리가 보는 초대교회는 여러 가지로 이해하기 힘들고 우리와는 매우 달라서 이질감까지 느끼는 교회이다. 그래서 부담스러워한다. 이 때문인지 우리는 그때는 맞고 지금은 틀렸다고 생각하며, 초대교회를 배우기는 하지만 따르지는 않는다.

이렇게 된 이유 중의 하나는 우리가 초대교회를 그들의 관점이 아니라 우리의 관점에서 보았기 때문이다. 우리가 기준이 되다 보니 우리와 다른 것은 모두 이상하거나 잘못되거나, 또는 우리와는 상관없다고 생각하게 된다. 하지만 이것은 우리가 옳다는 교만함일 뿐이다. 따라서 이 책은 초대교회의 관점에서 초대교회를 보게 함으로써 그들에 대한 이해를 새롭게 할 것이며, 더 나아가 초대교회의 관점에서 현대교회를 돌아볼 것이다. 그리고 이 과정에서 모든 성도가 이 시대 교회와 자신의 믿음을 돌아보고 많은 생각을 할 것이다.

다섯째, 이 책은 **선교적인 책**이다. 구속사는 온 세상을 구원하는 하나님의 역사이기에 선교적인 의미를 담을 수밖에 없지만, 이 책은 하나님께서 자신의 가족을 찾기 위해서 어떻게 선교를 시작하셨으며, 어떻게 선교를 이루고 계시며, 종말에 어떻게 선교를 완성하시는지를 설명하고 있다. 그러므로 독자들은 이 책을 통해서 선교를 향한 하나님의 궁극적인 계획과 열정과 의지를 느낄 것이다.

무엇보다 이 책을 통해서 원래부터 가지셨던 하나님의 선교 목적과 방법이 무엇인지를 배울 것이다. 우리가 수많은 선교전략을 개발하고 배우지만, 선교의 주체이자 완성자이신 삼위 하나님이 과연 선교에 대해서 무엇을 말씀하고 계시는지를 알게 될 것이다. 또한 이것을 통해서 독자들은 지금 우리의 선교를 돌아보게 될 뿐 아니라, 앞으로 우리가 어떻게 선교해야 할지를 깊이 고민할 것이다.

여섯째, 이 책은 **종말의 신앙으로 가득한 책**이다. 종말은 하나님께서 성도에게 주신 복된 소망이지만, 대부분의 성도들에게 종말은 막연한 두려움이거나 괜한 부담으로 다가온다. 이렇게 된 이유는 교회가 종말의 소망을 잃어버리고 현실에만 집중하게 되면서, 종말의 복된 소식을 성도들에게 가르치지 않았기 때문이다.

그러나 이 책은 처음부터 끝까지 종말에 대한 약속과 소망의 이야기를 전하는데 이는 성경이 이런 책이기 때문이다. 종말은 성경 전체를 관통하는 핵심 주제 중의 하나이기에 종말을 모르고서는 성경을 이해할 수가 없다.

그리고 구속사의 시작도 종말을 향한 여정의 시작이며 결론도 종말의 완성이다. 또한 하나님은 우리를 이 여정에 동참하라고 부르시기에, 교회의 목표도 성도의 삶도 철저히 종말과 관련이 있다. 이 책도 마찬가지이다. 그래서 독자들은 이 책을 통해서 처음부터 끝까지 종말에 대한 하나님의 계획과 열정과 의지를 느끼게 될 뿐 아니라, 종말을 이루어 가시는 과정을 보게 됨으로써 종말의 믿음과 소망을 새롭게 할 것이다.

일곱째, 이 책은 **쉽고 실제적인 책**이다. 이 책은 내 작은 지식을 전달하는 책이 아니다. 오히려 나의 믿음이자 고백이며, 소망이자 기도이고, 경험이자 간증이다. 더불어서 이 시대를 향한 나의 외침이다. 그래서 로마서나 에베소서처럼, 신학적인 내용이 나오기는 하지만 신학적인 책은 아니다.

물론 때로는 상당히 도전적이고 깊이 생각하게 할 내용들도 있을 것이며, 이전에 알지 못했던 새로운 내용들도 있을 것이다. 그렇지만 결코 딱딱하거나 어려운 책은 아니라고 말할 수 있다. 그러니 부담 없이 편하게 읽어 보기를 바란다. 읽다 보면 자연스럽게 삼위 하나님을 발견하고 하나님의 인도하심을 따라 새로운 여정으로 가게 될 것으로 믿는다. 이런 점에서 이 책은 실제적인 책이다.

마지막으로 주석에 관해 말하고 싶다. 원래 나는 주석을 달 생각이 없었다. 주석을 달게 되면 지면도 많아지고, 학문적인 책처럼 느껴져서 대부분이 부담스러워한다. 게다가 나는 주석을 달 만큼 깊은 지식을 가진 사람도 아니며, 주석을 다는 것은 매우 고단한 작업이다. 그러나 나는 주석을 통해 많은 도움을 받았으며, 주석을 요청하는 사람들도 있었다. 또한 더 깊은 탐구를 원하는 독자들도 있을 것 같아서, 그들을 위해 인용한 도서 외에도 부족하지만 내 생각과 참고할 도서들을 주석에 썼다. 물론 주석을 안 읽어도 내용을 이해하기에는 전혀 어려움이 없을 것이니 주석에 부담가지지 말고 편히 읽기 바란다. 다만 주석을 읽을 독자들이 쉽게 읽을 수 있도록 장별로 미주를 달았다.

  그렇다면 이제 독자들은 하나님을 만날 준비가 되었는가? 나는 이 영광스럽고 복된 여정으로 독자들을 초청한다. 사실 나는 전달자일 뿐이며 이것은 하나님의 초청이다. 아무쪼록 이 책을 통해서 독자들이 이 시대를 향한 성령님의 음성을 들음으로써 하나님과의 관계가 새로워질 뿐 아니라, 예수님을 더욱 사랑하게 되고 성령님이 인도하시는 새로운 교회의 여정을 걸어갈 수 있기를 간절히 기도한다.

주

1 프랭크 바이올라 & 조지 바나, 『이교에 물든 기독교』, 이남하 옮김, (대장간, 2011), p15

나의 작은 이야기

첫 사역

2002년 LA에 있는 교회에서 전도사로 일하고 있을 때의 일이다. 그날도 여느 때와 다름없이 교회사무실에서 시간을 보내고 있었다. 그런데 갑자기 내 마음속에 하나님께서 말씀하시는 것이 느껴졌다. **"마지막 날에 환난을 이길 교회를 세워라. 그런데 그 교회의 이름을 방주의 교회(church of ark)라 하여라."**

나에게 이 말씀은 놀랍기도 했지만 아주 생소했다. 사실 나는 신학교에 갈 때부터 교회 개척에 대한 꿈이 있었지만, 내가 세우고 싶었던 교회는 선교단체와 같은 형태의 교회였다. 대학교에서 학생선교단체에서 훈련받고 활동한 나는 제자훈련과 소그룹을 중심으로 전도와 선교에만 집중하는 교회를 세우고 싶었다. 그렇지만 하나님께서는 앞으로 교회가 큰 환난을 겪게 될 것인데, 그 환난을 이기기 위해서는 모든 교회가 방주와 같은 교회가 되어야 한다고 말씀하셨다.

원래 나는 대학교 다닐 때부터 종말에 관해 관심이 많았으며, 예수님께서 오실 날이 얼마 남지 않았다고 믿었다. 그렇기에 우리는 예수님을 맞이할 준비를 해야 한다고 늘 생각은 하고 있었지만, 나는 하나님께서 말씀하신 방주의 교회가 정확히 무엇을 뜻하는지 이해하지 못했다. 하지만 그날 이후로 그 말씀은 내 가슴에 깊이 새겨져 머리에서 잊히지 않았다. 오히려 시간이 갈수록 의미도 모르면서 방주를 세워야 한다는 생각만 더 확고해졌다.

그 무렵부터 나는 많은 갈등과 오랜 방황의 시간을 보내기 시작했는데, 그 중심에는 교회가 있었다. 그 당시 내가 섬기던 교회의 담임목사님은 깊은 영성과 뛰어난 글솜씨로 유명하다고 알려졌으며, 교회도 사람들에게 모범적이고 좋은 교회로 알려져서 성도들도 사역자들도 그 교회로 오고 싶어 했다. 나 역시 전도사임에도 목사님의 사랑을 받아 교회의 주요 사역들을 맡아서 할 때였다. 그중의 하나가 지금 한국에서 인기 있는 가정교회 사역이었다.

갈등과 방황

나는 교인들의 사랑을 받고 다른 사역자들의 부러움도 받았다. 그렇지만 실제로 교회 안에 깊이 들어가서 더 많은 사역을 할수록, 밖에서는 볼 수 없었던 교회의 숨겨진 모습을 보게 되었다. 그때부터 나는 교회에 대한 분노와 사역에 대한 회의를 느끼기 시작했으며, 시간이 지나도 해결되지 않은 갈등과 고통은 더 심해져만 갔다.

나는 그 교회에 인턴으로 들어갔는데 인턴 때부터 전임 사역자처럼 사역했으며, 전임 사역자가 되어서는 친구들이 나를 엑스트라 오버 풀타임(extra over full time) 사역자로 부를 만큼 열심히 섬겼다. 사역자 대부분이 그렇듯이 나 역시 최저 생활비를 받으면서도, 기쁨으로 아주 열심히 했다. 교회는 나의 전부였고, 비전, 열정, 헌신, 도전, 조직 등은 나의 자랑이었다. 이런 와중에 교회는 큰 어려움을 겪게 되었고, 얼마 뒤에 나는 전심을 다해 섬겼던 교회를 떠날 수밖에 없는 상황이 되었다. 그것이 나에게 얼마나 큰 상처가 되었는지 일 년 정도는 그 근처를 지나가지도 못했다. 근처만 가도 눈물이 쏟아져서 운전할 수가 없었기 때문이었다.

그때부터 나는 교회를 떠나 세상에서 방황의 시간을 보내며 세상의 성공을 꿈꾸었다. 내 힘으로 돈을 벌어서 교회에서 내가 원하는 대로 당당하게 사역하고 싶었다. 그렇지만 그럴수록 내 영혼은 더 고갈되었고, 영혼의 고통도 더 커져만 갔다.

 그리고 이것과는 반대로 세상에 대한 나의 미련과 집착은 더 커져만 갔고, 내 삶은 더 깊은 고통의 수렁에 빠져들면서 더 힘든 시간을 보내고 있었다. 그러다 보니 나는 종말에 대한 믿음과 소망도 다 사라졌고, 교회에 관한 관심도 열정도 다 잃어버렸다. 따라서 내가 다시 사역자가 되어서 교회를 섬긴다는 것은 상상도 할 수 없었다.

 그럼에도 하나님은 나를 계속 부르셨지만, 그때마다 나는 단호히 거절했다. 내 인생은 최악을 치닫고 있었음에도 나는 하나님을 찾지 않았다. 내가 주인이 되고 꿈꾸던 삶을 포기하고 싶지 않았기 때문이었다. 결국 이것은 하나님을 위한 성공이라 포장했지만, 결국 나의 욕망을 충족시키고 나를 높여서 나의 왕국을 세우기 위함에 지나지 않았다는 것을 보여 줄 뿐이었다. 그러나 나의 모든 것이 무너졌을 때 나는 하나님 앞에 무릎을 꿇고 용서와 은혜를 구했다. 그 당시 나는 참으로 절박한 마음으로 하나님 앞에 나아가서 나 자신을 완전히 하나님께 내어드리고, 새로운 삶을 살 수 있는 기회를 한 번 더 주시기를 기도했다.

새로운 여정

 그때 하나님은 나에게 삼손의 죽음을 통해 '네가 죽어야 너와 너의 가족이 산다'고 하셨다. 내가 할 수 있는 것은 '이전의 나는 죽었고 더 이상 나는 없다'라는 것과 '이제는 어떤 길이든지 다시 하나님이 인도하시는 길을 가겠다'라는 고백뿐이었다. 그러자 하나님은 나에게 새로운 길을 열어 주셨는데, 오랫동안 내가 살던 곳을 떠나 낯선 곳에서 새로운 삶을 살게 하셨다. 정들고 익숙하며 삶의 모든 기반이 있는 곳을 떠나서, 아무런 대책도 없이 무작정 간다는 것은 참으로 어려운 결정이었다. 그러나 하나님의 인도하심을 믿고 미련도 없이 모든 것을 다 정리한 우리 가족은 미니밴에 짐을 싣고서 4일을 운전하여 추울 겨울에 국제 기도의 집(IHOP)이라는 곳에 도착했다.
　사실 나는 정말 그곳에 가고 싶지 않았지만, 귀양 가는 심정으로 하나님의 인도하심에 순종할 수밖에 없었다. 그런데 그곳에서 우리 가족은 이전과는 전혀 다른 삶을 살기 시작했다. 광야에서 정처 없이 구름기둥과 불기둥만을 따르던 이스라엘처럼 살았지만, 하나님께만 집중하는 삶을 살면서 하나님의 크신 은혜를 늘 경험하는 시간이었다. 그곳에서 나는 깊은 기도와 예배의 축복을 경험했고 다양한 성령님의 은사와 능력도 경험했다. 그리고 성령님의 인도하심을 따라 사는 것과 오직 믿음으로 사는 것을 배우게 하셨으며, 순종할 때 하나님이 베푸시는 놀라운 은혜를 누리는 삶을 누리게 하셨다. 무엇보다 하나님은 잃어버렸던 종말에 대한 믿음과 소망과 함께 하나님을 향한 열정도 회복시켜 주셨다.
　특별히 내가 감사한 것은 그곳에서 사랑의 사귐을 배웠다는 것이다. 그동안 비전, 열정, 헌신, 조직, 재능 등 인간적인 방법으로 하나님을 섬기던 삶에서 벗어나, 하나님과 친밀한 관계를 맺는 법과 공동체 안에서 성도들 간의 사랑의 사귐이 무엇인지도 배웠다. 그때 나에게는 그곳에서 함께 교제를 나누던 여러 가정과 지체들이 있었다. 대부분 아주 가까운 곳에 살기도 했지만, 우리는 늘 만나서 함께 예배를 드리고 기도를 하고 말씀을 나누었다. 그러다가 예언 기도를 하고 아픈 자들을 위해서 치유 기도를 했는데 이런 것들이 아주 자연스럽고 당연했다. 그리고 함께 밥을 먹고 교제를 나누었다. 어려운 일이 있으면 함께 짊어지고, 기쁜 일이 있으면 함께 웃으며, 서로 가르치고 배우고 도우면서 함께 살았다. 아이들도 함께 공동으로 양육했다. 그들은 참으로 나의 가족이었다. 여기에는 어떤 제도도 없었고 의무도 없었다. 그저 우리가 좋아서 스스로 이렇게 했는데 이것이 우리의 일상이었다.
　그곳에서 하나님은 나의 깊은 죄성을 다루셨는데, 죄는 참으로 너무나 교묘하고 집요하고 파괴적이며 악하고 강하다. 죄는 고통을 만들기에 죄가 클수록 고통도 큰 법이다. 나는 오랜 시간 눈물로 깊은 회개의 시간을 보내며 하나님의 은혜를 구했다. 이 시간은 참으로 고통스러운 시간이었지만, 나의 완고함이 깨어지면서 새로워지는 시간이기도 하였다. 이 과정을 겪으면서 나는 나 자신의 죄악만이 아니라, 인간의 악함과 세상의 타락함을 보게 되었다. 참으로 세상에 정상적인 것은 아무것도 없다는 것이 보이기 시작하면서, 하나님의 구원 은혜가 아니고서는 이 세상은 아무런 소망이 없음을 깊이 느끼게 되었다.

그러자 비로소 왜 하나님께서 예수님을 보내셔야 했으며, 왜 예수님께서 십자가에서 죽으셔야만 했는지, 그리고 왜 성령님이 우리에게 오셔야만 했는지를 그제야 깊이 깨닫게 되었다. 그렇다면 그전에도 죄에 대해서 설교하고 가르치기도 하였는데, 이전의 나의 사역은 과연 어떤 사역이었단 말인가? 나는 하나님에 대해서 알았지, 하나님을 정확하게 알지 못했다. 이 시간은 단순히 나의 죄성을 깨닫고 회개하는 시간만이 아니라, 나의 지난 사역과 삶을 뒤돌아보는 시간이었다. 그리고 내가 깨달은 것은 나는 정말 헛되고 거짓되고 어리석은 삶을 살았다는 것뿐이었다.

한국으로

이런 시간이 지나자 하나님은 사역의 문을 조금씩 여셔서 나를 한국과 여러 선교지로 인도하시면서 나를 회복시켜 주셨다. 그러던 중에 나는 여러 경로를 통해서 한국으로 귀국해야 한다는 하나님의 음성을 들었다. 그중의 하나가 '하나님의 대사'로 유명한 김하중 장로님이셨다. 장로님은 나에게도 편지를 주셨는데 거기에는 한국으로 와야 한다는 말씀이 있었다. 그렇지만 내가 왜 와야 하는지는 몰랐다. 다시 사역자의 삶을 살기로 했지만, 나의 꿈은 선교단체 같은 훈련원을 세우는 것이었다. 아무튼 2012년 가을에 하나님의 말씀에 순종하기로 한 나는 20년간의 미국 생활을 정리하고 2013년 2월에 한국으로 오기로 했다.

그러나 하나님은 다른 계획을 세우고 계셨다. 2012년 11월 한국을 방문 중이던 나에게 하나님은 갑자기 한국에 와서 교회를 세우라는 말씀을 주셨다. 오랜 시간 동안 교회를 잊고 있었기에, 더 이상 교회는 나와 아무런 상관이 없다고 생각하였는데, 이것은 나에게 큰 놀라움과 두려움이었다. 그러면서 한 가지 그림을 보여 주셨다. 내가 엄청나게 거대하고 단단한 절벽 앞에 서 있었는데, 마치 계란으로 그 바위를 던져야 하는 느낌을 받았다. '도대체 내가 어떻게 교회를 세운단 말인가?' 그렇지만 하나님은 같은 미국에 있던 아내에게도 말씀하셨는데, 그것은 비 내리는 방주를 보여 주시며 한국에 가서 방주를 세우라는 것이었다.

당시 내가 한국에 가서 교회를 개척하겠다고 하자, 서울에서 사역하던 사역자들이 개척을 위한 실제적 조언을 많이 해 주었다. 일단 서울 강남에 개척하겠다고 하자, 대부분이 반대했다. 크고 유명한 교회들이 즐비한 강남에서는 절대로 성공할 수 없다는 것이었다. 또는 실제적인 조언을 해 주시는 분도 계셨다. 그러나 그 조언이라는 것이 최소 몇억이 필요하고, 건물이 있어야 하고, 함께 개척할 사람들이 몇십 명은 되어야 한다는 것 등이었다. 심지어 창립 예배에 200명 이상은 와야 적어도 30~40명은 개척구성원이 된다고 했다. 사실 그런 조건은 나에게 전혀 해당하지 않는 것이었다. 한 달 생활비도 없는데 몇억이 어디에 있으며, 집도 없어서 무료로 제공해 주는 집을 얻어야 하는데 건물은 어디에 있으며, 게다가 한국을 떠난 지 오래되어서 아는 사람도 없었고 함께 할 사람은 더욱 없었다.

나를 위한 조언이라고 하지만, 나는 그런 이야기에 화가 났다. 성령님은 돈이 없고 건물도 없고 사람도 없으면 아무런 일을 못 하시는가? 성경에 기록된 초대교회는 이런 것으로 교회를 세웠는가? 무엇보다 내가 아는 성령님은 그런 조건과 상관없이 교회를 세우시는 분이셨다. 그래서 우리는 갈

집도 없었지만 한국으로 오기로 하고 일단 비행기표부터 먼저 구했다. 국제 기도의 집에 온 지 5년 만에 또다시 믿음의 여정을 떠나게 된 것이다. 그런데 감사하게도 귀국하기 한 달 전에 아는 지체로부터 아산에 있는 어느 교회의 선교관이 갑자기 비었는데 그곳을 사용할 수 있다는 전화를 받았다. 우리는 그곳이 하나님께서 보내시는 곳인 줄 알고 감사함으로 그곳으로 갔다.

교회 개척

2013년 늦 가을, 강남에 있던 어떤 카페에서 주일 오후에 작은 공간을 사용하게 되어서 그곳에서 아내와 함께 교회 개척을 위한 기도를 시작했다. 그리고 2014년 1월 첫째 주에 본격적으로 교회를 시작하려 했는데, 시작하는 주에 교회를 시작한다는 소식을 들을 몇몇 분들이 갑자기 연락이 와서 함께 교회를 섬기고 싶다고 했다. 그래서 그들과 함께 교회가 시작되었다.

교회를 개척한 지 몇 달이 되지 않아서 두 가지 중요한 일이 생겼다. 2014년 봄에 하나님께서 또 말씀하셨다. **"방주를 세워야 한다. 그러나 큰 방주가 아니라 작은 방주를 많이 세워야 한다."** 갑자기 하신 이 말씀에 나는 또다시 어리둥절했다. 나의 교회에 대한 지식과 고정관념으로는 말씀하신 것이 도무지 이해되지 않았다. 도대체 무슨 뜻이지? "내가 아는 방주는 큰 방주인데, 작은 방주를 많이 세우라니. 작은 방주는 도대체 무엇인가?" 비록 카페에서 작은 교회로 시작했지만, 큰 교회를 꿈꾸고 있었던 나로서는 작은 방주를 도저히 이해할 수가 없었다. 그렇게 시작된 고민과 의문은 점점 확장되었다.

두 번째는 하나님께서 카페에서 나올 것을 말씀하셨다. 늦은 오후에 예배를 드리는 것이 조금 부담스럽기는 했지만, 위치나 장소는 아주 좋은 곳이었다. 그리고 하나님께서 은혜를 베푸셔서 조금씩 성도들이 늘고 있을 무렵이었다. 그런데 갑자기 이곳을 두고 나오라니. 그렇다면 어디로 가야 한

단 말인가? 하나님은 아무런 말씀이 없으셨다. 그래서 일단 카페를 나오기로 작정하고 나왔다. 카페 주인은 갈 곳도 없이 어디로 간다는 말이냐면서, 가더라도 갈 곳을 정해 놓고 가라고 제안했다. 하지만 나는 하나님의 말씀이 더 중요했다. 일단 나오면, 그다음에 하나님이 인도하시리라. 이것이 나의 믿음이었다.

가정교회의 시작

예배드릴 새로운 장소를 찾다가 가능한 몇 곳을 소개받았는데, 우리에게 오라고 한 곳도 있었다. 그런데 아무리 기도해도 하나님은 말씀이 없으셨다. 그러던 중에 성도들이 예배 장소를 찾을 때까지 성도들의 집을 돌면서 예배를 드리면 어떻겠냐고 먼저 제언했다. 나는 좋은 생각인 것 같아 그렇게 하기로 하면서 가정교회가 시작되었다. 이렇게 몇 개월을 예배드리던 중 2014년 여름에 한 지체가 주일마다 이 집 저 집을 옮기지 말고, 자기 집에서 예배를 계속 예배를 드리면 어떻겠냐고 제안을 했다. 사실 그 지체는 예수님을 믿은 지 일 년도 안 되는 지체였는데, 여러 어려운 상황에서도 교회를 위해서 선뜻 이런 제안을 해 주었다. 그 집에서 2년이 넘게 모였는데, 지면을 빌려서 고마움을 전하고 싶다.

그 지체의 집에서 예배를 드리게 되었지만, 나는 여전히 건물을 구해 예배를 드리고 싶었다. 그래서 교회 건축을 위해 기도를 하면서 조금씩 건축헌금도 모았다. 그런데 계속 기도해도 교회 건축에 대한 하나님의 응답은 없었는데, 같이 예배드리던 지체들도 마찬가지였다. 아무래도 하나님께서 당분간 교회 건축을 허락하실 것 같지는 않아서 그동안 모은 건축헌금은 선교와 구제를 위해서 전액(모두) 사용했다. 필요하면 하나님께서 다음에 또 주시겠지….

그렇지만 내 마음은 여전히 불편하였다. 무엇보다 사람들의 시선이 불편했다. 나를 아는 사람들은 나를 불쌍하고 안타깝게 여겼다. 얼마나 목회가 안 되면 건물도 없이 가정교회를 하느냐는 눈으로 바라보았다. 힘들어도 조금만 참고 견디면 하나님께서 축복해 주실 것이라는 분도 계셨고, 빨리 교회가 부흥하여 건물로 들어가기를 기도하겠다고 하는 분들도 계셨다. 그러니 내 마음이 편할 수가 없었다.

떠나지 않는 질문들

그런데 어느 날 갑자기 나는 '과연 교회가 무엇인가?'라는 질문이 떠올랐다. 교회를 개척했고, 목회하고 있는데, 이것은 무슨 뜬구름 잡는 질문인가? 그런데 놀라운 것은 내가 이 질문에 답을 하지 못하고 있다는 것이었다. 나는 교회성장학으로 유명한 학교에서 신학을 공부했는데, 교회성장학은 알면서도 정작 더 기초가 되는 교회는 모르고 있다는 사실을 발견하게 되었다. 가장 중요한 교회의 본질에는 관심도 없으면서, 오로지 교회 성장에 몰두하고 있었던 나의 모습은 참으로 충격이었다.

또 한 가지 중요한 질문이 생겼는데 그것은 가정교회에 관한 것이었다. 내가 알고 있는 가정교회는 초대교회가 환난 때문에 어쩔 수 없이 모인 교회였다. 나는 선교지에서도 비밀리에 가정교회를 방문한 적이 있었는데, 그들도 핍박 때문에 어쩔 수 없이 숨어서 가정교회로 모이고 있었다.

나는 역사적 전천년의 관점에서 종말을 믿는다. 이 관점은 예수님께서 재림하시기 전에 교회는 거대한 환난을 통과하는 것을 믿는데, 그때가 되면 모든 교회는 초대교회처럼 가정교회로 모이게 된다. 나는 그날이 얼마 남지 않았다고 믿었지만, 아직은 가정교회가 아니라 건물 중심의 교회로 모여야 한다고 생각했다. 그리고 내 꿈은 크고 세련된 최신식의 건물을 지어서 멋있는 사역을 하는 것이었다.

그런데 문득 '만약 성령님께서 환난과 핍박 때문이 아니라, 의도적으로 가정교회를 시작하셨다면 그 이유는 무엇일까?'라는 질문이 들기 시작했다. 사실 이런 질문을 하는 사람은 없을 것이다. 나도 가정교회를 했기 때문에 생각한 것이지, 그렇지 않다면 이런 질문은 할 필요도 없다. 그런데 이 질문이 내 머릿속에서 떠나지를 않았다.

이 질문에 답을 하기 위해서 나름대로 이런저런 책을 보며 공부를 했지만, 어느 책도 시원한 답을 주지 못했다. 그때 하나님께서 내게 긍휼을 베푸셔서 본격적으로 고민할 수 있는 몇 달간의 휴식 시간을 주셨다. 한국에 와서 첫 3년간 재정적으로 어려웠던 우리는 가구와 가전을 포함하여 무료로 숙소를 제공해 주는 곳을 돌아다녀야 했다.

2015년에는 3번이나 이사했는데 그때는 완전히 나그네 인생이었다. 마지막 3번째가 수원으로 가는 것이었는데, 이상하게도 그때부터 찾아오던 많은 사람이 갑자기 뚝 끊어지면서 나는 교회에 대한 탐구에 집중할 수 있게 되었다. 그것이 하나님의 은혜였다.

교회를 탐구하다

그때 읽었던 나의 첫 책이 『이교에 물든 기독교』였는데,[1] 참으로 나에게 엄청난 충격을 주었다. 이 책은 초대교회의 전통이 변질하여 교회가 제도화되는 과정을 기록한 책이지만, 나는 이 책을 통해서 교회의 주인이신 예수님께서 직접 교회를 세우시도록 예수님께 내어드리지 못하고, 도리어 나는 내가 교회를 세운 뒤에 예수님께 내어드리려는 나 자신을 발견하였다. 예수님은 뒤에서 바라보고만 계시고, 내가 열심히 사역해서 교회를 예수님께 내어드리는 것이다. 나는 이렇게 하면 예수님께서 기뻐하고 칭찬해 줄 것으로 믿었다. 그러나 완전히 나의 착각이었다.

나는 예수님의 교회를 세울 능력이 없었다. 교회를 세우는 것은 예수님께서 직접 하시는 사역이기에 인간이 만든 교회성장학으로 되지 않는다. 하지만 능력도 없는 내가 예수님을 대신해서 교회를 세우려 하다 보니, 내가 예수님보다 앞서가게 되었다. 그러니 예수님을 의지하고 예수님께 내어드려 예수님을 따라가기보다는 온갖 프로그램과 세상적인 이론과 방법을 다 사용하여서 교회를 성장시키려 할 수밖에 없었다.

문제는 이것이 너무나 힘들고 어렵다는 사실이다. 그런데도 안 되니 큰 교회를 보며 시기하고 질투하며, 하나님께 분노하는 나 자신을 보게 되었다. 그것도 부족해서 스스로 낙심하고 수치스러워하는 나 자신이 얼마나 부끄러웠는지 모른다.

나는 이 책을 읽으면서 해머로 머리를 몇 대 맞은 것 같은 느낌을 받고, 며칠 동안 하나님께 내가 교회의 주인이 되었음을 회개하였다. 그렇지만 여전히 의문은 풀리지 않았다. 현대 제도권 교회가 분명히 성경적이지 않다는 것은 알겠지만, 그렇다면 왜 초대교회는 우리와는 전혀 다른 교회로 모였을까? 왜 성령님은 교회를 가정교회로 시작하셨을까?

그래서 나는 초대교회와 가정교회에 관한 책을 읽으며 탐구하기 시작하면서 교회를 새롭게 발견하기 시작했다. 그런데 신기한 것은 교회를 탐구하면 할수록, 하나님을 새롭게 알 뿐 아니라 더 깊이 알게 되었다. 그리고 하나님과의 관계도 새롭고 더 깊어질 뿐 아니라, 나의 삶도 새로워지고 이전보다 더 큰 자유와 기쁨과 풍성함을 누리게 되었으며, 교회적으로도 많은 변화와 성장과 축복을 경험했다. 이것이 은혜이다.

지금 나는 가정교회(유기적 교회)를 섬기는 사역자이다. 사실 가정교회보다는 유기적 교회가 성경적으로 더 바른 의미이지만, 일반적으로 가정교회라는 표현을 많이 쓰기에 가정교회라고 한다.[2] 그동안 유명한 교회를 소개해 주겠다는 사람들도 있었고, 제도권 교회에서 청빙 이야기도 있었지만, 나는 과거로 돌아가고 싶지 않다. 교회가 무엇인지 알았기에 돌아갈 수도 없다. 예전에는 어떤 이들은 왜 가정교회를 계속 고집하느냐고 따지기도 했었다.

팬데믹 이후로는 인식이 많이 달라지기는 했지만, 아직도 대부분은 가정교회를 부담스럽거나 이상한 교회로 인식한다.

그러나 사람들은 내가 얼마나 큰 복을 누리고 있는지 모른다. 나는 모임이 기다려지고, 지체들이 보고 싶고, 주일예배를 비롯한 각종 모임에서 성도들과 교제를 나누는 것이 너무 기쁘고 즐겁다. 특히 주일 모임은 일주일 중에서 가장 기쁜 시간이다. 그런데 솔직히 이런 사역자가 얼마나 될까?

삶의 여정과 준비

나는 소위 평신도라 하는 성도들이 자발적으로 섬기는 많은 가정교회(작은 유기적 공동체)를 세우기를 소망한다. 나는 이 길을 가게 하신 하나님께 깊이 감사드린다. 그래서 나는 하나님께서 나에게 베푸신 은혜를 독자들에게 나누고 싶다. 진실로 하나님을 찾고 교회를 고민하는 독자들이 있다면, 조금이나마 도움이 되어 독자들도 이 은혜를 누리게 하고 싶었다. 종말에 대한 긴박감도 있지만, 이것이 내가 이 책을 쓴 중요한 이유이기도 하다.

오늘이 있기 전에 하나님은 오랫동안 나를 준비시키셨다. 선교단체를 통해서 제자훈련과 선교에 대한 비전을 주셨고, 제도권 교회를 경험하면서 문제와 한계를 보게 하셨고, 제도권에서 나와 교단 없는 교회를 섬김으로써 자유를 누리게 하셨고, 셀그룹과 순모임과 가정교회 등을 통해 작은 그룹의 중요성을 경험하게 하셨다. 그리고 사회생활을 통해서 세상에서 성도들의 삶을 이해하게 하셨고, 복음주의 교회를 통해 종교개혁의 전통을 배우게 하셨고, 은사주의를 통해서 성령님의 은사와 능력을 배우게 하셨고, 공동체의 생활을 통해 성도의 사귐을 경험하게 하셨다. 또한 하나님과의 친밀한 사귐을 배우고 종말에 대한 믿음과 소망을 새롭게 하셨으며, 성령님을 따라 믿음과 은혜로 사는 삶도 배우게 하셨다.

오랜 미국 생활과 여러 선교지를 방문하면서 다양한 교회를 보며 세상을 좀 더 넓게 볼 수 있게 하셨으며, 초교파 신학교를 졸업하고 여러 교단과 단체에서 활동하면서 교단이라는 틀에 매이지 않게 하셨으며, 가정교회를 섬기면서 초대교회를 조금이나마 경험하게 하셨다. 또한 조직신학에만 관심이 있던 나에게 성경신학을 공부하게 함으로써 성경과 하나님에 대한 이해를 새롭게 해 주셨다.

물론 나는 지금도 여전히 하나님의 은혜가 없이는 살 수 없는 부족하고 연약한 사람이다 보니 허물도 크고 실수도 잦다. 이것은 가족과 공동체 지체들이 잘 안다. 그러나 지난 시간을 돌아보면, 나의 이런 모습에도 불구하고 하나님은 나를 사랑해 주셔서 내 인생을 선하게 인도하셨음을 보게 된다. 이 책은 이 모든 과정이 모여 만들어진 결과물이다. 다시 말하면 이런 여정이 있었기에 이 책을 쓸 수 있었다.

하나님은 참으로 나의 연약함과 아픔까지도 모두 사용하셔서 선한 뜻을 이루는 분이심을 고백하지 않을 수가 없다. 그러므로 이 책은 내가 공부한 지식을 전하는 책이 아니다. 오히려 하나님을 향한 나의 **믿음**이자 **고백**이며, **소망**이자 **기도**이다. 또한 **사랑**이자 **열정**이며, **경험**이자 **간증**이다. 이것이 내세울 것이 없는 나의 삶이지만 작은 이야기로 이 책을 시작하는 이유이다.

독자들이 여기에 공감한다면 이제 나와 함께 교회를 통해 하나님을 만나는 여행을 떠나 보자. 나를 만나 주신 하나님께서 분명히 독자들도 만나 주시리라 믿는다.

주

1 Ibid.
2 나에게는 용어에 대한 고민이 있다. 사실 성경적으로 유기적 교회가 가정교회보다는 조금 더 적절하다. 그러나 유기적 교회도 교회의 중요한 특징이지만 교회의 모든 것을 다 설명하지는 못한다. 그 이유는 책을 읽어 보면 잘 알 것이다. 그래서 차라리 우리가 '아멘', '할렐루야', '호산나'를 사용하듯이, 그냥 '에클레시아'라고 하는 것이 더 적절하지 않을까 한다.

PART 1

삼위일체 하나님과
교회의 신비(A)

1장
에베소서에 감추어진 교회의 신비

1. 창세 전에 계획된 교회의 구원
2. 기쁨의 계획
3. 하나님의 가족

1장   에베소서에 감추어진 교회의 신비

> "하나님은 세상 창조 전에 그리스도 안에서 우리를 택하시고 사랑해 주셔서, 하나님 앞에서 거룩하고 흠이 없는 사람이 되게 하셨습니다. 하나님은 하나님의 기뻐하시는 뜻을 따라 예수 그리스도를 통하여 우리를 하나님의 자녀로 삼으시기로 예정하신 것입니다." (엡 1:4-5)

1. 창세 전에 계획된 교회의 구원

흔히 우리는 사도행전 2장에서 교회가 시작되었다고 생각한다. 그러나 에베소서 1:4-5에 의하면 교회는 창세 이전에 이미 계획이 되었다. 우리는 이 구절을 개인의 구원으로 이해하지만, 바울은 하나님께서 창조 이전부터 우리를 택하셔서 자녀로 삼으셨음을 알려 주면서, '나'의 구원이 아니라 '우리'의 구원을 이야기하고 있다. 따라서 이 구절은 개인의 구원이 아니라 우리의 구원으로 이해해야 한다.

특히 이 본문에서 우리는 바울과 에베소교회를 의미한다. 그렇다면 이 구절은 바울과 에베소교회만 창세 전부터 구원하기로 하셨다는 것을 뜻하는가? 그렇지는 않다. 먼저 에베소교회는 어느 한 교회가 아니라, 에베소와 그 주변에 있던 많은 가정교회를 의미한다.[1] 그 당시에는 사도들의 편지를 다른 지역의 여러 교회가 돌려 보았기에 이 구절이 의미하는 '우리'는 다른 지역에 있는 교회들도 포함한다. 즉 하나님은 창세 전부터 교회를 구원할 계획을 세우셨는데, 이는 교회가 창세 전에 이미 하나님의 계획 속에 포함되어 있었다는 것을 뜻한다.[2]

베드로도 하나님께서 이미 창조 전에 성도들의 구원을 위해 예수님을 보내실 것을 정하셨다고 하였다고 하면서, 개인의 구원이 아니라 '우리'라는 공동체의 구원을 가르친다(벧전 1:20). 그러므로 교회를 구원하려는 하나님의 계획은 이미 창조 이전부터 마련되어 있었다는 것을 알 수 있다(딛 1:2).

다만 교회가 오순절에 본격적으로 시작되었을 뿐인데, 성경을 잘 살펴보면 하나님께서 자신의 영광을 위해서 만물을 창조하셨지만, 교회를 위해서도 만물을 창조하셨다는 것을 알 수 있다. 즉 교회야말로 창조의 중심이자 목적이라는 사실이다. 그러므로 교회의 기원은 창조보다도 더 오래되었으며, 그때는 아직 시간이 존재하지 않을 때로서 영원이라 한다. 따라서 교회에 대한 하나님의 계획은 영원 전부터 존재하였다.

2. 기쁨의 계획

우리는 에베소서 1:4-5를 통해 하나님의 계획을 새롭게 이해한다. 대부분이 생각하는 하나님의 계획은 우리를 단지 죄에서 구원하여 천국에 가게 하는 것이다. 그러나 에베소서 1:4-5는 더 크고 높은 하나님의 계획을 알려 주는데, 하나님은 창조 이전부터 교회를 자녀로 삼으실 것을 작정하셨다는 사실이다. 즉 구원의 목적은 교회를 다시 자신의 자녀로 삼기 위함이다. 그러므로 구원의 목적은 자녀이고, 목표는 영원한 생명이며, 방법은 예수 그리스도이다(롬 5:21).

구원받은 우리는 창조 전부터 하나님의 자녀로 예정된 사람들로서, 우리가 자녀이면 하나님은 아버지이시다. 참으로 신기한 관계가 아닐 수 없는데, 어떻게 이렇게 되었을까? 그것은 하나님께서 아버지가 되고 싶으셨기 때문이다. 그래서 하나님은 자녀를 가질 계획을 다 세워 놓으시고, 정하신 계획과 시간대로 하나씩 이루어 나가신다. 이것이 창조 이전부터 시작되었으니, 세상에 이것보다 더 오래된 계획은 없다.

그런데 더 놀라운 것은 하나님은 우리를 자녀 삼으실 것을 기뻐하셨다는 것이다(엡 1:5). 나는 이것이 신기하기만 하다. 하나님께서 우리를 기뻐하신다는 것은 우리를 좋아하신다는 것을 뜻한다. 그것도 아주 좋아하시는데 성경은 이것을 사랑한다고 표현한다(엡 5:1; 요일 3:1). 사랑하면 기뻐하게 된다. 하나님은 우리를 사랑하시기에 우리를 기뻐하신다. 우리를 사랑하는 하나님은 창조 이전부터 기쁨으로 계획을 세우셨는데,[3] 그 계획의 중심은 구원받은 자녀들이 모인 우리이며 우리를 공동체 또는 교회라고 한다.

물론 우리가 하나님의 자녀가 되어 하나님을 아버지로 부를 수 있다는 것은 예수님을 믿는 사람들이라면 모두가 아는 진리이다. 이것만 생각하면 아주 간단하지만, 여기에는 하나님께서 영원 전부터 가지신 놀라운 창조의 계획과 만물을 회복하려는 구원의 신비로운 비밀이 담겨 있다(엡 1:9). 그것의 중심에는 교회가 있으며, 우리는 그 교회의 지체가 되도록 부르심을 받은 사람들이다(엡 1:11).

하나님께서 우리가 상상도 할 수 없는 축복을 주시기 위해 부르셨으며, 하나님은 이것을 이루시기 위해서 지금도 엄청나게 강한 능력으로 활동하고 계신다(엡 1:19). 하나님은 우리가 이것을 꼭 알기를 바라시며, 우리가 진정으로 이것을 알게 되면 그것을 소망하지 않을 수가 없다(엡 1:18). 그러므로 우리는 하나님의 계획과 비밀의 중심에 있는 교회를 반드시 알아야 한다.

3. 하나님의 가족

성경은 교회를 여러 가지로 설명하지만 가장 핵심적인 것은 교회는 하나님의 가족이다(엡 2:19; 딤전 3:15).[4] 성경에 기록된 교회에 대한 여러 정의 중에서 이 정의야말로 가장 중요한 정의이다.

교회는 구원받은 하나님의 자녀들이 모든 공동체이기에 교회를 하나님의 가족이라 한다. 교회를 그리스도의 몸이라고도 하는데(엡 1:23; 골 1:24), 이것 역시 가족 공동체의 또 다른 표현이다. 왜냐하면 부모의 몸에서 나온 자녀는 부모 몸의 일부분인 것처럼, 하나님의 자녀는 하나님 몸의 일부분이기에 하나님의 가족 공동체는 하나님의 몸이 된다.

그렇다면 공동체는 무엇인가? 교회를 공동체라 하니 이상하게 생각하는 사람들이 많을 것 같다. 공동체는 가치관을 공유하는 사람들이 그것을 이루기 위해 함께 살아가는 무리이며, 가족의 특징은 혈연으로 연결되어 함께 사는 것이다. 공동체나 가족이나 모두 함께 사는 무리이기에 가족을 공동체라고도 한다. 그렇다면 성경이 말하는 교회는 예수님의 피로 구원받은 사람들이 모여서, 하나님을 중심으로 함께 살아가는 무리이므로 교회도 공동체라고 할 수 있다. 이런 점에서 특히 교회는 신앙공동체이다.

결국 에베소서 1:4-5는 영원 전부터 시작된 하나님의 계획과 사역은 하나님의 가족 공동체를 구원하는 것임을 알려 준다.[5] 이것을 매우 기뻐하신 하나님은 이 기쁨으로 세상을 창조하셨으며, 에덴에서도 이 기쁨을 누리셨다. 그리고 이 기쁨을 회복하기 위해 예수님을 보내셔서 십자가에 죽게 하시고 죽음에서 부활시키셨다. 마지막으로 예수님의 재림도 이 기쁨의 완전한 회복을 위함이다.

그렇다면 여기에서 궁금함이 생긴다. 왜 하나님은 교회라고 부르는 가족 공동체를 창조 이전부터 계획하셨으며 그토록 기뻐하셨을까? 이것이 하나님께 얼마나 중요하기에, 예수님까지도 세상에 보내셔서 죽게 하셨을까? 과연 교회는 하나님께 어떤 의미가 있는가?

오래전에 최명자라는 분이 〈왜 날 사랑하나〉라는 찬양을 불렀다. 꽤 유명한 찬양이었는데 가사의 후렴에는 "왜 날 사랑하라"를 반복한다. 우리는 하나님께서 우리를 사랑하신다는 것을 배워서 이미 잘 알고 있다. 그러나 왜 그렇게까지 우리를 사랑하시는지는 깊이 생각해 보지 않은 것 같다. 사실 나도 생각해 보지 못했다.

그러나 만약 우리가 이것을 이해한다면, 하나님의 마음을 바르게 아는 것만이 아니라, 하나님과 바른 관계를 맺는 데 큰 도움이 될 것이다. 그러려면 먼저 교회를 창조하신 하나님이 어떤 분인지를 알아야 한다. 우리를 사랑하는 하나님은 우리를 구원하여 교회의 아버지가 되신 하나님이시며, 교회는 하나님의 속성에서부터 시작되었기 때문이다. 그렇다면 이제 하나님은 어떤 분이신지를 함께 알아보자.

주

1   제임스 W. 톰슨, 『바울의 교회론』, 이기운 옮김, (CLC, 2019), p350
2   클린턴 아놀드, 『강해로 푸는 에베소서』, 정옥배 옮김, (디모데, 2017), p203
3   존 파이퍼는 하나님께서 기쁨으로 창조하셨다는 중요한 사실을 깊은 통찰력으로 설명하고 있다. '존 파이퍼, 『하나님의 기쁨』, 이상준 옮김, (두란노, 2013), p91-117' 하나님은 모든 만물을 보시며 다 기뻐하시지만, 기쁨의 중심은 교회이다.
4   하나님의 가족에 대한 성경적 설명은 '존 드라이버, 『교회의 얼굴』, 전남식 & 이채화 옮김, (대장간, 2015), p170-185'를 참고하라.
5   샌드라 리히터는 구약 성경과 복음서를 세밀하게 탐구한 뒤 구속(redemption)은 가족을 돌보고 책임지는 아버지와 가장 중심의 문화와 연결되어 있다고 주장한다. '샌드라 리히터, 『에덴에서 새 에덴까지』, 윤석인 옮김, (부흥과개혁사, 2013), p25-64' 핵심은 하나님은 성경을 통해서 처음부터 어려움에 부닥친 가족을 구속하시는 책임감 있는 가장이라는 사실을 알려 주셨다는 것이다(p63). 따라서 성경은 가족을 구원하시는 신실하신 아버지 하나님의 이야기라 할 수 있다.

2장
삼위일체 하나님과 가족 공동체

1. 공동체의 하나님
2. 한 분 하나님
3. 사랑의 가족
4. 사랑의 교제
5. 유기적 관계
6. 마음의 하나됨
7. 충만함

2장 삼위일체 하나님과 가족 공동체

"창세 전부터 아버지께서 나를 사랑하셔서 내게 주신 내 영광을" (요 17:24)

"내가 아버지를 사랑한다는 것과" (요 14:31)

"우리가 하나인 것 같이 … 우리가 하나인 것과 같이" (요 17:11, 22)

1. 공동체의 하나님

세상이 창조되기 이전에 시간도 존재하지 않았을 때를 옛적(the Ancient of Days) 또는 영원(eternity)이라 한다. 그때부터 늘 함께 존재하셨던 세 위격이 있으셨는데,[1] 세 위격의 이름은 성부(holy father)와 성자(holy son)와 성령(holy spirit)이셨다.

성경은 세 위격 모두 하나님이라 하지만, 동시에 하나님은 오직 한 분이시라 한다.(신 6:4) 하나님은 분명히 한 분이시지만, 동시에 구별되는 세 위격으로 존재하신다. 그러므로 하나님은 예수님과 구별되시고, 예수님은 성령님과 구별되시며, 성령님은 하나님과 구별되신 위격이시다. 그래서 세 위격을 각각 성부 하나님, 성자 하나님, 성령 하나님이라 하며, 세 위격 모두를 삼위 하나님이라고 한다.

그렇다면 삼위 하나님은 언제부터 이렇게 존재하셨는가? 영원한 하나님

은 존재하는 그 순간부터 세 위격으로 존재하셨으며, 지금도 이렇게 존재하고 계시고, 앞으로도 계속 이렇게 존재하신다. 그리고 단 한 순간도 서로 떨어진 적이 없으신 하나님은 영원토록 늘 함께 계신다.

여기에서 우리는 놀라운 사실 하나를 발견하는데 하나님은 분명히 한 분이시지만, 동시에 공동체로 존재하신다는 사실이다.[2] 하나님은 처음부터 공동체로 존재하셨는데, 이는 하나님에게 공동체의 속성이 있으시다는 것을 의미한다. 그리고 하나님의 속성은 영원토록 불변하기에, 하나님은 영원토록 공동체로 존재하신다.

속성은 의식하지 않아도 자연스럽게 나타난다. 이것처럼 공동체는 하나님의 속성이시기에 하나님은 자연스럽게 공동체를 추구하신다. 하나님께서 인간을 남자와 여자로 창조하신 것도 바로 자신에게 있는 공동체의 속성 때문이다. 그래서 길버트 빌지키언은 이렇게 말했다. "하나님은 자신의 공동체적 본성을 따라 세상의 모든 공동체를 창조하셨기에, 그 공동체에는 하나님의 영원한 모습을 반영하고 있다."[3] 참으로 적절한 설명이지 않을 수 없다.

칼빈은 인간은 하나님의 형상을 하고 있기에, 인간을 아는 지식은 하나님을 아는 지식과 연결되어 있다고 하였다. 공동체도 마찬가지이다. 공동체도 하나님의 본성을 가지고 있기에, 공동체를 아는 지식은 하나님을 아는 지식과 연결되어 있다. 따라서 공동체를 바로 알려면, 먼저 공동체의 근원이신 삼위 하나님을 아는 것이 중요하다. 즉 교회가 궁금하다면, 하나님부터 먼저 알아야 한다.

그래서 신학자인 스탠리 그랜츠는 이렇게 말했다. "교회에 대한 우리의 이해의 궁극적인 토대는 삼위일체 하나님의 본성 자체와 교회의 관계에 있다. 그런 까닭에 우리의 교회론은 조직신학의 다른 주제들과 마찬가지로 그 출발점을 신론에서 찾는다."[4]

그렇다. 교회의 출발점은 삼위일체이다. 감사하게도 20세기 후반에 들어서 삼위일체와 관련해서 교회를 설명한 책들이 많이 나왔다. 그러나 아직도 교회를 바르게 알지 못하는 것은 교회의 근원이 되신 하나님을 바르게 알지 못했기 때문이다. 그렇다면 과연 삼위 하나님은 어떤 분이신가?

2. 한 분 하나님

삼위 하나님은 공동체로 존재하시지만, 동시에 한 분으로 존재하신다. 하나님은 서로 구별되는 세 위격(성부, 성자, 성령)으로 존재하시지만, 본질과 영광과 능력에서 완전히 동일하신 한 분 하나님이시다(신 32:39; 사 43:10; 고전 8:4; 딤전 1:17; 2:5). 그러므로 삼위 하나님은 공동체의 하나님이시지만, 서로 분리되지 않은 한 분 하나님이시다. 이런 하나님의 속성을 삼위일체(Trinity, 三位一體)라고 한다.[5]

삼위일체는 참으로 신비롭다. 세 위격이면서 한 분이시고, 한 분이신데 세 위격이시다. 삼위일체의 핵심은 공동체이시지만 한 분으로 존재하신다는 진리이다. 그것도 영원히 삼위일체로 존재하시기에, 공동체처럼 하나 됨(unity)도 하나님의 속성이다. 이것은 인간의 이성을 초월하는 하나님의 신비기에, 인간의 제한적인 이성과 언어로 완전히 이해하고 설명하는 것은 불가능하다.

그럼에도 예수님의 가르침을 통해 어렴풋이 이해할 수는 있는데, 예수님은 자신이 하나님 안에 있고 하나님은 자신 안에 계신다고 하셨다(요 10:38). 두 분 모두 서로 안에 거하는 것이다. 이것은 예수님과 하나님이 완전한 연합을 이루셨기에, 곧 예수님이 하나님이고 하나님이 예수님이시라는 의미이다. 두 분은 같은 분이시기에 예수님을 보는 것은 곧 하나님을 보는 것이며, 하나님을 보려면 예수님을 보면 된다(요 14:9).

그리고 성령님도 하나님이시다. 따라서 하나님 안에 성령님과 예수님이 거하고 계시며, 성령님 안에 하나님과 예수님이 거하고 계시며, 예수님 안에 하나님과 성령님이 거하고 계신다. 한 분 안에 다른 두 분이 계심으로써, 세 분은 완전한 연합을 이루고 계신다.

따라서 누구를 보아도 다른 두 분을 보는 것이며, 어떤 분을 알고 싶으면 다른 두 분을 알면 된다. 가령 하나님을 알고 싶으면 예수님과 성령님을 알면 되며, 예수님을 보는 것은 하나님과 성령님을 보는 것과 같다(요 14:8-9). 그리고 세 분은 항상 함께 움직이시고 함께 말씀하신다. 게다가 무엇을 하든지 세 분의 생각과 감정도 똑같으시며, 의지적인 선택도 똑같으시다. 그래서 세 분은 마음까지도 완전히 한 분이시다. 그러니 완벽히 한 분이지 않을 수 없다.

3. 사랑의 가족

사랑은 하나님의 대표적인 속성으로서(요일 4:16), 하나님은 참된 사랑의 근원이시다. 참된 사랑은 언제나 자신을 넘어서서 상대를 위한 이타적인 사랑으로 나타나는데, 세상도 이런 사랑을 존경하고 칭찬한다.

이타적인 사랑으로 충만하신 삼위 하나님은 이 사랑으로 서로를 지극히 사랑하신다.[6] 하나님은 예수님과 성령님을 지극히 사랑하시고, 예수님은 하나님과 성령님을 지극히 사랑하시며, 성령님은 하나님과 예수님을 지극히 사랑하신다. 이 사랑은 완전하고 영원하며 희생적이며 무조건적이다.

성경은 예수님을 모든 피조물보다 먼저 나신 분이라고 하였다(골 1:15). 가장 먼저 계신 분은 하나님이셨다. 그런데 하나님으로부터 예수님이 나왔다.[7] 성령님도 하나님으로부터 나왔다(고전 2:12). 그렇지만 하나님으로부터 가장 먼저 나오신 분은 예수님이시다. 시간이 존재하지 않던 영원 전의 일이기에 시간적인 차이는 없지만, 순서는 있으시다. 하나님이 가장 먼저이시고, 그다음이 예수님이시고, 마지막으로 성령님이시다. 그런데 그때마다 완전한 자기복제가 일어나서, 하나님과 완전히 똑같은 다른 하나님이 나오셨다. 어느 누가 이것을 성냥에 비유하는 것을 들었다. 성냥을 켜면 성냥에서 빛과 함께 열이 발생하듯이, 하나님이 존재하심과 동시에 예수님과 성령님이 존재하셨다는 것이다.

그런데 하나님은 예수님을 아들이라고 부르셨고, 예수님은 하나님을 아버지라고 부르셨다. 서로가 이렇게 부르기를 기뻐하셨고 좋아하셨다. 하나님과 예수님은 동등한 하나님이지만, 동시에 아버지와 아들의 관계이기도 하다. 그래서 이것을 두고서 마이클 리브스는 "하나님은 원래 아버지이시다"라고 하였다.[8] 그렇다면 예수님은 원래 아들이었다. 하나님은 원래부터 아버지의 속성이 있으셨고, 예수님은 아들의 속성이 있으셨다.

하나님과 예수님은 처음부터 이렇게 존재하셨으며, 하나님께서 만물을 창조하신 것은 그다음의 일이다. 따라서 아버지와 아들이라는 정체성과 관계야말로 삼위 하나님의 정체성과 관계의 근원이자 시작임을 알 수 있다.

우리는 여기에서 아버지와 아들로 구성된 최초의 가족을 볼 수 있는데 여기에는 아주 중요한 의미가 있다.[9] 삼위 하나님은 처음부터 공동체와 가족으로 존재하셨다. 따라서 최초의 가족은 아담과 하와가 아니라 삼위 하나님이시며, 하나 됨과 사랑처럼 가족 됨도 하나님의 본성이다. 또한 삼위 하나님은 영원토록 가족으로 존재하시기에, 가족은 하나님의 영원한 존재 방식이기도 하다.

삼위 하나님께서 처음부터 가족으로 존재하셨다는 것은 처음부터 가족 관계를 맺으셨다는 것을 의미한다. 즉 하나님은 관계적인 분이시기에 본성적으로 관계를 맺으신다. 그래서 다른 모든 피조물과도 관계를 맺으신다. 하지만 가장 근원적이고 본질적인 관계는 바로 가족 관계이므로 하나님은 본성적으로 가족에 대한 깊은 열정과 기쁨이 있으시다. 이것이 하나님을 이해하는 핵심이다.

부모는 본성적으로 자녀를 사랑하는데, 하물며 사랑이신 하나님은 말할 것도 없다. 아버지이신 하나님은 아들이신 예수님을 지극히 사랑하신다. 아버지가 아들을 보며 기뻐하듯이 하나님도 예수님을 보며 좋아하고 기뻐하시며(마 3:17; 17:5), 아들이신 예수님은 이러한 아버지 하나님을 너무나 사랑하신다(요 14:31). 그래서 삼위 하나님의 관계에서는 늘 사랑으로 인한 기쁨이 넘친다.

4. 사랑의 교제

삼위일체에는 우리가 흔히 간과하는 놀라운 영적 비밀이 있다. 우리는 삼위 하나님께서 그냥 하나로 존재하고 계신다고 생각하지만 그렇지는 않다. 물론 삼위 하나님은 본질적으로 하나로 존재하시지만, 더 중요한 사실은 서로를 지극히 사랑함으로 진정으로 하나가 되신다는 것이다.[10]

그러면 사랑과 하나 됨은 어떤 관계가 있는가? 이것을 알려면 독자들이 누군가 지극히 사랑했던 순간을 생각해 보면 잘 알 수 있다. 사랑의 속성 중에는 사랑하는 대상과 가까워지고 싶은 욕구가 있는데, 사랑할수록 조금도 떨어지려 하지 않고 늘 붙어 다니면서 계속 교제를 나누려 한다. 이것을 사귐(fellowship)이라 한다. 사랑의 사귐은 비교할 수 없는 기쁨과 만족을 주는데, 사랑이 뜨거워지면 온종일 같이 지내도 피곤하지도 지루하지도 않고 오히려 늘 부족할 뿐이다. 하나님도 마찬가지이다. 사랑으로 충만한 삼위의 하나님은 사랑의 사귐으로 지루할 틈이 없으시다.[11]

나는 이전부터 왜 하나님이 세 분으로 존재하시는지 궁금했다. 그런데 어쩌면 사귐이 하나님이 삼위로 존재하시는 이유일지도 모르겠다. 하나님은 스스로 충분하시기에 다른 어떤 것도 필요 없으신 분이시다. 그렇지만 하나님은 존재하실 때부터 사랑으로 충만한 분이셨다. 사랑은 본성적으로 사랑할 대상을 원한다. 인간이 끊임없이 무엇인가 사랑할 대상을 찾는 것도 이 때문이며, 인간은 이 관계를 통해서 최고의 기쁨을 누린다.

하나님도 비슷하시다. 사랑이신 하나님은 사랑의 관계를 통해서 가장 큰 기쁨을 누리신다. 그래서 성부 하나님은 홀로 존재하지 않으시고, 더 깊은 사랑의 관계를 위해서 삼위로 존재하고 계신 것이리라 짐작해 본다.

많은 이가 교회의 최고의 가치를 예배에 두고 있지만, 사실 예배보다 먼저 있었던 것은 바로 사귐이다. 사귐을 가지시던 하나님께서 만물을 창조하심으로 피조물의 예배가 시작되었다. 그러므로 예배보다 사귐이 더 근원이며 본질이며, 이것이 교회를 이해하는 핵심이다.

서로를 지극히 사랑하기에 한시도 떨어져 있고 싶지 않으신 삼위의 하나님은 늘 사랑의 사귐을 가지신다. 하나님의 모든 것이 변함이 없듯이 이 사귐도 변함이 없다. 예수님은 하나님께서 창세 전부터 자신을 사랑하셨다고 하였다(요 17:24). 참으로 오래되고 한결같은 사랑이다. 변하지 않는 깊은 사랑을 받으면, 마음에 깊은 감동과 안정감이 온다. 그 감동은 기쁨으로 자원하여 상대를 사랑하고 섬기고 싶은 마음으로 나타나게 되며, 안정감은 어떤 상황에서도 흔들리지 않는 담대함과 평안함을 준다.

그래서 하나님의 사랑을 듬뿍 받은 예수님은 아버지 하나님의 영광을 위해 자신의 목숨도 아까워하지 않으셨다(요 17:4). 이것이 하나님과 예수님의 사랑의 관계였으며, 삼위의 하나님은 창세 전부터 이러한 사랑의 관계로 함께하시며 충만한 기쁨을 누리셨다.

5. 유기적 관계

삼위일체 하나님의 또 다른 신비 중의 하나는 유기적 관계이다. 유기적 관계는 각 기관이 서로 긴밀하게 연결되어서 하나의 생명체처럼 활동하는 관계를 뜻한다. 이것이 고린도전서 12:11-27에 잘 설명되어 있는데, 이것은 교회의 특징을 설명하는 구절이다.

바울은 교회는 그리스도의 몸이라고 하면서(엡 5:24; 골 1:24) 유기적 관계로 비유하였다. 몸에는 여러 기관이 있는데, 모두 고유한 역할이 있다. 이 기관들이 서로 긴밀하게 연결되어 각자의 역할을 충실하게 감당함으로써 몸 전체에 유익을 준다. 이렇듯 각 기관은 서로를 의지하고 서로를 섬겨 정상적인 하나의 생명체로서 기능하게 된다.

삼위 하나님이 이러하시다. 하나님과 예수님과 성령님은 아주 긴밀하게 연결되어 있는데, 서로를 연결하는 것은 사랑의 교제이다. 그러나 이 교제는 사귐만을 뜻하지는 않는다. 사랑하게 되면, 사랑하는 대상에게 참여하고 싶으며, 그 대상을 섬기며 높여 주고 싶어진다. 이처럼 삼위 하나님은 사랑의 교제를 통해 서로에게 참여하고 서로를 섬기고 서로를 높여 주신다.

그러나 삼위 하나님은 각자의 역할이 있으시다. 물론 세 분 모두 혼자서 모든 것을 다 하실 수 있으신 전능한 하나님이시지만, 세 분은 서로를 사랑하기에 서로를 섬기기를 원하셨는데 이것이 서로에게 기쁨이다. 단지 각자의 역할을 정하시고, 그것을 충성되게 감당하신다. 이것은 세 분이 스스로 자신을 제한하시고, 서로를 의존하기로 하셨다는 것을 뜻하는데, 그럼으로써 서로가 더욱 긴밀하게 연결된다.

이런 관계는 서로에 대한 존중과 헌신과 순종이 매우 중요하지만, 아름다운 섬김과 완전한 협력의 관계에는 충성, 인내, 겸손, 온유, 절제, 친절, 지혜 같은 성품도 꼭 필요하다. 그러므로 완전한 유기적 관계는 하나님의 사랑과 성품을 기반으로 한다.

삼위 하나님의 유기적 관계는 성경 전체에 잘 나타나 있다. 창조는 삼위 하나님의 협력 사역이었지만, 구약에서의 구원 사역은 하나님이 주도하시고, 신약에서는 예수님의 십자가와 부활로 구원의 길을 열어 놓으셨고 마지막으로 성령님께서 구원의 사역을 확장하신다. 그리고 예수님이 재림하실 때 삼위 하나님이 함께 구원의 사역을 완성하신다. 참으로 아름답고 완전한 유기적 관계이다. 이렇듯 유기적 관계는 하나님의 속성이자 존재 방식이기에, 삼위 하나님은 영원토록 유기적 관계로 존재하신다.

6. 마음의 하나 됨

사랑의 열매 중의 하나는 마음의 하나 됨이다. 서로 사랑하게 되면, 서로를 더 잘 알고 싶어 서로 가까이하며 많은 대화를 나누게 된다. 이런 시간이 흐르면서 서로를 더 이해하고, 존중하며, 있는 모습 그대로 받아들이게 된다.

1982년도에 현철이라는 가수가 〈앉으나 서나 당신 생각〉과 〈마음은 하나〉라는 노래를 발표했는데, 아마도 이 노래를 아는 사람들이 꽤 있을 것 같다. 두 곡은 같은 앨범의 A면과 B면의 첫 번째 곡이다. 두 곡은 사랑의 특징을 너무나 잘 설명한다. 깊은 사랑을 하게 되면, 〈앉으나 서나 당신 생각〉의 가사처럼 오로지 서로만을 생각하게 된다. 그리고 서로가 깊이 사랑하게 되면, 〈마음은 하나〉의 가사처럼 마음은 하나가 된다. 그런데 삼위 하나님이 바로 이러하시다.

마음이 하나가 된다는 것은 생각과 감정과 의지가 하나가 된다는 것을 의미한다(고전 1:10; 빌 2:2). 상대의 생각과 감정과 의지가, 내 생각과 감정과 의지로 전이되는 것이다. 이렇게 되면 내 생각과 감정과 의지는 사라지고, 상대의 생각과 감정과 의지만이 내 안에 존재한다. 이것이 상대에게도 일어나게 될 때, 서로의 마음은 완전히 일치되는데 이것을 관계적 하나 됨이라고 한다.

이때부터는 내가 사는 것이 아니라, 내 마음 안에 있는 상대가 산다. 분명히 내 몸이지만 내가 주인이 아니라 상대가 원하는 대로 살아가게 된다. 사랑 때문에 상대의 종이 되어 상대에게 삶의 주권을 내준다. 사랑으로 인해서 서로에게 스스로 구속받는 것이 사랑의 특징이기에, 사랑은 자발적인 자기 포기이자 자기 구속이다. 그럼에도 힘들지 않고 오히려 기뻐하는 것이 사랑이기에 사랑은 참으로 이해하기 어려운 신비이다.

관계적으로 하나가 되면 마음(생각, 감정, 의지)이 하나가 된다. 서로 구별되는 인격체이면서도, 동일한 생각을 하고, 동일한 감정을 느끼면서, 동일한 것을 추구한다. 그래서 함께 기뻐하고, 함께 슬퍼하며, 함께 분노하면서 함께 한뜻을 이룬다. 여기에서 진정한 연합이 일어나서 한마음으로 함께 가는데, 이것을 동행이라 한다. 이것이 모두가 꿈꾸는 아름다운 삶이지만, 오직 사랑의 사귐으로만 가능하다. 따라서 삼위 하나님이 서로 연결되어 영원히 함께하시듯이, 사랑과 사귐과 하나 됨(연합)도 서로 연결되어 언제나 함께한다.

이런 삶에는 완전한 자유가 필요하다. '엎드려 절 받기'라는 말이 있듯이, 진정한 사랑은 어떠한 강압에 의한 것도 아니며, 마지못해 규정이나 전통을 따르는 것도 아니다. 오히려 사랑하기에 자발적으로 섬기며 열정적으로 헌신하며 끝까지 인내하는데, 도리어 즐겁고 기쁘며 보람을 느낀다. 상대도 이런 사랑에 감동하여 상대를 더 사랑하게 된다. 따라서 진정한 사랑의 관계를 위해서는 반드시 완전한 자유가 필요하다.

영원 전부터 존재하셨던 성부와 성자와 성령님이 바로 이런 사귐으로 존재하셨다. 하나님은 참으로 자유로운 분이시기에(고후 3:17). 삼위 하나님의 모든 섬김과 희생과 존중과 높임과 의존은 전적으로 자발적이었으며 자유로운 선택에 의한 것이었다. 그 결과로 마음도 완전히 하나가 되셨을 뿐 아니라, 이런 사귐을 기뻐하고 즐거워하셨다. 따라서 하나님께서 진정한 사랑의 관계를 맺을 수 있으신 것은 완전히 자유로운 분이시기 때문이다.

7. 충만함

우리가 잘 모르는 하나님의 속성이 있는데 바로 충만(fullness)이다. 충만은 매우 중요한 속성으로서, 많은 정도가 아니라 차고 넘치는 상태이다. 속성은 곧 본성이기에, 하나님은 충만하게 하시려는 본성이 있으시다.

하나님은 자신의 모든 속성으로 충만하신 분이다(골 2:9).[12] 피조물들처럼 이런저런 속성들이 모여서 충만함을 이루는 것이 아니라, 하나님은 각각의 속성들 그 자체만으로 충만하시다.

그중에서도 대표적인 것이 사랑이다. 태양이 열과 빛으로 충만하듯이, 하나님은 사랑으로 충만하시다. 태양은 열과 빛이 흘러넘치듯이, 하나님은 사랑으로 흘러넘치신다. 태양이 열을 내뿜고 빛을 비추는 것을 멈출 수 없듯이, 하나님도 사랑하는 것을 멈출 수가 없다. 그래서 하나님은 모든 것을 사랑으로만 하신다(시 145:17).

  그러나 하나님은 사랑만 충만하신 분이 아니시다. 하나님의 지혜, 정의, 평화, 기쁨, 능력, 그리고 진리도 흘러넘친다.[13] 이것이 바로 하나님의 충만이며, 충만의 특징은 아무리 주어도 부족함이 없다는 것이다.

  이렇듯 충만하신 하나님은 무엇을 하시든지 자신의 속성으로 충만하게 하신다. 대표적인 것이 만물의 창조이다. 만물은 그냥 창조된 것이 아니라, 하나님의 충만한 속성(지혜, 능력, 선하심, 사랑, 평화, 은혜 등)이 삼위 하나님의 협력으로 창조된 하나님의 걸작이다. 그 결과 에덴은 하나님의 모든 속성이 충만하여 보시기에 너무나 아름답고 선하며 평화로운 동산이 되었으니, 하나님께서 이곳을 보시며 기뻐하고 만족해하지 않을 수가 없다.

  하나님은 창조의 하나님이시다(사 42:5; 히 2:10). 만물의 창조는 하나의 예일 뿐이며, 무한한 지혜와 완전한 자유를 가지신 삼위 하나님은 사랑 안에서 늘 협력하여 선하고 아름다운 무엇을 창조하시는 분이시다. 따라서 세 분의 관계는 언제나 새로움으로 넘치신다.

  여기에서 중요한 사실 하나를 발견하는데 하나님의 충만함은 사랑의 교제를 통해서 확장된다는 사실이다. 그러므로 충만함은 사랑의 교제를 통해서 더 새롭고 풍성해지며 은혜롭고 아름다워진다. 하나님은 이것을 잘 아시기에 더욱 힘써 사랑의 교제를 나누시며 기뻐하신다. 그럴 때 세 분의 마음은 하나가 되고, 세 분이 임재하시는 그곳에는 하나님의 온갖 속성으로 더욱 충만해진다.

  이것이 바로 삼위 하나님의 관계적 속성이다. 위에서 보았듯이 공동체, 하나 됨, 가족, 사랑의 교제, 유기적 관계, 한마음, 충만 등이 하나님의 관계적 속성이다. 그렇다면 이것이 교회와 어떤 관련이 있는가?

주

1 인간에게는 인격(人格)을 쓰지만, 하나님은 인간이 아니라 신이기에 위격(位格)이라고 부른다. 위격은 신격(神格)이라고도 하는데, 인간과 구별되는 하나님의 본질을 표현하기 위해 사용하는 신학적 용어이다.
2 스탠리 J. 그랜츠, 『누구나 쉽게 배우는 신학』, 장경철 옮김, (CUP, 2012), p77
3 길버트 빌지키언, 『공동체』, 두란노 출판부 옮김, (두란노서원, 2001), p15
4 스텐리 그랜츠, 『조직신학』, 신옥수 옮김, (CH북스, 2003), p691
5 삼위일체를 이해하는 데 정성욱 교수의 도움을 많이 받았다. 어려운 삼위일체를 쉽게 이해하는 데 탁월한 책으로 '정성욱, 『삶 속에 적용하는 Life 삼위일체 신학』, (홍성사, 2007)'을 추천한다.
6 삼위 하나님과 사랑의 관계는 '김남준, 『교회와 하나님의 사랑』, (익투스, 2019), p22-35'를 참고하라.
7 데럴 존스, 『삼위 하나님과의 사귐』, 김성환 옮김, (IVP, 2006), p48
8 마이클 리브스, 『선하신 하나님』, 장호준 옮김, (복있는 사람들, 2015), p38
9 안드레아스 쾨스텐버거, 스콧 스웨인, 『아버지와 아들과 성령』, 전광규 옮김, (부흥과 개혁사, 2016), p84
10 정성욱, 『삶 속에 적용하는 Life 삼위일체 신학』, p88
11 인간과 구별되는 하나님의 사귐을 communion이라고 하는데, 인간의 사귐보다 훨씬 깊고 인격적이며 선하고 아름다운 사귐을 의미한다. 자세한 것은 '정성욱, 『삶 속에 적용하는 Life 삼위일체 신학』, p89'를 참고하라.
12 하나님의 속성을 아는 것은 하나님을 아는 지식과 하나님과의 관계의 시작이며, 성도의 믿음과 소망의 근간이 된다. 하나님의 속성에 설명하는 좋은 책으로 '로버트 L 레이몬드, 『기독교 신론』, 조영천 옮김, (CLC, 2009)'; '매튜 바렛, 『무한, 영원, 완전』, 오현미 옮김, (개혁된 실천사, 2021)'; '제임스 패커, 『하나님을 아는 지식』, 정옥배 옮김, (IVP, 2008)'을 추천한다. 그리고 하나님의 많은 속성을 간략하고 쉽게 설명한 책으로는 'A.W. 토저, 『GOD(갓 하나님)』, 이용복 옮김, (규장, 2007)'; '조엘 비키 & 브라이언 코스비, 『하나님의 속성』, 이제롬 옮김, (개혁된 실천사, 2022)'를 추천한다.
13 하나님은 각각의 속성으로 충만하신 분이지만, 인간은 여러 기관이 모여서 한 몸을 이룬다. 이것이 하나님과 인간의 차이점 중의 하나이다.

3장

새로운 가족을 꿈꾸시는 하나님

"아담은 하나님의 아들이다." (눅 3:38)

앞에서 우리는 삼위일체 하나님의 속성에 대해 알아보았다. 하나님을 아는 지식은 우리의 모든 것을 바꾸는 엄청난 힘이 있다. 위의 설명들이 특별히 어려운 것도 없지만, 아마 많은 분에게는 새롭게 들릴 것이다. 나 역시 그랬다. 그러나 삼위 하나님을 알게 되면서, 나의 삶과 사역에 많은 변화가 왔다.

이처럼 하나님을 조금 알게 된 것도 나를 이렇게 바꾸었는데, 하나님을 더 알게 된다면 내 삶이 어떻게 될까? 생각만 해도 기대가 된다. 하나님을 아는 것은 여러 가지 의미가 있지만, 가장 중요하고 기본이 되는 것은 하나님의 속성을 아는 것이며, 여러 속성 중에서 가장 중요한 속성이 바로 사랑이다. 그렇다면 사랑이란 무엇인가? 물론 고린도전서 13장에 잘 나와 있지만, 때로는 이것이 나의 가슴에 잘 와닿지 않는다.

사랑이 무엇인가라는 질문에 대한 대답은 어렵지만, 우리는 모두 사랑의 특성이 무엇인지는 잘 알 것으로 생각한다. 식욕이 인간의 본성이듯이 사랑도 인간의 본성이다. 그래서 음식에 대한 욕구를 느껴 보지 않은 사람이 없듯이, 사랑에 대한 욕구를 느끼지 않은 사람은 없다.

사랑은 여러 가지 특성이 있지만, 그중의 하나는 사랑의 관계를 통해서,

더 크고 풍성한 기쁨을 누리고 싶은 욕구이다. 그래서 인간은 끊임없이 사랑할 대상을 찾는다. 자신을 사랑해 줄 대상을 찾고, 자신이 사랑할 대상을 찾는다. 인간이 친구를 사귀고 남녀가 결혼하는 것도 이 때문이다.

사랑을 갈망하는 것은 하나님도 마찬가지이시지만, 필요에 의해서가 아니라 존재적 본성에 의한 것이다. 그래서 사랑의 하나님은 사랑을 위해 새로운 가족을 꿈꾸셨다. 결혼한 부부가 자녀를 통해서 더 풍성한 기쁨을 누리기를 원하는 것처럼, 하나님도 확장된 가족을 통해서 더 풍성한 기쁨을 누리기를 원하셨다. 그래서 신혼부부가 가족계획을 세우는 것처럼, 삼위 하나님은 이것을 위한 가족회의를 하시고 새로운 가족을 창조하기로 하셨는데,[1] 이것이 에베소서 1:4-5이다.

나는 미국에 있을 때 입양을 한 여러 가정을 만났다. 자녀가 없는 부부도 있었지만, 대부분은 자녀들이 있음에도 새로운 가족을 맞이하려 입양한 가족들이었다. 그중의 한 가정은 육신의 자녀가 3명이나 있음에도 전 세계에서 12명을 더 입양해서 15명을 자녀를 키우시던 목사님 가정이 있었는데, 입양아 중에는 한국 아이들도 있었다. 그들은 모두 입양하기 전에 먼저 가족회의를 하고 모두가 오랫동안 기쁨과 설렘으로 준비하였다. 특히 기억에 남는 가정은 독일에서 온 백인 가정이었는데, 그 가정에는 초등학교에 다니는 두 딸이 있었음에도 흑인 남자아이를 오랫동안 준비하여 입양하였다. 사실 흑인 남자는 미국에서도 입양이 가장 어려운 경우이다. 특히 양육과정에서 많은 어려움이 있을 것을 충분히 예상할 수 있다. 그런데도 그 가족 모두 그 아이를 너무나 사랑스러워하고 기뻐하였다. 삼위 하나님도 이러하셨을 것이다.

삼위 하나님의 관계는 부부관계와 비슷하다. 부부가 서로를 사랑하여 하나가 되면, 그 결과로 자녀가 나온다. 그러므로 자녀는 사랑의 열매이다. 이것처럼 사랑으로 충만하신 삼위 하나님은 서로를 지극히 사랑하셨는데, 세

분은 관계적으로도 하나가 되셨으며, 여기에서 자녀라는 열매가 나온다. 그러므로 인간은 하나님의 사랑의 열매이기에 하나님은 자녀 된 인간도 지극히 사랑하신다.[2]

하나님은 인간을 창조하심으로써 새로운 가족을 이루셨는데, 신약성경은 하나님의 가족을 교회라 하기에 하나님께서 태초에 창조하신 가족은 교회가 된다(엡 2:19; 딤전 3:15). 그러므로 아담과 하와로 구성된 공동체는 단순한 가족이 아니라 교회였으며, 이는 인류 최초의 교회는 아담과 하와로 구성된 에덴 공동체였음을 알 수 있다. 하나님은 자신의 가족이 된 교회를 너무 기뻐하셨으며, 이들을 위해서 만물도 창조하셨다. 따라서 태초에 하나님께서 창조하신 만물의 핵심은 교회이다.

가끔 사극을 보면 왕자가 태어났을 때, 그 소식을 온 나라에 전하고 궁에서 큰 잔치가 벌어지는 것을 볼 수 있다. 아마 하나님도 아담과 하와가 태어났을 때도 에덴에서 천사들과 함께 큰 잔치를 여셨을 것이다. 물론 아닐 수도 있지만, 한 가지 분명한 것은 하나님이 너무나 기뻐하셨다는 사실이다.

그럼에도 우리는 하나님께서 왜 우리를 그토록 사랑하시는지는 잘 이해가 되지 않는다. 이것이 우리의 문제이다. 독자들은 이것이 궁금하지 않은가? 만약 그렇다면, 이제 성경의 첫 장으로 돌아가 처음부터 우리가 어떤 존재로 창조되었는지 자세히 살펴보자.

주

1 래리 크랩, 『하나님의 러브레터』, 김성녀 옮김, (IVP, 2010), p36
2 성도가 하나님의 지극한 사랑을 받는 존재라는 사실을 깊이 깨달은 것은 브레넌 매닝의 책을 통해서였다. 이것이 진정으로 느껴진다면 구원을 향한 하나님의 열정과 의지도 충분히 이해할 수 있을 것이다. 자세한 것은 '브레넌 매닝, 『아바의 자녀』, 윤종석 옮김, (복있는 사람, 2012), p81-132'를 읽어 보라.

PART 2

아버지의 시간에 감추어진
교회의 신비

1장
창조에 감추어진 교회의 신비

1. 가족을 위한 준비
2. 하나님의 가족의 특징

1장   창조에 감추어진 교회의 신비

1. 가족을 위한 준비

❖ 유기적 협력을 통한 창조

"우리가 우리의 형상을 따라서, 우리의 모양대로 사람을 만들자 … 하나님이 당신의 형상대로 사람을 창조하셨으니" (창 1:26, 27)

하나님께서 아담을 창조하실 때 '우리'라고 하셨다. 우리로 존재하시는 삼위 하나님은 창조의 모든 과정을 함께하셨다. 인간의 창조도 하나님께서 제안하셨고, 예수님과 성령님이 동의하셨다. 하나님께서 창조를 주도하셨지만 예수님도 함께하셨는데(요 1:2),[1] 예수님은 하나님께서 흙으로 빚어 만든 모든 생물체에 생명을 주셨다(요 1:3-4).

물론 성령님도 그 자리에 함께 계셨는데(창 1:2), 그냥 가만히 계신 것이 아니었다. 하나님께서 인간의 코에 생기를 불어넣자, 인간은 생명체가 되었다고 하였다(창 2:7). 그때 성령님께서 생기로 인간 안에 들어가시면서 인간은 다른 생물들과는 달리 영적인 생명체가 되었다. 이렇게 태초부터 삼위일체의 하나님은 모든 것을 함께 공유하시고 협력하심으로써 창조의 모든 과정을 완성하셨다.

사실 하나님은 전능하신 분임에도 언제나 다른 두 위격이 함께하시며 서

로를 도우시고 기뻐하신다. 이것을 위해서 삼위 하나님은 각자의 역할을 정하시고 서로를 섬겨 주시는데, 이것이 가능한 것은 삼위 하나님은 사랑의 사귐을 통해 마음이 하나가 되셨기 때문이다.

여기에서 우리는 하나님께서 유기적 관계 안에서 만물을 창조하셨다는 중요한 사실을 발견한다. 서로 구별되는 삼위의 하나님은 각자의 역할이 있으셨지만, 한 몸으로 서로 긴밀하게 연결되었다. 이 관계 안에서 각자의 역할을 충실하게 감당하심으로, 창조라는 공동의 목적을 이루고 공동의 영광을 누리신다.

유기적 관계의 특징은 각 기관은 자신을 자랑하지도 않고 주장하지도 않는다. 손도 발도 가슴도 누구도 자신을 자랑하지 않는다. 그저 몸의 한 기관으로서, 몸을 위해 맡은 역할을 충실히 감당함으로, 각자의 그 역할을 잘할 수 있도록 서로 도와줄 뿐이다.

삼위 하나님 중 어떤 분도 자신을 자랑하지 않으신다. 오히려 묵묵히 자신의 역할을 감당하면서, 서로를 존중하고 높이심으로 하나님 한 분만이 영광을 받으시게 하신다. 이처럼 하나님은 유기적 관계로 존재하시기에, 이 관계를 기뻐하시고 이 관계를 통해서 뜻을 이루시고 영광을 받으신다.

❈ 기쁨의 동산, 하나님의 집

"태초에 하나님이 천지를 창조하셨다…. 하나님이 손수 만드신 모든 것을 보시니, 보시기에 참 좋았다." **(창 1:1-31)**

"하나님은 하늘과 땅과 그 가운데 있는 모든 것을 다 이루셨다. 하나님은 하시던 일을 엿샛날까지 다 마치시고, 이렛날에는 하시던 모든 일에서 손을 떼고 쉬셨다…. 하나님은 그날을 복되게 하시고 거룩하게 하셨다…. 주 하나님이 동쪽에 있는 에덴에 동산을 일구시고" **(창 2:1-8)**

미국에 간 지 얼마 되지 않아 베이비 샤워에 참여할 기회가 있었는데 한국에서는 들어 보지 못한 것이라 생소했던 기억이 있다. 이것은 태어날 아기를 위해서 부모의 친구들이 모여 축하하고 아기를 위한 선물을 주는 행사이다.

이것과 상관없이 부모는 아기가 태어나기 전에 아기용품들을 미리 준비해야 하는데, 아기침대, 유모차, 카 시트, 옷, 장난감, 이불, 기저귀, 젖병 등 준비해야 할 것이 한둘이 아니다. 나중에는 분유와 이유식도 준비해야 한다. 생각보다 시간도 많이 소요되고 재정도 많이 들어간다. 그래서 예비 부모들은 하나라도 놓치지 않기 위해 미리 계획을 세워 가며 꼼꼼히 준비한다.

그런데 이 시간이 부모에게 귀찮고 힘든 시간이 아니라, 오히려 기쁘고 즐거운 시간이다. 새로 태어나는 아기가 입을 옷이나 신발이나 필요한 물품들을 고르는 부모들의 모습을 상상해 보라. 아이를 낳아 본 부모들은 다 알 것이다. 나 역시 그랬다. 바쁘고 어려운 상황이었지만, 온갖 상상을 다 하며 즐겁게 준비하던 행복한 시간이었다.

사랑하는 자녀들이 자신의 사랑을 듬뿍 받으면서 행복하게 살기를 원하신 하나님은 아버지로서 모든 정성을 다하여 그들이 살 집을 마련하였는데, 그곳을 에덴이라고 한다. 이것이 기록된 창세기 1장을 보면 아버지 하나님께서 사랑하는 자녀들을 위해서 하나도 빠뜨리지 않으시려고 요일별로 아주 철저하게 준비하시는 것을 볼 수 있다. 이것이 부모의 마음이다.

이렇게 창조된 에덴은 아담과 하와가 살기에 어떠한 부족함도 없는 완전하고 풍성하며 아름다운 곳이었다. 우리가 어떤 상상을 하든지 에덴은 그 이상의 장소였으며, 하나님은 그곳에 임재하셔서 아담과 하와와 함께 사셨다. 그렇기에 에덴은 본질적으로 하나님께서 자녀들과 함께 살기 위한 하나님의 집이자, 아담과 하와가 살아가는 집이다.

인간은 본성적으로 집을 대한 깊은 갈망이 있는데, 인간에게 집은 안식을 취하고 평화를 누리며 가족들과 행복하게 사는 삶의 터전이다. 이런 갈망을 완전히 충족시켜 주는 곳이 에덴이었으며, 그곳은 사랑하는 자녀들을 위한 위대한 하나님의 엄청난 선물이었다.

에덴에서 아버지의 풍성함을 누리던 자녀들의 마음에는 감사와 찬양과 기쁨이 넘쳤다. 동시에 자신이 만든 것을 즐거워하는 자녀들을 바라보는 하나님 아버지의 마음에는 만족과 기쁨이 가득했다. 그래서 하나님은 이곳을 '기쁨의 동산'이라는 뜻을 가진 에덴이라고 하셨는데, 자녀의 기쁨과 부모의 기쁨이 만나는 장소 그리고 가족의 기쁨으로 충만한 곳이 바로 에덴이다.

우리는 에덴에 관심이 별로 없다. 그렇지만 그곳은 하나님의 꿈과 계획이 완성된 곳이며, 우리의 조상들이 떠났던 참된 고향이며, 우리가 원래 유산으로 물려받았던 축복된 아버지의 집이다.

❖ 누리며 기뻐하는 시간, 안식

"이렛날에 하나님이 창조하시던 모든 일에서 손을 떼고 쉬셨으므로, 하나님은 그날을 복되게 하시고 거룩하게 하셨다." **(창 2:3)**

하나님은 창조를 모두 마치시고 쉬셨지만 무조건 쉬신 것은 아니었다. '쉬었다'라는 것을 '안식했다'라고 하는데, 원래 안식(sabbath)은 '쉬다' 외에 '멈추다', '그만두다'라는 뜻도 있다. 하나님께서 쉬셨다는 것은 창조를 위한 일을 멈추셨다는 것이지, 모든 일을 쉬신 것은 아니다. 오히려 창조가 끝난 일곱째 날부터는 세상을 보존하는 새로운 일을 시작하셨다(히 1:3; 2:10). 만약 이것까지 멈추셨으면, 타락한 만물은 극도의 혼란에 빠져 이미 스스로 멸망하고 없을 것이다. 따라서 과거에도 이 일을 하신 하나님은 지금도 하고 계시며 앞으로도 계속하실 것이다.

창조를 마치신 하나님은 만물을 보시면서 매우 만족하셨는데(창 1:31), 가족(교회)을 위한 자신의 계획이 실수 없이 완벽하게 이루어졌기 때문이었다. 따라서 하나님은 더 이상 창조의 일을 하실 필요가 없었기에 그때부터는 창조물을 바라보시며 기뻐하고 즐거워하셨다. 이것이 바로 안식의 진정한 목적이다. 그러므로 하나님께서 안식하셨다는 것은 완성된 창조물을 기뻐하고 즐거워하는 상태로 들어갔다는 것을 의미한다.

또한, 이것이 바로 에덴에서 안식의 개념이기도 하였다. 우리는 안식일을 생각하면 일하지 않는 날로 생각하지만, 하나님의 관점에서 안식일은 누리며 기뻐하는 시간이다.[2] 하나님께서 안식일을 복된 날로 정하신 이유도 안식일은 창조가 완성된 날이기 때문이며, 안식일을 거룩(구별)하게 하신 이유는 창조가 미완성이었던 다른 날들과는 구별되는 날이기 때문이다.[3] 따라서 안식이야말로 창조의 목적이기에 하나님은 안식을 위해서 열심히 창조하셨다.[4]

여기에서 우리가 눈여겨보아야 할 것은 창조의 여섯째 날이 지났다는 기록은 있지만(창 1:31), 일곱째 날이 지났다는 기록은 없다는 사실이다. 여섯째 날까지는 하루가 마칠 때마다 매일 하루가 지나고 다음 날이 되었다고 기록되었다. 그런데 일곱째 날에는 이런 기록은 없다. 왜 없을까? 그 이유는 창조가 완성된 이후로 일곱째 날인 안식일이 계속 진행 중이었기 때문이다.

다른 창조가 모두 완성된 뒤에 창조된 아담과 하와는 첫날부터 완성된 세상을 누렸다. 이는 에덴은 모든 날이 일곱째 날(안식일)이었음을 의미한다.[5] 즉 하루하루가 완성된 창조를 누리고 기뻐하는 복된 날이었기에, 굳이 지금처럼 하루를 구별해서 일부러 쉴 필요가 없었다.

그렇다면 창조가 완성된 에덴은 어떤 곳일까? 그곳은 어느 곳과도 비교할 수 없이 아름다운 곳이며 필요한 모든 것이 차고 넘치는 풍요로움이 있고, 어떤 불안이나 위협도 없이 조화롭고 안정적인 곳이다. 이것이 바로 성경이 말하는 참된 평화(샬롬)이다. 또한, 이로 인한 기쁨과 만족과 감사가 넘치는 곳이었다. 이것이 바로 에덴에 충만한 안식의 특징이었으며, 하나님은 이곳을 보시며 매우 만족해하셨다.

안식으로 충만하면 평화로운 상태가 된다. 평화는 보통 갈등이나 분열이나 다툼이 없는 상태를 의미하는데 이것들은 불안과 두려움과 고통을 만든다. 그러면 마음의 안정이 깨어지고 기쁨과 감사가 사라지며 삶도 힘들어진다. 반대로 세상에 사랑과 정의와 공정과 진리 등만 있게 되면, 세상은 악이 사라지면서 공정과 정의로 안정되고 평화로운 곳이 된다.

하지만 진정한 평화를 누리려면 이것만으로는 충분하지 않다. 인간의 삶에는 육적인 필요와 정서적인 필요와 영적인 필요가 있는데, 인간은 이 세 가지 요소가 모두 충족이 될 때 완전한 평화를 누릴 수 있다. 하나님은 이것을 잘 아셨기에, 온갖 과일과 채소를 주셔서 육적인 평화를 누리게 하셨고, 서로가 완전한 사랑의 사귐을 맺게 하셔서 정서적 평화를 누리게 하셨고, 하나님과도 친밀한 사귐을 가지게 하여서 영적인 평화도 누리게 하셨다. 참된 평화는 반드시 세 가지 요소가 조화를 이루어야 하는데, 에덴이 바로 이런 곳이었기에 그곳은 에덴은 진정한 평화만이 있는 곳이었다.

그러므로 에덴에 평화가 가득한 것은 안식으로 충만하였기 때문이다. 완전한 안식이 시작되면 완전한 평화가 이루어지며, 완전한 평화가 이루어지면 완전한 안식을 누릴 수 있다. 따라서 안식과 평화는 동전의 양면과 같으며(사 14:7), 에덴은 안식과 평화만이 있는 곳이기에 기쁨으로 충만할 수밖에 없었다.

이것이 사랑하는 가족을 위한 하나님의 선물이었다. 누구든지 이 선물을 누리게 되면, 은혜롭고 선하신 하나님을 깊이 경험하면서 하나님께 감사와 찬양이 절로 흘러나온다. 이것이 하나님께서 진정으로 원하시는 영광과 찬양이며, 하나님은 이 찬양을 위해서 만물과 인간을 창조하셨다(사 43:7, 21). 그렇다면 하나님이 창조하신 인간의 특징은 무엇인가?

2. 하나님의 가족의 특징

❖ 기쁨

> "하나님이 손수 만드신 모든 것을 보시니, 보시기에 참 좋았다. 저녁이 되고 아침이 되니, 엿샛날이 지났다." (창 1:31)

사랑과 기쁨

사랑이신 하나님께서 궁극적으로 원하시는 것은 사랑이다. 사랑의 사귐은 비교할 수 없는 기쁨을 주는데, 하나님은 이 기쁨을 원하셨다. 이것이 하나님께 영광이 되며, 하나님은 이 영광을 위해서 인간을 창조하셨다. 그리고 이것이 교회를 이해하는 핵심이다.

그렇다면 왜 하나님은 기쁨을 원하시는가? 기쁨은 하나님의 속성이기에 (갈 5:22), 하나님은 본성적으로 기쁨을 원하신다.[6] 가령 하나님의 창조가 완성되었을 때 기뻐하셨고(창 1:31), 이스라엘이 잘되는 것을 보며 기뻐하셨고 (신 28:63), 자신이 친히 행하신 일을 보시며 기뻐하시고(시 104:31), 정직한 사람의 기도를 기뻐하시고(잠 15:8), 죄인이 회개하고 돌아올 때 기뻐하시고(겔 18:23), 하나님이 원하시는 예배를 받으실 때 기뻐하시며(롬 12:1), 우리를 자녀로 삼으시기를 기뻐하셨다(엡 1:5).

그중에서도 가장 큰 기쁨은 사랑을 통해서 누리는 기쁨이다. 하나님께서 예수님을 사랑한다고 하셨을 때(마 3:18; 17:5), 이것은 하나님께서 예수님을 기뻐하신다는 것을 뜻한다. 기쁨은 기뻐하는 것을 가까이하고 싶은 본성이 있다. 사랑은 큰 기쁨이기에 하나님은 사랑의 사귐을 원하신다. 삼위 하나님은 서로의 사귐으로 기뻐하듯이 자녀와의 사귐을 통해서도 기쁨을 누리기를 원하셨다. 이렇게 되면 이전과는 다른 새로운 기쁨을 누리게 되면서 기쁨이 확장된다.

이것이 바로 하나님께서 인간을 창조하신 목적이다. 성경에는 하나님께서 자신의 영광을 위해(사 43:7), 그리고 찬양받으시기 위해(사 43:21) 인간을 창조하셨다고 기록되어 있다. 그렇다면 과연 하나님이 원하시는 영광과 찬양은 무엇인가?

나는 대학에서 건축을 전공하였는데, 그때 교수님께서 건축물을 작품이라고 하셨다. 건축물은 단순히 사람이 거하는 곳이 아니다. 사람에 대한 이해, 공학적 지식, 환경에 대한 분석, 그리고 건축가의 예술적 능력 등이 곁들여져 만들어진 창작물이다. 인류 역사에 뛰어난 건축가들에 의해서 만들어진 위대한 건축물들이 많았다. 가령 이집트의 스핑크스나 피라미드, 그리고 로마와 그리스와 터키 등지에 남아 있는 고대 건축물들을 보면, 도대체 그 시대에 어떻게 이런 건축물들을 지었을까 감탄하지 않을 수 없다.

하지만 하나님의 작품인 우주 만물보다 신비로우면서 아름답고 정교하며 위대한 작품은 없다. 사실 그 어떤 수식어를 붙여도 부족할 만큼 하나님은 역사상 가장 탁월하고 완전하며 무한한 작가이시다. 하나님께서는 세상을 창조하신 뒤에 매우 만족하셨고(창 1:31), 이 세상도 날마다 하나님의 위대하심을 나타내고 있다(시 19:1). 우리는 고흐나 톨스토이나 베토벤의 작품을 통해서, 그들의 위대한 예술적 재능과 수고를 발견하고 찬사를 보내면 작가는 감동하고 기뻐한다. 이는 관람객들이 자신의 재능과 노력과 생각을 이해해 주었기 때문이며, 그때 그 찬사가 작가에게 영광이 된다. 하나님도 마찬가지이시다.

사귐과 기쁨

사랑하는 자녀들을 위해 만물을 창조하신 하나님의 꿈은 그들이 이 모든 것을 마음껏 누리며 즐거워하는 것이다. 그들이 하나님께 기뻐하고 감사할 때 멜로디가 곁들여지면서 아름다운 찬양이 되는데, 하나님은 이것을 위해서 인간에게 음악적인 재능도 주셨다. 마치 어린아이들이 부모 앞에서 재롱을 부리면 부모가 기뻐하는 것처럼 이것이 하나님께 기쁨이요, 영광이다. 그것이 아무리 어설프고 부족해도 상관없다. 부모는 그것으로 충분하고 그저 기쁠 뿐이다. 하나님 아버지도 마찬가지이시다. 하나님은 이 기쁨으로 에덴동산(기쁨의 동산)을 지으시고, 사랑하는 아담과 하와가 그 동산에서 즐겁게 지내는 모습을 보시며 기뻐하셨다.

우리는 "하나님의 영광을 위하여"라는 말을 자주 사용한다. 그런데 우리는 문자적 의미에만 치중하여, 관계적 의미를 소홀히 여기면서, 이것이 정확히 무슨 뜻인지 아는 사람은 매우 드물다. 한번 생각해 보자! 우리는 보통 높은 지위에 올라가고, 많은 일을 해서 이름을 알리고, 헌금을 많이 하고, 큰 건물을 짓고, 최신식 시설에서 세련된 예배를 드리고, 사람들이 많이 모이는 행사를 많이 하면 하나님께 영광이 된다고 생각한다. 나는 이전에 엄청나게 크고 비싼 건물을 지은 어느 목사가 이제 열심히 사역해서 하나님께 영광을 올리겠다고 하는 것을 방송에서 본 적이 있다. 그런데 과연 이런 것들이 하나님께 영광이 되겠는가?

성경을 아무리 찾아봐도 하나님은 이런 것을 좋아한다고 하신 적이 없으시며, 오히려 이스라엘이 드린 제사와 행사와 제물이 싫다고 하신 적은 여러 번 있으셨다(사 1:11-15; 렘 6:20; 7:21-24; 암 5:21-26; 말 1:7-10). 이 구절들을 읽어 보시라. 그러면 하나님의 충격적인 경고를 듣게 된다. 복음서에도 예수님께 가장 많은 책망과 저주를 받은 사람들이 하나님을 위한 제사와 봉사에 열심을 내던 바리새인과 율법학자들이었다.

우리의 관점에서 그들은 하나님을 위해 교회에 가장 충성스럽게 봉사하던 열정적이고 헌신적인 사람들이었다. 그런데도 그들은 예수님의 비판과 저주를 들었다. 왜 그랬을까? 관점이 다르기 때문이다.

세련된 예배, 멋진 행사, 큰 건물, 많은 헌금 등은 인간들이 좋아하는 것이어서, 세상 종교들은 모두 이런 것들을 의지하고 자랑한다. 하지만 하나님은 이미 모든 것을 가지신 분이기에 그 어떤 것도 필요가 없으시다(행 17:25).

그러면 하나님은 무엇을 원하시는가? 부모들은 아이들의 양육을 위해 엄청난 희생도 기꺼이 감수하지만, 아이들의 작은 감사의 말 한마디에 큰 감동과 기쁨을 느끼면서 모든 수고가 눈 녹듯이 녹는다. 여기에서 부모의 마음을 기쁘게 하는 것은 크고 비싼 무엇이 아니라 아이들의 기뻐하고 감사하는 마음이다. 하나님도 마찬가지이다. 다윗은 이러한 하나님의 마음을 잘 알았다. 그래서 그는 하나님은 제사나 예물을 기뻐하지 않고 번제나 속죄제를 원하지도 않으신다고 하였다(시 40:6). 오히려 하나님이 기뻐하시는 것은 하나님을 갈망하는 마음이다(시 51:17).

지금 세계 최고의 부자 중 하나라고 하는 일론 머스크는 한때 재산이 무려 300조 원이 훨씬 넘었다고 한다. 우리로서는 감히 상상할 수도 없는 돈이다. 그런 그에게 누군가가 300억 원(우리 같은 일반인에게는 엄청난 돈이지만)을 준다고 한들, 그의 마음에 큰 감동이 있겠는가?[7]

하물며 하나님은 어떠시겠는가? 하나님이 만약 이런 것을 기뻐하신다면, 과부의 렙돈 두 닢보다 부자의 헌금을 더 기뻐하셨을 것이며(막 12:38-44), 크고 아름다운 예루살렘 성전이 무너지는 것을 너무나 안타까워하셨을 것이다. 그렇지만 성경 어디에도 이런 이야기는 없다. 우리는 하나님의 생각과 기준이 우리와는 다르다는 사실을 알아야 한다(사 55:8-9).

인간을 창조하신 하나님은 그들과 사랑의 사귐을 통해 기쁨을 누리길 원하셨는데, 이것이 하나님께 영광이다. 따라서 사랑의 사귐이야말로 인간 창조의 목적이자 존재의 목적이며, 이 목적을 위해 창조된 에덴 공동체는 이것으로 하나님께 영광을 돌린 최초의 교회였다.

❈ 공동체

> "우리가 우리의 형상을 따라서, 우리의 모양대로 사람을 만들자 … 곧 하나님의 형상대로 사람을 창조하셨다. 하나님이 그들을 남자와 여자로 창조하셨다." (창 1:26-27)

하나님은 인간을 창조하실 때, 우리의 형상을 따라서 우리의 모양대로 창조하시자고 하셨다(창 1:26). 여기에서 '우리'는 삼위 하나님을 의미하고, '형상'이란 '속성'을 의미한다.[8] 속성은 원래부터 가지고 있는 고유한 성질(특성)로서, 하나님의 속성은 하나님께서 원래부터 가지셨던 고유한 성질이나 특성을 의미한다. 사람이 하나님의 형상을 따라 창조되었다는 말은 사람이 하나님의 속성대로 만들어졌다는 말이다.

그리고 '모양'은 '존재 방식'이다.[9] 따라서 '우리의 모양'은 '삼위 하나님이 존재하시는 방식'을 의미하는데, 이는 삼위일체 하나님이 존재하는 방식대로 인간도 존재해야 한다는 것을 뜻하며, 이것이 하나님께서 인간을 창조하신 하나님의 원래 의도였다. 그렇다면 하나님의 속성은 무엇이며, 하나님의 존재 방식대로 존재하는 것은 무엇인가?

하나님은 자신의 형상대로 창조하신 인간은 남자와 여자가 함께하는 공

동체였다(창 1:27). 그런데 창세기 2장 18절을 보면 마치 하나님은 아담이 홀로 있는 것이 보기에 좋지 않으셔서, 나중에 여자를 창조하신 것처럼 생각할 수도 있다. 이렇게 되면 하나님의 창조는 완전한 창조가 아니라 실수가 있었다는 결론이 나오지만, 전지하시고 완전한 지혜를 가지신 하나님에게 실수는 절대로 있을 수가 없다.

하나님은 원래부터 아담이 홀로 지내기를 원하지 않으셨기에 인간을 남자와 여자로 창조하셨다. 단지 순서를 정해서 지으신 것뿐이다. '남자' 또는 '인간'이라는 뜻을 가진 아담은 남자이기도 하지만 모든 인간을 대표하는 사람이다. 그러므로 창세기 2:18은 하나님은 아담만이 아니라 모든 인간이 혼자 사는 것을 원하지 않으셨기에 처음부터 공동체를 염두에 두고 아담을 창조하셨다는 의미이다.

하나님의 뜻은 인간이 공동체로 사는 것이다. 그래서 하나님은 처음부터 인간을 자신의 형상(속성)을 따라서 공동체적인 존재로 창조하시고, 그의 이름도 인간이라는 뜻을 가진 아담으로 지으셨다. 하나님이 굳이 인간을 남자와 여자로 창조하신 것도, 자신(삼위 하나님)처럼 인간도 공동체로 살게 하기 위함이었으며 이를 위해 인간에게 공동체의 본성을 넣어 주셨다.

그렇다면 왜 하나님은 굳이 인간을 자신처럼 살도록 창조하셨을까? 그것은 인간을 사랑하기 때문이다(시 145:17). 인간을 사랑하신 하나님은 인간이 가장 행복한 삶을 살기를 원하셨는데, 이것은 공동체의 삶에서만 가능하다. 하나님은 자신이 공동체 안에서 가장 행복해하시듯이, 인간도 공동체 안에서만 누릴 수 있는 행복을 누리게 하고 싶으셔서 인간을 자신의 형상대로 창조하셨다. 그러므로 인간은 공동체로 삶을 살 때 비로소 하나님께서 주시는 최고의 복을 누릴 수 있다.

하나님의 형상을 가진 인간은 본성적으로 공동체를 향한 깊은 갈망이 있다. 아무리 똑똑하고 능력 있는 사람이라도 홀로 지낼 수는 없다. 로빈슨 크루소가 무인도에서 28년 동안 혼자 지냈다는 것은 불가능한 이야기이다. 인간은 이렇게 오랜 시간 동안 외로움을 견딜 수 없다.

　타락한 인간은 관계의 갈등과 아픔도 있지만, 그럼에도 반드시 누군가를 찾게 되어 있고 어딘가에 소속되고 싶어 한다. 누군가와 함께 살면서, 그 속에서 안정감을 누리고 싶어 한다. 이러한 인간의 본성은 하나님으로부터 나왔으며, 아담과 하와는 처음부터 공동체(교회)로 함께 지냈다.

❈ 함께하심

> "주 하나님이 땅의 흙으로 사람을 지으시고, 그의 코에 생명의 기운을 불어넣으시니, 사람이 생명체가 되었다." **(창 2:7)**

　누군가를 사랑하면, 그와 하나가 되고 싶은 마음이 들기 마련이다. 아담을 뜨겁게 사랑하신 하나님은 그와 조금도 떨어지고 싶지 않으셔서 다른 피조물과 구별되는 특별한 과정으로 아담을 창조하셨다. 하나님이 인간의 코에 '생명의 기운'(breath of life: 생명의 숨(생기))을 불어넣으시면서 인간은 생명체가 되었다. 숨(breath)의 헬라어는 '네샤마'인데, 네샤마는 '호흡'이라는 뜻도 있지만 '인간의 영'(spirit of man)이라는 뜻도 있다.[10]

　이것을 고려하면, 하나님이 인간에게는 호흡과 함께 영을 불어넣으셔서 인간이 영적인 생명(영을 가진 생명)을 가지게 하셨다고 할 수 있다.[11] 이것은 동물들과 구별되는 인간만이 가진 독특한 생명이다.[12] 예수님은 자신이 생명이라 하셨는데(요 11:25; 14:6), 만물이 창조될 때 예수님이 모든 생명체에게 생명을 주셨다(요 1:3). 즉 하나님께서 인간에게 생기를 불어넣으실 때 예수님의 생명이 아담 안에 들어갔는데, 이 생명은 영적인 생명이었기에 인간은 예수님처럼 하나님과 사랑의 사귐을 가질 수 있는 영적인 존재가 되었다.

그렇지만 영적인 존재라고 해서 무조건 하나님과 사귐을 가질 수 있는 것은 아니다. 천사도 사탄도 영적인 존재이지만, 오직 인간만이 하나님과 사랑의 사귐을 가질 수 있는 것은 인간만이 하나님의 자녀로 부르심을 받았기 때문이다.

이렇게 인간은 특별한 생명체로 창조되었는데, 생명체(living being)의 문자적인 의미에는 '살아 있는 마음'(living soul: 살아있는 혼)이 되었다는 의미도 있다. 즉 인간은 '영적인 존재'가 됨과 동시에 '마음을 가진 생명체'로 창조되었다. 마음을 다른 말로 혼(soul)이라고 하며, 혼은 생각과 감정과 의지를 포함하는 독특한 기관인데, '살아 있는 마음'이기에 끊임없이 생각하고 감정을 느끼고 선택을 한다. 반면에 영은 하나님을 인식하고 하나님과 관계를 맺는 기능을 하는데, 혼과 영은 서로 구별되는 기관으로서 기능도 다르지만 서로 깊이 관련되어 있으며 둘 다 매우 중요하다.[13]

많은 사람이 마음의 중요성을 간과하지만, 마음은 인간의 가장 핵심적인 기관이다(잠 4:23). 하나님께서 인간에게 마음을 주신 것은 마음은 하나님의 속성 중의 하나일 뿐 아니라, 인간이 하나님처럼 존재하기 위해서 꼭 필요하기 때문이다. 인간을 인격체로 부르고 다른 동물과는 비교할 수 없는 가치와 의미를 부여하는 것도 인간이 마음을 가진 존재이기 때문이다.

그렇다면 하나님은 왜 인간에게 마음을 주셨는가? 영이신 하나님과의 관계는 영적인 관계이다. 이 관계를 맺으려면 인간은 영도 필요하지만, 혼도 필요하다. 인간은 영으로 하나님을 인식하고 교통하지만, 실질적으로 하나님과의 관계를 맺을 때 필요한 것은 생각과 감정과 의지이다. 다시 말하면 생각을 통해서 하나님의 생각하고, 감정을 통해서 하나님의 감정을 느끼고, 의지를 통해서 하나님의 뜻에 순종하도록 하기 위함이다. 따라서 하나님께서 우리에게 영과 혼을 주신 이유는 이것들을 통해서 하나님과 교제를 나누고 사랑으로 연합하기 위함이다.

영혼이 중요하기는 하지만 인간의 전부는 아니다. 하나님은 인간이 육체로 활동하는 존재로 만드셨다. 하나님께서 인간을 영혼육을 가진 존재로 창조하신 것은 인간이 몸을 입은 상태로 하나님과 영적인 사귐을 갖게 하기 위함이었으며, 인간에게 영원한 생명을 주신 것도 영원한 하나님께서 영원한 사귐을 원하셨기 때문이다.

인간이 예수님의 생명을 가졌다는 것은 또 다른 중요한 의미가 있다. 성도가 예수님의 생명을 누리게 하는 것은 성령님의 역사로서(롬 8:2), 성령님께서 성도 안에 예수님의 생명을 가져옴으로써 성도는 예수님과 연합하게 된다(고전 6:17).¹⁴ 이것처럼 아담과 하와가 예수님의 생명을 가진 것도 결국 성령님의 역사에 의한 것이다.

예수님의 생명이 충만했던 아담과 하와는 모든 면에서 예수님을 닮은 성숙한 인간이었고(엡 4:15), 신약의 성도들처럼 성령님이 그들 안에 머물고 계셨다.¹⁵ 이것은 하나님이 늘 그들과 함께 있고 싶으셔서 성령님을 그들에게 보내셨다는 것을 의미한다.

하나님의 가족이 모인 곳에는 언제나 성령님이 함께하시기 때문에(엡 2:21-22), 아담과 하와로 이루어진 그 공동체(교회)에도 성령님께서 충만하게 임재하셨다. 그런데 성경을 보면 하나님께서 자신의 백성과 함께하시기 위해서 특별히 만드신 것이 있는데, 그것이 바로 성전이다. 성전의 주된 기능은 제사이지만, 목적은 하나님께서 자녀들과 함께하기 위함이다(출 25:8). 따라서 하나님이 충만하게 임재하신 에덴이야말로 최초의 성전이었다.¹⁶

❈ 사랑의 사귐

> "하나님이 말씀하시기를 '우리가 우리의 형상을 따라서, 우리의 모양대로 사람을 만들자.' … 하나님이 당신의 형상대로 사람을 창조하셨으니, 곧 하나님의 형상대로 사람을 창조하셨다. 하나님이 그들을 남자와 여자로 창조하셨다." **(창 1:26-27)**

인간이 자신처럼 존재하기를 원하신 하나님은 그들에게 자신의 속성을 넣어 주셨다. 하나님처럼 존재하게 되면, 하나님의 속성으로 충만한 삶을 살게 된다. 예를 들어서 아담과 하와가 자신처럼 사랑으로 충만한 삶을 살기를 원하신 하나님은 그들이 이런 삶을 살 수 있도록 사랑을 넣어 주셔서 **(형상)**, 사랑의 사귐을 가지게 하셨다**(모양)**. 그 결과 그들은 사랑으로 충만한 삶을 살게 된다.

삼위의 하나님은 영원 전부터 사랑의 사귐을 가지셨기에**(요 17:24)**, 사귐은 하나님의 영원한 존재 방식이며 하나님은 이 사귐 안에서 가장 큰 기쁨을 누리셨다. 그러므로 하나님처럼 존재한다는 것은 사랑의 사귐으로 존재하면서 기쁨을 누리는 것을 뜻한다.

하나님은 인간이 자신처럼 존재하도록 창조하셨기에, 인간은 하나님과도 사귐을 가지지만 공동체 안에서 서로 사귐을 가지며 기쁨을 누리게 된다. 이처럼 자신의 가족 공동체가 사랑의 사귐으로 충만해지기를 원하시는 하나님에 대해 본회퍼는 이렇게 말했다. "하나님의 사랑은 교제를 원하신다. … 하나님의 사랑은 공동체를 위한 헌신임과 동시에 교제를 향한 의지이다."[17] 참으로 적절한 설명이다.

우리는 사귐이라는 말을 들을 때면 주로 서로 즐겁게 노는 것을 떠올린다. 헬라어로 사귐은 '코이노니아'인데, '사귐'이라는 뜻과 함께 '참여', '동참', '채움' 등의 의미도 있다. 그러므로 사귐이라는 단어 안에는, 서로 사귀면서,

서로의 삶에 참여하고, 여러 가지 일에 동참하며, 서로의 필요를 채우는 것을 모두 포함한다. 결국 사귐이란 사랑으로 서로를 섬기면서 함께 살아가는 것이다.

이런 삶에는 평안과 만족과 기쁨만 있기에 두려움과 근심이 있을 수가 없다. 그런데 이것은 사귐을 통해서만 누릴 수 있는 하나님의 축복이기에 사귐이야말로 하나님의 은혜와 축복을 누리는 통로이다.

사랑의 하나님은 인간이 더 풍성한 사귐을 가질 수 있도록 정의, 평화, 지혜, 진리, 선함, 겸손, 충성, 인내, 온유, 기쁨, 친절과 같은 속성을 넣어 주셨다. 그래서 아담과 하와는 처음부터 사랑의 사귐, 정의로운 사귐, 평화로운 사귐, 온유한 사귐, 겸손한 사귐, 충성스러운 사귐, 진실한 사귐, 친절한 사귐을 가지게 되었다. 그리고 아담과 하와는 이런 속성으로 사귐을 가졌으니, 얼마나 아름다운 사귐이었을까?

하나님은 이런 사귐을 가지는 아담과 하와를 바라보시며 기뻐하셨고, 아담과 하와는 이 사귐 안에서 무한한 행복을 누리며 살았다. 부모로서 하나님은 자녀들과의 사귐을 통해서도 기쁨을 누리시지만, 자녀들이 서로 사랑으로 사귀는 모습을 보면서 누리는 기쁨도 있다. 따라서 자녀들이 하나님 안에서 서로 사랑의 사귐을 가지는 것이 하나님의 창조 목적이며, 이런 이유로 하나님께서 인간을 관계적 존재로 창조하셨다.

인간이 사랑의 사귐을 가질 때 가장 큰 기쁨을 누리는 것도 바로 사랑의 본성 때문이다. 아이러니한 것은 극악무도한 독재자들이나 악인들도 사랑의 사귐을 원한다는 사실이다. 히틀러 같은 인간도 사랑하던 애인이 있었으며 악한 지도자들도 자기 가족만큼은 소중하게 여겼다는 사실은 인간의 본성 안에는 가족과 사랑의 사귐을 향한 깊은 갈망이 있음을 증명한다.

그런데 사귐이 기쁨만 주는 것은 아니라, 사귐은 인간의 성숙함을 위해서도 꼭 필요하다. 철이 철을 날카롭게 하듯이 **(잠 27:17)**, 인간은 관계를 통해서 나를 발견하고, 서로를 사랑하고 섬기는 법을 배운다. 함께 사는 법을 배우면서, 인간은 점점 더 성숙해져 간다. 이것이 인간이 성숙해지는 방법이다.

아담과 하와는 흠 없고 깨끗하며 순결한 존재였지만, 하나님처럼 완전한 존재는 아니었다. 그 대신 하나님은 인간에게 성숙의 축복을 주셔서 날마다 조금씩 더 성숙해 가는 여정을 허락하셨는데, 배움과 성숙에 대한 욕구가 있는 인간은 이것을 통해서 즐거움과 만족감을 누리게 된다. 이것 외에도 인간은 하나님과의 사귐을 통해서 하나님을 더 알아 가고, 하나님과 더 가까워지고, 하나님을 경험하는 영적인 축복까지 주셨다. 그러니 사귐은 하나님께서 인간에게 주신 참으로 큰 축복이 아닐 수 없다. 에덴에서 시작된 공동체는 이 축복을 누리는 교회였다.

❖ 섬김의 예배

"주 하나님이 사람을 데려다가 에덴동산에 두시고, 그곳을 맡아서 돌보게 하셨다."
(창 2:15)

섬김을 위한 노동

하나님은 아담과 하와에게 에덴을 정복하고 다스릴 것을 명령하셨다. 그런데 많은 사람들이 이 구절을 잘못 이해하여 약한 민족과 나라를 정복하고 지배하는 구실로 삼았으며, 무분별하고 탐욕스러운 자연 파괴라는 자신들의 죄악을 합리화하였다. 그러나 이것은 인간의 무지로 인해 하나님의 뜻을 오해한 것이다(마 22:29). 그렇다면 어떻게 정복하고 다스려야 하는가?

하나님은 아담과 하와에게 에덴을 돌보라고 하셨다(창 2:15). 이때 사용된 '돌보다'는 히브리어 '아바드'인데, 이 단어에는 '자신을 종처럼 낮추어서, 노동으로 상대방을 섬기다'라는 뜻이 있다. 그러므로 에덴을 돌보라는 것은 종처럼 자신을 낮추어서 에덴을 섬기라는 뜻이다. 여기에서는 세상처럼 교만과 욕망으로 인한 군림이 허용되지 않는다. 하나님이 원하시는 것은 겸손한 섬김이다. 그것도 억지로 하는 것이 아니라, 적극적이고 힘차게 섬겨야 한다. 이것이 하나님이 말씀하신 정복과 세상이 말하는 정복의 차이이다.

예수님의 삶은 이것을 잘 보여 준다. 예수님은 왕이시지만 자신은 겸손하다고 하셨으며(마 11:29), 섬김을 받으러 오신 것이 아니라 섬기러 오셨다(마 20:28). 예수님은 세상을 섬기기 위해서 자신의 목숨까지도 기꺼이 버리셨으며, 제자들에게도 누구든지 높은 사람은 섬기는 사람이 되어야 하며 낮아질수록 더 높아진다고 하셨다(마 23:11-12). 이것이 하늘의 법칙이며, 하나님은 아담에게도 이 법칙을 가르치셨다. 따라서 아담과 하와는 이런 자세로 에덴을 섬겼다.

하나님은 아담과 하와에게 노동을 명령하셨는데 노동은 활동을 의미하는데, 육체적인 활동과 정신적인 활동을 모두 포함한다. 따라서 하나님께서 노동을 말씀하신 것은 열심히 활동하라는 뜻이며 목적은 상대방의 유익을 위함이다. 즉 상대방의 유익을 위해서 열심히 활동해야 한다. 삼위 하나님도 만물을 위해서 열심히 활동하시는데, 피조물인 인간이 이렇게 사는 것은 너무나 당연하다.

이것을 신약성경에서는 '덕을 세운다'라고 하는데(롬 14:19; 고전 14:26), 이것은 철저히 상대의 유익을 위한 계획(생각)적이며 열정(감정)적이고 의지(의지)적인 행위이다(롬 15:2; 고전 10:24). 이것이 성경이 교회에 가르치는 것이며, 교회가 이렇게 해야 하는 이유는 하나님께서 자녀들을 이렇게 대하시기 때문이다(사 48:17).

하나님의 형상을 가진 인간은 이웃을 위한 선한 일을 통해 삶의 의미를 발견할 뿐 아니라 큰 만족과 기쁨을 누리게 되며, 이런 과정을 통해 하나님께서 자신에게 주신 재능을 발견하고 개발하게 된다. 이웃을 섬김으로써 자신까지도 섬기는 것이 하나님의 방식이다. 세상 사람들도 이웃을 위한 희생을 통한 보람과 기쁨을 누리는 것은 바로 이런 본성 때문이다.

그러므로 노동은 악한 것이 아니라 하나님의 축복이다. 다만 죄 때문에 노동의 본래 의미가 변질하여, 우리는 노동을 천박하고 나쁜 것으로 생각하는 경향이 있을 뿐이다. 하지만 한번 생각해 보자. 성경은 예수님께서 자신도 하나님처럼 일한다고 하셨는데(요 5:17), 만약 노동이 악한 것이라면 예수님과 하나님도 악을 행하고 있다는 것인가? 하나님은 선하신 분이신데, 어떻게 악을 행할 수가 있는가? 그렇다면 노동은 선한 것임이 분명하다.

노동이 선한 것이기에 하나님은 인간도 노동하게 하셔서 이웃만이 아니라 자신을 섬기는 도구가 되게 하셨다. 우리는 노동을 통해서 생각하고 도전하고 인내하는 과정을 겪게 되며, 다른 사람들과 함께 일하면서 서로를 이해하고 존중하고 자신을 절제하며 협력하는 법도 배운다. 인간은 이런 과정을 통해서 성숙해지게 되며, 노동의 결과를 통해 성취의 기쁨과 감사를 느낀다.

하나님은 인간이 노동의 결과를 가지고 다른 사람들을 섬기게 하신다. 사업가들은 일자리를 통해 섬기고, 농부들은 곡식으로 섬기고, 지식인들은 가르침으로 섬기고, 음악가는 노래와 연주로 섬긴다. 이렇게 서로를 섬길 때 우리의 삶을 더 풍성해지고 윤택해진다. 또한 노동은 하나님이 주신 축복으로서, 즐겁게 일하면 시간 가는지도 모르고 일하게 된다. 반대로 아무런 일도 하지 않고 계속 노는 삶이야말로 지루하고 괴로운 삶이다. 그러니 인간은 노동하게 하신 하나님께 감사해야 한다.

예배로서의 노동

흥미로운 것은 노동이라는 단어가 다른 구절에서는 '예배'로 사용되기도

하고(출 3:12, 12:31), 하나님을 '섬기다'(service)라는 뜻으로도 사용되었다는 것이다(출 8:20; 9:1; 욥 36:11; 사 19:23). 그런데 예배를 하나님을 섬기는 것으로 이해한다면, 창세기 2장이 말하는 예배의 방법은 노동이라고 생각할 수 있다.

앞에서 설명한 대로 노동이 나와 세상을 섬기는 육체적이고 정신적인 활동이라면, 예배는 하나님을 섬기는 영적인 활동이다. 그러나 영적인 활동을 한다고 해서, 육체적인 활동이나 정신적인 활동을 하지 않는 것은 아니다. 오히려 우리는 육체적인 활동과 정신적인 활동을 통해서 영적인 활동을 하게 된다.

예를 들어서 일요일에 교회에 가는 것 등은 모두 육체적인 활동이며, 말씀을 듣고 이해하는 것은 정신적인 활동이며, 기도하고 찬양하는 것은 육체적이고 정신적인 활동을 모두 포함한다. 그런데 이 모든 것이 모여서 하나님께 드려지는 영적인 활동이 된다. 헌금은 영적인 섬김이지만, 육체적 활동을 통한 결과이므로 노동은 영적인 의미를 담고 있다.

따라서 예배는 육체적인 활동과 정신적인 활동으로 구성된 영적인 활동임을 알 수 있다. 다시 말하면 육체적, 정신적, 영적 활동은 기능적으로 서로 구분은 되지만, 서로 분리되지는 않는 통합적인 활동을 한다. 그리고 하나님을 섬기든 세상을 섬기든, 둘 다 겸손하게 나를 낮추어야 하는데 이것이 섬김(예배)의 기본자세이다.

하나님께서 아담과 하와에게 따로 예배를 드리라고 하지 않으신 이유는 노동(활동)이 예배이기 때문이다. 이 예배는 예배에 대한 우리의 기존 개념과는 다르다. 지금 우리는 예배를 일정한 형식에 맞춰 기도하고 찬양하며 설교 듣는 것으로 생각하기에, 이런 활동을 예배라고 생각하는 것을 어려워한다. 그러나 예배가 하나님께 기쁨을 드리는 인간의 활동으로 이해한다면, 우리가 노동으로 이웃을 섬겨 하나님을 기쁘게 하는 것도 얼마든지 예배가 될 수 있다. 그러므로 하나님께서는 하나님을 대신하여, 이웃을 섬기고 자신을 섬기는 삶이 곧 예배가 된다.

이것을 잘 보여 주는 예시가 이사야 58:5-6이다. 하나님은 자신이 기뻐하시는 금식은 힘든 이웃을 섬기는 것이라고 하셨다. 분명히 금식은 하나님을 섬기는 영적인 활동이다. 그러나 하나님이 기뻐하시는 금식은 어려운 이웃을 섬기는 육체적이며 정신적인 활동이라고 하셨다. 이러한 예는 구약의 예언서 전체에 계속 나온다. 이스라엘이 멸망한 주된 이유 중의 하나도 이들이 하나님께 예배를 드리지 않아서가 아니라, 이들이 이웃들을 사랑과 정의로 돌보지 않았기 때문이다. 예수님도 힘없고 연약한 자들을 섬기는 것이 곧 자신을 섬기는 것이라고 하셨으며(마 25:35-44), 히브리서도 선을 행하는 것과 구제가 하나님이 기뻐하시는 제사라고 하였다(히 13:16).

이러한 예배의 특징은 바울이 이야기한 것처럼 섬기는 삶이 곧 하나님께서 받으시는 영적인 예배라는 것이다(롬 12:1). 따라서 우리는 영적이라는 개념도 새롭게 할 필요가 있다. 우리는 일요일에 교회에 예배드리러 가지만, 원래 에덴에서는 모든 날이 안식일이었으며 항상 노동했다.

에덴에 세워진 교회는 지금 우리처럼 따로 시간을 정해서 예배를 드리지 않았다. 그 대신 하나님과 사귐을 가지며 기쁨으로 서로를 섬기고 에덴을 섬겼는데, 이것이 하나님이 의도하신 예배였다. 에덴은 이런 예배로 충만한 곳이었으며 하나님은 그것을 기쁘게 받으셨다.

❖ 자유와 창조

> "주 하나님이 들의 모든 짐승과 공중의 모든 새를 흙으로 빚어서 만드시고, 그 사람에게로 이끌고 오셔서, 그 사람이 그것들을 무엇이라고 하는지를 보셨다. 그 사람이 살아 있는 동물 하나하나를 이르는 것이 그대로 동물들의 이름이 되었다." **(창 2:19)**

자유의 특권

하나님을 닮은 존재로 창조된 인간은 하나님처럼 자율권을 가지고 스스로 자유롭게 결정할 수 있는 존재가 되었다. 자유는 하나님의 속성 중의 하나로서 하나님은 전적으로 자유로운 분이시다**(고후 3:17)**. 하나님은 모든 것을 마음대로 하실 수 있으시기에, 어떤 것도 하나님을 제한할 수 없다. 그렇지만 하나님은 자신의 속성에 제한되시기에, 선하신 하나님은 본성적으로 악을 행할 수 없으시다.

이것만이 아니다. 진실하신 하나님은 거짓말을 하실 수 없으시며, 정의로운 하나님은 불의를 행하실 수 없으시고, 공정하신 하나님은 차별하지 않으시며, 지혜로운 하나님은 어리석을 수 없으며, 불변하신 하나님은 변하실 수 없으시다. 이것처럼 하나님은 자신의 속성 안에서만 무한한 자유를 누리시며, 자신이 행하신 모든 것은 전적으로 자신의 결정에 따른 것이다.

창조도 마찬가지이다. 창조도 천사들의 제안에 의한 것이 아니라, 전적으로 하나님의 자발적인 생각과 의지로 하셨으며 인간에게 자신의 형상을 주신 것도 마찬가지였다. 하나님은 자녀 된 아담과 하와에게도 이런 자유를 주셔서, 어떤 얽매임이나 종속됨도 없이 마음껏 자유를 누리며 살게 하셨는데 이것이 부모 된 하나님의 마음이다.

하나님은 인간을 사랑하셔서 자신처럼 존재하도록 창조의 능력과 자유를 선물로 주셨다. 그 결과 인간은 상상하고 계획한 것을 자유롭게 추진하

면서 창조를 경험하게 되고, 이 과정을 통해서 삶이 변화되고 성장한다. 그리고 창조를 통해서 새로움과 다양함과 풍성함을 누릴 뿐 아니라 새로운 기쁨과 만족과 보람도 느낀다. 이처럼 인간은 창조를 통해 행복을 느끼기에 창조는 하나님께서 자녀에게 주신 특별한 축복이다.

이것을 잘 보여 주는 예시가 동물의 이름 짓기였다(창 2:19-20). 아담은 하나님의 말씀대로 동물의 이름을 지었지만, 어떻게 지을지는 아담의 자유였다. 아담은 스스로 생각하고 결정했으며, 하나님은 이 과정을 모두 바라보시며 그의 결정을 존중해 주셨다. 하나님은 이 과정을 통해서 아담도 자신의 창조 사역에 동참할 수 있는 특권을 주셨다.

자유로운 사귐과 예배

창세기 2장을 보면 하나님께서 인간에게 원하시는 것은 단 세 가지다. 에덴을 돌보고, 선악과를 먹지 않는 것이며, 그리고 결혼하여 하나가 되는 것이다. 나머지는 모든 것이 자유이다. 그렇지만 이 자유는 내 마음대로 하는 방종이 아니라, 철저히 섬김을 위한 자유이다(갈 5:13-14). 따라서 인간은 이웃의 유익을 위해서 마음껏 상상하고 자유롭게 섬기되, 열정적이며 적극적으로 섬겨야 한다.

신약에서는 이것을 덕을 세운다고 하였는데, 이것이 교회에서 성도들 간 교제의 원칙이자, 에덴에서 아담과 하와가 드린 예배의 특징이기도 하다. 그 예배는 지금처럼 정형화되고 의식화된 예배가 아니라, 친밀한 사랑의 사귐 안에서 자유롭게 서로를 섬기고 에덴을 섬김으로써 하나님을 섬긴 예배였다.

이런 예배를 드리는 이들의 마음에는 기쁨과 감사가 있다. 우리가 즐겁게 일하면 나도 모르게 노래를 흥얼거리듯, 이들의 입술에는 저절로 찬양이 흘러나온다. 하나님을 알아 가고 하나님을 경험함으로써 깨닫는 것이 가사가 되고, 하나님이 주신 음악성을 따라서 멜로디가 붙으면 즉흥적인 찬양이 된다. 여기에 아담과 하와는 하나님이 주신 창조의 능력을 발휘하여 날마다 새로운 찬양을 드렸을 것이니, 그들의 예배는 늘 새로웠기에 지금처럼 지겹거나 답답할 수가 없었다.

이런 예배의 특징은 창조성이다. 창조는 상상하고 계획하고 추진할 수 있는 능력이 필요한데, 이 능력은 생각과 감정과 의지에서 나온다. 하나님은 인간에게 창조의 능력과 권한을 주신 까닭에 인간은 늘 무엇인가 새로운 것을 꿈꾸고 경험하고 싶어 한다. 그러나 자유가 없으면 생각으로 그칠 수밖에 없으므로, 창조에는 생각한 것을 실행할 수 있는 자유도 꼭 필요하다.

사귐도 창조와 자유를 통해 더 즐겁고 풍성해진다. 따라서 창조와 자유는 친밀한 관계를 위해서도 매우 중요하다. 예를 들어 어머니가 가족을 위해 음식을 만드는 것을 생각해 보자. 사랑하는 가족을 위해 새로운 요리를 상상하고 계획해서 만드는데, 이것을 만들 수 있는 것이 자유이고 그 결과로 새로운 요리가 창조된다. 이렇게 먹는 가족이 기뻐할 것을 기대하며 음식을 만드는 과정도 즐겁지만, 이런 음식을 먹는 가족들도 기쁨과 감사가 생긴다. 그러면서 관계는 더 친밀해지고 사귐은 풍성해진다.

이것은 사람들 간의 관계만이 아니라, 하나님과의 관계에서도 매우 중요하다. 하나님은 인간을 프로그램에 따라 움직이는 로봇으로 만들지 않으시고, 하나님처럼 자유의지를 가진 존재로 창조하셨다. 그래서 하나님은 사랑하는 자녀들도 얽매이지 않고 자유롭게 살기를 원하시는데(갈 4:31), 이것이 하나님 창조의 뜻이었다.

에덴 공동체도 마찬가지였다. 자유로운 하나님께서 그들도 마음껏 자유를 누리며 살게 하셨기에 그들은 자유롭게 하나님과 관계를 맺으며 하나님을 예배했다. 자유는 공동체에서 사랑의 사귐을 위해서도 매우 중요하다. 특히 예배를 드림에 있어서 자유는 필수이다. 하나님은 자유로운 분이시기에 어떤 형식이나 제도나 의식에 얽매인 예배를 원하지 않으신다. 하나님이 진정으로 어떤 분인지 알지 못하는 인간들은 이런 것들로 하나님을 섬기려 하지만, 마음껏 자유를 누리며 인격적인 사랑의 관계를 맺는 예배야말로 하나님이 기뻐하시는 진정한 예배이다. 에덴에서 아담과 하와의 교회는 이런 예배를 드렸다.

❖ 하나 됨

"남자는 아버지와 어머니를 떠나, 아내와 결합하여 한 몸을 이루는 것이다." (창 2:24)

하나 됨을 위한 창조

만물은 한 분으로 존재하시는 삼위 하나님으로부터 나왔는데, 여기에는 하나님이 창조하신 인간을 이해할 수 있는 놀라운 비밀이 담겨 있다. 하나님의 모든 의도와 목적은 그분의 속성과 존재 방식 안에서만 이루어지기 때문이다.

하나님은 인간을 중성으로 창조하지 않으시고 남성과 여성으로 창조하시고, 결혼하여서 한 몸이 되라고 하셨다(창 2:24). 그러므로 결혼의 목적은 한 몸이 되는 것이다. 그런데 처음부터 하나로 만드셨으면 훨씬 편하고 쉬울 텐데, 왜 일부러 둘로 만드신 후에 굳이 하나가 되라고 하셨을까? 그리고 하나가 된다는 것은 정확히 무슨 뜻인가?

이것은 삼위 하나님은 세 분이시지만 한 분으로 존재하시는 것처럼, 두 몸이지만 마치 한 몸처럼 살라는 의미이다. 그렇다면 이것이 어떻게 가능한가? 육체를 가진 인간은 한 몸으로 존재하는 것이 불가능하지만 마음이 하나가 되는 것은 가능하다.

따라서 하나가 되라는 것은 마음이 하나가 되는 것인데, 서로 같은 생각을 하고, 같은 감정을 느끼면서, 의지적으로 같은 것을 선택하라는 의미이다(고전 1:10). 이렇게 되면 비록 두 몸이지만 마치 한 몸처럼 살아가게 되면서, 아버지 하나님처럼 하나로 존재하게 된다.

한 분으로 존재하시는 삼위 하나님께서는 지극한 사랑의 사귐을 통해서 서로의 마음이 하나가 되셨다. 그래서 세 분은 언제나 같은 생각을 하시고, 같은 감정을 느끼시며, 같은 것을 결정하신다. 각각 구별된 인격을 가지셨지만 늘 한마음을 가지신 한 분 하나님은 자녀인 인간도 자신처럼 한마음이 되어 한 몸처럼 살기를 원하셨다.

지금 우리는 팽배한 개인주의로 인해 공동체가 무너진 사회에서 살고 있기에, 하나가 된다는 말의 뜻이 매우 생소하고 어렵게 여겨진다. 하지만 하나님의 본성을 가진 아담과 하와는 서로 하나가 되는 것이 매우 자연스러웠고 당연했다. 그래서 아담은 하와를 보자마자 **"내 살 중의 살이요, 내 뼈 중의 뼈라."**고 부르며 하와와 결혼하여 진짜 한 몸으로 살았는데, 이것이 우리가 일반적으로 아는 세상의 첫 결혼이다.

하나 됨의 축복

하나가 된다는 것은 우리가 생각하는 것보다 훨씬 더 중요하다. 하나님의 자녀들이 하나가 된다는 것은 삼위 하나님의 공동체에 참여하여, 삼위 하나님과 영원한 사귐을 가지는 것을 의미한다. 이것이 복음이다. 이때 자녀들은 하나님 아버지와 사랑으로 동행하는 삶을 살게 되는데, 이것이 바로 하나님께서 인간을 창조하신 궁극적인 목적이자(미 6:8), 인간이 하나님이 베푸시는 최고의 복을 누리는 길이다. 따라서 하나님의 자녀들이 하나가 되는 것은 선택사항이 아니다.

사랑하는 자녀들이 자신처럼 한 몸처럼 지내기를 너무나 원하신 하나님은 그들이 하나가 될 때 그들을 사랑의 눈으로 바라보며 그들 안에 거하신다(요일 4:12). 마치 서로 즐겁게 놀고 있는 자녀들을 기쁘게 바라보는 부모처럼, 하나님은 그들을 기쁘게 바라보신다. 그리고 자녀에게 다가가 함께 놀기를 원하는 부모처럼, 사랑으로 그들에게 다가가서 그들과 친밀한 사귐을 가지시며 기쁨을 누리신다. 그런데 이것이야말로 아버지이신 하나님이 원하시는 진정한 영광이다.

이처럼 가족이 사랑의 사귐을 가질 때, 하나님은 기쁨으로 그들에게 충만한 임재로 임하신다(엡 3:19). 그러면 하나님은 그들 안에 있게 되고, 그들은 하나님 안에 있게 되면서(요일 3:23-24; 요일 4:16), 그들은 삼위 하나님과 완전한 하나 됨(연합)을 이루게 된다. 이렇게 되면 그들은 삼위 하나님의 사귐에 참여하게 되어 상상도 할 수 없는 기쁨과 영광을 누리게 된다. 이것이 바로 가족을 향한 아버지 하나님의 뜻이다.

그래서 하나님은 가족이 서로 미워하며 분열하는 것을 너무나 싫어하신다. 예수님은 눈에 보이는 예배보다도, 눈에 보이지 않은 관계의 하나 됨을 더 중요하게 여기신다. 예수님께서 우리에게 제사드리기 전에 먼저 형제들과 막힌 관계부터 해결하라고 하신 것도 이 때문이다(마 5:23-24). 하나님은 사랑의 사귐으로 하나가 되지 못한 예배를 기뻐하지 않으신다. 이런 예배는 아무리 드려 봐야 하나님께는 아무런 의미가 없다. 그럼에도 형식적인 예배에 익숙해진 우리는 이것의 중요성을 이해하지 못한다.

이것을 우리 가족 관계로 생각하면 좀 더 쉽게 이해할 수 있다. 일반적인 부모라면 명절에 자녀들이 제아무리 좋은 선물을 들고 와도, 자녀들이 서로 사이가 좋지 않아 서로 쳐다보지도 않고 인사하지도 않는다면, 부모는 그 선물을 기쁘게 받을 수 없다. 차라리 좋은 선물이 없어도, 자녀들이 화해하고 서로 사랑하는 모습을 보고 싶은 것이 부모의 마음이다.

하물며 하나님은 오죽하시겠는가? 그래서 관계가 제사보다 더 중요하며,

화해가 제물보다 더 중요하다고 하는 것이다. 가족이 사랑의 사귐으로 하나가 되어야, 삼위일체 하나님께서 그들과 함께하신다(요 17:21). 따라서 공동체의 목표는 큰 공동체가 아니라 하나가 되는 것이다. 아담과 하와는 한마음으로 한 몸이 되어서 하나님이 기뻐하신 예배를 드린 공동체였으며, 삼위 하나님의 사귐에 참여하여 그 영광을 누린 교회였다.

정복과 다스림

> "하나님이 그들에게 복을 베푸셨다. 하나님이 그들에게 말씀하시기를 '생육하고 번성하여 땅에 충만하여라. 땅을 정복하여라. 바다의 고기와 공중의 새와 땅 위에서 살아 움직이는 모든 생물을 다스려라' 하셨다." **(창 1:28)**

섬김을 위한 통치

원래 하나님은 처음부터 왕으로 존재하시며 만물을 통치하시는 영원한 왕이셨다. 성부 하나님이 창조를 주도하셨지만, 사랑하는 아들 예수님에게 통치권을 넘겨주시고 만물을 다스리게 하셨다(빌 2:9-11; 계 11:15-17). 그리고 아버지 하나님은 자녀들에게도 통치권을 물려주시고, 자신을 대신하여 에덴을 다스리게 하였다.

왕이신 하나님의 자녀로 창조된 아담과 하와는 태생적으로 왕족이었기에 그들의 공동체도 왕족 공동체이다. 그러므로 교회라 부르는 이 공동체는 어떤 것과도 비교할 수 없이 고귀한 공동체일 뿐 아니라, 엄청난 권한을 가진 특별한 공동체이다. 그렇지만 세상의 왕처럼 자신을 위해서 세상을 지배하고 군림하는 것이 아니라, 겸손히 섬기러 오신 예수님처럼(마 20:28) 세상이 유익하도록 사랑과 지혜와 겸손으로 섬겨야 한다.

하나님의 맏아들이신 예수님은 참으로 충성스러운 삶을 사셨다. 충성은 주어진 사명을 감당하기 위해서 목숨까지도 아끼지 않는 적극적인 태도를 말한다. 예수님은 전 생애에 걸쳐서 열심히 하나님의 뜻에 순종하셨는데, 얼마나 적극적이었는지 성육신뿐만 아니라 죽음까지도 기꺼이 받아들이셨다. 그 아버지에 그 아들이라는 말처럼, 제자들도 예수님처럼 열정적으로 충성스러운 삶을 살았다. 사도들을 비롯하여 초대교회에 순교자들이 많은 이유도 그들이 예수님처럼 살기를 소망했기 때문이다.

열정적인 섬김

하나님께서 인간에게 예수님의 생명을 넣어 주신 것도 예수님처럼 살게 하기 위함이었다. 예수님의 생명을 헬라어로 '조에'라고 하는데(요 1:4; 14:6), 이 생명은 아주 활기차고 적극적인 생명을 뜻한다. 특히 이 생명은 하나님께 헌신하는 생명인데, 하나님은 인간이 열정적이고 힘차게 하나님을 섬기게 하려고 예수님의 생명을 넣어 주셨다. 하나님께서 라오디게아 교회처럼 미지근한 신앙과 삶을 싫어하시는 이유도 이 때문이다(계 3:15-16).

예수님이 하나님의 맏아들이라면(롬 8:29; 히 1:6), 하나님의 가족인 교회는 하나님의 둘째 아들이다. 따라서 교회도 형이신 예수님처럼 열심과 충성으로 날마다 최선을 다해 하나님과 이웃을 섬겨야 한다. 이것을 창세기 1:28에서는 '정복하고 다스리라'는 말로 표현하였다.

하나님은 자녀들이 세상을 정복하고 다스려서, 만물이 아버지의 임재로 충만하게 되기를 원하셨다. '정복하다'라는 표현은 상당히 강하고 거친 느낌을 주는데, 실제로 이 단어는 전쟁의 상황을 의미한다. 전쟁은 생사가 걸려 있다. 죽느냐 사느냐의 문제이기에 전쟁에 나가게 되면 최선을 다해서 싸워야 한다. 그러므로 하나님께서 인간에게 정복하라고 하신 말씀은 최선을 다해서 열심히 세상을 섬기라는 것이며, 그 이유는 하나님 자신이 이런 분이시기 때문이다.

하나님은 아담과 하와에게 생육하고 번성하여 세상에 충만하라고 하셨다. 모든 속성으로 충만하신 하나님은 온 세상이 자신의 형상을 가진 자녀들로 충만하게 되기를 원하셨다. 이것을 위해서 하나님의 가족은 반드시 생육하고 번성해야 하며, 온 마음과 힘을 다하여 열정적이며 적극적으로 세상을 섬겨야 한다. 이것이 처음 창조된 에덴 공동체(교회)에게 주어진 사명이었다.

❈ 충만함

> "하나님이 그들에게 복을 베푸셨다. 하나님이 그들에게 말씀하시기를 '생육하고 번성하여 땅에 충만하여라. 땅을 정복하여라. 바다의 고기와 공중의 새와 땅 위에서 살아 움직이는 모든 생물을 다스려라' 하셨다. … 하나님이 손수 만드신 모든 것을 보시니, 보시기에 참 좋았다. 저녁이 되고 아침이 되니, 엿샛날이 지났다." **(창 1:28, 31)**

충만의 축복

하나님은 에덴이 자녀로 충만하기를 원하셨다. 그렇지만 단순히 사람으로만 충만해지는 것은 아니다. 이것도 중요하지만, 만약 노아의 시대처럼 악한 자들만 있었다면 오히려 하나님의 근심거리가 될 뿐이다. 따라서 하나님의 의미하신 충만에는 또 다른 의미가 있다.

하나님께서 창조하신 만물 안은 하나님의 온갖 속성으로 충만하였다. 하나님의 지혜와 사랑과 평화와 생명과 은혜와 선함과 기쁨과 정의와 진리와 능력 등이 만물에 흘러넘쳤다. 하나님을 대면한 욥이 이제는 눈으로 직접 하나님을 뵙게 되었다고 고백하는 것처럼, 에덴에서는 어디에서 무엇보고 경험하든지 하나님의 충만한 속성을 보고 느끼고 경험할 수 있었다.

지금 세상은 비록 죄로 인해서 타락했지만, 우리가 위대하고 아름다운 자연을 보면서 하나님의 전능하심과 거룩하심을 느끼기도 하며, 역사를 통해서 정의가 악을 이길 때 하나님의 정의와 공의를 깨닫기도 한다. 지금도 이러한데, 하물며 완전한 창조의 결과물인 에덴에서는 어떠했겠는가? 그곳은 물이 바다에 가득한 것처럼, 하나님의 속성이 온 에덴에 가득했다(합 2:14). 이것을 다른 말로 하나님의 영광이 가득하다고 하는데, 이렇게 되면 "주 하나님 지으신 모든 세계"와 같은 찬양이 입에서 흘러나오지 않을 수가 없고, 위대하신 하나님 앞에 엎드려 경배하지 않을 수가 없다. 이것이 하나님께서 기뻐하시는 진정한 찬양이다.

이것이 하나님의 창조 목적이었으며, 하나님은 이것을 위해 아담을 창조하실 때 충만과 정복과 다스림의 명령과 축복을 주셨다. 그런데 여기에는 두 가지 의미가 있다. **먼저**는 하나님의 형상을 가진 하나님의 자녀가 에덴에 충만해야 하며, **두 번째**는 이들이 사랑으로 에덴을 열심히 섬겨 에덴이 하나님의 속성으로 충만하게 해야 한다는 것이다.

이들이 사랑의 사귐을 가지게 되면 사랑이 더 충만하게 되고, 진리를 나누게 되면 진리로 충만해지며, 은혜를 베풀면 은혜로 충만해지고, 정의와 평화로 다스리게 되면 정의와 평화로 충만해진다. 이렇게 되면 만물이 결국 하나님의 아름다운 속성으로 더 충만하게 되면서, 온 세상은 하나님의 영광으로 충만하게 된다. 이것이 하나님께서 원하신 진정한 정복과 다스림이다.

만물이 하나님의 영광으로 충만한 에덴에서, 하나님의 사랑으로만 섬기며, 하나님의 은혜를 마음껏 즐거워하며, 하나님의 지혜를 마음껏 발휘하여, 하나님의 정의를 완전히 구현하고, 하나님의 평화를 이루어, 하나님의 기쁨을 날마다 충만하게 누린다면, 이보다 더 복된 장소와 삶은 없을 것이다. 하나님은 사랑하는 자녀들을 통해서 이것을 이루고 싶으셨다. 마치 자녀들에게 큰 회사를 물려준 기업가 아버지가 자녀들을 통해서 그 회사가 더 크고 좋은 회사로 성장하는 것으로 보고 싶은 것과 마찬가지이다.

충만을 위한 부르심

에덴에 살던 아담과 하와는 이것을 위해서 부르심을 받은 공동체였다. 그러나 이것을 위해서는 먼저 필요한 요소들이 있다. 그것이 바로 하나님의 형상인데, 형상은 마음(생각, 감정, 의지)과 속성(사랑, 지혜, 정의, 평화, 진리, 겸손, 충성 등)을 포함한다. 그리고 이것을 사용하는 방법이 하나님처럼 존재하는 것인데, 이것을 모양(likeness)이라고 한다. 모양은 공동체의 삶과 사랑의 사귐이다. 즉 공동체로 모여서 사랑의 사귐을 가지며, 한마음이 되어서 적극적으로 협력하고 기쁨으로 서로를 섬기는 삶이다.

이럴 때 하나님은 이들을 보시며 기뻐하시면서 그들에게 충만하게 임재하시면서, 인간 공동체가 하나님 공동체와 인격적인 만남을 가지신다. 그런데 하나님은 사랑이시기에, 두 공동체의 만남은 곧 사랑의 만남이 되면서, 두 공동체는 함께 사랑의 사귐을 가지게 된다. 사랑의 사귐이 깊어질수록, 두 공동체는 더 친밀한 연합을 이루게 된다. 예수님께서 말씀하신 대로 이 공동체 안에 하나님이 계시고, 하나님 안에 이 공동체가 거하게 되면서(요 14:10), 하나님의 사랑의 임재도 공동체 안에 더 충만해진다(요일 4:12). 이때 인간은 하나님을 더 풍성하게 경험하게 된다. 이것이 하나님께서 사랑하는 가족(교회)에게 주신 최고의 축복이다.

이것이 하나님께서 가족 공동체를 창조하신 목적이며, 에덴에서 시작된 가족은 교회였다. 단지 에덴의 작은 가족 공동체가 나중에 신약에서는 이방인으로 구성된 많은 가족 공동체들로 확장되었을 뿐이다. 수만 많아졌을 뿐이지, 본질은 바뀌지 않는다. 따라서 위의 특징은 에덴 공동체에서만 일어나는 것이 아니라, 교회 공동체 안에서도 동일하게 적용되어야 한다.

교회는 세상에 하나님의 임재의 빛을 비추도록 부르심을 받은 공동체이기에 교회가 이 사실을 분명하게 아는 것은 매우 중요하다. 등 안에 불이 강할수록 더욱 밝은 빛을 비추듯이, 교회 안에 하나님의 속성이 가득(충만)해져야 교회가 그 속성으로 세상을 비출 수 있다. 그러면 세상은 그 속성을 경험하게 됨으로써(마 5:14-16), 하나님이 참으로 어떤 분인지를 알게 된다(합 2:14; 요 13:35).

교회가 이것을 위해서 부르심을 받았다는 것은 교회는 처음부터 선교적 소명을 위해서 부르심을 받았다는 것을 의미한다. 즉 아담과 하와의 공동체는 선교 공동체였으며, 그들이 살던 에덴은 선교센터였다. 선교는 단순히 복음을 전파하고 구원을 얻게 하는 사역만을 의미하는 것이 아니라, 모든 피조물이 하나님의 영광을 경험함으로 하나님께 감사와 찬양을 드리도록 섬기는 것이다. 즉 만물이 하나님께 기쁨의 예배를 드리게 하는 것이며, 이것이 바로 에덴 공동체의 부르심이었다. 그래서 존 파이퍼는 이렇게 이야기했다.

> "선교의 목표는 백성들이 하나님의 위대하심을 기뻐하는 것이다. … 그러므로 예배는 선교의 연료요, 목표다. 예배가 선교의 목표인 이유는 선교를 할 때 우리는 열방을 인도하여 하나님의 영광을 열렬히 누리게 하려고 노력하기 때문이다. 그리고 예배가 선교의 연료인 이유는 자기가 소중히 여기지 않는 것을 권할 수 없기 때문이다. '나는 주 안에서 기뻐합니다'라고 말할 때까지는 '열방이여 기뻐하라'고 외칠 수 없다. 선교는 예배로 시작해서 예배로 끝난다."[18]

아담과 하와는 선교 공동체였고, 에덴이 선교센터였다는 사실은 하나님은 지구 전체를 에덴으로 만들지 않고, 지구 어느 지역에 에덴을 세우셨다는 사실에서도 잘 드러난다. 그 대신 하나님은 그들을 통해서 에덴이 확장되기를 기대하셨는데, 이는 에덴에 임한 하나님의 영광스러운 빛을 온 세상에 전하기를 원하셨다는 의미이다. 그러므로 아담과 하와만 아니라 에덴 역시 처음부터 선교의 목적을 위해 창조되었으며, 그 목적은 만물이 하나님의 영광을 누림으로 하나님께 예배하는 것이다.

그런 이 예배의 시작은 에덴 공동체이다. 하나님은 그들이 진정한 예배를 드리게 하려고 먼저 그들에게 무한한 은혜를 베풀어서 경험하게 하셨다. 그리고 이것을 경험한 그들이 기쁨으로 만물을 섬김으로써 만물도 기쁨으로 하나님을 찬양하게 하셨다(계 5:13). 그렇다면 이제 이러한 아버지의 계획은 어떻게 될 것인가?

주

1 존 파이퍼, 『하나님의 기쁨』, p104
2 안식일에 대한 탁월한 통찰력으로 안식에 대한 우리의 개념을 새롭게 해 주는 책으로 '마르바 던, 『안식』, 전의우 옮김, (IVP, 2001)'을 추천한다. 특히 미르바는 제4부 향연(p181-242)에서 안식일을 기쁨의 잔치로 지내는 법을 설명하고 있다.
3 거룩의 기본 의미는 구별이다. 따라서 안식일을 거룩하게 하셨다는 의미는 안식일을 다른 날들과는 구별되는 날로 정하셨다는 의미가 된다.
4 아브라함 헤셸, 『안식』, 김훈현 옮김, (복있는 사람, 2007), p59
5 아브라함 헤셸은 안식의 개념을 공간이 아니라 시간으로 개념으로 이해하는데, 이것은 적절한 해석이다. 하나님께서 창조한 안식은 영원한 사랑과 평화의 시간이며, 에덴(공간)은 그 시간을 담는 그릇과도 같다. 그릇도 중요하지만, 더 중요한 것은 음식이다. 이처럼 공간도 중요하지만, 더 중요한 것은 시간이다. Ibid. p41-53
6 하나님의 기쁨은 우리에게 익숙하지 않은 주제이지만 하나님을 이해하는 데 매우 중요한 주제이다. 나는 우리가 참로 하나님의 기쁨을 바르게 안다면, 하나님과의 관계와 우리의 신앙생활에 엄청난 변화가 올 것으로 생각한다. 하나님의 기쁨에 관찬 탁월한 설명은 '존 파이퍼, 『하나님의 기쁨』'을 참고하기를 바란다.
7 300조 원에서의 300억 원은 1억 원에서의 1만 원의 가치이다. 즉 300조 원을 가진 일론 머스크에게 300억 원을 주는 것은 1억 원을 가진 사람에게 1만 원을 주는 것과 같다.
8 성품을 뜻하는 히브리어는 '셀렘'인데, '이미지', '닮음'이라는 의미가 있다. 이미지는 외형적인 특징도 의미하지만, 내적인 성품이나 속성을 의미하기도 한다. 창세기 5:3에서 아담은 자신을 닮은 아들 셋을 낳았다고 하였다. 여기에서 사용된 '닮은'이 '셀렘'이다. 닮음은 육체적인 특징도 있지만, 성품이나 재능 같은 내적인 특징도 있다. 셋은 여러모로 아담을 많이 닮은 아들이었다. 그렇지만

하나님은 영이시기에, 육체적인 특징은 없으시기에 하나님의 형상(셀렘)은 하나님의 내적인 특성, 곧 속성을 의미할 것이다. 따라서 하나님께서 자신의 형상대로 인간을 창조하셨다는 것은 하나님의 속성대로 인간을 창조하셨다는 것을 뜻한다.

9 모양은 히브리어로 '데무'인데, '유사함', '비슷함'의 의미가 있다. 언뜻 보면 형상(셀렘)과 비슷하기도 하다. 이 단어가 열왕기상 16:10과 역대하 4:6에도 사용되었는데, 이때 물건의 외형적인 특징을 설명하기 위해서 사용되었다. 즉 내적인 속성이 아니라, 외형적인 특징을 나타내기 위해서 사용되었다. 따라서 하나님께서 자신의 모양대로 인간을 창조하셨다는 것은 내적인 속성이 아니라 외적인 형태의 특징을 따라서 창조하셨다는 것이 된다. 그런데 하나님은 육체가 없으시기에 외적인 특성도 없으시지만 존재하는 방식으로서의 특성은 있으시다. 그래서 하나님께서 모양을 따라서 인간을 창조하셨다는 것은 하나님의 존재 방식을 따라서 창조하셨다고 이해할 수 있다. 그리고 이렇게 이해하면 해석이 자연스럽고 성경을 이해하기가 한결 쉬워진다.

10 잠언 20:27의 "주님은 사람의 영혼(spirit of man)"에서도 영(네페쉬)으로 사용되었다.

11 제임스 몽고메리 보이스는 하나님의 영과 '숨'이 어원적으로 매우 가까운 관계임을 밝히며, 하나님께서 인간의 코에 생기를 불어넣음으로써 인간은 영적인 존재로 창조되었다고 하였다. '제임스 몽고메리 보이스, 『창조와 타락 창세기 I(1-11장)』, 문원옥 옮김, (솔라피데, 2013), p184-186'

12 창세기 2:7에서 인간이 생명체(living being: 생령)가 되었다고 했을 때, 생명체를 히브리어로 '네페쉬 하야'라 한다. 그런데 어떤 이들은 이것이 창세기 1:20, 21, 24; 2:19 등에서 동물(living creature)을 나타낼 때도 동일하게 사용되었다는 것을 예로 들면서, 창세기 2:7의 '생명의 기운'이 영을 의미하는 것이 아니라 혼을 의미한다고 주장한다. 왜냐하면 동물은 영이 없기 때문이다. 그렇다면 하나님은 2:7이 의미하는 것은 하나님께서 인간을 혼을 가진 존재로 창조하였다는 것을 의미할 것이다.

그러나 빅터 해밀턴은 창세기 2:7에서 일반적으로 숨을 의미하는 '루아흐'를 사용하지 않고, 하나님과 인간에게만 사용하는 '네쉐마'를 사용하였다고 말한다(창 7:22). '빅터 해밀턴, 『NICOT 창세기 I』, 임요한 옮김, (부흥과 개혁사, 2016), p170' 이것이 중요하다. '네쉐마'는 하나님과 인간에게만 사용하는 동물과는 다른 호흡이다. 그리고 송병현은 '생명의 기운(생기)'가 구약에서 단 한 번만 사용되었음을 밝히며, 인간은 하나님께 매우 특별한 존재로 창조되었다고 말한다. '송병현, 『엑스포지멘터리 창세기 I』, (도서출판 이엠, 2020), p148' 즉 인간도 분명히 동물과 같은 생명체(living being)이지만, 동물과 구별되는 독특한 생명체(생기를 가진 존재)로 탄생하였다는 것이다. 제임스 몽고메리 보이스도 인간은 동물과 구별되는 특별한 존재로 창조되었다고 한다. '제임스 몽고메리 보이스, 『창조와 타락 창세기 I(1-11장)』, p187'

그렇다면 그것은 과연 무엇인가? 사실 동물도 인간 생각과 감정과 의지가 있다. 인간과 동물이 구별되는 명확한 차이점은 영(spirit)의 존재 여부이다. 폴라 구더는 '네페쉬'를 영혼으로 번역하는 것을 반대하며, 인간과 동물이 구별되는 명확한 차이점은 하나님의 형상이라고 말한다. '폴라 구더, 『마침내 드러난 하늘 나라』, 이학영 옮김, (도서출판 학영, 2021), p209-210'

하나님의 형상이 동물과 구별되는 차이점인 것은 분명하다. 그런데 하나님의 형상은 어디에 있는 것일까? 나는 오직 인간에게서만 발견할 수 있는 하나님이 고유한 형상(정의, 섬김, 평화, 도덕, 희생, 겸손, 인내, 친절, 평화, 절제, 열정…)이 있다는 점에서, 영 안에 하나님의 형상(속성)이 있다고 생각한다. 그렇다면 인간은 영을 가짐으로써 하나님의 형상을 가지게 된 것이다.

13 영혼몸의 관계를 이해하는 것은 성도로서의 바른 삶을 살고 하나님의 축복을 누리며 승리하는 삶을 위해 매우 중요하다. 이것과 관련한 책으로 '앤드류 워맥, 『영 혼 몸』, 반재경 옮김, (믿음의 출판사, 2014)'; '손기철, 『수수께끼 같던 영혼몸의 비밀이 풀린다』, (규장, 2021)'를 추천한다.

14 존 파이퍼, 『존 파이퍼의 거듭남』, 전의우 옮김, (두란노서원, 2009), p39

15 창조하셨을 때 아담에게 성령님이 임재하셨다는 직접적인 근거는 없다. 신약에서는 구원받은 성도들은 성령님을 받고 영원한 생명을 얻는데, 성령님이 오심은 만물의 회복을 위함이며(행 3:21), 이것은 에덴의 상태로 돌아가는 것이다. 그렇다면 범죄하기 이전의 아담에게도 성령님이 임하셨다고 추측할 수 있다. 그리고 구약에서는 하나님께서 특별한 사명을 감당하게 하실 때 성령님을 보내 도와주셨다. 따라서 아담이 영원한 생명을 가지고 하나님의 뜻에 온전히 순종하며 하나님을 섬겼다는 것은 그에게 성령님이 임하셨기 때문으로 이해할 수도 있다. 그리고 이렇게 될 때, 아담은 신약의 성도들처럼 성령님을 통해서 삼위 하나님과 연합하게 된다. 무엇보다 둘째 아담이신 예수님은 마리아의 몸에서 성령님으로 잉태하셨다는 것은 첫째 아담에게도 성령님께서 임하셨다는 것을 이해할 수 있다. 그리고 제임스 몽고메리 보이스 역시 요한복음 3장의 거듭남을 설명하면서, 하나님께서 창세기에 인간을 창조하셨던 방식으로 인간을 거듭나게 하신다고 한다. 그것이 바로 성령님께서 인간에게 숨을 불어넣어주었듯이, 성도들에게도 불어넣어 주심으로서 새 생명을 얻게 하신다는 것이다. '제임스 몽고메리 보이스, 『창조와 타락 창세기 I(1-11장)』, p186'

16 에덴이 최초의 성전임에 대한 자세한 설명은 'J. 다니엘 헤이즈, 『하나님 임재와 구원』, 홍수연 옮김, (새물결 플러스, 2020), p30-35'를 참고하라.

17 본회퍼, 『성도의 교제』, 유석성 옮김, (대한기독교서회, 2010), p153

18 존 파이퍼, 『열방을 향해 가라』, 김대영 옮김, (좋은 씨앗, 2018), p368

2장
깨어진 관계와 회복의 약속

1. 아버지를 향한 사랑의 실패
2. 흙으로 돌아가게 된 운명
3. 회복에 대한 아버지의 열정
4. 아버지의 심판과 구원

2장 깨어진 관계와 회복의 약속

1. 아버지를 향한 사랑의 실패

> "여자가 그 나무의 열매를 보니, 먹음직도 하고, 보암직도 하였다. 그뿐만 아니라, 사람을 슬기롭게 할 만큼 탐스럽기도 한 나무였다. 여자가 그 열매를 따서 먹고, 함께 있는 남편에게도 주니, 그도 그것을 먹었다." **(창 3:6)**

아버지 하나님의 기쁨은 그리 오래가지 못했다. 자녀를 위해 최선을 다해 창조한 에덴이 오히려 그 자녀들 때문에 파괴될 위기에 처했다. 만약 그들이 자기 행동이 가져올 결과를 미리 알았더라면 어땠을까? 물론 그들은 모르지 않았다. 하나님은 아담에게 분명히 말씀하셨고, 아담은 하와에게 전해 주었다. 다만 그들은 하나님의 말씀을 가볍게 여기고 죄의 심각성을 몰랐을 뿐이다.

만약 그들이 하나님의 말씀을 가슴에 새기고 죄의 심각성을 깊이 생각했다면, 선악과를 먹지 않았을 것이다. 그러나 하와는 과감하게 손을 뻗어 그것을 먹었음으로써, 결국 인류의 운명을 완전히 뒤바꾸어 놓은 엄청난 사건이 발생하고 말았다.

그렇다면 과연 선악과가 무엇이기에 그런 결과를 초래하게 하였는가? 선악과에는 여러 의미가 있지만, 무엇보다 하나님은 창조주이시고 인간은 피조물이기에, 하나님만이 생명과 축복의 근원이다. 따라서 인간은 하나님 안

에 머무는 것이 생명을 유지하고 복을 누리는 유일한 비결이다. 두 번째로 하나님은 왕이시며 인간은 백성이기에 하나님은 명령하고 통치하며 인간은 명령을 받들어 충성해야 한다. 이것이 하나님과 인간과의 가장 기본적인 관계이며, 하나님은 선악과를 통해서 이것을 분명하게 알려 주셨다.

그러나 이것보다 더 중요한 것은 선악과는 인간이 하나님과 진정한 사랑의 관계를 맺기 위한 도구라는 사실이다. 하나님은 인간에게 선악과를 먹지 말라고 하셨는데, 이 계명은 인간이 의지적으로 지켜야 할 유일한 계명이다. 물론 에덴을 돌보고 결혼하라는 명령도 있지만, 그것은 그들의 본성이었기에 매우 자연스럽고 쉬웠다.

하지만 선악과는 다르다. 선악과가 에덴의 중앙에 있었듯이, 인간은 이것을 마음의 중심에 새겨서 늘 하나님의 계명을 생각해야 하고, 먹고 싶은 욕구를 절제해야 하며, 의지적으로 먹지 않기를 선택해야만 한다. 그러므로 하나님은 인간이 마음(생각, 감정, 의지)을 다해 하나님을 선택하기를 원하신다.

어떤 이들은 어떻게 선악과가 사랑을 위한 도구가 될 수 있냐고 묻는다. 선악과가 없었으면 인간이 타락하지도 않았을 것인데, 굳이 하나님께서 선악과를 만드셔야 했는지를 모르겠다고 한다. 사실 피조물인 인간은 창조주의 뜻을 다 알지 못하며 알 수도 없다(사 55:8-9). 그러나 한 가지 분명한 것은 하나님은 사랑이시기에 모든 것을 사랑으로 하신다는 사실이다(시 145:13, 17). 그렇다면 선악과도 사랑을 위한 것이라는 것과 하나님은 우리가 생각하는 것보다 사랑을 훨씬 더 중요하게 여기신다는 사실을 알 수 있다.

❖ 자발적인 사랑

하나님은 아담과 하와와 진정한 사랑의 관계를 맺기를 원하셨다. 이것이 하나님께서 인간을 로봇이나 AI로 만들지 않은 이유이다. 현대과학은 언젠가는 인간처럼 생각하고 느끼고 선택하는 로봇이나 AI를 만들 수 있을 것으로 기대하지만, 나는 절대 가능하지 않다고 생각한다. 인간은 하나님의 형상을 가진 존재이다. AI나 로봇이 완전히 인간처럼 되려면 하나님의 형상을 가져야 하는데, 인간이 이것을 흉내 낼 수는 있겠지만 완전히 똑같이 만드는 것은 하나님만 가능하기 때문이다.

진정한 사랑은 완전한 자유 안에서 스스로 생각하고 느끼고 선택하는 사랑으로서, 이것이 하나님의 방식이며 이런 사랑만이 진정한 사랑의 관계를 맺을 수 있다. 하나님은 인간도 이런 사랑을 하도록 선악과를 에덴의 중앙에 두셨기에, 그들은 이것을 생각하고 가슴에 새겨 하나님을 선택해야 한다. 그렇지만 이것은 선택이기에, 강압적인 선택이 아니라 자발적인 선택이어야 한다. 이것이 사랑의 특징이다.

이런 사랑을 위해 하나님은 아담과 하와가 굳이 선악과를 먹지 않아도 되도록 부족함 없이 주셔서, 그들이 기쁘게 자신의 계명을 지키기를 원하셨다. 그들이 여기에 순종하게 되면 하나님과 진정한 사랑의 관계를 맺음으로써 사랑이 완성된다(요일 4:12).

하지만 아담과 하와는 실패한다. 예수님은 제자들이 예수님을 사랑하면 예수님의 계명을 지킬 것이라고 하셨으며(요 14:15), 사도 요한도 하나님을 사랑하면 계명을 지키는 것이 어렵지 않다고 하였다(요일 5:3). 이것은 우리 자신을 보아도 분명하다. 우리가 누군가를 사랑하는 정도만큼 우리는 그들을 섬기게 된다. 많이 사랑하면 희생도 마다하지 않지만, 사랑하지 않으면 작은 것도 힘들다. 이런 의미에서 아담과 하와의 실패는 하나님을 향한 사랑에서 실패했었다.

2. 흙으로 돌아가게 된 운명

"너는 흙에서 나왔으니, 흙으로 돌아갈 것이다. 그때까지, 너는 얼굴에 땀을 흘려야 낟알을 먹을 수 있을 것이다. 너는 흙이니, 흙으로 돌아갈 것이다." **(창 3:19)**

"주님께서는, 사람의 죄악이 세상에 가득 차고, 마음에 생각하는 모든 계획이 언제나 악한 것뿐임을 보시고서, 땅 위에 사람 지으셨음을 후회하시며 마음 아파하셨다. … 하나님이 땅을 보시니, 썩어 있었다. 살과 피를 지니고 땅 위에서 사는 모든 사람의 삶이 속속들이 썩어 있었다." **(창 6:5-6, 12)**

❖ 치명적인 결과

하나님은 사랑이시지만, 또한 거룩하신 분이시다. 거룩하신 하나님은 죄와 함께할 수 없기에, 죄로 인해 인간은 하나님과의 친밀한 관계가 끊어졌다. 또한, 하나님은 생명의 근원이시기에, 하나님과의 단절은 생명뿐만 아니라 사랑의 사귐으로부터의 단절을 뜻한다. 아담과 하와는 하나님과 단절되면서 영적으로 죽은 존재가 되었을 뿐 아니라, 육적으로도 죽음을 면할 수 없는 존재로 전락하고 만다. 하나님의 말씀대로 그들은 정말 죽게 되면서 그들은 흙으로 돌아가게 되었다(창 3:19).

흙은 그 자체로는 특별한 가치가 없다. 건조한 흙은 먼지가 되어서 보이지도 않는다. 그렇지만 위대한 창조주의 손길이 더해지게 되면, 미켈란젤로의 피에타나 다비드처럼 비교할 수 없는 가치를 지닌 작품이 된다. 인간이 이렇다. 먼지에 불과한 존재에 창조주의 손길과 숨길이 더해지자, 인간은 창조의 핵심이자 가장 아름답고 완전하며 신비로운 존재가 되었다. 특히 인간은 영원한 생명을 가진 존재로서 하나님과 영원한 사랑의 관계를 맺도록 창조되어 하나님의 기쁨이자 자랑이며 보람이 되었다. 그런데 이제 그들은 다시 한 줌의 흙으로 돌아가서 결국은 다시 먼지와 같은 존재가 되어 버렸다. 이러한 인간을 바라보시는 하나님의 마음은 얼마나 슬펐을까?

내가 어렸을 적에 "순간의 선택이 10년을 좌우한다"라는 광고 문구가 있었다. 아담의 선택은 순간이었지만, 자신뿐만 아니라 피조세계 전체에 돌이킬 수 없는 치명적인 결과를 가져왔다. 타락한 인간은 이때부터 하나님과 이웃 대신에 자신을 지극히 사랑하는 존재로 변질하였으며, 자신을 하나님의 위치에 올려 스스로 왕이 되고 주인이 된 삶을 살기 시작했다.

타락한 인간들은 지속적으로 참된 왕이신 하나님을 거부하고 대적하다가, 마침내 자신들을 창조한 친부모가 누구인지도 잊어버렸다. 그리고 그들 안에 죄성이 생겨나 끊임없이 죄의 욕구를 느끼며 죄를 짓는 죄의 노예로 전락하고 만다. 이것은 끊임없이 하나님을 대적하려는 사탄의 본성을 가진 사탄의 자녀로 전락했다는 것을 뜻한다(요 8:44).

더 심각한 것은 이것이 비단 아담과 하와만의 문제가 아니라, 온 인류와 세상까지도 완전히 타락시킨 충격적인 사건이었다는 사실이다. 많은 사람이 이것을 이해하기 어려워하지만, 이번에 팬데믹을 통해서 우리는 무서운 결과를 보았다. 누구인지는 알 수 없지만, 보이지도 않는 코로나19에 걸린 최초의 감염자 한 명을 통해서 전 세계가 순식간에 바이러스에 감염되었다.

그런데 사람만이 아니라 동물도 감염이 되었으며, 정치, 경제, 문화, 생활 등 삶의 전 영역에서도 엄청난 영향력을 미쳐 우리의 모든 것을 뒤흔들어 놓았다. 이것이 어떤지는 내가 굳이 더 설명하지 않아도 너무나 잘 알 것이다. 그 결과 이전에는 한 번도 경험하지 못한 혼란과 어려움과 두려움으로 가득한 세상을 경험하면서, 우리는 에덴에서 발생한 죄의 결과가 무엇인지를 조금이나마 알 수 있다.

하지만 죄의 영향력은 이것보다 훨씬 더 심각하다. 죄는 전염률 100%에 치사율도 100%를 자랑하는 최악의 바이러스이며, 감염 속도도 너무나 빠르다. 문제는 이런 심각성에도 불구하고 치료제가 없다는 것이며, 더 끔찍한 것은 인간은 이것에 감염되는지도 모르고 있다는 사실이다. 인간의 어리석음은 이것을 깨닫지 못하고, 교만함은 이것을 인정하지도 않으며, 완고함은 알면서도 끝까지 부정한다. 그러니 결국은 죄에서 벗어날 수 없는 절망적인 삶을 살게 된다.

죄는 하나님과의 관계를 단절시키면서(사 59:1-2), 사랑의 관계를 맺지 못하게 한다. 이렇게 되면 하나님의 사랑으로 채워져야 할 마음의 공간이 비워지게 되면서, 이 틈을 노린 사탄은 악한 죄성으로 인간의 마음을 채우기 시작하였다. 그러자 인간의 삶에는 파괴와 고통이 찾아왔고, 인간은 이것을 피하고 자신들의 타락한 욕구를 충족시켜 줄 무엇을 찾기 시작하였는데, 그것이 바로 우상이다. 그리고 점점 더 우상을 의존하고 숭배하면서, 하나님이 창조한 세상에서 거짓된 우상들이 하나님의 위치를 대신하게 되었다.

하나님 대신에 우상을 섬기던 인간은 하나님을 향한 적대감으로 하나님이 싫어하는 것만을 골라 하게 됐는데, 그 결과는 너무나 참혹하다. 생명이신 하나님을 떠나니 죽음이 가득해졌고, 하나님의 질서를 파괴하니 무질서한 세상이 되었으며, 선하시고 정의로운 하나님을 거부하니 악과 불의가 세상에 만연해졌다. 그리고 모두가 자신을 세상의 중심으로 삼아서 자신이 원하는 대로 살게 되니, 평화가 사라지고 도리어 갈등과 분열과 다툼과 파괴가 가득한 세상이 되었다. 인간의 타락으로 인해 하나님의 성품과 영광으로 충만해야 할 세상이 온통 죄와 사망이 다스리는 사탄의 왕국으로 전락하고 말았다.

❖ 하나님의 아픔

우리는 때로 이렇게 고통을 주는 세상을 만드신 하나님을 원망하지만, 지금의 세상은 절대로 하나님이 원하시는 상태가 아니다. 하나님은 이런 세상을 보고 후회하시며 마음 아파하셨다(창 6:6-7). 여기에서 후회(sorry)는 잘못이나 실수로 인해 후회하는 것이 아니라, 안타까워서 슬퍼하는 것을 의미한다. 자녀였던 인간의 타락은 하나님 아버지의 아픔이자 슬픔이었다.

이렇게 된 것은 인간이 스스로 고아의 삶을 선택한 까닭이다. 하나님의 위치에 오름으로써, 아버지 하나님의 품 안을 떠나 홀로 살기로 작정한 것이다. 내가 고등학교 다닐 때 같은 반 친구 중 몇 명이 가출했던 적이 있었다. 솔직히 집에 무슨 문제가 있는 것도 아니었고, 꽤 부유하게 살던 친구들이었지만, 그들은 좀 더 자유롭게 살고 싶다며 부모님의 돈을 훔쳐서 가출했다. 며칠 뒤에 그 부모님들은 놀라 밤새 잠도 못 자고 애타게 기다리다가 학교로 찾아오셨는데, 철없는 친구들이 저지른 잘못 때문에 그들의 부모님들이 매우 마음 아파하시던 기억이 난다.

잘못은 그들이 했지만, 실상 마음이 아픈 것은 부모였다. 그런데도 그들은 돌아와서도 부모의 마음을 헤아리기는커녕 웃으면서 우리에게도 가출해 보라고 권하기까지 했다. 하나님도 마찬가지다. 잘못은 인간이 했지만, 마음은 하나님이 아프셨다. 그런데도 무엇이 잘못인지조차 깨닫지 못하는 인간은 하나님의 마음을 헤아리기는커녕 오히려 죄를 조장하기까지 한다. 그러니 하나님께서 이들을 어떻게 해야 하는가?

3. 회복에 대한 아버지의 열정

> "너희가 사는 곳에서 나도 같이 살겠다. 나는 너희를 싫어하지 않는다. 나는 너희 사이에서 거닐겠다. 나는 너희의 하나님이 되고, 너희는 나의 백성이 될 것이다."
> (레 26:11-12)

자녀들은 아버지를 떠났지만, 아버지는 그들을 잊지 못한다. 자녀들은 아버지의 마음을 아프게 하였지만, 아버지는 여전히 그들을 그리워하고 사랑하신다. 자녀들은 아버지도 잊은 채 고아처럼 지내고 있지만, 아버지는 자신의 꿈을 잊지 않으셨다.

아버지로서 하나님의 꿈은 그들의 하나님이 되고 그들은 자녀가 되어서 늘 자기 품 안에 두고 싶으셨다. 그리고 그들을 위해 창조한 기쁨의 집에서, 그들과 함께 거닐면서 영원토록 행복하게 지내고 싶으셨다. 이것이 아버지 하나님의 마음이며, 이는 하나님의 꿈이 자신의 가정을 회복하는 것임을 알려 준다. 가정(home)은 가족(family)과 집(house)을 모두 포함한다. 따라서 여기에서 가정의 회복이란 잃어버린 가족과 함께 잃어버린 집도 다시 찾아 오겠다는 것을 의미한다. 레위기 26:11에서 하나님께서 **"너희가 사는 곳에 나도 같이 살겠다"**라고 하신 말씀의 문자적인 번역도 **"너희가 사는 곳에 내가 살 곳을 짓겠다"**이다. 즉 하나님께서 자신의 집을 우리 가운데 다시 지으시겠다는 것이다.

하나님께서 이렇게 하시는 이유는 인간은 육체를 가졌기에 거주할 물리적 공간이 필요하기 때문이다. 하나님께서 에덴을 지으시고 가족을 위한 집으로 삼으신 것도 이런 이유 때문이다. 따라서 에덴이야말로 이들이 가장 행복하게 살 수 있는 곳이며, 그렇기에 아버지 하나님은 자녀들을 위해서 그들이 살 집을 되찾아 이전과 같은 곳으로 재건하실 것을 알 수 있다.

이런 아버지의 꿈이 가장 잘 나타난 구절이 바로 레위기 26:11-12이다. 나는 이 구절이야말로 하나님의 계획과 열정과 의지가 무엇인지 가장 잘 보여 주는 구절이라고 생각한다. 사람들은 성경 전체에서 가장 중요한 구절로 흔히 요한복음 3:16을 꼽는데, 요한복음 3:16은 하나님의 크신 사랑도 보여 주지만, 레위기 26:11-12를 이루기 위한 하나님의 방법을 설명한다. 즉 레위기 26:11-12이 하나님의 궁극적인 뜻이며, 이것을 위해서 요한복음 3:16이 필요하다. 그러므로 레위기 26:11-12야말로 성경 전체에서 가장 중요한 핵심 구절이다.

하나님은 이 구절을 통해서 가족을 향한 자신의 사랑과 꿈을 절대로 포기하지 않으시는 집념의 하나님이심을 알려 주셨는데, 이것이 성경에 계속 나온다.[1] 표현은 조금 다르지만 같은 의미를 가진 구절들도 많다. 왜 하나님은 이렇게 계속 반복하셨을까? 반복은 강조를 의미한다. 그만큼 하나님에게 중요하다는 것이며, 우리가 반드시 알아야 할 것이기도 하다.

이것이 바로 하나님 아버지와 육신 아버지의 차이 중의 하나이다. 육신의 아버지는 인간이기에 사랑이 크다고 하여도 그는 인간일 뿐이다. 인간의 사랑은 불완전하고 부분적이며 조건적이어서, 완전하고 한결같으며 영원한 하나님과는 비교할 수가 없다. 게다가 하나님은 전능하신 분이시기에 자신의 사랑을 반드시 이루신다.

하나님이 이렇게 하시는 것은 사랑이 하나님의 본성이기도 하지만, 이것을 통해서 누리는 기쁨 때문이기도 하다. 하나님은 기쁨을 위해서 만물을 창조하셨고, 에덴(기쁨의 동산)에서 이것을 잠시나마 누리셨다. 비록 사탄이 이것을 빼앗아 갔지만, 하나님만이 홀로 영광과 찬양을 받기에 합당하신 분이시기에, 하나님은 이것을 절대로 사탄에게 넘겨주지 않으신다(사 42:8).

그러므로 사랑과 기쁨을 향한 하나님의 열정은 자신의 가정을 회복하심으로써, 가족이 다시 한번 완전한 사랑의 관계를 통한 충만한 기쁨을 누리게 하실 것이 분명하다.

4. 아버지의 심판과 구원

> "주 하나님이 뱀에게 말씀하셨다. … '내가 너로 여자와 원수가 되게 하고, 너의 자손을 여자의 자손과 원수가 되게 하겠다. 여자의 자손은 너의 머리를 상하게 하고, 너는 여자의 자손의 발꿈치를 상하게 할 것이다.'" **(창 3:14-15)**

자녀들이 죄를 범하자마자, 하나님은 곧바로 자신의 왕국을 탈환하고 자녀들을 구원하실 계획을 발표하셨다(창 3:14-15).[2] 그만큼 이것은 아주 심각하고 긴급한 문제였다. 그러나 대적자라는 이름처럼 사탄은 하나님을 대적하기 위해서 끊임없이 인간을 공격할 것이기 때문에 이것이 성취되기 위해서는 반드시 자신의 가정을 파괴한 사탄을 먼저 심판해야 한다.

하나님의 방법은 여인의 후손을 통한 사탄을 심판하는 것과 죄로부터 자녀들의 구원이다. 사탄은 아담과 하와를 미혹했을 때, 세상을 타락시키려는 자신의 계획이 성공한 것으로 생각하였을 것이다. 그렇지만 전능하신 하나님은 이런 상황을 그냥 두고 보지만은 않으셨다. 역전의 하나님은 여인의 후손을 통해서 사탄을 심판하실 것이며, 여인은 그가 사탄에게 복수하는 것을 볼 것이다.

그러나 사탄이 누구인가? 악의 화신인 사탄은 절대로 가만히 있지 않는다. 운명과 상관없이 그는 하나님께 극렬히 저항해서 여인의 후손의 발꿈치를 상하게 함으로써 잠깐의 승리를 맛볼 수는 있겠지만, 만물의 왕이신 하나님을 막을 수는 없다. 이것은 어린이 장난감 총으로 탱크에 저항하는 것과 같다. 심판의 날을 정하신 하나님은 여자의 후손을 통해 사탄을 심판하게 하심으로써(행 17:31), 완전한 공의와 정의를 이루실 것이다.

하지만 심판은 그 자체가 목적은 아니다. 하나님은 사랑하는 자녀들과 다시 영원한 사랑의 사귐을 갖기를 갈망하신다. 심판은 이것을 위해 필요할 뿐이며, 심판이 끝난 후에 하나님은 창조가 완성된 후에 매우 기뻐하셨던 그 상태(에덴)를 회복하신다. 이것을 만물의 회복이라고 하며(행 3:21), 회복을 다른 말로 구원이라 한다. 따라서 만물의 회복은 만물의 구원이다.

하나님은 구원의 하나님이요, 회복의 하나님이시다. 구원을 통해 회복하시고, 회복을 위해 구원하신다. 그리고 구원과 회복의 목적은 사랑이다.[3] 하나님은 구원을 위해서 세상 역사에 개입하실 것을 선포하심으로써, 사탄이 판치는 세상을 그냥 두고만 보고 계시지는 않겠다고 하셨다. 이것이 우상들과 다른 하나님의 특징이다. 하나님은 왕이시기에, 왕이신 하나님은 자신의 뜻대로 통치하신다. 그럼으로써 오직 자신만이 왕이심을 온 세상이 알게 하신다.

이처럼 구원은 왕이신 하나님의 뜻이다. 그것도 가족을 향한 아버지 하나님의 뜻이기에 반드시 이루어질 것을 확신할 수 있다.

> "주님께서는 직접, 억압받는 사람들을 구원하시려고, 반드시 공의를 이루시려고, 당신의 능력을 친히 발휘하실 것이다." **(사 59:16)**

그렇다면 하나님은 어떻게 가족을 구원하실 것인가?

주

1 창 17:7; 출 6:7; 29:45-46; 레 26:12; 민 15:41; 신 29:13; 렘 4:1; 7:23; 24:7; 30:22; 31:1, 33; 32:37-38; 겔 11:20; 14:11; 34:30-31; 36:28; 37:23, 27; 슥 13:9; 고후 6:18; 히 8:10; 계 21:3

2 이 책은 기본적으로 구속사적 흐름을 따른다. 물론 모든 구속사를 기록하지는 않지만, 핵심 사건

을 따라서 구속의 시작부터 완성까지를 기록하고 있다. 그러므로 구속사를 이해한다면 이 책을 이해하기가 한결 쉽다. 또한, 성경 전체를 흐르는 핵심 주제를 파악하게 되어, 하나님께서 성경을 기록하신 이유도 알게 된다. 이런 관점으로 성경을 설명하는 책인 '본 로보츠, 『성경의 큰 그림』, 전의우 옮김, (성서유니온선교회, 2020)'; '마이클 윌리엄스, 『성경 이야기와 구원 드라마』, 윤석인 옮김, (부흥과 개혁사, 2011)'; '크레이크 바르톨로뮤 & 마이클 고힌, 『성경은 드라마다』, 김명희 옮김, (IVP, 2009)'; '트레트 헌터, 스티브 웰럼, 『그리스도 중심적 성경 이야기』, 전광규 옮김, (부흥과 개혁사 2019)'; '카이스 매티슨 & 캐롤 카민스키, 『구약을 읽다』, 이대은 옮김, (죠이북스, 2016)'; '데이비드 파머, 『신약을 읽다』, 이대은 옮김, (죠이북스, 2017)'를 추천한다.

3 김남준은 구원의 목적은 사랑의 완성이라고 말한다. 이것이야말로 구원의 핵심이다. '김남준, 『교회와 하나님의 사랑』, p44-49'

교회를 묻다가 하나님을 만나다

3장
회복을 위한 아버지의 첫 발걸음

1. 가족을 위한 하나님의 헌신
2. 새로운 삶으로 인도하시는 하나님
3. 이스라엘의 새로운 정체성
4. 가족의 새로운 삶

3장 회복을 위한 아버지의 첫 발걸음

1. 가족을 위한 하나님의 헌신

❖ 드디어 시작된 구원의 역사

> "주님께서 아브람에게 말씀하셨다. … '내가 너로 큰 민족이 되게 하고, 너에게 복을 주어서, 네가 크게 이름을 떨치게 하겠다. 너는 복의 근원이 될 것이다. … 땅에 사는 모든 민족이 너로 말미암아 복을 받을 것이다.'" **(창 12:1-3)**

아버지의 계획

하나님은 가족을 구원할 계획을 세우셨는데, 그것은 아주 작은 소수로부터 시작한다. 하지만 아버지 하나님의 꿈은 원대하시다. 비록 몇 안 되는 사람들이지만, 하나님께서는 그들을 통해 자신의 구원을 온 세상에 전할 계획을 하셨다. 그러면 돌아온 탕자처럼 아버지를 떠난 모든 자녀가 다시 아버지를 기억하고 자기의 잘못을 뉘우치고 돌아올 것이며, 하나님은 그들에게 자녀의 신분을 회복시켜 주시고 빼앗겼던 아버지의 유업을 다시 상속하실 것이다. 그러니 범죄로 영원히 멸망할 수밖에 없는 인간에게 이것보다 더 복된 소식이 있을까?

복음은 여기에서 끝나지 않는다.[1] 상속자가 되는 것이 축복이지만, 이것만 생각하면 마치 주인과 종처럼 일에 대한 책임만 느껴질 수 있다. 중요한

것은 하나님을 아빠라 부르며 하나님과 사랑의 사귐이 회복될 것이며, 하나님의 자녀가 된 다른 사람들과도 가족으로서의 새로운 사랑의 사귐을 누리게 된다는 사실이다. 더 놀라운 것은 이 사귐은 영원하며 완전하기에 어떤 갈등도 미움도 분열도 다툼도 파괴도 없다는 사실이다. 그러니 당연히 고통도 아픔도 슬픔도 없이 기쁨과 만족과 감사만이 있다. 이것이 바로 상속자의 진정한 축복이다.

이것을 위해 하나님은 가족이 구원의 역사에 동참하기를 원하셨다. 그래서 하나님은 아담의 자녀 중에서 셋의 후손을 가족으로 삼으셨는데, 에녹과 노아로 이어지는 그의 후손들은 구원을 위한 특별한 부르심을 받는 하나님의 자녀들이자 가족이었다. 이것의 대표적인 예시가 노아의 가족이었다.

하나님은 타락한 세상을 물로 심판하시면서도 노아의 가족을 통해서 구원의 역사를 이어 가셨다. 노아의 가족의 특징은 하나님의 은혜로 구원받은 가족이며, 믿음으로 순종하던 가족이었다. 비록 8명밖에 안 되는 소수였지만 그들의 이야기는 앞으로 이루어질 하나님의 모든 구원의 사역은 하나님의 가족을 중심으로 이루어질 것임을 암시한다. 즉 하나님은 하나님의 가족이라는 공동체를 통해 구원을 성취하신다.

가족을 통한 구원

하나님의 구원은 아주 작은 가족으로 시작되었지만, 목표는 모든 민족이다. 모든 민족이 이 복을 누리게 하려고 하나님이 특별히 찾아낸 사람은 아브라함이었다. 아브라함에게 자신이 누구인지를 알려 주시고 가족으로 삼으신 하나님은 그의 가족을 갈대아 우르에서 가나안으로 인도하셨다. 하나님의 가족이 된 그는 세상과 구별된 새로운 삶을 살았는데, 하나님은 그러한 아브라함에게 자녀를 주셔서 그로 말미암아 큰 민족을 이루고 땅에 사는 모든 민족이 복을 얻게 하겠다고 하셨다.

아브라함이 복의 근원이 되리라는 것은, 그를 통해 복의 이야기(복음)가 땅 끝까지 전해질 것을 뜻한다. 사람들은 복의 근원이 되는 아브라함에게 집중하지만, 사실은 복을 계획하시고 전하시는 분은 하나님이시기에 아브라함보다 그를 부르신 하나님이 훨씬 더 중요하다. 따라서 아브라함을 통한 복의 이야기는 복의 진정한 근원이자 완성자가 되시는 하나님의 이야기이며, 이 이야기가 모든 민족과 나라에 전해질 것이다.[2]

그렇게 되면 이것을 들은 수많은 사람이 하나님을 알게 될 것이고, 아브라함처럼 그분의 말씀을 믿음으로써 그분의 가족이 되는 복을 누리게 될 날이 온다. 따라서 아브라함은 앞으로 이루어질 거대한 하나님의 가족(우주적인 교회, 보편 교회)을 위한 작은 씨앗으로 부르심을 받은 것이며, 하나님이 계획하신 복은 세상에서 말하는 물질이나 건강이나 성공이 아니라 하나님의 가족이 될 수 있는 특권이다.

이것이야말로 진정한 복임에도 불구하고 많은 성도들이 복에 대한 잘못된 개념을 가지고 있다. 보통 사람들은 천국에 가기 위해서 구원받아야 한다고 생각한다. 그러나 천국은 결과이지 목적이 아니다. 천국은 하나님께서 가족을 위해 마련한 집이기에 하나님의 가족이 되면 저절로 가게 되며, 반대로 천국은 아무리 가고 싶어도 하나님의 가족이 되지 않으면 갈 수 없다. 그러므로 핵심은 하나님의 가족이 되는 것이며, 하나님은 아브라함을 통해서 이것을 분명하게 알려 주신다.

아브라함으로부터 본격적으로 시작된 하나님의 구원 역사는 그의 아들 이삭과 손자 야곱, 그리고 이스라엘이라는 나라로 확장되었고, 결국에는 온 세상에 흩어져 있는 그분의 자녀들이 다시 아버지 하나님께로 돌아올 것이다. 이것이 하나님이 가족을 구원하시는 방식이다. 그럼 이제, 아브라함의 이야기를 통해 하나님께서 우리를 구원하시는 방법을 구체적으로 알아보자.

❖ 할례, 하나님 가족이란 표식

> "너희 가운데서, 남자는 모두 할례를 받아야 한다. 이것은 너와 네 뒤에 오는 너의 자손과 세우는 나의 언약, 곧 너희가 모두 지켜야 할 언약이다." (창 17:10)

하나님은 아브라함과 언약을 맺으시면서, 그에게 할례를 받아야 한다고 하셨는데, 그와 후손 중 모든 남자도 태어난 지 8일이 되는 날 할례를 받게 하라고 하셨다. 할례는 남자 성기의 표피를 자르는 것인데 이것이 하나님과 아브라함 사이에 맺은 언약을 몸에 새기는 것이라고 말씀하셨다(창 17:13).

하나님께서 언약을 몸에 새기는 할례를 하라고 아브라함에게 말씀하신 것은 그가 99세 때 일어난 일이다(창 17:10). 사실 하나님께서는 아브라함과 이미 오래전에 언약을 맺으셨는데(창 12, 13, 15장), 99세가 되었을 때 갑자기 할례를 받으라고 하신 것에 대한 의문이 생길 수 있다. 왜 처음부터 받으라고 하지 않으셨을까? 하나님이 깜박 잊으신 걸까?

할례를 말씀하신 과정을 보면 할례의 의미를 유추할 수 있다. 하나님은 아브라함에게 후손과 축복을 주겠다는 언약을 맺으시며, 후손들이 언약을 잘 지켜야 한다고 하신 후에(창 17:1-9), 갑자기 할례를 말씀하신다(창 17:10-14). 그리고 나서 사라가 아이를 갖게 될 것을 말씀하셨는데(창 17:21), 그다음 해에 사라가 임신을 했기 때문에(창 17:21; 21:1-2), 우리는 할례가 사라의 임신과 관련이 있다는 것을 짐작할 수 있다.

할례는 그의 후손들에 대한 하나님의 계획과 깊은 관련이 있다. 하나님은 아담을 창조할 때부터 많은 자손을 원하셨는데, 단순히 인간이 많아지는 것이 아니라 자녀들로 충만해지는 것을 원하셨다. 하나님은 아브라함에게 많은 자손을 주시겠다고 거듭 약속하셨으며, 아브라함을 친구라고 부를 만큼 그와 가까이 지내셨다(사 41:8). 그러나 이것은 아브라함만 누린 축복이 아니라, 하나님의 가족이 되는 복을 받은 모든 사람이 누릴 복이기도 하다. 따라서 하나님은 모든 민족을 이 복으로 부르셨다.

아브라함은 하나님의 자녀가 온 세상에 충만해지는 것을 본격적으로 성취하기 위해, 하나님의 특별한 부르심을 받아 하나님과 언약을 맺은 사람이다. 따라서 아브라함에게 가장 중요한 사명은 하나님을 사랑하고 섬길 하나님의 자녀를 낳는 것이며, 할례는 이것을 위한 표식이다. 그렇기에 아브라함이 자신과 자녀에게 할례를 행한 것은, 앞으로 태어날 자손이 내 자손이 아니라 하나님의 자손임을 고백한 것과 같다. 즉 할례는 언약의 자손임을 증명하는 표식이다. 더불어 하나님만 사랑하고 섬기는 자녀로 키우겠다는 마음(생각, 감정, 의지)의 표현이다. 마치 몸에 새기는 문신처럼, 이것을 남자의 생식기에 이것을 영구히 새긴다.

하나님은 아브라함에게 할례를 말씀하신 뒤에, 그를 선택하신 이유를 구체적으로 알려 주셨다. 그것은 자녀들이 하나님을 섬기도록 그들을 잘 가르치는 것으로서(창 18:19), 자녀 양육을 잘하라는 의미이다. 그러므로 하나님을 경외하고 사랑하도록 자녀들을 양육하는 것이 가장 중요한 그의 역할이자 임무였다(말 2:15). 하나님께서 가족을 구원하기 위해 헌신하듯이, 아브라함의 후손도 하나님을 위해서 헌신해야 한다. 하나님은 이것을 위해 아브라함을 선택하셨다.

아브라함은 할례를 받음으로써 하나님과 언약을 맺었다. 언약은 반드시 지키기로 서로 굳게 맹세한 상호 간의 약속이다. 그러므로 할례를 받은 사람은 자기 몸에 새겨진 표식을 보면서, 내가 하나님의 가족으로 부르심을 받았음을 기억하고 하나님만을 사랑하며 섬겨야 한다.

그리고 할례는 남자가 받는다. 이것은 하나님께서 할례를 통해서 가장인 남자들에게 가족을 하나님의 가정으로 섬겨야 할 책임이 있음을 알려 주셨다. 따라서 남자가 할례를 받는다는 것은 여호수아처럼 자신과 자신의 가

정은 오직 하나님을 사랑하고 섬기는 가정이 되기 위해 헌신하기로 약속하는 것과 같다(수 24:15).

또한 하나님께서는 할례를 통해서, 하나님의 가족이 되려면 반드시 그분이 정하신 표식이 있어야 한다는 것을 알려 주셨다. 그러나 이것은 모형일 뿐이며, 하나님은 나중에 성령님께서 자녀들의 마음에 도장을 찍는 진짜 할례를 주신다(엡 1:13). 그래서 이것을 마음의 할례라고도 하며(신 10:16; 렘 4:4), 이 할례는 오직 믿음으로만 의롭게 된다고 하시는 하나님의 선언이다(롬 4:11-12). 그러므로 이 할례를 받은 사람들만이 참된 하나님의 가족이다. 그렇다면 이제 가족을 구원하려는 하나님의 계획은 어떻게 이루어지는가?

2. 새로운 삶으로 인도하시는 하나님

❖ 출애굽, 억압과 고통으로부터의 해방

> "나는 주다. 나는 이집트 사람들이 너희를 강제로 부리지 못하게 거기에서 너희를 이끌어 내고, 그 종살이에서 너희를 건지고, 나의 팔을 펴서 큰 심판을 내리면서, 너희를 구하여 내겠다. 그래서 너희를 나의 백성으로 삼고, 나는 너희의 하나님이 될 것이다." (출 6:6-7)

가족을 구원하시는 아버지

하나님은 약속대로 아브라함의 자손을 축복하셔서 점점 더 큰 가족을 이루게 하셨는데, 아브라함의 손자 야곱이 열두 아들을 낳고 이스라엘로 이름을 바꾸면서 본격적으로 민족 공동체를 이루기 위한 준비가 시작되었다. 이들은 나중에 요셉의 초청으로 큰 흉년을 피해 이집트로 가는데 야곱의 직계 후손은 겨우 70명에 불과했다(창 46:27). 그러나 하나님께서 능력으로 역사하시자, 하늘의 별처럼 엄청난 숫자로 증가하게 되면서 하나님의 언약이 이루어지게 된다(창 26:4).

이집트로 간 그들은 요셉의 추천으로 고센에 머물렀다. 그런데 그들은 흉년이 끝나도 돌아가지 않고 아예 그곳에 정착해 버렸다. 그 당시 이집트는 세계 유일한 초강대국으로서, 정치, 경제, 문화 등에서 이집트와 비교할 수 있는 나라는 없었다. 고센이 외진 곳이라 해도 이집트의 모든 것을 누릴 수 있었고, 생활도 안정된 데다가 국무총리 요셉이라는 든든한 백도 있었으니, 자신들이 떠나온 가나안이 더 이상 생각나지 않았을지도 모른다.

그러나 하나님의 축복이 오히려 이집트에는 위협이 된다. 이스라엘이 너무 커지자 두려움을 느낀 이집트는 이스라엘을 억압하기 시작하면서 노예로 만들어 버렸다. 이집트의 극심한 탄압으로 고통당하던 이스라엘은 그제야 자신들이 살 땅을 약속하시고 그 땅으로 인도하겠다고 하셨던 조상들의 하나님을 갈망하기 시작했다.

이들의 눈물 어린 호소를 들은 하나님은 아브라함과의 약속을 기억하셨다. 하나님께서 기억하셨다는 것은 하나님께서 약속을 지키시기 시작했다는 것을 의미한다. 따라서 신실하시고 거짓이 없으신 하나님은 아브라함을 가나안으로 인도하신 것처럼 이스라엘도 다시 가나안으로 인도하시려 했다. 문제는 그들의 노동력으로 이집트를 유지하고 있던 바로가 절대 그들을 풀어 주지 않으려 했다는 것이다.

이때 하나님은 모세에게 자신이 전능한 하나님일 뿐 아니라, 여호와라는 이름을 알려 주셨다(출 3:15; 6:3).[3] 하나님은 이 이름이 영원히 기억할 이름이라고 하셨는데, 출애굽 직전에 일부러 알려 주셨기에 이 이름은 구원과 관련이 있음을 알 수 있다.[4] 그렇다면 우리가 영원히 기억해야 할 이름은 구원자 하나님이다.

회복을 위한 구원

하나님은 구원자 이전에 만물을 창조하신 전능한 하나님이시지만 이제부터는 하나님은 구원자가 되신다. 구원은 심각한 문제가 있다는 것을 전제로 하고 있으며, 문제가 발생하기 이전의 원래 상태로 되돌아가는 것을 의미한다. 성경이 말하는 구원도 마찬가지이다. 구원은 인간과 세상은 죄로 인해 타락함으로써 죽음이라는 심각한 상황을 맞이하였지만, 사랑의 하나님께서 은혜를 베푸셔서 죄의 문제를 해결하고 다시 생명을 얻게 하여, 완전하고 기쁨으로 가득한 에덴의 상태로 재창조하는 것이다(사 51:3). 그러므로 구원은 재창조이다.

하지만 구원을 위해서는 반드시 죄와 타락의 근원이 된 악의 세력을 먼저 심판해야 한다. 그렇지 않으면 그들은 끝까지 하나님의 구원을 방해할 것이므로, 여호와 하나님은 악의 세력을 심판하시는 무서운 하나님이 될 것이다. 그래서 하나님은 끝까지 저항하는 교만하고 완고한 바로에게 10가지 무서운 재앙으로 심판하시고 이스라엘을 해방하신다.

하나님께서 이스라엘을 구원하신 것은 단순히 이들이 고통을 당하고 있기 때문만이 아니라, 하나님께서 이스라엘의 하나님이 되고 이스라엘은 하나님의 백성이 되기 위함이었다(출 6:6-7). 즉 에덴에서 하나님과 아담이 맺던 관계를 회복하기 위해 구원하신 것이다. 만약 이스라엘이 계속해서 이집트의 노예로 지낸다면, 이들은 어쩔 수 없이 이집트의 신들을 섬기게 되면서 이런 관계는 형성될 수가 없다(수 24:14). 하나님께서 이스라엘에게 가나안을 주신 것도 그곳에서 자유롭게 하나님을 사랑하고 섬기게 하기 위함이었다. 따라서 이스라엘은 반드시 이집트에서 해방되어야 한다.

그 당시 세계 최강의 군사력을 자랑하던 이집트에 비하여 너무나 보잘것없는 민족이었던 이스라엘은 겸손하게 전적으로 하나님만을 의존할 수밖에 없었다(신 7:7). 사실 하나님께서 이스라엘을 자녀로 삼으실 아무런 이유도 없었으며, 이스라엘이 하나님께 보답해 드릴 수 있는 것도 아무것도 없었다. 세상적인 관점에서 보면 하나님께서 일방적으로 손해 보는 관계이다. 그것도 막대한 손해임에도 왜 하나님은 이스라엘의 하나님이 되려 하셨을까?

만약 하나님께서 자신만이 진정한 창조주이심을 온 세상에 알리려면, 오히려 이집트의 하나님이 되는 것이 훨씬 쉽고 효과적인 방법이었다. 그러면 세상은 부유하고 강한 이집트를 보면서 모두가 하나님을 믿으려 할지도 모른다. 이것이 우리가 좋아하는 방법이다. 그렇지만 하나님은 아무런 조건도 없이, 연약하고 허물 많은 그들을 선택하여 가족으로 삼아 주셨다. 그 이유는 그들을 사랑하셨기 때문이다(신 7:8). 그것도 조건 없는 사랑이다. 그러니 구원은 전적으로 하나님의 은혜이다.

❖ 구원을 위한 어린 양의 피

> "그 날 밤에 내가 이집트 땅을 지나가면서, 사람이든지 짐승이든지, 이집트 땅에 있는 처음 난 것을 모두 치겠다. 그리고 이집트의 모든 신을 벌하겠다. 나는 주다. 문틀에 피를 발랐으면, 그것은 너희가 살고 있는 집의 표적이니, 내가 이집트 땅을 칠 때에, 문설주에 피를 바른 집은, 그 피를 보고 내가 너희를 치지 않고 넘어갈 터이니, 너희는 재앙을 피하여 살아남을 것이다." (출 12:12-13)

하나님은 이스라엘을 구원하기 위해서 무시무시한 10가지 재앙을 이집트에 내리셨다. 그것은 단순히 이집트의 왕 바로의 교만함을 꺾기 위한 것만이 아니라, 거짓 신들을 벌하기 위한 하나님의 심판이었다. 그들에게 재앙으로 내린 피, 개구리, 이, 죽음 등은 모두 그들이 열심히 섬기고 있던 신들이었다.[5] 그 당시 이집트는 세상에서 가장 발전하고 크고 강한 나라였다. 그래서 이집트는 자신들이 섬기는 신들이 가장 강력하다고 믿고 있었으며,

당연히 그들이 이 세상을 통치하고 있다고 생각했다.

그런데 그렇게 위대하다고 생각했던 자기 신들이 도리어 이집트를 공격했다. 그것도 많은 이집트의 신이 하찮은 노예들의 신이라고 생각했던 하나님 한 분의 명령을 받고 말이다. 이집트의 신들은 하나님 앞에서 속수무책이었다. 그러니 그들이 얼마나 당황하고 큰 충격을 받았을까? 처음에는 하나님을 인정하기가 쉽지 않았다. 그러나 결국 모든 재앙이 끝났을 때는 하나님만이 참되고 유일한 신이라는 것이 그들에게만 아니라, 온 세상에 알려지게 되었다(출 14:17-18, 30-31; 신 4:34).

이것을 위해서 하나님은 마지막 재앙으로 죽음을 사용하셨다. 인간은 그 누구도 죽음을 피할 수도 없으며 죽음 앞에서는 절대적으로 무력하다. 그러므로 죽음은 모든 인간이 직면한 가장 심각한 문제이자 큰 두려움이다. 죽음의 천사가 이집트 땅을 지나가도록 하나님께서 허락하시자, 첫 번째로 태어난 모든 동물과 사람들은 죽었다. 하나님은 모두를 죽일 수도 있었지만, 자비를 베푸셔서 대표성을 가진 첫째의 생명만 가져가신 것이다.

사실 4번째에서 9번째 재앙까지는, 이스라엘 사람들이 사는 고센 지역을 피해 이집트 사람들에게만 내렸지만(출 8:22), 10번째 재앙은 이스라엘을 비롯하여 이집트에 살던 모든 사람에게 해당되는 것이었다. 하나님이 이렇게 하신 것은 죽음의 심판이 우리 모두의 문제라는 것을 보여 주기 위함이었다. 하나님의 가족이 되려면, 누구나 반드시 이 죽음의 문제가 해결해야만 된다.

이 문제를 해결하는 방법이 바로 대속제물이 된 어린양의 피이다. 양의 피를 바른 자들은 살게 될 것이고, 피를 바르지 않는 자들은 죽을 것이다. 따라서 어린양의 피만이 그들이 죽음에서 구원받을 수 있는 유일한 방법이었다. 하나님은 그것을 위해 흠이 없는 양을 잡으라고 하셨는데(출 12:5), 양은 가축 중에서 가장 연약하고 무력한 동물이라 도축할 때도 저항하지 않는데, 만물의 영장이라는 인간의 생사가 이렇게 연약한 양에게 달린 처지가 되었다. 그러므로 구원의 문제 앞에 인간은 절대적으로 겸손해야 한다. 인간의 머리로는 이해하기 어려운 하나님의 방법이지만, 그럼에도 믿고 양을 잡아 그 피를 집 문설주에 바른 사람은 죽음의 천사들을 피할 수 있었다.

❈ 믿음으로 얻는 구원

"여러분은 믿음을 통하여 은혜로 구원을 얻었습니다. 이것은 여러분에게서 난 것이 아니요, 하나님의 선물입니다." (엡 2:8)

"그는 아드님이시지만… 자기에게 순종하는 모든 사람에게 영원한 구원의 근원이 되시고" (히 5:8-9)

하나님은 그냥 살려 주셨으면 됐을 텐데, 왜 굳이 이런 방법을 사용하셨을까? 아니면 생명을 구원하는데 비싼 황소라도 잡아야 하지 않는가? 구원은 전적으로 하나님의 은혜이지만, 하나님의 은혜는 오직 믿음으로만 받을 수 있다(엡 2:8). 따라서 인간이 생각하기에 어린양은 황당하지만(고전 1:18, 23), 구원은 인간의 이성이나 능력이 아니라, 오직 믿음으로만 받을 수 있음을 가르쳐 주기 위함이다(딤후 3:15). 그리고 이 믿음은 생명의 근원이신 예수님의 피로만 구원을 얻는다는 믿음이다(레 17:11; 롬 5:9; 히 9:12).

이스라엘도 마찬가지였다. 아무리 이스라엘이라 해도 하나님의 말씀을 믿지 않고, 그 말씀에 따르지 않으면 죽음을 피할 수 없었다. 사실 이것이 죄로 인해 이미 영적으로 죽었던 모든 인간이 처한 비참한 운명이었지만 사랑의 하나님은 이스라엘에게 구원의 은혜를 베풀기로 하셨다. 그러나 이 은혜는 이스라엘만을 위한 은혜가 아니었다. 그 당시 이집트에는 유대인 외에도 많은 민족이 노예로 잡혀 있었는데, 이스라엘이 아닌 어떤 민족이라도 이 구원의 소식을 듣고 자기 집 문에 어린양의 피를 발랐다면 죽음을 피할 수 있었다.

심지어 원수 같은 이집트인들도 마찬가지이다. 유대인 중에서 누군가가 가까운 이집트인에게 이 방법을 알려 주었는데, 만약 그들이 이 방법을 믿고 따랐다면 그들도 구원을 얻었을 것이다. 구원에는 차별이 없기 때문이다(롬 3:22; 10:12). 따라서 출애굽의 어린양은 앞으로 모든 민족 가운데 일어날 거대한 구원의 서막을 알리는 사건이었다.

이것을 잘 보여 주는 것이 이집트에 있던 이방 민족들이었다. 이스라엘이 이집트를 탈출할 때 노예로 있던 많은 이방 민족들도 함께 탈출했다(출 12:38). 누구든지 믿음으로 순종하고 하나님을 따른다면 해방의 축복을 누릴 수 있었다. 하나님은 사람들이 사탄에게서 벗어나 자유인이 되기를 간절히 원하시지만(딤전 2:4), 구원은 하나님을 믿을 때만 가능하다. 그리고 이 믿음은 전적으로 순종하는 믿음, 곧 하나님의 말씀에 자신을 온전히 내어드리고 구원의 은혜를 기다리는 믿음이다.

이런 믿음의 중요성은 아브라함을 통해서도 알 수 있다. 하나님은 아브라함의 믿음을 보시고 그를 의롭다고 여기셨다(창 15:6). 하나님의 부르심을 받은 아브라함은 태어나서 자란 고향 우르를 떠났을 뿐 아니라, 나중에는 하란에 아버지까지 두고 떠났다. 장자로서 아버지를 낯선 땅에 두고 떠난다는 것은 그 시대 상황으로 도저히 받아들일 수 없는 말씀이었다.

그럼에도 하나님의 부르심을 받은 아브라함은 하나님의 뜻이 이루어지도록 소중한 모든 것을 두고 낯선 땅으로 새로운 여정을 떠났다. 가나안에 도착한 그는 오직 하나님을 믿고 신뢰함으로 하나님의 약속이 성취될 것을 기다렸으며, 하나님은 아브라함의 이런 믿음을 보시고 그를 의롭게 여기셨다. 그의 믿음은 말뿐인 믿음이 아니라 행동으로 나타난 믿음이었으며, 이 믿음이 바로 출애굽을 했던 유대인들이 가졌던 믿음이기도 하였다.

믿음으로 형성되는 관계

그렇다면 왜 하나님은 믿음을 원하셨을까? 믿음이야말로 어떠한 어려움에도 불구하고 사랑의 관계를 유지하는 길이기 때문이다. 믿음은 관계의 기초이자 기둥이다. 믿음이 없이는 관계를 맺을 수 없다. 관계는 반드시 믿음이 필요하기에 믿음이 굳건할수록 더 친밀한 관계를 맺게 되지만, 반대로 믿음이 사라지면 관계도 어려움을 겪게 된다. 대표적인 경우가 아담이었다. 그가 하나님의 말씀에 대한 절대적인 믿음이 흔들리기 시작하면서, 의심이 싹트기 시작했다. 나중에 하나님에 대한 불신으로 이어져서 결국 그가 선악과를 먹게 되면서, 하나님과의 사랑의 관계도 깨지고 말았다. 그래서 하나님은 다시 믿음을 통해 사랑의 관계를 회복하게 하셨다.

그러나 출애굽은 믿음의 구원만을 가르치지 않는다. 하나님은 출애굽 사건을 통해서, 오직 자신만이 죽음과 생명을 마음대로 통치하시는 전능하신 분이라는 것을 드러내셨다. 사탄이 아무리 거세게 저항해도 소용이 없다. 하나님의 말씀 한마디에 사탄이 조종하던 세상의 모든 거짓 신들은 하나님께 무릎을 꿇고 복종한다. 하나님은 자신의 뜻이 이루어지도록, 역사에 개입하시는 만물의 통치자이시다. 이것이 우리가 하나님을 믿고 순종할 수 있는 근거가 된다.

또한 하나님은 모세를 통해서 10가지 재앙을 내리게 하셨다. 홍해를 건너는 것도 마찬가지이다. 하나님께서 직접 내릴 수도 있는데, 왜 굳이 모세를 통해서 내리게 하셨을까? 사실 모세는 아무런 능력이 없다. 그러나 하나님의 능력이 함께할 때 모세는 상상도 할 수 없는 기적을 일으키게 된다. 아담을 통해서 만물을 다스리게 하신 하나님은 이제 모세를 통해서 만물을 다스리게 하신다. 이것처럼 하나님의 부르심을 받아 하나님의 능력을 받은 사람은 하나님의 권능으로 사탄을 물리치며 하나님의 백성들을 구원하는 일을 할 것이다. 대표적인 사람들이 초대교회의 사도와 제자들이었다.

이스라엘을 애굽에서 해방하신 하나님은 유월절이 있는 달을 새해의 첫 달로 삼으라고 하셨다. 홍해를 건넌 이스라엘은 이제 이집트로 돌아갈 수도 없다. 그들은 이제 종이 아닌 완전한 자유의 몸으로 새롭게 출발했으며, 그들에게 남겨진 것은 가나안을 향해서 하나님과 함께 가는 것뿐이다. 이것은 구원받은 이들에게 구원은 시작일 뿐이며, 이들은 하나님이 약속하신 곳으로 가는 새로운 삶을 살아야 한다는 것을 알려 준다.

❖ 구원을 위한 언약 백성

> "이제 너희가 정말로 나의 말을 듣고, 내가 세워 준 언약을 지키면, 너희는 모든 민족 가운데서 나의 보물이 될 것이다. 온 세상이 다 나의 것이다. 그러므로 너희는 내가 선택한 백성이 되고, 너희의 나라는 나를 섬기는 제사장 나라가 되고, 너희는 거룩한 민족이 될 것이다." (출 19:4-6)

오랜 세월 동안 노예로 억압당하던 이스라엘이 하나님의 은혜로 해방되어 자유인이 된 출애굽은 민족의 정체성과 역사를 완전히 바꾸는 엄청난 사건이었다.

하나님께서는 구원한 이스라엘과 언약을 맺으시겠다고 하셨다. 언약(covenant)은 상호 간에 맺은 굳건한 조약을 의미한다.[6] 그런데 말이 언약이지 모든 혜택은 철저히 이스라엘 중심으로 되어 있다. 원래 언약은 주로 약소국이 강대국과 맺는 경우가 대부분인데, 이 경우에 약소국은 강대국을 섬기고, 강대국은 약소국을 보호하는 형식이다. 그렇지만 이 관계는 철저히 강대국 중심으로서 약소국의 입장에서는 매우 강압적이고 굴욕적이다.

하지만 하나님은 다르시다. 하나님은 자신의 형상을 가진 인간을 존중하시기에 강압적이지 않으시며, 인격적인 관계를 원하시기에 인간이 스스로 생각하고 열정을 가지고 자발적으로 선택하기를 원하신다. 그래서 하나님은 권능으로 이스라엘을 구원하셨지만, 독재자들처럼 자신을 억지로 섬기라고 요구하지 않으셨다.

오히려 하나님께서 이스라엘을 섬기셨다. 하나님의 입장에서 이스라엘은 골칫덩어리이지만, 이스라엘로서는 자신들처럼 힘없는 민족은 언제든지 강대국의 먹잇감이 될 뿐이기에 하나님이 없으면 안 된다. 약육강식의 세계에서 하나님이 보호하고 인도해 주지 않으면, 누가 자신들을 보호하고 인도하겠는가? 게다가 하나님의 기적적인 돌보심이 없이는 황량한 광야 한가운데서 단 하루도 살 수가 없었다. 그럼에도 이스라엘을 구원하신 전능하신 하나님께서 먼저 이스라엘의 하나님이 되어 주겠다고 하셨다. 심지어 이스라엘을 아들로 부르시면서 언약에 가족적인 의미까지 부여하셨다.[7]

이런 조약은 세상에서도 찾아보기도 어려운데, 유일한 신이신 하나님께서 자진하여 이스라엘과 이런 언약을 맺으시겠다고 하셨으니, 이런 복을 누리게 된 이스라엘은 기쁘게 언약을 맺었다. 이 언약은 이스라엘이 온 세상의 주인이신 전능하신 하나님께로 돌아가서, 하나님의 백성으로 하나님의 말씀에 순종하며 오직 하나님만 사랑하고 섬기겠다는 약속이다.

그러나 이 언약은 이스라엘만을 위한 것이 아니었다. 이스라엘을 통해서 온 세상이 구원의 복을 받기를 원하신 하나님은 아브라함과 언약을 맺으신 대로, 그의 후손인 이스라엘을 통해서 모든 민족이 자녀가 되는 복을 내리시겠다는 뜻이셨다. 이스라엘은 이것을 위한 통로로 선택받았으며, 하나님은 이스라엘이 이것에 합당한 삶을 살기를 원하셨다. 그러므로 이스라엘이 언약을 맺었다는 것은 이러한 삶에 헌신하겠다는 것을 의미한다.

유대인들은 이것을 두고서 하나님과의 약혼식을 했다고 생각한다. 유대인에게 약혼식은 거의 결혼식과 비슷한 법적 구속력이 있다. 약혼식을 통해서 하나님께서 이스라엘의 남편이 되시고, 이스라엘은 하나님의 신부가 되셨다(렘 31:32). 이스라엘은 민족적으로 하나님의 가족이 되었다. 그러므로 남편으로서 하나님은 아내를 사랑하고 돌볼 것이며, 아내로서 이스라엘은 하나님을 사랑하고 순종해야 한다(엡 5:24-25).

　물론 약혼식은 아직 완성된 관계가 아니기에 완전한 관계가 이루어지려면 결혼식을 해야 한다. 따라서 하나님은 신부를 기다리는 새 신랑처럼 자신과 모든 민족이 완전한 사랑의 관계를 맺게 될 결혼식 날을 간절히 기다리신다(사 62:5). 결혼하게 되면 더 이상 헤어지지 않고 영원히 함께 살게 된다. 죄를 지은 아담처럼 하나님과 분리되어 죽음과 고통의 두려움 속에서 살 필요가 없을 뿐 아니라, 하나님과 친밀한 사랑을 나누면서 하나님이 주시는 안식과 평화로 충만한 삶을 살게 된다(계 21:3-4). 그것도 영원히 살게 되는데, 이날이 바로 종말이다. 그러므로 이 결혼식이 있을 종말은 하나님의 자녀들에게도 복된 날이지만(딛 2:13), 신랑이신 하나님께도 너무나 기쁜 날이다(호 2:19-20).

　이렇게 이스라엘을 구원하시고 언약을 맺으신 하나님은 이제 그들에게 새로운 정체성을 부여하신다. 이들은 더 이상 과거의 이스라엘이 아니라 새로운 이스라엘이 되었다. 그렇다면 이스라엘은 어떤 존재가 되었는가?

3. 이스라엘의 새로운 정체성

※ 하나님의 사랑받는 자녀

"나는 스스로 이렇게 생각하였다. 내가 너희를 나의 자녀로 삼고, 너희에게 아름다운 땅을 주어서, 뭇 민족 가운데서 가장 아름다운 유산을 받게 하면, 너희가 나를 '아버

지!'라고 부르며 나만을 따르고…." (렘 3:19)

아브라함이 하나님과 언약을 맺어 복의 근원이 된 것처럼, 이제 이스라엘 민족 전체가 언약을 맺어 하나님께 보물처럼 귀히 여김을 받게 되었다. 이스라엘은 비천한 노예에서 자유인이자 고귀한 보물로 정체성이 바뀌었다. 이 얼마나 극적인 역전의 은혜인가?

하나님께서 이스라엘을 이렇게 소중하게 대하시는 것은 이들이 자녀가 되었기 때문이다(신 14:1). 이스라엘이 혈통적으로 아브라함의 후손이기는 하지만, 본질적으로 죄성을 가진 죄인들이다. 그들은 죄의 권세에 사로잡혀 있는 사탄의 자녀로서(엡 2:2), 하나님과는 원수 된 자들이었으며(롬 5:10; 11:28), 심판받고 멸망 받을 절망적인 운명에 처해 있었다. 그런데도 이스라엘은 모든 민족 중에서 가장 먼저 하나님의 자녀로 입양됨으로써, 입양자 중에서는 하나님의 맏아들이 되었다(출 4:22). 따라서 이스라엘은 민족적으로 하나님의 자녀이자, 자녀들이 모인 가족 공동체이다.

유대인들에게 맏아들은 집안에서 특별한 권한과 혜택을 누림과 동시에 집안을 책임지고 나머지 가족들을 돌보아야 한다. 이스라엘도 마찬가지이다. 그들은 장자의 특권을 가진 민족이 되었지만, 다른 민족들도 그분의 자녀가 되도록 아버지 하나님을 도와야 할 막중한 책임이 있으며, 이것을 위해서 하나님은 이스라엘을 먼저 자녀로 삼으신 것뿐이다. 따라서 이스라엘은 특권의식에 사로잡혀서 교만하고 오만해져서는 안 된다. 오히려 큰 은혜 앞에 겸손해야 하며, 그 책임을 충성스럽게 감당해야 한다.

하나님은 이스라엘이 출애굽하기 전에 이미 그들을 자녀로 삼으시고(출 4:22), 그다음에 구원의 은혜를 베푸셨다. 먼저 자녀로 예정하고, 그다음에 구원하셨다. 이는 하나님의 자녀는 마음껏 자유를 누리며 하나님과 깊은 사랑의 관계를 맺으며 살도록 창조된 존재인데, 이집트가 이것을 방해하였기에 하나님은 이스라엘을 출애굽시키셨다.

이스라엘과 언약을 맺으신 것도 마찬가지이다. 언약과 상관없이 이스라엘은 이미 하나님의 자녀였다. 단지 언약을 통해서 하나님의 가족이 된 이스라엘에게 하나님의 자녀로서의 새로운 정체성과 사명을 알려 주신 것뿐이다. 그리고 마치 부모가 자녀들에게 착한 일을 하면 상을 주겠다고 약속하는 것처럼, 이것이 자녀가 된 이스라엘에게 복이 되기 때문에 하나님께서 그들과 언약을 맺으셨다.

부모의 마음은 어떻게 해서라도 자녀들에게 좋은 것을 주고 싶어 한다. 하나님도 마찬가지셨다. 하나님은 원래부터 이 세상을 자녀들에게 유업으로 물려주셔서 다스리고 섬기도록 하셨다. 마치 큰 기업을 소유한 아버지가 자녀들에게 회사를 물려주기 위해서 어릴 때부터 경영에 참여시키면서 훌륭한 경영자로 준비시키는 것처럼, 하나님은 세상을 회복시키는 과정에서도 자녀를 동참시키기를 원하셨다. 그러나 이렇게 하려면 무엇보다 하나님과 끊임없이 사랑의 관계를 맺어야 한다. 그래야 하나님의 뜻에 기쁨으로 순종하며, 하나님의 나라가 회복되는 것을 경험하면서 하나님과 더욱 친밀해진다. 이것이 하나님께도 기쁨이지만 이스라엘에게도 큰 축복이다.

❖ 하나님을 섬기는 제사장

"너희는 내가 선택한 백성이 되고, 너희의 나라는 나를 섬기는 제사장 나라가 되고, 너희는 거룩한 민족이 될 것이다." (출 19:5-6)

이스라엘이 하나님에게 보물인 또 다른 중요한 이유는, 그들이 제사장 민족이기 때문이다. 출애굽 이전의 이스라엘은 많은 민족 중의 하나였지만,

출애굽 이후에는 하나님을 섬기는 제사장 민족이 되었다. 제사장이란 사람들을 대신하여 하나님을 섬기는 사람으로서(출 29:1), 제사장의 중요한 역할은 제사를 통한 인간과 하나님의 중재이다.

이것을 성경에서는 화목하게 한다고 하는데, 화목은 친밀한 관계를 의미한다. 원래 제사장은 매우 특별한 소수의 사람이었지만 이스라엘은 민족적으로 제사장이 되었기에 모든 민족을 대신하여 하나님을 섬겨야 한다. 따라서 제사장으로서 이스라엘은 세상 모든 민족이 하나님과 화해하는 것을 도와야 할 할 책임이 있다(고후 5:18).

이렇게 하려면 이스라엘은 자신을 살아 있는 제물로 드려야 하는데, 이것은 거룩한 삶을 의미한다(롬 12:1). 거룩의 기본적인 의미는 '구별'이기에 거룩한 삶이란 곧 구별된 삶을 뜻하며, 이는 세상과 구별된 거룩한 삶을 의미한다. 이 삶은 세상의 목표와 방법과 자랑을 다 버리고, 철저히 왕이신 하나님의 말씀을 따르는 삶이며 하나님과 이웃을 지극히 사랑하는 삶이다.

이 삶은 빛이신 하나님을 온 세상에 비추는 삶으로서(사 60:1), 그들의 거룩한 삶과 하나님의 놀라운 축복은 온 세상에 큰 충격과 감동이 될 것이다. 그러면 세상은 이스라엘의 하나님을 알고 싶어 하나님께로 나아올 것인데(사 60:3), 이것을 선교적 소명이라 부른다. 따라서 이스라엘은 민족적으로 온 세상에 하나님을 전하는 선교사로서의 부르심이 있다. 하나님은 이것을 위해서 이스라엘을 구원하시고 축복하셨기에, 이스라엘은 하나님의 부르심에 충성스럽게 감당해야 한다.

하나님을 섬기는 사람을 제사장으로 정의한다면, 하나님을 섬기도록 창조된 아담이야말로 모든 제사장의 시조이다. 만일 아담이 범죄하지 않았다면, 그의 후손들은 모두 제사장처럼 하나님을 섬기며 살았을 것이다. 그러므로 우리는 원래 하나님의 계획은 모든 인간이 제사장으로 사는 것이었음을 기억해야 하며, 이것이 하나님께서 창조 이전부터 품으신 뜻이기에 하나님은 이 뜻을 반드시 이루실 것이라는 알 수 있다. 신약성경이 모든 성도를 제사장이라 하는 것도(벧전 2:5, 9; 계 1:6; 5:10), 이러한 하나님의 뜻이 예수님과 성령님으로 말미암아 성취되었기 때문이다.

그러므로 이스라엘 백성은 자신이 거룩한 제사장임을 분명하게 인식해야 한다. 제사장으로 부르심을 받은 사람들만이 제사장이 아니라, 모든 이스라엘이 하나님의 제사장이다. 이 사실을 분명하게 깨달을 때 이스라엘은 세상과 구별된 삶을 살면서 자신에게 맡겨진 소명을 온전히 이루게 될 것이며, 마찬가지로 신약의 성도들도 이것을 분명하게 인식할 때 하나님의 부르심을 위한 영적 이스라엘로 세상과 구별된 삶을 살게 된다.

❖ 하나님의 부르심을 받은 회중

> "주님의 이름을 나의 백성에게 전하고, 예배드리는 회중 한가운데서, 주님을 찬양하렵니다. ⋯ 주님께서 하신 이 모든 일을, 회중이 다 모인 자리에서 찬양하겠습니다."
> **(시 22:22, 25)**

하나님은 아담과 아브라함의 후손으로 가족 공동체를 세우시고, 이집트에서는 이스라엘을 통해서 민족 공동체를 세우셨다. 그리고 시내산에서 이들과 언약을 맺으시고 가나안으로 인도하셨다. 그렇다면 하나님의 창조부터 출애굽에 이르기까지 하나님의 모든 사역은 하나님의 가족이라는 공동체를 중심으로 이루어진 것을 알 수 있다.

그런데 구약성경은 출애굽한 이스라엘을 회중이라 불렀다. 회중은 '집회, 총회'(assembly) 또는 '무리'(congregation)를 뜻한다. 집회는 하나님께서 지정하신 특별한 모임을 의미하며, 총회는 전체가 다 모인 모임을 뜻하고, 무리는

특별한 목적을 위해서 함께 모인 사람들 또는 하나님께서 전쟁이나 종교적인 목적으로 부르신 사람들이다. 이런 무리는 특별한 목적을 위해 모여 함께 지내기에 공동체의 의미가 있다.[8]

이스라엘은 단순히 한 민족이 아니라 철저히 하나님 중심적인 신앙으로 모인 신앙 공동체로서, 이것이 이스라엘이 세상의 다른 민족과 확연하게 구별되는 점이다. 이들은 하나님을 섬기도록 하나님의 부르심을 받은 공동체로서 신약성경에서는 이런 공동체를 '에클레시아'로 기록했으며, 우리는 이것을 교회라고 부른다. 원래 에클레시아는 그 당시 헬라 문화권에서 널리 사용되던 용어로서, 시민권을 가진 18세 이상 남성들이 모여서 중요한 안건을 처리하거나 토론하는 주민 회의였다. 그래서 이것을 '시민회의' 또는 '민회'라 한다.

에클레시아는 위원회가 모임을 공고하게 되면, 자격 있는 사람들이 참여한다.[9] 중요한 것은 신약성경을 기록한 저자들이 교회를 뜻하는 용어로 '에클레시아'를 사용했다는 것인데, 그것은 에클레시아가 교회의 의미를 잘 설명하고 있기 때문이다.[10] 성경이 가르치는 교회는 하나님의 부르심을 받은 사람들이 하나님을 섬기기 위해서 모인 공동체이며, 가나안으로 가기 위해 출애굽한 이스라엘은 하나님을 섬기기 위해서 하나님의 부르심을 받은 공동체였다. 따라서 이스라엘은 민족적인 에클레시아였다.

이것을 잘 보여 주는 예 중의 하나가 시편 22:22, 25이다. 시편 22:22과 25의 회중(무리)은 히브리어 '카할'을 번역한 것인데, 칠십인역에서는 '카할'을 '에클레시아'로 번역했다.[11] 신명기 31:30이 그중의 하나이다. 그 외에도 신명기 9:10; 18:16; 23:1, 2, 8; 31:30; 사사기 20:2; 열왕기 상 8:14; 역대 상 13:2; 에스라 2:64; 느헤미야 5:7, 13; 예레미야 애가 1:10; 요엘 2:16 등에서도 회중(총회)을 에클레시아로 번역했다.[12] 이것은 칠십인역의 번역자들이 이스라엘을 단순한 민족 공동체가 아니라, 회중(에클레시아)으로 인식했다는 것을 의미한다.[13] 그리고 신약성경에서 에클레시아는 교회를 의미하기에, 신약의 관점에서 보면 구약의 이스라엘은 민족적인 교회가 된다.

이뿐만이 아니다. 신약성경의 주요 인물들도 구약의 이스라엘을 에클레시아로 이해했다. 이것을 잘 보여 주는 것이 스데반 집사가 공의회에서 한 설교였다. 그는 광야를 지나던 이스라엘을 회중이라고 하였는데(행 7:38), 이때 회중으로 사용된 헬라어가 에클레시아이다. 스데반은 광야의 회중이 단순한 민족 공동체가 아니라 민족 에클레시아였음을 선포했다.

이런 사실들을 통해서 우리는 교회(회중, 에클레시아)의 역사는 창조와 함께 시작하였다는 것을 알 수 있다. 출산한 아기만 인간이 아니라 어머니의 태중에 있는 태아들도 인간인 것과 마찬가지로, 교회(회중, 에클레시아)는 신약에서 처음 시작된 것이 아니라 이미 구약에서부터 시작되었다. 그리고 교회의 시작은 삼위 하나님의 가족 공동체였다.

이 공동체가 사랑으로 출산하여 가족이 확장되었는데, 그들이 바로 아담의 가족이었다. 그들은 교회였으며, 그 뒤를 이은 노아의 가족과 아브라함의 가족과 야곱의 가족도 모두 교회였다. 그리고 하나님은 이들의 후손인 이스라엘을 시내산에서 민족교회로 부르시고, 이 교회를 가나안으로 인도하셨다. 그러므로 출애굽과 광야의 여정은 이스라엘이라는 민족의 여정이 아니라 에클레시아(교회)로서의 여정이며, 하나님은 이 여정을 통해서 세상 속에서 교회의 부르심과 특징과 여정이 무엇인지를 말씀하신다.

❈ 여호와 하나님의 군대

"마침내 사백삼십 년이 끝나는 바로 그날, 주님의 모든 군대가 이집트 땅에서 나왔다."
(출 12:41)

하나님은 이스라엘을 자신의 군대라고 하셨다(출 7:4). 하나님은 자신이 세상을 창조하신 전능한 하나님이심을 조상들에게 알리셨는데(출 6:3), 창조주이신 하나님은 세상의 소유주이시며 세상을 통치하시는 왕이시다. 그리고 이스라엘은 왕이신 하나님을 섬기는 군대이다.

이스라엘은 출애굽 이후 하나님께서 약속하신 가나안 땅으로 진군하는데, 그곳에는 하나님을 모르는 이방인들이 살고 있었다. 호랑이가 없는 곳에 여우가 왕 노릇 한다는 말처럼, 야곱의 후손들이 그 땅을 떠나온 이래 여러 이방 민족들이 그 땅을 점령하여 주인 노릇을 하고 있었다. 하지만 하나님은 이것을 더 이상 허용하지 않으시고, 이스라엘이 그 땅을 되찾게 하셨다.

그 당시 그곳에 살던 이방 민족들은 극심한 우상숭배와 온갖 악을 저지르고 있었는데 사탄은 하나님의 뜻이 이루어지는 것을 방해하도록, 이들을 조종하여 이스라엘에게 거센 저항을 할 것이다. 그러면 그들은 자신들의 신들이 하나님보다 더 강한 신으로 생각하고 그들을 의지하여 이스라엘과 맞서 싸울 것이다. 반면에 이스라엘은 하나님의 군대로서 그들과 싸워 그 땅을 되찾아야 하기에, 그 전쟁은 단순히 민족 간의 전쟁이 아니라 하나님과 사탄과의 영적 전쟁이었다.

이스라엘이 가나안 땅을 되찾는 것은 단순히 삶의 터전만을 위한 것은 아니다. 그것은 하나님께서 조상들에게 주신 언약을 성취라는 의미가 있다 (창 13:14-17). 하나님은 언약을 지키시는 신실한 분이시지만(느 1:5), 언제나 자신의 백성을 통해서 언약을 지키신다. 그래서 하나님은 이스라엘을 자신의 군대로 세워서 그 땅을 되찾는 일에 동참시키셨다.

가나안은 하나님께서 이스라엘에게 주신 땅이었지만, 그 땅의 원래 왕은 하나님이시며 이스라엘은 하나님의 백성일 뿐이다. 그러므로 이스라엘이 가나안을 정복한다는 것은 곧 하나님께서 자신의 땅을 수복하신다는 것과 같다. 국가의 3요소는 백성과 영토와 주권이다. 따라서 하나님께서 자신이 통치(주권)하는 왕국을 회복하기 위해서, 이스라엘(백성)을 군대로 불러 가나안(영토)을 정복하게 하셨다. 이처럼 하나님의 자녀가 된다는 것은 곧 하나님 아버지의 나라(왕국)를 위한 군사가 된다는 것을 의미하며, 이스라엘은 이렇게 되기로 하나님과 언약을 맺었다.

이스라엘은 오랜 세월 동안 노예로 지냈기 때문에 군대로서 훈련이나 경험이 전혀 없었음에도, 하나님은 이들을 자신의 군대로 부르셨다는 것은 직접 이들의 장군이 되기 위함이었다. 따라서 이 전쟁은 장군이신 하나님의 지휘 아래에 치러지는 전쟁이기에 하나님은 자신의 명성을 위해라도 강한 능력을 이스라엘을 도와서 이 전쟁을 승리로 이끄신다(시 106:8). 전쟁은 이스라엘에게 속한 것이 아니라 하나님께 속한 것이기에(수 10:42; 대하 20:15, 17), 그들은 철저히 믿음과 순종으로 이 전쟁을 치러야 한다. 그리고 이것을 가장 잘 보여 주는 예가 여리고성이다.

하나님은 가나안 정복을 통해서 자신은 악을 심판하는 정의로운 하나님이심을 알려 주셨다(창 15:2). 하나님은 헤렘이라는 끔찍한 전쟁을 통해서 가나안을 정복하게 하셨다. 하나님은 그 땅에 살던 이방 민족들의 죄가 너무나 심각해서(레 18:24-25; 신 9:5), 이미 500년 전에 아브라함에게 이스라엘이 가나안을 정복하게 될 것을 말씀하셨다(창 15:16). 이것은 하나님께서 그들을 심판할 날을 기다리신 것이 아니라, 요나를 통해 니느웨에 자비를 베푸신 것처럼 그들에게도 자비를 베푸셔서 돌이킬 수 있는 기회를 주신 것을 뜻한다. 그럼에도 그들이 돌이키지 않자 자신의 군대를 통해서 이들을 진멸하심으로써, 그 땅을 정화하시고 자신의 정의를 이루셨다. 이런 의미에서 이스라엘은 하나님의 정의를 이루기 위한 하나님의 도구이다.

이를 위해 특별한 부르심을 받은 사람이 여호수아이다. 그의 지도를 받는 이스라엘은 주님의 군대가 되어서 이방인들과 싸워 약속의 땅을 정복해야 했다. 여기서 주님(Lord, LORD)은 여호와를 의미한다. 여호와는 구원자이기에, 주님(여호와)의 군대는 구원자의 군대이다. 그러므로 이스라엘은 구원자의 군대이다.

그러나 하나님께서 이스라엘을 이렇게 부르신 것은 정복이 목적이 아니라 구원 때문이다. 가나안에 살던 이방 민족들의 죄가 너무나 심각하여 심판을 피할 수는 없었지만, 그럼에도 하나님은 온 세상을 구원하기를 원하신다. 이 목적을 위해 가나안에 들어간 이스라엘은 하나님과 맺은 언약대로 세상과 구별된 삶을 사는 제사장으로의 역할을 온전히 감당해야 한다. 이런 관점에서 볼 때 이스라엘의 가나안 정복에는 선교적인 목적이 담겨 있다.

이것이 이스라엘의 부르심이다. 그렇다면 이제 이것을 위해서 이스라엘은 어떻게 살아야 하는가?

4. 가족의 새로운 삶

❖ 율법: 아버지 하나님의 통치를 받는 삶

> "이스라엘 자손 여러분, 지금 주 당신들의 하나님이 당신들에게 원하시는 것이 무엇인지 아십니까? 주 당신들의 하나님을 경외하며, 그의 모든 길을 따르며, 그를 사랑하며, 마음을 다하고 정성을 다하여 주 당신들의 하나님을 섬기며, 당신들이 행복하게 살도록 내가 오늘 당신들에게 명하는 주 당신들의 하나님의 명령과 규례를 지키는 일이 아니겠습니까?" (신 10:12-13)

왕이신 하나님

하나님은 존재하시는 그 순간부터 왕이셨기에, 하나님이 임재하는 모든 곳은 하나님이 통치하는 하나님의 왕국이었다. 그리고 그곳에서는 하나님의 말씀이 곧 법이었다. 이는 하나님의 나라는 법치국가이며, 그 법은 바로 하나님 자신이라는 것을 의미한다. 하나님은 이것을 선악과를 통해서 에덴에 있던 아담에게 분명하게 알려 주셨다.

사극을 보면 왕자를 지극히 사랑하는 왕의 모습이 나온다. 왕은 왕자와 함께 왕궁에서 행복하게 살지만, 그곳에서는 반드시 지켜야 할 엄격한 궁중의 법도가 있다. 이것이 무너지면 나라가 무너지기에 아무리 사랑스러운 왕자라 해도 이것을 배우고 지켜야 한다.

아담은 왕자로 태어났지만, 여기에서 실패한다. 그러나 하나님께서는 이스라엘을 양자로 삼고 다시 법을 주셨는데 이것을 율법이라고 한다. 하나님께서 이스라엘에게 율법을 주신 것은 무너진 자신의 왕국을 재건하기 위함이었다. 나라가 세워지려면 반드시 법부터 먼저 세워져야 한다. 한국도 마찬가지였다. 일제 치하에서 해방된 한국은 3년 뒤에 대한민국의 헌법을 제정하고 공포하였는데, 그날이 바로 제헌절이다. 따라서 대한민국은 이 법에 따라서 통치될 것이며, 모든 대한민국 국민은 이 법을 따라야 한다.

이스라엘은 하나님이 왕으로 통치하시는 하나님의 왕국이다. 그리고 하나님은 출애굽한 이스라엘과 언약을 맺으시고 율법을 주심으로써 이스라엘은 자신의 법이 통치하는 법치국가임을 선포하셨지만, 아담은 이 관계를 가볍게 여기고 선악과를 먹고 말았다. 따라서 이스라엘은 하나님이 아버지이자 구원자이기도 하지만, 창조주이자 왕이심을 확실하게 받아들여야 한다. 특히 이스라엘은 모든 나라를 대신해 하나님을 섬기는 제사장 나라이기 때문에 다른 민족에 비해서 모든 면에서 모범이 되어야 한다. 그렇다면 더욱 거룩하신 하나님의 법을 따라야 한다.

그런데 하나님께서 이스라엘에게 율법을 주신 것은 이스라엘을 억압하고 지배하기 위해서 주신 것이 아니라, 이스라엘을 사랑하기 때문에 그들의 행복을 위해 주신 법이다(신 10:12-13). 법이 없는 세상을 무법천지라고 한다. 정의, 공정, 상식, 진실이 사라진 무법천지의 세상은 생각만 해도 아찔하다. 그곳이 바로 지옥이다. 그런데 하나님이 보시기에, 하나님의 법이 사라진 세상이 이러하다.

사실 무법천지라고 해서 법이 없는 것은 아니다. 모두가 자기 법을 중심으로 살기 때문에, 서로 다른 수많은 법들이 충돌하면서 갈등, 다툼, 혼란, 파괴 등이 일어난다(삿 21:25). 그리고 이런 상황이 발생하게 된 이유는 모두가 지켜야 하는 절대적으로 선한 법이 없거나, 법이 있어도 무시하고 거부하기 때문이다.

이러한 세상에서 하나님은 이스라엘에게 율법을 주심으로써, 정의와 사랑으로 나라의 체계를 세우고 질서를 유지하려 하셨다. 이것이 십계명에 잘 나타나 있다. 십계명은 모든 계명의 총론적인 역할을 하는데, 하나님과의 관계와 이웃과의 관계에 관한 계명으로 구성되어 있다. 하나님과의 관계도 중요하지만, 이웃과의 관계도 매우 중요하다. 그러므로 참된 신앙은 반드시 이웃과의 바른 관계를 맺기 마련이다.

사랑을 위한 율법

이것은 율법의 핵심은 바른 관계라는 사실을 알려 준다. 죄로 인해서 인간은 바른 관계를 맺는 법을 다 잊어버리고, 지극히 자기중심적인 관계를 맺게 되었다. 인간은 하나님과의 관계에서도 실패하고 이웃과의 관계에서도 실패하게 되면서, 하나님과도 단절되었고 이웃과의 관계에서도 단절되어 철저히 고립되어 외로운 삶을 살게 되었다. 하지만 이제 하나님은 율법을 통해서 하나님과 이웃과 바른 관계를 맺는 법을 가르치셨다. 이 사실을 이해하지 못하고 율법을 행위로만 생각하면 관계는 놓치고 행위에만 집중하게 되는데, 그들이 바로 바리새인과 율법학자들이었다.

율법이 사랑이자 축복임에도 불구하고, 죄인으로서 인간은 근본적으로 법을 어기고자 하는 욕구가 있다. 아무리 선하고 바른 법이라 해도 자기 생각이나 욕구와 반대되는 법들은 더욱 그러하지만, 설사 그렇다고 해도 그것을 지키는 것이 모두가 평안을 누리며 사는 길이다. 하나님께서 율법을 주신 것은 이런 까닭이다. 따라서 비록 타락한 세상임에도 율법은 하나님의 자녀들이 조금이나마 에덴의 평화와 안식을 경험할 수 있게 해 준다.[14]

율법은 하나님께서 이스라엘을 사랑하여 주신 사랑의 법이지만, 이스라엘은 부모들을 통해서 전능하신 창조의 하나님에 관해 들었을 뿐이지 하나님의 백성으로 사는 삶에 관하여 배운 적이 없었다. 오히려 그들은 이집트에서 살 동안 이방 민족의 영향력을 받으며 이집트의 노예로서 강압적이고 억압적인 삶만 살았지, 자유롭게 하나님을 사랑하고 섬기는 것을 전혀 경험하지 못했다. 그것도 무려 400년이 넘게 이런 삶을 살았으니, 노예로서 이방신들과 관계 맺는 것이 더 편하고 쉬웠다.

하지만 출애굽한 이스라엘은 더 이상 이집트의 노예가 아니라 자유인이 되었고, 하나님의 가족 공동체가 되었다. 이제는 이전과는 완전히 다른 새로운 신분과 정체성을 갖게 되었기에, 이것에 합당한 새로운 삶을 살아야 한다. 이는 이전과는 전혀 다른 삶으로써, 하나님의 말씀을 따르는 삶이며 핵심은 하나님과 이웃을 지극히 사랑하는 삶이다(막 12:28-31).

그래서 하나님은 율법을 통해 이스라엘에게 자녀로서의 새로운 삶의 방식을 알려 주셨다. 무엇보다 하나님은 율법으로 자녀들과 교제를 나누신다. 하나님은 말씀으로 존재하시기에, 율법은 하나님의 말씀이자 말씀이신 하나님 자신이다. 아버지이신 하나님은 자녀들에게 말씀하고 싶으시며, 그들은 아버지한테서 들어야 할 말씀이 있다. 이 말씀은 사랑이신 아버지의 말씀이기에, 자녀들에게 유익하다(딤후 3:16-17). 그러므로 이스라엘은 하나님의 자녀로서 하나님 아버지의 말씀을 잘 들어야 한다(신 10:12-13).

하나님은 율법을 통해서 자신의 말을 자녀들에게 들려주시고, 자녀들은 그것을 통해서 아버지의 말을 듣고 묵상하며 그 안에 담긴 아버지의 깊은 뜻을 생각한다. 따라서 율법은 말씀이신 하나님을 만나는 통로가 된다. 그리고 자녀들은 기도로써 아버지에게 응답하며, 찬양으로 아버지께 감사하고, 순종으로 아버지와 동행한다. 예수님께서 끊임없이 기도로 하나님과 영적 사귐을 가지셨듯이, 이스라엘은 율법을 통해 아버지와 사귐을 가져야 한다. 그러므로 율법은 사랑의 사귐을 위한 방법이다.

사랑의 순종

하나님은 사랑하는 이스라엘이 두려움이나 억지나 습관이 아니라 기쁨으로 자원하여 율법을 지키기를 원하신다. 그러면 어떻게 하면 이렇게 할 수 있는가? 하나님을 사랑하게 되면, 하나님의 법을 지키게 된다(요 14:15). 이것을 잘 보여 주는 예가 아담과 하와이다. 그들은 사탄의 유혹에 빠지면서, 하나님을 향한 절대적인 사랑과 믿음을 잃어버리게 되었다. 그러자 의심과 불신이 마음에 싹트게 되었고, 결국은 불순종하게 되었다.

사랑은 참으로 신기하다. 누군가를 사랑하면 그가 원하는 것을 해 주고 싶은 열망이 생기는데, 사랑하면 할수록 더 많은 것을 해 주고 싶다. 이것이 이해할 수 없는 사랑의 특성이다. 이것처럼 하나님을 사랑하면 하나님을 기쁘게 해 주고 싶기에, 하나님의 말씀에 순종하고 싶은 마음이 저절로 생긴다. 이렇게 되면 순종하는 것이 힘들거나 어렵지 않다(요일 5:3). 따라서 순종은 단순히 행위의 문제가 아니라 마음의 상태를 보여 준다.

그렇다면 우리가 하나님께 순종하지 못하는 것은 하나님을 사랑하지 않기 때문이라는 것을 알 수 있다(요 14:21, 24). 참된 믿음도 마찬가지이다. 참된 믿음은 언제나 믿음에 합당한 반응을 하게 되어 있기에, 우리가 말씀에 불순종하는 것은 말씀이 참된 진리임을 믿지 않기 때문이다. 성경에서 행함

이 없는 믿음은 죽은 믿음이라 하는 것도 이 때문이다(약 2:17, 26).

　사람들은 하나님께서 지키지도 못할 법을 주셔서 인간을 고통스럽게 한다고 주장한다. 그러나 성경을 보면 믿음으로 순종하여 하나님께 의롭다고 인정받은 사람들이 있다. 아브라함과 노아가 대표적이다. 그 외에도 하나님께 인정받은 많은 위인이 있다. 여호수아, 사무엘, 그리고 예언자 등이다. 다윗이나 히스기야나 요시야 같은 경건한 왕들도 있다. 그런데 과연 그들이라고 해서 모든 율법을 다 지켰을까? 성경은 모든 사람이 죄인이라고 하였는데, 그렇다면 그들은 죄를 범하지 않았는가?

　하나님은 우리가 완전하지 않기에 누구도 율법을 완벽하게 지킬 수 없다는 사실을 잘 아신다.[15] 중요한 것은 하나님은 사랑과 믿음으로 인한 순종을 원하신다는 것이다. 이 순종은 기쁨과 자발적인 순종이다. 율법이 까다롭고 복잡할 수는 있지만, 하나님은 이것보다 더 강렬한 사랑과 굳건한 믿음을 원하신다. 그러면 자원하여 율법을 지키려 한다.

　이것을 잘 보여 주는 예가 성막 건설이다. 하나님의 명령을 받은 모세가 백성들에게 예물을 가져오라고 하자, 백성들은 마음에 감동이 되는 대로 기쁜 마음과 자발적인 마음으로 예물을 드렸다(출 35:4-36:5). 그런데 얼마나 많이 가져왔는지 나중에는 차고 넘치게 되자, 모세는 그만 가져오라고까지 하였다(출 36:6). 이것이 바로 하나님께서 원하시는 사랑의 삶이다.

　예수님께서 죽음까지도 순종하신 것은 바로 하나님을 향한 사랑과 믿음 때문이었으며, 신약 시대에 수많은 제자가 순교의 길을 간 것도 하나님을 향한 사랑과 믿음 때문이었다. 하나님은 이스라엘에게 율법을 주셨지만, 이스라엘은 율법을 지키지 못해서 멸망한다. 결국 율법은 하나님을 향한 이스라엘의 사랑과 믿음의 실체를 보여 주는 리트머스지이기에, 이스라엘은 율법을 통해서 자신들의 믿음과 사랑의 상태를 잘 살펴야 한다. 이것이 관건이다.

율법의 핵심은 사랑이다(막 12:29-31). 하나님은 율법을 통해 자녀들과 사랑의 관계를 맺으시고, 하나님이 원하시는 사랑과 믿음을 가진 자녀로 양육하셨다. 하나님께 집중하고 하나님의 말씀에 순종함으로, 하나님과 동행하는 성숙한 자녀로 이끄시는 것이다. 이렇게 되면 하나님을 닮은 성숙한 자녀가 되어서, 하나님의 나라를 물려받기에 합당한 상속자로 성장하게 된다.

그러므로 율법의 의미를 알면 율법이 저주가 아니라 복이라는 사실을 알게 된다. 단지 인간이 죄성으로 인해서 율법을 온전히 지킬 수가 없어서 마치 저주처럼 되어 버린 것뿐이다.

❖ 성막: 하나님의 임재와 함께하는 삶

"내가 그들 가운데 머물 수 있도록, 그들에게 내가 머물 성소를 지으라고 하여라."
(출 25:8)

자녀들과 함께 있고 싶으신 하나님

하나님께서 이스라엘을 구원하신 것은 단지 고통당하던 그들을 불쌍히 여겨서가 아니라 사랑하는 자녀들과 함께 지내는 것이었다(출 29:46). 이렇게 하려면 먼저 만나야 하는데, 문제는 죄성을 가진 인간이 거룩한 하나님을 마음대로 만날 수는 없다는 것이다. 그래서 하나님은 그들에게 자신을 만날 수 있는 특정한 장소를 정해 주셨는데 그곳을 성막(성소)이라고 한다(출 25:8). 성막을 회막이라고도 하는데, 회막의 의미는 '만남을 위한 천막'(tent of meeting)인데(출 29:42-43), 하나님과 자녀들이 함께 만나는 만남의 장소이다. 그러므로 성막(회막)은 단순히 제사드리는 장소가 아니라, 사랑의 사귐을 향한 하나님의 열정이 나타난 곳이다.

자녀들과 함께하고 싶은 하나님의 열정은 불기둥과 구름기둥으로 나타났다. 불기둥과 구름 기둥은 단순히 어떤 초자연적인 현상이 아니라, 온종일 자녀들과 함께하시는 아버지의 임재이자 그들을 가장 선한 곳을 인도하시는 아버지의 사랑이었다. 그것이 낮에는 구름 기둥으로 밤에는 불기둥으로 나타났듯이, 하나님의 사랑과 임재는 밤낮없이 자녀들과 함께한다.

그러나 이것만으로는 이스라엘과 영적 교제를 나눌 수가 없다. 하나님의 목적은 임재가 아니라 사귐이다. 사귀려고 임재하시여 만나신다. 이를 위해 하나님은 모세에게 성막(tabernacle)을 지으라고 하셨다. 성막(聖幕)은 거룩한 천막이다. 그 이유는 고급 재료를 사용해서가 아니라, 거룩한 하나님께서 머무시는 곳이기 때문이다(출 25:8). 성막이 완성되니, 약속대로 하나님께서 그곳에 충만하게 임재하셨다(출 40:34). 이것은 하나님께서 자녀들과 함께하신다는 것이며(출 29:45-46). 충만하게 임재하셨다는 것은 자녀들을 향한 하나님 아버지의 뜨거운 열정을 나타낸다.

나중에 왕이 된 다윗은 성전을 짓고 싶어 했다. 광야에서는 언제든지 움직일 수 있는 성막이 필요했지만, 가나안에서는 이스라엘이라는 왕국이 생겼다. 이제는 다른 장소로 이동할 필요가 없었고, 이방 종교들도 모두 성전을 가지고 있었기에 그는 고정적인 장소에서 하나님을 예배드리고 싶었다.

하지만 그는 전쟁에서 피를 많이 흘렸기 때문에 하나님은 그것을 허용하지 않으셨다. 그 대신 하나님은 그의 아들 솔로몬을 통해서 성전을 짓게 하셨다. 그런데 성막이나 성전이나 목적은 동일하다. 기능적으로는 하나님께 제사드리며 하나님을 만나는 곳이며, 목적은 하나님께서 가족과 함께 있기 위함이었다.

성막이나 성전에서 가장 중요한 곳은 지성소이다. 법궤(언약궤)가 있는 지성소(至聖所, the most holy place)는 가장 거룩한 장소이다. 이스라엘은 하나님의 왕국이기에, 하나님의 말씀이 곧 법이다. 그리고 법궤 안에는 십계명이 있는데, 십계명은 이스라엘을 향한 하나님의 말씀이자 통치법이다. 왕이신 하나님은 이 법에 따라서 이스라엘을 다스리며 백성인 이스라엘은 이 법을 따라야 한다.

결국 이 모든 것은 하늘이 땅으로 내려왔다는 것을 의미한다. 즉 하나님의 임재와 통치가 있는 하늘의 보좌가 성막을 통해 이 땅으로 내려옴으로써, 하늘과 땅이 맞닿은 새로운 세상이 창조되었다.

성막은 하나님이 가족들과 함께하기 위해서 직접 임재하시겠다는 예표이다. 이것의 성취를 신약성경은 세 번 기록하고 있는데, 예수님과 성령님과 새 하늘과 새 땅이다(계 21:1). 먼저 진정한 성전이셨던 예수님이 우리와 함께하기 위해 임마누엘이라는 이름으로 직접 세상에 내려오심으로서 하나님께서 가족과 함께하는 새로운 세상이 시작되었다(마 1:23). 그리고 두 번째는 성령님께서 오순절에 오심으로써 교회를 통해 새로운 세상이 확장되었다. 그리고 마지막으로 종말에 성취될 새 하늘과 새 땅인데, 이곳은 완성된 새로운 세상이다.

이것이 요한계시록 21-22장에 걸쳐서 기록되어 있는데, 그 세상은 하늘과 땅이 예수님을 머리로 하여 통합된 새로운 세상이다(엡 1:10). 이곳은 이전과는 전혀 다른 새로운 하늘이 새로운 땅으로 내려오는데(계 21:2), 새로운 하늘은 하나님의 보좌가 있는 새 예루살렘을 의미하며 새로운 땅은 재창조된 세상을 의미한다. 그런데 두 세상이 통합되어 이전에는 한 번도 볼 수 없었던 완전히 새로운 세상이 창조된다(계 21:4). 성도는 이곳에서 아버지 하나님과 영원히 사랑의 관계를 누릴 뿐 아니라, 왕이신 하나님의 왕국을 예수님과 함께 다스리게 된다. 이것이 하나님의 궁극적인 꿈이자 계획이며(사 65:17), 성막이 세워진 그곳은 비록 아주 작은 면적에 불과하지만, 이것이 세상 속에서 성취되기 시작되었음을 알려 준다.

에덴의 모형인 성전

하나님은 성막과 성전을 위한 모든 계획을 다 알려 주셨고, 모세와 솔로몬은 그대로 따라서 지었다(출 25:9; 대상 28:19). 하나님께서 가족을 만나는 거룩한 장소에 인간의 생각이 개입되어서는 안 되기 때문이다.

왜 그렇게 하셨을까? 사람들이 나름대로 생각해서 지으면 이방 신전처럼 더 크고 멋있게 지었을 것이다. 세상은 신들이 이런 것을 좋아한다고 생각하고 다 이런 식으로 자신들의 신을 섬기지만, 하나님의 생각은 전혀 다르다. 성막이나 성전은 크지 않다. 성막이야 이동식 천막이니까 그렇다고 하지만, 성전도 큰 이방 신전들에 비해서는 작은 편이다. 왜일까? 이유는 하나님은 크고 화려한 성전을 원하지 않으셨기 때문이다.

그 대신 하나님은 성막과 성전을 통해서 자녀들에게 에덴을 알려 주고 싶으셨다. 성막과 성전의 지성소는 여러모로 에덴과 매우 흡사하다.[16] 금으로 장식을 한 것이나, 언약궤 위에 그룹이 있는 것이나, 제사장들의 옷에 보석이 박혀 있는 것이나, 지성소 안의 각종 꽃과 나무 장식 등은 모두 에덴을 묘사하고 있다.[17] 그리고 에덴은 거룩한 곳이기에 죄가 있는 자들은 못 들어가는데, 지성소도 마찬가지이다.

좋은 건물을 건축하려면, 먼저 모형을 만든다. 모형을 보면 실제 완공될 건물을 대충 짐작할 수 있다. 이것처럼 성막과 성전은 에덴이 어떠한지를 대략 보여 준다. 이스라엘은 하나님을 만나기 위해서 성막과 성전으로 가야 했지만, 아담과 하와는 따로 성막이나 성전에 갈 필요가 없었다. 에덴이 바로 성막/성전이었기 때문이다(겔 28:13, 18).[18] 그러므로 에덴이야말로 성막/성전의 원형이자, 최초로 세워진 성막/성전이었으며, 세상 속의 지성소였다. 하나님은 성막이라는 작은 천막 안에 이 모든 것의 의미를 담게 하셨다.

하나님께서 이렇게 하신 것은 에덴이야말로 하나님이 사랑하는 곳이자 하나님의 꿈과 열정이 담긴 곳이기 때문이다. 하나님은 성막/성전에서 이스라엘을 만나 주셨지만, 하나님께서 진정으로 자녀들과 만나고 싶은 곳은 에덴이다. 에덴은 사랑하는 가족을 위해서 하나님 아버지가 최선을 다해 지으신 아름다운 집이기 때문이다.

그래서 에덴은 거룩한 곳이지만, 동시에 사랑하는 가족을 위한 기쁨의 동산이기도 하다. 이것처럼 성막과 성전은 거룩한 곳이지만, 본질은 사랑하는 가족을 만나기 위한 기쁨의 장소이자 하나님이 가족 안에 머무시는 하나님의 집이다. 그래서 구약은 성막과 성전을 하나님의 집이라고 하며(대상 6:31; 시 27:4), 예수님도 그렇게 말씀하셨다(눅 2:49). 그럼에도 성막/성전은 에덴의 모형일 뿐이다. 모형은 진짜를 알려 주기 위해서 임시로 만든 것에 불과하다. 어리석은 인간은 모형에 집착하겠지만 진짜를 원하시는 하나님은 언젠가는 에덴을 회복하시어, 그곳에서 직접 그들을 만나 주실 것이다.

❖ 제사: 하나님 안에서 화목을 누리는 삶

> "아론의 아들들 가운데서 아론의 뒤를 이어 기름 부어 세움을 받은 제사장은, 영원히 이 규례를 따라 이렇게 주에게 제사를 드려야 한다." (레 6:22)

죄성을 가진 인간이 거룩한 하나님을 만나려면 먼저 죄의 문제를 해결해야 하는데, 이것을 위한 하나님의 방법이 제사이다. 제사의 형태는 다양하지만, 모든 제사의 본질은 화목이다. 이는 하나님과의 화목이요, 이웃과의 화목이며, 화목이 필요한 이유는 죄로 인해서 모든 관계가 단절되었기 때문이다. 그렇지만 사랑의 하나님은 제사를 통해서 죄를 속량함으로써 무너진 관계를 화목하게 하셨다.

그러나 제사에서 인간적인 생각은 무용지물이며 오직 하나님께서 정하

신 방법을 따라야만 한다. 이것을 통해서 하나님은 자신만이 죄의 문제를 해결할 수 있는 구원자란 사실을 다시 한번 알려 주셨다. 따라서 인간은 이 사실을 믿음으로, 겸손하게 하나님을 의존해야 하며, 하나님의 말씀을 따라야 한다. 결국 제사는 교만하고 어리석었던 아담의 후손들에게 겸손과 믿음과 의존과 순종을 배우게 하는 하나님의 방법이다.

중요한 것은 성막뿐만 아니라 제사법도 이스라엘이 요청한 것이 아니라, 하나님께서 먼저 알려 주셨다는 사실이다. 하나님께서 주도권을 쥐시고 먼저 관계 회복을 시작하셨다. 이것은 이스라엘이 아버지 하나님을 갈망하는 것보다도, 하나님께서 자녀를 갈망하는 것이 훨씬 크다는 것을 알려 준다. 그래서 옛말에 사랑은 내리사랑이라고 하였다.

이스라엘은 하나님의 은혜로 말미암아 하나님의 자녀로 입양되었지만, 이집트에서는 하나님과 사랑의 관계를 맺어 본 적이 없었기에 하나님과의 관계 맺는 것이 매우 낯설고 어색하기만 하였다. 그래서 이들을 긍휼히 여기신 사랑의 하나님은 이스라엘에게 제사를 통해 하나님과 사랑의 관계를 맺는 방법들을 알려 주셨다.

중요한 것은 제사는 구원만을 위한 방법이 아니라는 사실이다. 이스라엘은 유월절 어린양을 통해서 하나님의 은혜로 이미 구원을 얻었고, 그런 다음에 하나님은 이스라엘에게 제사법을 알려 주셨다. 노아, 아브라함, 야곱도 모두 제사와 상관없이 순종하는 믿음으로 구원받았다. 따라서 여기에서의 제사는 친밀한 관계를 위함이다. 그들은 하나님의 자녀가 되었지만 그럼에도 그들은 여전히 죄성을 가지고 있었는데, 이것이 하나님과 이웃과의 관계에 큰 장애물이다. 따라서 제사를 통해 죄의 문제를 해결함으로써, 하나님의 자녀로서 아버지 하나님과의 친밀한 관계만이 아니라, 가족이 된 이웃들과의 바른 관계를 유지한다.

제사법은 매우 복잡하고 엄격하며, 동물을 희생제물로 드리는 과정은 아주 끔찍하다. 이것은 죄가 인간의 생각보다 훨씬 더 심각한 문제임을 알려 준다. 또한 복잡한 제사법에는 구원과 관련된 깊은 의미들을 담고 있는데, 하나님은 제사를 통해서 그 의미를 알려 주고 싶으셨다.[19] 행위도 중요하지만, 그 의미를 아는 것은 더 중요하다. 따라서 인간은 하나님과의 관계를 절대로 경홀히 여겨서는 안 되며, 제사법에 담긴 의미들을 깊이 생각하면서 제사드려야 한다(시 119:97; 143:5). 다시 말하면 제사 지내는 행위도 중요하지만 제사를 대하는 마음은 더 중요한 법이다. 그래야 하나님이 원하시는 바른 관계를 맺을 수가 있으며, 그렇지 않으면 문자적 의미에만 치중했던 바리새인과 율법학자들이 될 뿐이다.

❖ 절기: 하나님의 구원을 기뻐하는 삶

> "너는 이스라엘 자손에게 말하여라. 그들에게 다음과 같이 일러라. 너희가 거룩한 모임을 열어야 할 주의 절기들 곧 내가 정한 절기들은 다음과 같다. … 정하여 놓은 때를 따라, 너희가 거룩한 모임을 열고 주 앞에서 지켜야 할 절기들은 다음과 같다." (레 23:2, 4)

이스라엘이 출애굽한 이유 중의 하나는 절기를 지키기 위함이었다(출 5:1). 절기는 일반적으로 '축제'라는 의미이지만, '정해진 시간'이라는 뜻도 있다(레 23:2). 따라서 절기는 축제이자 하나님께서 정하신 특별한 시간이다.[20] 하나님은 이미 정해 놓으신 때를 따라 이스라엘이 지켜야 할 7개의 절기를 주셨는데(레 23장), 모든 절기는 안식일로부터 시작하므로(레 23:3), 안식일이 모든 절기의 근원이다.

하나님은 창조를 마치시고 안식하셨다. 에덴이 완성되었기에 창조의 일이 필요가 없으신 하나님은 완성된 피조세계를 기뻐하고 즐거워하셨으며,

아담과 하와는 하나님께서 완성하신 기쁨의 동산에서 하나님의 은혜를 누리며 하나님을 찬양하였다.

에덴의 모든 날은 안식일이었지만, 아담과 하와는 매일 노동으로 창조의 사역에 동참하며 에덴을 섬겼다. 그들에게 노동은 축복이자 은혜이며 기쁨이었다. 그런데 죄를 지어 저주받은 그들은 생계를 위해 고통스럽게 일하게 되면서 노동은 섬김과 기쁨의 도구가 아니라 생존을 위한 도구로 전락하였다. 그 결과 그들은 안식을 누리는 것이 아니라, 생존을 위해 쉬는 날도 없이 매일 버겁게 일해야 했다.

하나님은 이런 상황에서 이스라엘에게 안식일을 정해 주셨다. 하나님은 안식일에 노동을 금지하셨는데, 그것은 고된 노동에서 벗어나 하나님을 생각하기 위함이었다. 그렇지 않으면 인간은 먹고살기 위해서 정신없이 일만 하다가 몸도 마음도 지치게 되어 하나님을 잊어버린다. 하나님은 창조주이자 구원자이기에 하나님을 잊어버리는 것은 모든 것을 잊어버리는 것과 같다.

무엇보다 하나님은 구원을 통해서 자녀들에게 에덴에서 누렸던 완전한 안식을 되찾아 주려 하신다. 출애굽은 이것이 시작되었음을 알려 주며 종말에 완성될 것이다. 그러므로 종말에 완성될 안식은 하나님께서 자녀들에게 주신 최고의 축복이기에, 자녀들이 가슴에 새겨야 할 가장 중요한 소망이 된다(히 4:1-11). 그렇지만 막상 힘들고 거친 세상 속에서 살다 보면 나도 모르게 잊어버리기 쉬워서 하나님은 이것을 방지하기 위해 안식일을 정하셨다. 인간이 안식하면서, 완전한 안식과 평화의 동산이었던 에덴을 기억하고 소망하게 하신 것이다. 그러면 이것을 창조하신 하나님을 소망하고 갈망하지 않을 수가 없다.

이런 이유 등으로 예수님은 안식일을 위해 사람이 있는 것이 아니라, 사람을 위해 안식일이 생겼다고 하셨다(막 2:27). 따라서 안식일의 바른 개념은 '지킴'이 아니라 '누림'이다. 여기에는 고통스럽게 일만 하는 사람들에게 법을 통해서라도 쉼을 누리게 하려는 아버지 하나님의 마음이 담겨 있다.[21] 그러므로 안식일이야말로 자녀들을 위한 아버지 사랑의 표현이다.

구원을 위한 절기

일곱 절기는 완전한 안식을 위해서 하나님께서 정하신 특별한 시간이다. 출애굽을 기념하는 유월절, 다급히 탈출했던 것을 기념하는 무교절, 한 해의 첫 추수인 보리 추수의 시작을 감사하는 초실절, 한 해의 마지막 추수인 밀 추수의 시작을 감사하는 오순절, 한 해가 지나가고 새로운 해가 시작되었음을 알려 주는 나팔절, 민족의 모든 죄가 다 용서받는 속죄일, 그리고 이스라엘의 광야 생활을 기념하는 장막절이다. 이것이 레위기 23장에 기록되어 있다. 그러고 나서 24장에서는 다시 안식일이 나온다.

안식일부터 시작한 절기가 안식일로 마치면서, 하나님은 안식일이 절기의 근원이자 목표라는 것을 한 번 더 알려 주셨다. 그런데 하나님은 절기를 '주의 절기'라고 하셨다(레 23:2). 주는 여호와를 뜻하는데 여호와는 구원자이다. 따라서 '여호와의 절기'는 '구원자의 절기'이며, 이는 구원자가 정한 특별한 시간이라는 뜻이다.

절기는 하나님께서 구원을 위해 정하신 특별한 날이기에, 각 날은 구원을 위한 중요한 의미가 있으며 하나님은 이날들을 중심으로 구원을 이루어 가신다. 그리고 구원의 완성은 안식의 완전한 회복으로서 이것은 에덴(기쁨의 동산)의 상태로 되돌아가는 것을 의미한다. 이 때문에 절기는 매우 기쁜 축제가 된다. 따라서 절기를 율법이기에 지켜야 한다는 행위에만 치중하게 되면, 원래의 의미를 잊어버리게 되면서 기쁜 날이 아니라 지겹고 부담스러운 날이 될 뿐이다.

그러므로 하나님의 가족 된 이스라엘은 절기마다 구원을 계획하신 하나님께 감사하고, 구원을 이루신 하나님께 기뻐하며, 구원을 이루어 가시는 하나님을 찬양하고, 구원을 이루실 하나님을 신뢰하고 소망해야 한다. 또한 구원의 날의 완전한 성취를 위해 하나님과 동행하며 동역해야 한다. 절기는 이것을 위해서 하나님께서 특별히 주신 기쁜 명절이다.

❖ 희년: 하나님의 안식을 누리는 삶

> "너희는 오십 년이 시작되는 이 해를 거룩한 해로 정하고, 전국의 모든 거민에게 자유를 선포하여라. 이 해는 너희가 희년으로 누릴 해이다. 이 해는 너희가 유산 곧 분배받은 땅으로 돌아가는 해이며, 저마다 가족에게로 돌아가는 해이다." **(레 25:10)**

하나님은 레위기 25장에서 희년이라는 놀라운 율법을 주셨다.[22] 절기의 하나인 희년은 세계 어느 곳에서도 찾아볼 수 없는 독특한 법이다. '축제의 해'(year of Jubilee)라는 뜻을 가진 희년은 일곱 번째 안식년(7×7년=49년)의 다음(50년) 해이다. 희년을 비롯한 모든 절기의 시작은 안식일이기에 안식일 법은 매우 중요한데, 희년은 안식일 법의 확장이자 안식일의 마지막 절기이다. 그러므로 희년은 안식일의 결론이자 완성이다.

원래 안식년이 되면 모든 이스라엘은 무조건 쉬어야 하는데 심지어 동물도 노동하지 않고 쉬어야 한다. 그리고 유대인들은 어떤 묶임이나 부담도 없이 진정한 안식을 누릴 수 있도록, 모든 빚을 탕감받고 노예에서도 해방되는 특권도 얻는다.

희년은 안식년을 한 번 더 가지는 것이기에, 2년 연속으로 안식년을 누리는 특별한 시간이다. 또한 희년에는 유대인의 땅을 가진 것이 있으면 원래 주인에게 돌려주어야 한다. 사실 모든 땅은 하나님의 소유로(레 25:23), 하나님께서 사람들에게 조금씩 맡긴 것이기에 누구도 땅을 자신의 소유로 주장할 수가 없다. 그리고 땅은 삶의 기반이며, 농사든 목축이든 모든 것은 땅에서 이루어진다. 따라서 잃은 땅을 되찾는다는 것은 경제적인 속박에서 벗어나서 자립하게 된다는 것을 뜻한다.

흥미로운 사실은 희년은 대속죄일을 알리는 뿔 나팔과 함께 시작하는데, 이날은 이스라엘의 모든 죄를 용서받는 아주 특별한 날이다. 따라서 희년이 되면 이스라엘은 하나님으로부터 민족적으로 사면받는다. 그리고 빚도 탕감받고, 노예들이 억압에서 해방되어 자유인이 되고, 헤어졌던 가족들과 재회의 기쁨을 누린다. 또한 땅을 되찾았기에, 다시 소작농이나 노예의 생활을 할 필요가 없다. 그 결과 부의 재분배를 통한 경제적인 정의가 이루어지고, 신분적으로도 모두가 평등해지면서 모두가 동등한 시민으로 살아간다.

그리고 고통과 억압과 두려움에서 해방되기에 마음의 평화도 누리게 되며, 노동의 대가도 다 얻게 됨으로써 삶이 풍요로워지고, 헤어졌던 가족들도 다시 만났기에 사랑의 교제를 누릴 수 있다. 무엇보다 하나님께 모든 죄를 용서받음으로써 하나님 앞에 두려움 없이 당당하게 나갈 수 있게 된다. 심지어 가축들까지도 쉼을 얻게 되고, 농사를 짓지 않으므로 땅도 쉼을 누리게 된다(례 25:5). 그런데 더 놀라운 것은 이렇게 2년 넘게 쉬어도, 하나님께서 이들과 가축의 생계를 책임지신다는 사실이다.[23]

이것이 바로 희년이다. 너무나 놀라운 세상이다. 역사상 무수히 많은 사람이 꿈꾸고 나름대로 시도하였지만, 인간은 결코 이룰 수 없던 세상이다. 하지만 성경에서는 이것이 이루어진 세상을 기록하고 있는데 그곳이 바로 에덴이다.

희년의 특징은 자유, 안식, 평등, 풍요, 평화, 정의, 기쁨이다. 좋은 것은 희년에 다 있다. 그런데 죄가 있으면 이런 것은 이루어질 수가 없으므로 희년은 죄의 문제를 해결받는 대속죄일의 열매임을 알 수 있다. 이런 의미에서 희년은 자녀의 모든 죄를 용서하시는 하나님 아버지의 크신 은혜이자, 죄가 용서받은 세상이 어떻게 되는지를 보여 주는 모형이라 할 수 있다.

죄가 없던 에덴은 희년을 누렸다. 에덴은 어떤 억압도 고통도 두려움도 없었으며, 모든 사람이 평등했고, 자유와 풍요를 누리며 평화롭게 살았음에도 죄로 말미암아 모든 것이 다 무너져 버렸다. 그러나 하나님은 자신이 구원한 이스라엘 안에 이런 상태를 구현하고 싶으셨다. 비록 완전한 에덴은 아니라고 해도, 조금이나마 에덴의 삶을 경험할 수 있는 곳으로 만들고 싶으셨다. 그리고 잠시 누리는 희년을 통해, 희년의 축복을 영원히 누리는 새로운 세상을 소망하게 하셨다. 이것이 바로 자녀를 향한 아버지의 사랑이다.

❈ 사랑의 동행: 하나님을 사랑하는 삶

> "이스라엘은 들으십시오. 주님은 우리의 하나님이시요, 주님은 오직 한 분뿐이십니다. 당신들은 마음을 다하고 뜻을 다하고 힘을 다하여, 주 당신들의 하나님을 사랑하십시오." (신 6:4-5)

이스라엘이 직면한 도전

이스라엘은 하나님의 은혜로 긴 광야의 여정을 마치고 가나안 땅 코앞에 이르렀다. 이제 남은 것은 가나안을 정복하고 그곳에서 정착하는 것만 남았기에 이스라엘은 큰 기대와 흥분으로 들떠 있었다. 그러나 여기에서 모세는 이들에게 중요한 이야기를 한다.

가나안에는 이미 여러 이방 민족들이 있었으며 가나안과 국경을 맞대고 있는 여러 민족과 나라들도 있었는데, 그들은 모두 이방신을 섬겼다. 인간이 신을 섬기는 이유는 죄와 구원의 문제도 있지만, 욕망과 두려움 때문이기도 하다. 즉 자신의 욕망도 충족시켜 주고, 각종 위험으로부터 자신을 지켜 줄 신적인 존재도 필요로 하기 때문이다. 그런데 인간의 욕망은 물질적인 풍요, 성적인 쾌락, 높은 지위와 권력, 명예와 인기와 건강 같은 육적인 것뿐이며, 마음 안에는 이것들을 잃어버릴지도 모른다는 깊은 두려움이 있다.

인간에게 신은 이것을 해결하기 위한 존재이다. 결국 세상 사람들에게 신은 인생의 목적이 아니라, 자신이 원하는 삶을 살기 위한 수단과 방법에 지나지 않는다. 여기에서의 주체는 나 자신이다. 신을 숭배하고 섬긴다고 하지만 그 모든 것이 나를 위한 것일 뿐이며, 이는 하나님의 창조 목적이 완전히 전도되었다는 것을 보여 준다. 이것이 거짓으로 인간을 미혹하여 하나님의 꿈을 망가뜨리는 사탄의 짓이자, 가나안 우상숭배의 특징이다.

가나안에 팽배한 육적인 경향과 문화는 이스라엘을 유혹할 것인데, 마치 사탄이 아담을 미혹하여 하나님을 떠나게 한 것처럼 이들도 미혹하여 하나님을 떠나게 할 것이다. 따라서 가나안에서의 삶은 아주 치열한 영적인 싸움이 될 수밖에 없다. 세상을 쫓아 우상을 섬기는 타락한 삶을 살 것인가, 아니면 하나님만을 섬기는 거룩한 백성으로 살 것인가? 이 갈등 속에서 이스라엘은 자신의 길을 선택해야 한다.

앞서 언급한 바와 같이 이스라엘은 이방 나라를 섬기는 제사장 나라로 부름을 받았으며, 이것을 감당하려면 거룩한 삶을 살아야 한다. 거룩한 삶이란 세상과 구별된 삶으로서, 이 삶은 오직 하나님만을 사랑하고 신뢰하기에 하나님의 율법을 지키며 하나님을 섬기는 삶이다. 그럴 때 비로소 이스라엘은 하나님이 통치하는 나라가 될 뿐 아니라, 희년과 같은 놀라운 축복을 누릴 수 있다. 다시 말해 하나님이 주시는 완전한 안식, 영원한 평화, 무한한 자유, 충만한 기쁨, 아름다운 관계, 그리고 풍요로운 생활 등으로 충만한 나라가 된다.

이런 꿈만 같은 나라가 세상 한가운데 세워진다면, 이것을 목격하는 이방인들은 엄청난 충격과 감동을 받게 될 것이다(신 4:6). 그들은 이스라엘을 궁금해하며 이스라엘의 하나님을 알고 싶어 할 것이고, 이스라엘의 선하고 아름다운 삶을 보면서 하나님을 믿고 싶어 할 것이다. 그러면 그들은 하나님 앞에 나아올 것이며, 하나님을 섬기고 예배하게 될 것이다. 그럼으로써 세상을 구원하기 위한 이스라엘의 선교적 부르심이 이루어지는데, 이것이 바로 이스라엘이 하나님께 받은 민족적 소명이다(사 42:6).

사랑으로만 살 수 있는 삶

신명기는 유언과도 같은 모세의 권면이 담긴 고별설교를 기록하고 있다. 40년간의 광야 생활을 이끌어 온 모세는 누구보다 이스라엘 백성을 잘 알기에, 그들이 가나안에 들어가 하나님을 잊어버리고 우상숭배에 빠질 것을 염려한다. 그래서 그는 이스라엘에게 8번이나 하나님을 잊지 말라고 신신당부한다.

그러면 어떻게 하면 하나님을 잊지 않고 기억할 것인가? 그러기 위해서는 우선 하나님의 말씀을 늘 묵상하고 자녀들에게도 가르쳐야 하지만 더 중요하고 근본적인 것이 있다. 그것은 하나님을 사랑함이다. 이것이 너무나 당연한 것 같지만, 이전의 모세의 책에서는 나오지 않던 말이다. 그러나 이제 죽음을 앞둔 모세는 인생을 정리하면서, 이스라엘에게 마지막으로 가장 중요한 것을 가르치는데 그것은 바로 하나님과의 사랑의 관계이다.

신명기에는 이스라엘에게 하나님을 사랑하라는 구절이 9번 나오고, 하나님께서 이스라엘을 사랑하신다는 구절이 10번 나온다. 사랑은 신명기의 핵심 주제로서 하나님께서 이스라엘을 사랑하기에, 이스라엘도 하나님을 사랑해야 한다. 가나안에 들어가서 이스라엘이 기억해야 할 것이 바로 사랑이며, 하나님께서 진정으로 원하시는 것도 사랑이다. 그러므로 이스라엘이 그 무엇보다 관심을 가지고 열정을 쏟아야 할 것도 바로 사랑이다.

이들이 하나님을 사랑하게 되면, 말씀을 늘 묵상하면서 마음에 새기고, 그가 행하신 놀라운 일들을 잊지 않고 기억할 것이다. 또한 우상을 섬기자는 이방인들의 유혹을 단호히 거부하고 하나님을 향한 사랑과 믿음을 지키면서, 오히려 이방인들에게 창조와 구원의 하나님을 증언함으로써 이방 민족들을 위한 축복의 통로가 될 것이다. 그러면 이방인들도 하나님을 알게 됨으로써 창조와 구원의 하나님께로 돌아와, 그들도 하나님의 사랑과 생명 안에 있는 온갖 풍성함을 누리며 하나님을 기뻐하고 감사하며 찬양할 것이다.

이것이 하나님의 계획이지만, 하나님은 이스라엘이 이것을 잘 감당하지 못할 것을 이미 아셨다. 그들은 하나님의 놀라운 축복을 받았음에도 불구하고, 사탄의 유혹 앞에 번번이 실패할 것이다. 그러나 하나님은 그냥 내버려 두지 않으시고 이들의 마음에 할례를 베푸셔서, 마음과 정성을 다하여 하나님을 사랑하며 섬기게 하실 것이다(신 30:6).

할례는 포피를 벗기는 것으로, 마음의 할례는 굳어진 마음의 포피를 벗겨 부드럽게 함을 의미한다. 여기에서 핵심은 하나님께서 직접 구원을 완성하신다는 사실이다. 하나님은 자신을 대적하던 인간의 완고한 마음을 부드럽게 하셔서, 범죄 이전의 아담처럼 겸손과 온유로 하나님을 섬기는 삶을 회복시키실 것이다(겔 36:26). 그러나 이것은 성령님을 통해서 이루어질 것이며(겔 36:27), 하나님은 마음의 할례를 받은 성도들을 모아서 공동체로 하나님을 섬기게 하시는데, 이 공동체가 바로 오순절에 탄생한 교회이다.

❖ 광야: 하나님의 훈련학교

> "당신들이 광야를 지나온 사십 년 동안, 주 당신들의 하나님이 당신들을 어떻게 인도하셨는지를 기억하십시오. 그렇게 오랫동안 당신들을 광야에 머물게 하신 것은, 당신들을 단련시키고 시험하셔서, 당신들이 하나님의 계명을 지키는지 안 지키는지, 당신들의 마음속을 알아보려는 것이었습니다. … 당신들은, 사람이 자기 자녀를 훈련시키듯이, 주 당신들의 하나님도 당신들을 훈련시키신다는 것을 마음속에 새겨 두십시오." **(신 8:2, 5)**

예수님께서 제자들을 파송하기 전에 3년간 훈련 기간을 가지셨듯이, 하나님은 이스라엘을 이방 민족이 살던 가나안으로 보내시기 전에 40년간 영적 훈련을 시키셨다. 이 시간은 400년 동안 이집트의 노예로 이방신들과 더불어 살던 삶의 모든 습관과 방법과 목적을 다 바꾸고, 하나님의 자녀로 사는 새로운 삶의 방식을 익히는 시간이었다. 따라서 이스라엘에게는 너무나 중요한 시간이었다.

이를 위해 하나님은 이스라엘을 광야로 인도하셨다. 광야는 매우 특별한 장소로서, 철저히 세상으로부터 분리되어 하나님께만 집중할 수밖에 없는 곳이다. 육적으로는 매우 척박하고 외롭고 힘든 곳이지만 오히려 영적으로 성장하고 강해질 수 있는 좋은 장소이기에 광야는 하나님의 백성에게 은혜의 장소이다. 이곳에서 이스라엘은 9가지 특별한 훈련을 받는데, 이것은 세상 속에 사는 하나님의 자녀로 반드시 익히고 배워야 할 것들이다.

첫 번째는 하나님을 신뢰하며 믿음으로 사는 삶이다. 이 삶은 하나님을 전적으로 의지하는 삶이다. 출애굽한 이스라엘은 광야에서 아무런 경제 활동을 할 수 없었다. 계속 이동하였기에 농사도 지을 수 없었고, 물이나 풀을 따라간 것이 아니라 구름과 불기둥을 따라 이동했기에 목축도 할 수 없었으며, 이방 민족들을 만날 수도 없어서 무역도 할 수 없었다. 하다못해 뛰어난 건축 기술도 아무런 소용이 없었고, 재료가 없어 옷도 만들 수 없었다. 인간에게 이런 상황은 죽음과도 같은 두려운 상황이다. 하나님은 이를 잘 아셨지만, 의도적으로 이스라엘을 이런 상황으로 이끄셔서 전적으로 자신만을 의지하게 하셨다.

지금까지 이스라엘은 이집트에서 자신의 노력으로 살아왔다. 이것이 세상의 방식이기도 하다. 그러나 하나님은 이제는 믿음으로 사는 훈련을 시킴으로써 하나님과의 관계 맺는 법을 훈련하셨다. 또한 이것은 가나안을 정복할 훈련이기도 하였다. 사실 이들이 40년 광야 생활을 하게 된 결정적인 계기도 이들이 하나님의 말씀에 믿음으로 반응하지 않고 두려움으로 반응하였기 때문이다. 그러므로 이 믿음은 후에 가나안을 정복할 때를 위해서 반드시 가져야 할 영적 자산이기도 하였다.

두 번째는 하나님의 은혜로 사는 삶이다. 광야의 여정은 힘든 여정이다. 광야는 모세뿐 아니라, 이집트에서만 살던 이스라엘에게는 더욱 낯설고 힘들었다. 이곳에서는 할 수 있는 것이 아무것도 없고 오직 믿음으로만 살아야 하는데, 그 시간이 하루 이틀이 아니라 무려 40년이었다. 그렇지만 참으로 신기한 것은 그동안 신발도 닳지 않았고, 옷도 해어지지 않았다는 사실이다(신 29:5). 때때는 어려움도 있었지만, 그때마다 하나님은 그들에게 은혜를 베푸셨다. 만나와 메추라기와 시냇물은 하나님께서 베푸신 대표적인 은혜인데, 이 은혜는 믿음으로 사는 사람들만이 경험할 수 있는 특별한 선물이다. 이를 통해 하나님은 자신이 은혜로운 아버지이심을 보여 주셨다(신 1:31).

또한 광야에서는 인간의 계획이나 능력은 아무 소용이 없다. 오히려 이런 것이 많은 사람일수록 더 큰 무력감과 절망감을 느낄 뿐이다. 광야에서 진짜 중요한 것은 은혜이다. 전쟁도 마찬가지이다. 전쟁은 하나님께 속한 것이기에, 오직 하나님의 능력과 은혜로만 승리할 수 있다. 따라서 이스라엘에게 요구되는 것은 겸손과 믿음의 순종뿐이며, 그렇게 할 때 하나님의 은혜를 누리게 된다. 따라서 하나님의 은혜는 인간의 연약함과 부족함을 뛰어넘는 하나님의 사랑이자 능력이며, 이것을 맛본 사람은 더욱 믿음으로 살 것이다.

세 번째는 하나님의 임재 안에 거하는 삶이다. 하나님은 이스라엘과 함께하려고 모세에게 성막을 만들라고 하셨다. 성막이 완성된 뒤에 하나님의 영광이 성막에 임재하셨는데, 그것은 하나님께서 가족과 함께하신다는 것을 가시적으로 보여 주신 것이다. 이런 하나님의 임재는 구름기둥과 불기

둥으로 나타났다. 이스라엘이 광야 생활을 할 동안에 구름기둥과 불기둥이 그들을 떠나지 않았는데, 하나님의 임재가 늘 그들과 함께하였음을 의미한다.

　하나님 아버지는 세상의 신들처럼 변덕스럽지도, 육신의 아버지처럼 불충스럽지도 않다. 하나님은 한결같으시며 신실하신 분이시기에 하나님은 가족을 버리지 않고 끝까지 책임지신다. 하나님은 불러도 대답이 없는 이방신들과는 다르시다. 하나님은 성막을 통해서 가족들을 만나 주셨기에 이스라엘은 이집트에서처럼 홀로 남겨진 것 같은 두려움과 외로움을 느낄 필요가 없었다. 이것이 광야를 지나는 이스라엘에는 큰 위로와 용기가 되기에, 이제 이스라엘이 해야 할 일은 힘써 하나님의 임재 안에 머무는 것뿐이다.

　네 번째는 하나님의 인도하심을 따르는 삶이다. 광야의 여정은 이스라엘이 아니라 하나님이 이끄셨다. 광야는 이스라엘에게 낯선 땅이어서 어디로 가야 할지 몰랐다. 그래서 하나님은 불기둥과 구름기둥으로 이스라엘의 인도하셨는데, 이들이 움직이면 이스라엘도 움직이고 이들이 멈추면 이스라엘도 멈추어야 했다. 출발과 정지, 방향과 거리 등 모든 것이 하나님께 달려 있었다. 그리고 하나님께서 미리 말씀하여 주신 것도 아니어서, 이스라엘은 언제 어디로 인도하실지 아무것도 몰랐다. 그저 하나님만을 기다리고 있다가, 하나님께서 이끄시는 대로 따라가면서 같은 지역을 40년이나 빙빙 돌고 돌았다.

　하나님께서 이렇게 하신 것은 이들이 하나님의 인도하심을 따르는 삶을 배우게 하기 위함이었다. 이제까지는 그들은 인생의 주인이 되어서 그들이 원하는 대로 살았지만, 이제부터는 하나님이 왕이시기에 철저히 하나님의 인도하심을 따르는 삶을 살아야 한다. 그러려면 먼저 자기 생각을 버리는 훈련부터 해야 하며, 비록 이해할 수 없는 하나님의 인도하심이라도 기꺼이 순종하는 것을 배워야 한다. 그렇지만 이것이 바로 하나님의 은혜를 경험하는 삶이며, 이를 위해서는 반드시 하나님의 인도하심을 따라야 한다.

다섯 번째는 하나님 중심적인 삶이다. 하나님은 이스라엘에게 성막을 지어 열두 지파 한가운데 두게 하셨다. 마치 에덴의 한 가운데 선악과가 있었듯이, 이스라엘의 한가운데 법궤가 있는 성막을 두게 하셨다. 이것은 선악과가 에덴의 중심이었듯이 하나님이 이스라엘의 중심이라는 것을 의미한다. 따라서 이스라엘은 철저히 하나님이 중심으로 살아야 하며, 이는 하나님이 삶의 기준이라는 의미이다.

이집트에서 이스라엘은 하나님을 알기는 했지만 하나님 중심으로 살지 못했으며, 하나님의 자녀였음에도 불구하고 이방인들처럼 지극히 자기중심적인 삶을 살았다. 이런 삶의 특징은 자기 생각과 감정을 따라 사는 삶이며, 이는 하나님이 삶의 중심이 되지 못했기 때문이다. 그런데 이집트인을 비롯한 이방인들도 출애굽의 하나님을 알기에, 이렇게 살면 육적이고 자기중심으로 사는 이방인들과 전혀 다를 바가 없다.

하나님을 아는 지식도 중요하지만, 진정한 믿음은 삶에서 드러나기에 세상과 구별되게 사는 삶이 더 중요하다. 즉 이스라엘은 거룩한 하나님의 자녀로서 이전과는 다른 삶을 살아야 하는데, 이는 철저히 하나님 중심적인 삶이다. 이것은 이들의 삶의 목적과 방향과 방법이 모두 하나님의 뜻을 따르는 삶을 사는 것을 의미한다.

여섯 번째는 하나님의 말씀을 배우는 삶이다. 말씀 안에는 하나님의 모든 것이 다 담겨 있으므로, 하나님 중심적으로 살려면 반드시 하나님의 말씀을 따르는 삶을 배워야 한다. 또한 이 말씀은 곧 하나님 자신이기에, 말씀을 배운다는 것은 말씀이신 하나님과 관계를 맺는 삶을 의미한다. 하나님은 이것을 위해 이스라엘에게 율법을 주셨기에, 이스라엘은 율법을 통해 삶의 전 영역에서 하나님과 교제하는 삶을 배워야 했다.

그럴 때 이스라엘은 마지못해 율법을 따르는 것이 아니라, 어떤 유혹과

핍박이 와도 율법을 저버리지 않고 오히려 기쁨으로 따를 것이다. 이것의 중요성은 사탄의 시험을 이기신 예수님을 통해서도 잘 알 수 있다(마 4:1-10). 사탄은 예수님에게 말씀이 아니라 육체의 욕망을 따르라고 유혹했지만, 예수님은 단호히 거부하셨다. 세상 사람들에게는 이것이 너무나 중요하다. 하지만 하나님은 율법을 통해서 하나님의 백성들에게는 그것보다 더 중요한 것이 있음을 가르치셨는데, 그것은 하나님의 자녀는 하나님의 말씀으로 사는 사람이라는 사실이다. 이스라엘은 이것이 하나님의 백성으로서 마땅히 살아야 할 삶이기도 하지만, 이들이 가장 행복하게 사는 길이라는 사실을 가슴 깊이 새겨야 한다(신 10:12-13).

일곱 번째는 하나님을 사랑하는 삶이다. 이스라엘에게 광야의 여정의 핵심은 하나님을 사랑하는 법을 배우는 것이었다. 이제까지 그들은 하나님을 사랑하는 법을 배운 적이 없었다. 사실 세상의 어떤 신들도 사랑하는 법을 가르치지 않는다. 그저 절대적인 숭배와 순종을 요구할 뿐이며, 인간은 두려움 속에서 맹목적으로 복종할 뿐이다. 그러나 사랑이신 하나님은 자녀들과 사랑의 교제를 원하신다. 하나님께서 까다로운 제사와 복잡한 율법을 가르치신 것도 모두 이스라엘과 사랑의 관계를 맺기 위함이었지, 그들을 힘들게 하려는 것이 아니었다.

하나님께서 이스라엘에게 율법을 주신 것도 죄성을 가진 이스라엘과 친밀한 교제를 위함이었는데, 이것은 이스라엘의 허물과 연약함에도 양자로 삼으신 것에서 잘 알 수 있다. 따라서 이스라엘은 하나님 아버지의 마음을 헤아려서, 하나님과 사랑의 관계를 맺기를 힘써야 한다. 하나님이 이스라엘을 광야에서 고립된 삶을 살게 하신 것도 이방인의 신들과 문화에서 떨어져서 하나님께만 집중하게 하기 위함이었다. 따라서 광야는 하나님과의 친밀한 사귐을 배우기 위한 최적의 장소이다.

여덟 번째는 하나님의 가족과 바른 관계를 맺는 삶이다. 이집트의 노예로 살던 이스라엘은 이집트 문화의 영향을 받았으며 이집트의 법을 따라 살아야 했다. 그 문화와 법은 이방신을 섬기는 이방인들이 만든 것들이어서 하나님의 백성에게는 합당하지 않았다. 그리고 하나님의 자녀에게는 하나님과의 관계도 중요하지만, 하나님 안에서 가족이 된 이웃과의 관계도 매우 중요하기에 하나님은 출애굽한 이스라엘에게 시민법을 주셨다. 이 법은 율법 중의 일부로서 삶의 모든 영역에서 적용해야 할 법이다.

대표적인 시민법은 십계명의 다섯째에서 열 번째까지의 법이다. 열 개의 법 중에서 여섯 개가 이웃과의 관계에 필요한 법이라는 것은 하나님께서 이웃과의 관계를 매우 중요하게 여겼다는 것을 알려 준다. 이 법은 공정하고 정의로운 사회를 만들 뿐 아니라 사회의 질서를 유지하기 위한 법으로서, 이 법을 통해서 악을 억제하고 모두가 평등하고 평화로운 삶을 누리게 한다. 그뿐만 아니라 인간으로 마땅히 해야 할 인간관계를 가르침으로써, 하나님의 백성으로서의 합당한 삶을 살게 하였는데 광야는 이것을 배우기 위한 최적의 장소였다.

마지막 **아홉 번째**는 하나님이 약속하신 땅을 소망하는 삶이다. 출애굽의 목적은 단순히 고통에서 해방이 아니라, 가나안에서의 삶을 위함이었다. 그곳은 하나님께서 조상들에게 약속하신 땅이요, 젖과 꿀이 흐르는 땅이었고, 그들의 후손이 영원토록 살 땅이었다. 또한 이스라엘이 노예가 아니라 자유인으로서 하나님을 사랑하고 이웃을 섬기며 살 땅이었다. 하나님은 그곳에서 그들의 하나님이 되어 주실 것이며, 그들은 하나님의 가족으로서 하나님과 함께 살게 된다. 출애굽, 불기둥과 구름 기둥, 성막, 율법, 만나 등은 모두 이것을 위해 하나님이 주신 분명한 증거들이다.

하나님은 이스라엘에게 그곳으로 인도하겠다고 하셨으며, 이스라엘은 그 약속을 따라 출애굽하여 광야의 여정을 보냈다. 그러나 그곳은 막연한 기대가 아니라, 하나님이 약속하신 땅이었기에 반드시 이루어질 것이다. 이

것이 세상의 기대와 하나님이 주신 소망의 차이이며, 이스라엘은 이 소망으로 힘들고 어려운 광야의 여정을 견딜 수 있었다. 따라서 소망은 고난을 이기는 힘이며, 하나님의 자녀들은 이 소망을 붙들 때 광야의 여정을 이길 수 있다.

이스라엘은 광야의 여정을 통해서 하나님의 가족들이 마땅히 살아야 할 삶을 배웠다. 그런데 마지막 아홉 번째를 제외한 나머지 여덟 가지 삶에는 모두 에덴에서 아담과 하와가 살던 삶이었다는 중요한 공통점이 있다. 하나님을 전적으로 믿고, 하나님의 은혜를 누리며, 하나님의 임재 안에 머물고, 하나님의 인도하심을 받고, 하나님 중심적으로 살며, 하나님의 말씀을 배우고, 하나님을 사랑하고, 이웃과 바른 관계를 맺는 삶은 모두 에덴에서 아담과 하와가 살았던 삶이었다.

그런데 자세히 살펴보면 아홉 번째도 에덴과 관련이 있다는 것을 알 수 있다. 가장 먼저 가나안을 약속받고 그곳에서 살았던 아브라함도 가나안이 실체가 아니라 모형일 뿐이라는 사실을 잘 알고 있었다. 그래서 그는 가나안에 살면서도 하나님께서 언젠가 주실 새로운 도시를 기다리고 있었는데(히 11:10), 그곳은 새 예루살렘이라 부르는 하늘에 있는 예루살렘이다(히 12:22). 성경이 말하는 새 예루살렘은 에덴이 회복된 것 이상으로 완전하며 영광스러운 도시이다(계 21–22장).

비록 아브라함의 육체는 가나안에 살았지만, 그의 마음은 새 예루살렘에 소망을 두었다. 그래서 그는 가나안을 기뻐하지 않고 마치 일을 마치고 빨리 고향으로 돌아가고 싶은 나그네처럼 살았다. 아브라함은 하나님으로부터 이곳을 약속으로 받았고, 가나안에서의 삶은 새 예루살렘에 들어가기 위한 삶일 뿐이다.

이것은 이스라엘도 마찬가지이다. 가나안은 축복의 땅이지만, 그것은 실제가 아니라 그림자이다. 실제는 언젠가 하나님께서 가족들에게 유업으로 주실 하늘의 도시이다(히 11:16). 새 예루살렘으로 부르는 그곳이 그들이 궁극적으로 가야 할 곳이기에, 그들은 그곳을 진정한 소망으로 삼아야 하며 가나안에서의 삶은 그곳에 들어갈 준비하기 위한 삶이다(히 13:14). 이 사실을 명확하게 이해한다면 그들은 가나안에서의 삶에 안주할 수가 없다. 오히려 그들은 강한 사명감으로 책임감 있고 충성스러운 삶을 살 것이다.

하나님이 이스라엘을 출애굽 시키신 목적은 단순히 가나안에서 새로운 삶을 살기 위함이 아니라, 그곳에서 아름답고 선한 하나님 나라를 건설하는 것이었다.[24] 하나님은 그 나라에 임하게 될 영광과 축복을 온 세상에 알리므로 어두운 세상에서 구원의 빛이 되기를 원하셨다. 가나안을 일종의 세계 선교를 위한 중심센터로 세우고 싶으신 것이었다. 그러나 그 나라는 새로운 나라가 아니라 이미 역사 속에서 존재했던 나라였는데 바로 에덴이었다. 하나님은 비록 완전하지는 않더라도 에덴이 회복된 나라를 가나안에 세우고 싶으셨으며, 그 나라의 핵심은 하나님의 가족으로의 삶이다.

이스라엘에게 이 삶은 너무나 중요하다. 이 삶을 살 때만 이들은 하나님이 베푸시는 은혜와 축복으로 충만하게 누리게 될 뿐 아니라, 세상과 구별된 거룩한 백성이 되어서 모든 민족을 위한 제사장 나라의 역할을 감당할 수 있다. 이렇게 되면 아브라함과 맺은 언약처럼 모든 나라와 민족들도 하나님의 은혜로 구원받아 하나님의 가족이 되는 복을 누릴 것이다. 베드로가 성도들에게 이방 사람들 가운데서 행실을 바르게 하라고 가르친 것도 이 때문이다(벧전 2:12). 하나님은 이 꿈을 가지시고 이스라엘을 광야로 인도하여 새로운 삶을 배우고 익히게 하셨다.

이것을 위해 출애굽한 이스라엘은 시내산에서 언약을 맺고 광야에서 40년간 훈련받았다. 그렇지만 과연 그들은 하나님의 뜻이 이루어지도록 살 것인가? 아니면 실패할 것인가? 이제 이것을 알아보도록 하자.

주

1. 우리가 흔히 생각하는 복음은 구원받아 천국에 가는 개인적인 복음이다. 그러나 이것은 복음의 작은 부분일 뿐이며 실제로 이것보다 훨씬 더 깊고 넓은 의미가 있는데, 이것을 가장 잘 설명하는 사람 중의 한 명이 톰 라이트이다. 톰 라이트는 복음은 우리가 생각하는 것보다 훨씬 더 좋은 소식임을 주장한다. 자세한 것은 '톰 라이트, 『이것이 복음이다』, 백지윤 옮김, (IVP, 2017)'를 읽어 보라.

2. 아브라함을 통해 모든 민족에게 복을 주시겠다는 선교적 소명에 대한 깊은 신학적 통찰은 '크리스토퍼 라이트, 『하나님의 선교』, 정옥배 & 한화룡 옮김, (IVP, 2010), p241-279'를 참고하라. 하나님께서 아브라함을 통해 모든 민족에게 복을 주시겠다는 이야기는 예수님께서 종말의 징조로 알려 주신 선교의 완성과 연결된다(마 24:14). 따라서 아브라함의 부르심은 종말을 향한 부르심이며, 하나님은 처음부터 이것을 계획하시고 아브라함을 부르셨다. 따라서 선교는 반드시 종말과 관련해서 생각해야 한다.

3. 하나님께서 여호와라는 자신의 이름을 처음으로 알려 주신 것은 출애굽할 때 모세에게이다. 그러나 성경에서 처음 사용된 것은 창세기 2:4인데, 이는 창세기를 기록한 모세가 하나님을 여호와 하나님으로 기록하였기 때문이다. 그렇지만 더 중요한 것은 성령님께서 모세에게 하나님을 여호와 하나님으로 기록하게 하였기 때문이다. 이것은 하나님은 창조를 마치신 직후부터 구원의 하나님으로서 자신의 역할을 감당하셨음을 알려 준다.

4. 존 M. 프레임, 『신론』, 김재성 옮김, (P&R, 2014), p80

5. 10가지 재앙의 영적의미에 관해서는 '트럼프 롱맨 3세, 『구약성경의 정수』, 최광일 옮김, (CLC, 2016), p115-116'을 참고하라.

6. 언약은 성경을 이해하는 핵심 주제 중의 하나로써 반드시 알아야 하는 중요한 개념이다. 언약을 쉽게 이해하는데 도움을 주는 책으로 '토마스 R. 슈라이너, 『언약으로 성경 읽기』, 임요한 옮김, (CLC, 2020)'; 'R.C. 스프로울, 『언약』, 김태곤 옮김, (생명의 말씀사, 2013)'; '마이클 브라운 & 자크 킬, 『언약신학으로의 초대』, 조호영 옮김, (부흥과 개혁사, 2016)'를 추천한다.

7. '브루스 애쉬포드 & 히스 토마스, 『왕의 복음』, 정옥배 옮김, (IVP, 2021), p110

8. J. D. 더글라스 & N. 힐리얼 편집, 『새성경사전』, 김의원 & 나용화 번역, (CLC, 1996), p 1,790

9. 에클레시아에 대한 역사적 사회적 신학적 깊은 설명은 '박영호, 『에클레시아』, (새물결 플러스, 2018)'을 참고하라. 그러나 이 책은 방대하여 간단하게 이해하려면 '에밀 브루너, 『교회를 오해하고 있는가』, 박영범 옮김, (대서, 2013), p17-41'; '제임스 W. 톰슨, 『바울의 교회론』, 이기운 옮김, (CLC, 2019), p63-71'; '제임스 D G 던, 『초기교회의 기원(상)』, 문현인 옮김, (새물결 플러스, 2019), p810-812'를 참고하라.

10. 한국어 신약성경에서 '교회'로 번역한 모든 헬라어는 '에클레시아'이며 뜻은 '회중' 또는 '모임'이다.

11. 『칠십인역』은 BC 3세기 중엽부터 72명의 유대인 학자들이 히브리어로 된 구약을 헬라어로 번역한 성경이다. 『칠십인역』의 목적은 헬라인들도 유대인들의 성경을 읽을 수 있게 하기 위함이었다. 첫 번역은 모세오경부터 시작하였는데, 구약 전체가 번역되기까지는 최소 백 년 이상 걸렸을 것

로 추정한다. 번역할 때는 원문의 뜻을 가장 적절하게 표현할 수 있는 단어를 찾아서 번역하게 된다. 그러므로 『칠십인역』을 보면 그 당시 헬라어를 쓰던 유대인들이 생각하기에, 히브리어에 가장 적합한 헬라어가 무엇인지를 알 수 있다. 따라서 『칠십인역』에서 카할을 에클레시아로 번역했다는 것은 번역자들이 이스라엘을 에클레시아로 이해했다는 것을 의미한다.

12 '카할'과 '에클레시아'의 연관성은 '래리 허타도, 『처음으로 기독교인이라 불렸던 사람들』, 이주만 옮김, (이와우, 2017), p122-125'; '박영호, 『에클레시아』, (새물결 플러스, 2018), p126-145'를 참고하라.

13 이스라엘은 하나님을 섬기기 위해서, 하나님으로부터 부르심을 받은 특별한 신앙 공동체다. 『칠십인역』이 번역된 뒤로 헬라어를 쓰던 유대인은 이스라엘을 영적인 에클레시아로 인식했는데, 시간이 흐르면서 이 개념이 더 확산하였다. 그리고 신약성경을 기록한 저자들이 교회를 뜻하는 단어로 에클레시아를 쓴 것도, 에클레시아가 하나님을 섬기기 위해서 하나님으로부터 부르심을 받는 특별한 공동체라는 뜻을 가장 적절히 설명하는 용어였기 때문이다. 그러므로 신약의 에클레시아는, 구약의 유대인 중심의 에클레시아가 구원받은 모든 성도의 에클레시아로 확장된 개념이다.

14 크리스토퍼 라이트는 하나님 언약의 가장 중요한 특징 중 하나는 하나님의 임재이며, 하나님 언약 임재의 목표는 에덴동산의 친밀함을 회복하는 것이라고 한다. '크리스토퍼 라이트, 『하나님의 선교』, p418-419'

15 셋 D. 포스텔, 에이탄 바르, 에레즈 쪼레프, 『모세를 읽으며 예수님을 보다』, 김진섭 옮김, (이스트윈드, 2020), p230-231

16 성막과 에덴의 유사성을 설명한 책은 많지만, 그중에서 가장 간략하고 쉽게 설명된 책으로는 Ibid. p105를 참고하라.

17 어떤 이들은 이런 것을 근거로 성전은 화려하게 지어야 한다고 주장하면서 화려한 건물을 짓지만, 하나님께서 금과 보석을 사용하신 것은 에덴의 아름다움을 나타내기 위함이었지 화려한 고급스러운 성전/성막을 원하신 것이 아니었다.

18 그레고리 빌, 미첼 킴, 『성전으로 읽는 성경 이야기』, 채정태 옮김, (부흥과 개혁사, 2016), p20-21

19 복잡한 제사법을 쉽게 설명한 책으로 '김경열, 『드라마 레위기』, (두란노서원, 2020)'을 추천한다. 특히 p35-133에 제사법이 설명되어 있다.

20 절기에 관한 더 자세한 설명은 '제임스 A. 더함, 『약속된 시간』, 조용식 옮김, (순전한나드, 2015)'; '마크 빌츠, 『하나님의 시간표』, 조용식 옮김, (순전한나드, 2017)'; '케빈 하워드 & 마빈 로젠달, 『메시아닉 유대인이 말하는 여호와의 절기』, 박철수 옮김, (Brad Books, 2022)'을 참고하라.

21 미르바 던은 현대인들이 안식하기 위해 멈추어야 할 7개(일, 생산과 성취, 근심과 걱정과 건강, 하나님이 되려는 노력, 소유, 문화에 순응, 단조로움으로 무의미)와 쉼을 가져야 할 5영역(영, 육체, 정서, 지성, 사회)을 주장한다. 자세한 것은 '미르바 던, 『안식』, p21-120'을 읽어 보라.

22 희년에 관한 자세한 설명은 '김충렬, 『희년이 무엇인가요?』, (쿰란 출판사, 2019)'를 참고하기를 바란다. 희년은 보통 보수신학의 교회보다는 진보 신학을 가진 교회에서 중요하게 여기는데, 그들은 인간적인 방법과 노력과 제도로 문자적 희년이 이루어진 정의로운 사회를 만들려 한다. 그러나 이것은 악(죄와 사탄)의 문제를 도외시하고 인간의 능력으로 이루려 하기에 절대로 이루어질 수

없는 이상적인 사회일 뿐이다. 무엇보다 구약은 신약의 모형이라는 성경 해석의 원리를 무시하는 것이기에, 희년에 담긴 영적인 의미를 잊어버린 채 문자적 의미에만 치중하게 된다. 그러나 크리스토퍼 라이트는 희년을 선교적 관점에서 하나님 나라의 회복 모델로 설명하며, 희년은 영적인 의미와 육적인 의미 모두 가졌다고 말한다. 따라서 희년을 복음전파와 사회정의라는 총체적 측면에서 이해해야 한다고 주장한다. '크리스퍼 라이트, 『하나님의 선교』, p365-406'

23 실제 희년이 되면 2년을 연속으로 안식년을 쉬고, 3년째 농사를 시작하게 된다. 하지만 추수는 가을에 시작하기 때문에, 여름까지는 수확물이 없다. 따라서 희년이 되면 최소한 2년 반은 수확물이 없이 생활해야 한다는 것은 삶을 책임지시는 하나님에 대한 절대적인 신뢰가 필요하다는 것을 의미한다.

24 하나님 나라는 성경 전체에서 핵심 주제 중의 하나다. 이것에 관련해서 '스캇 맥나이트, 『하나님 나라의 비밀』, 김광남 옮김, (새물결 플러스, 2016)'; '손기철, 『알고 싶어요 하나님의 나라』, (두란노서원, 2013)'; '톰 라이트, 『마침내 드러난 하나님 나라』, 양혜원 옮김, (IVP, 2009)'; '도널드 크레이빌, 『예수가 바라본 하나님 나라』, 김기철 옮김, (복있는 사람, 2010)'; '조엘 그린, 『하나님 나라』, 정은찬 옮김, (터치북스, 2021)'; '토마스 슈라이너, 『하나님 나라 성경신학』, 강대훈 옮김, (부흥과 개혁사, 2022)'; '박철수, 『하나님 나라』, (대장간, 2015)'을 추천한다.

교회를
묻다가
하나님을
만나다

4장
예언자를 통해 교회의 터를 세우시는 하나님

1. 타락하는 이스라엘
2. 예언자의 등장
3. 하나님이 보내신 주요 예언자들
4. 예언자들을 통해 알려 주신 아버지의 계획

4장 예언자를 통해 교회의 터를 세우시는 하나님

"여러분은 사도들과 예언자들이 놓은 기초 위에 세워진 건물이며, 그리스도 예수가 그 모퉁잇돌이 되십니다." **(엡 2:20)**

1. 타락하는 이스라엘

하나님의 은혜로 가나안을 정복한 이스라엘은 그곳에서의 새로운 삶의 꿈에 부풀어 있었다. 그러나 이것은 시작일 뿐이다. 앞서 살펴본 바와 같이 만물의 창조주이자 이스라엘의 구원자이며 아버지이신 하나님께서 온 세상을 구원하시고자 그들과 언약을 맺으시고 가나안으로 인도하셨다.

하지만 이스라엘은 이 일에 전혀 관심이 없었다. 그들은 가나안 주민을 완전히 진멸하라는 하나님의 명령을 어기고, 오히려 그들과 어울려 살면서 점차 구원자 하나님을 잊어버렸다. 그러자 언약 백성이라는 자신의 정체성도 망각하면서 하나님의 말씀 또한 가볍게 여기게 되었다. 그 결과 그들은 이방인들처럼 자기 자신에게만 관심을 쏟으면서 인간의 죄악된 생각과 욕망을 따라 살게 되었을 뿐만 아니라, 가나안 민족들이 섬기던 우상까지 섬기게 되면서 하나님의 자녀로서의 거룩함을 잃어버렸다. 이런 현상들은 광야 초기에도 있었는데 가나안 입성 초기에 다시 재연되었다(삿 1:10-13).

그렇다고 이스라엘이 하나님을 완전히 떠난 것도 아니었다. 가나안 정착

이후 이스라엘에는 하나님과 우상을 동시에 섬기는 종교적 혼합주의가 만연했다. 거룩한 삶을 요구하신 하나님과 달리 세상의 우상은 타락한 인간의 욕구를 충족시켜 주는데 탁월하여서, 혼합주의에 빠진 이스라엘은 하나님보다 우상을 더 사랑했다. 그 결과 하나님에 대한 신앙은 형식적이고 습관적인 종교의식으로 변질하면서, 하나님께서 그토록 싫어하시고 염려하시던 사랑이 빠진 껍데기 신앙만 남게 된다. (암 4:4-5; 5:21-23; 사 1:11-14; 29:13; 렘 3:9-11).

하나님의 빛을 세상에 비추어야 할 이스라엘은 우상숭배에 빠져 자신의 소명을 잃어버리고 이방 나라와 다를 바 없이 타락하였는데, 안타깝게도 이런 상황은 사사시대로부터 왕국 시대까지 지속되었다. 초대 왕이었던 사울은 우상숭배는 하지 않았지만, 왕으로서의 사명을 잃어버린 채 왕권에만 집착하는 광기를 보였다. 그나마 다윗은 하나님의 인정을 받았지만, 그의 아들 솔로몬은 하나님이 금지한 이방 여인들과 결혼하고 우상을 숭배했다. 이 때문에 나라가 남북으로 분열되었음에도 바빌론 포로귀환 이후까지 우상숭배는 끈질기게 이어졌다.

참된 도덕의 근원이신 하나님을 떠나자 이스라엘 안에는 온갖 불의, 불법, 거짓, 탐욕, 폭력, 성적 타락이 만연해지면서, 사회는 매우 악하고 어두워졌다. 영적인 타락으로 인해 하나님과의 관계는 물론이고 이웃 간의 관계까지도 심각한 문제가 발생하였다. 빛이 사라진 세상은 어둠만 남게 되듯이, 복의 근원이신 하나님을 떠나면 불행이 찾아올 수밖에 없다. 이와 마찬가지로 하나님의 말씀을 어긴 이스라엘에게는 두려움과 고통뿐이었다.

그러나 아버지 하나님은 이를 방치하지 않으셨다. 이런 상황이 계속되자 하나님은 앗시리아와 바벨론이라는 거대한 제국을 이용해 이스라엘을 심판하셨다. 사실 말이 심판이지 목적은 거룩함을 위한 징계이며, 이는 자녀에 대한 하나님 아버지의 사랑 때문이었다(히 12:5-11). 여기서 우리가 간과해서 안 되는 것은 징계도 마지막 수단일 뿐이며, 그전까지 하나님께서는 여러 선지자를 통해 계속 경고하셨다는 사실이다. 그럼에도 이스라엘은 죄악의 길을 떠나 하나님께로 돌아갈 생각은 하지 않고, 도리어 우상이나 이웃 나라의 도움을 통해 위기만 모면하려고 했다. 결국에 앗시리아와 바빌론이 남북 이스라엘을 위협하면서 이스라엘은 정치적으로 풍전등화의 위기에 직면하게 된다. 그렇다면 이런 상황에서 과연 이들의 운명은 어떻게 될 것인가?

2. 예언자의 등장

❈ 신실하신 하나님

이스라엘은 광야에서 하나님의 백성으로 사는 훈련을 받았지만, 출애굽과 광야의 하나님을 잊어버림으로써 그 삶을 사는 것에 실패했다. 이것을 안타까워하신 하나님은 예언자들을 보내서 이스라엘에게 회개를 촉구했지만, 그들은 끝끝내 하나님의 말씀을 무시하면서 남북 이스라엘 모두 이방 국가에 의해 처참하게 멸망하는 파국을 맞이하고 만다. 사실 북이스라엘이 멸망할 때만 해도 성전과 예루살렘이 있던 남유다는 자신들은 안전할 거라고 믿었다. 그러나 북이스라엘의 멸망을 보고서도 깨닫지 못한 남유다 역시 북이스라엘의 전철을 반복하면서 결국에는 이스라엘과 관련된 모든 것이 완전히 사라지는 비참한 최후를 맞게 되었다. 게다가 바벨론 유수 이후 이스라엘이라는 나라까지 역사에서 사라지면서, 표면적으로는 하나님의 언약도 끝났고 이스라엘은 아무런 소망이 없는 것처럼 보였다.

하지만 이런 상황에서도 하나님은 자신의 계획을 미루거나 변경하지 않으셨고 포기하지도 않으셨다. 하나님은 우리와 전혀 다른 분이시다. 하나님은 만물을 창조하신 전능한 분이시자, 이스라엘을 구원하신 여호와이시다. 또한, 그분은 사랑으로 이스라엘을 자녀로 삼으신 아버지이시며, 영원하시고 변함이 없으시며 항상 충성스럽고 진실하시다. 따라서 사탄의 방해가 아무리 극심하다고 해도 어떠한 상황에서도 하나님의 사랑을 막을 수는 없으며(롬 8:35-39), 하나님의 언약도 영원하다(느 1:5). 오히려 이런 상황은 하나님이 세상의 거짓 신들과는 완전히 다른 분이심을 드러낼 뿐이다.

단지 왕이신 하나님은 모든 것을 뜻대로 통치하시기에 모든 일에는 다 때가 있는 법이다(전 3:1, 17). 이것은 이미 출애굽에서 명백하게 증명되었다. 하나님의 때가 되면 하나님은 자신이 정하신 방법으로 그 뜻을 이루시며(전 8:6; 렘 31:1). 성경은 하나님의 뜻은 구원이라고 말한다. 앞서 고찰한 바와 같이 하나님은 가족을 구원하고 만물을 회복하기 위한 계획을 창조 이전부터 다 세워 놓고, 때가 되니 이 계획을 예언자들을 통해 이스라엘에게 말씀해 주셨다. 이것이 예언의 목적이며, 예언이기에 미래에 일어날 일들이다. 그러나 하나님은 이스라엘의 반응이나 상황과 상관없이, 자신의 열심으로 그 일을 반드시 이루시겠다는 굳건한 의지를 알려 주신 것이다.

❖ 복음과 예언

예언자들은 미래의 일을 예언하기도 하지만, 그들의 주된 임무는 하나님의 말씀을 대신 전하는 것이다. 이는 현 상황에 대한 하나님의 진단과 경고와 심판 그리고 다가올 시대에 구원을 통한 회복을 포함한다. 그런데 그들이 활동한 대부분의 시기는 영적인 타락으로 인해 사회 정치적으로 매우 힘들고 불안한 시기였다. 이런 시기에 하나님께서 예언자들을 보내셨다는 것은 자녀들에게 긴급하게 전할 말씀이 있다는 것을 뜻한다. 그렇다면 과연 아버지께서 전하고자 하신 소식은 무엇일까?

그것은 구원과 관련된 기쁜 소식으로서(사 40:9; 48:20; 61:1), 이것을 복음이라 한다. 이 복음은 하나님께서 구원의 은혜를 베푸셔서 모든 인류로 자신의 거대한 가족을 이루시며, 그들을 위해 만물까지도 구원하고 회복하신다는 소식이다. 예언서는 이 소식들로 채워져 있다. 따라서 예언서가 전하는 구원의 특징은 개인적인 구원이 아니라, 민족적(이스라엘)이고 전 지구적(이방인)이며 우주적(만물)인 차원의 구원이다.

하지만 여기에는 심판이라는 무서운 계획도 담겨 있다. 우리는 심판을 두려워하지만, 잊지 말아야 하는 것은 심판조차 하나님의 사랑의 표현이라는 사실이다(사 26:11). 심판은 마치 암 환자에게 수술을 통해 암을 제거하는 것과 같다. 수술 자체는 무서울 수 있다. 그러나 수술 없이는 암을 제거할 수도 없기에, 의사가 환자를 정말 위한다면 힘들어도 수술을 통해서 회복의 길을 가게 한다. 따라서 암은 수술을 무서워하겠지만, 환자는 오히려 기뻐해야 한다. 심판도 이와 같다.

하나님은 이스라엘을 심판하실 것이지만, 이는 이들을 거룩하게 하려는 것이기에 심판은 사랑의 징계이다(히 12:10-11). 그러나 하나님은 이스라엘만 심판하시지 않는다. 이것은 하나님의 거대한 심판의 일부일 뿐이며, 궁극적으로 하나님은 악의 삼총사인 죄, 죽음 그리고 사탄을 정의로 심판하심으로써 사랑하는 가족을 악에서 완전히 구원하실 것이다. 그러면 그들은 아무런 장애물도 없이 하나님을 사랑하고 이웃을 섬기는 삶을 회복하게 된다. 이런 의미에서 예언의 핵심은 구원이며, 하나님의 심판은 자녀들에게 아버지의 사랑이 담긴 기쁜 소식이다.

이러한 사실을 전했던 예언은 칠흑같이 어두운 상황에서 어둠을 밝히는 한 줄기 빛이었다. 하나님께서 예언자들을 통해 미래의 구원을 알리신 것도 믿음으로 사는 의인들에게 소망과 용기를 주기 위함이었으며(합 2:4), 구약의 예언서가 기쁜 소식인 것은 이 때문이다. 사람들은 아무리 상황이 절망적이라고 해도 언젠가 반드시 회복될 것이라는 사실을 확고하게 믿으면 절대로 포기하지 않는다. 이처럼 이스라엘은 예언을 의지하여 어떤 상황에서도 절대 낙심하지 않고 하나님 약속의 성취를 위해서 하나님을 신뢰함으로 하나님과 동역할 것이다. 그러면 하나님은 이들을 기뻐하시며, 기꺼이 이들의 하나님이 되실 것이다. 하나님은 이것을 원하신다. 따라서 예언은 단순히 구원의 계획만 전하는 것이 아니라, 듣는 사람들의 합당한 반응(믿음의 순종)을 요구한다.

무엇보다 예언이 중요한 것은 이것이 복음의 기초이기 때문이다. 예언의 핵심이 구원의 계획이라면, 예수님과 사도들이 전한 복음은 이것의 성취이다. 예수님의 사역은 구약의 예언이 본격적으로 성취되기 시작했다는 것을 알려 주었고, 사도들을 통한 성령님의 사역은 예언의 성취를 온 세상으로 확장했다. 교회가 사도들과 예언자들의 터 위에 세워졌다고 한 것도 교회가 그들이 전한 복음 위에 세워졌기 때문이며(엡 2:20).[1] 이런 의미에서 교회는 예언자들이 뿌린 씨앗(예언)의 열매라고 할 수 있다. 그렇다면 과연 예언자들이 전한 구체적인 예언은 무엇인가?

3. 하나님이 보내신 주요 예언자들

하나님은 지속적으로 여러 예언자를 통해 온 세상에 흩어진 가족을 구원하고 죄로 무너진 집을 회복하려는 당신의 계획을 알려 주셨다. 그런데 일반적으로 예언은 예언서에서 시작되었다고 생각하지만, 성경에 기록된 예언의 역사는 훨씬 더 오래전부터 시작되었다.

❖ 초기 예언자

성경의 첫 예언은 원시 복음이라 불리는 창세기 3장 15절이다. 그러나 이것은 예언서와 달리 하나님께서 직접 예언하신 것인데, 이 예언은 하나님의 구원계획이 담겨 있다는 점에서 특별히 중요하다. 또한 예언자들의 예언은 이것을 위한 구체적인 계획들을 전한다는 점에서 이 예언은 모든 예언의 뿌리가 된다.

성경에 기록된 첫 예언자는 에녹으로서, 그는 아담의 칠 대손이자 노아의 증조할아버지이다. 그가 예언자로 활동하던 시기는 아담의 인생 후반기이니, 아주 이른 시기부터 예언자가 활동했음을 알 수 있다. 그의 예언은 유다서에 기록되었는데(유 1:14-15), 많은 예언 중에서 첫 예언이기에 앞으로 주어질 모든 예언의 방향성을 제시한다는 점에서 매우 중요하다.

에녹 예언의 핵심은 하나님께서 천사들과 함께 심판자로 오셔서 세상의 모든 악인을 심판하심으로써, 아담과 하와에게 하신 예언을 성취하는 것이다. 이처럼 최초의 예언부터 시작해 모든 예언은 종말과 깊은 관련이 있었으며, 이는 하나님의 모든 계획과 사역이 종말을 향하고 있음을 의미한다. 두 번째 예언은 야곱을 통해 주어졌다. 야곱은 유다의 후손 중에서 사자와 같은 용감하고 힘있는 왕이 나타날 것을 예언했다. 그는 권능으로 원수를 굴복시키고 영원한 왕으로 온 세상을 통치하게 될 것이며, 그때가 되면 만민이 그에게 순종하게 될 것이다(창 49:8-12).

그를 이어서 하나님은 모세를 예언자로 세우셨다. 그의 예언은 하나님께서 이스라엘에게 자기와 같은 예언자를 보내 주신다는 것이다(신 18:18). 구약에 많은 예언자가 있지만, 모세처럼 큰 능력으로 이스라엘을 이방 나라의 압제에서 구원한 사람은 없다. 따라서 모세 예언의 핵심은 다시 한번 자기 백성을 악의 세력에서 구원할 사람을 보내겠다는 것이며, 예언자는 하나님의 말씀을 대언하는 사람이기에 하나님께서 보낼 사람은 구원자이자 동시에 대언자인데 그분이 바로 예수님이시다(요 5:46). 차이가 있다면 하나님은 모세에게는 율법을 주셨지만, 예수님은 하나님 나라의 법을 직접 가르치셨다.

흥미로운 것은 하나님께서 같은 시기에 이방 예언자 발람을 통해서도 예언하셨다는 사실이다(민 23-24장). 그는 이스라엘을 저주하려는 발락의 사주를 받았지만, 도리어 이스라엘을 세 번이나 축복한다. 그는 세상의 어떤 것도 이스라엘을 막을 수 없으며, 이스라엘에서 강력한 왕이 나타나서 주변 국가를 정복할 것이라 예언했다. 참으로 하나님은 이스라엘의 왕이실 뿐 아니라, 이방 민족의 예언자까지도 마음대로 사용하시는 만왕의 왕이시다.

시간이 꽤 흘러 사사시대 마지막에 하나님께서는 사무엘의 어머니 한나를 통해서 예언의 말씀을 주셨다(삼상 2:9-10). 이때는 아직 백성들이 왕에 관한 생각조차 없던 때였지만, 하나님께서는 기름 부은 왕을 보내 전능하신 능력으로 세상의 모든 악인을 심판하고 왕에게 승리를 줄 것이라고 말씀하셨다. 그러므로 이 왕은 아주 특별한 왕이다. 이 예언은 에녹과 모세의 예언과 비슷하지만, 기름 부은 왕을 통해서 세상을 심판하신다는 점에서 더 구체적이다.

얼마 뒤 사울이 이스라엘의 초대 왕이 되지만, 하나님께 불순종함으로써 왕의 자격을 박탈당한다. 그 뒤를 이어서 하나님께 인정받은 다윗이 왕이 되면서 이스라엘은 모든 면에서 전성기를 누리게 되는데, 하나님은 그에게 그의 후손으로 영원히 무너지지 않을 왕조를 세우겠다고 약속하셨다(삼하 7:12-13). 이것은 하나님께서 다윗 개인에게 주신 약속이지만, 그의 후손에 이르러 성취되기 때문에 장차 이루어질 미래에 대한 예언이다.

다윗은 하나님께 신실하였지만, 그의 후손인 솔로몬과 르호보암은 그러지 못했다. 그 결과 르호보암이 왕이 된 뒤에, 이스라엘은 북이스라엘과 남유다로 분열되었다. 하나님께 신실하지 못한 것은 모두 같았지만, 북이스라엘의 타락상이 훨씬 심하였기 때문에 하나님의 심판도 더 빨리 받았다.

❖ 북이스라엘의 예언자

하나님은 둘 중에서도 상태가 더 심각했던 북이스라엘에 먼저 예언자들을 보냈는데, 첫 예언자는 아모스다. 이때 북이스라엘은 비교적 안정된 국제정세 속에서 영토도 확장하고 경제적으로도 부유했지만, 영적으로 도덕적으로는 심각하게 타락했다. 따라서 하나님은 아모스를 통해 "이스라엘은 멸망할 것이지만, 다윗의 왕조를 다시 세우겠다"라고 말씀하셨다(암 9:11). 이스라엘이 남북으로 갈라졌지만, 다시 한 나라로 일으키시겠다는 것이다.

아모스의 뒤를 이어 하나님은 호세아를 보내셔서, 이스라엘과의 결혼을 예언하셨다(호 2:16-20). 사실 이스라엘은 이미 시내산에서 하나님과 약혼했다. 하지만 그것으로 만족하지 않으시는 하나님은 언젠가 때가 되면 이스라엘과 결혼하실 것이다. 결혼의 목적이 하나 됨이기 때문에(창 2:24) 하나님께서는 이스라엘과의 완전한 사랑의 연합을 이루시겠다는 의지를 표명하신 것이다. 그러면 그제야 비로소 이스라엘은 하나님이 어떤 분이신지 명확하게 알 것이다.

사실 이것은 매우 충격적이다. 이스라엘을 자녀로 삼아 주신 것도 상상을 초월하는 파격적인 일인데, 타락한 이스라엘과 결혼하여 아내로 삼겠다는 것은 도저히 있을 수 없는 일이기 때문이다. 더욱이 하나님은 북이스라엘이 멸망하기 직전에 극도로 타락한 상황에서 이 예언을 주셨기 때문에, 이는 이스라엘을 향한 하나님의 사랑이 얼마나 큰지 잘 보여 준다(호 11:8-9).

❖ 남유다의 예언자

이 무렵에 이사야가 남유다에서 활동하기 시작했다. 그는 예언자 중에서도 가장 많은 예언을 한 사람으로서 그 시기는 북이스라엘이 멸망하기 직전이고, 남유다 또한 급변하는 국제정세 속에서 정치적으로 매우 위태로운 상황이었다. 이런 때에 이사야는 하나님께서 백성의 죄를 대속할 메시아를 보낼 것인데(사 53장), 그는 성령님의 기름 부음을 받아 억압받는 그들에게 해방을 선포하고(사 61:1-2), 정의롭고 평화로운 나라를 영원히 다스릴 것을 예언했다(사 9:6-7). 또한 비록 이스라엘이 죄로 인해 심판받고 멸망한다고 해도, 하나님께서 순식간에 재건하실 것이다(사 66:7-9).

이를 위해 하나님께서 친히 세상에 내려오셔서(사 40:10), 백성을 위해 악의 세력을 준엄하게 심판하실 것이다(사 13:9-13). 이때 하나님은 그들을 죽음에서 부활시키고(사 26:19), 타락하고 파괴된 세상을 에덴으로 회복시킬 것인데(사 51:3; 65:2-25), 악에서 구원받은 하나님의 백성들은 이곳에서 하나님과 함께 기쁨이 넘치는 삶을 살게 된다(사 35:10).

그 후에 하나님은 이전과는 완전히 다른 새로운 세상(새 하늘과 새 땅)을 창조하고 가족들이 살게 하실 것이다(사 65:17-19). 그때 온 세상은 참으로 하나님만이 창조주이시자(사 45:18), 유일한 신이란 사실을 알게 된다(사 45:6). 이것이 하나님께서 이사야를 통해 주신 복된 예언이며, 하나님은 이 기쁜 소식을 예루살렘에서부터 시작하여 온 세상에 전파하실 것이다(사 52:6-10).

그때가 되면 하박국의 예언대로 바다가 물로 가득한 것처럼, 온 세상은 하나님이 어떤 분인지를 아는 지식으로 가득하게 된다(합 2:14). 이것은 하나님을 단지 지식으로만 아는 것이 아니라, 하나님의 모든 선한 속성을 마음껏 경험하는 아름다운 세상이 도래한다는 것을 뜻한다. 즉 하나님의 속성으로 충만했던 에덴이 완전히 회복된다. 따라서 이것은 죽음과 고통과 두려움뿐인 세상에 더없이 기쁜 소식이 아닐 수 없다.

이처럼 예언자들이 목이 터지라 외쳤지만, 남유다는 악의 길을 떠나지 않고 결국 심판과 멸망의 길을 간다. 이 무렵 하나님은 예레미야를 보내 남유다가 육체의 할례가 아닌 마음의 포피를 자르는 할례를 받음으로써 모든 악에서 떠날 것을 촉구한다(렘 4:4, 14). 인간은 외적인 행위의 변화가 아니라, 근본적인 변화가 필요한데 그것은 바로 마음의 변화이다. 그러나 하나님은 남유다가 회개하지 않을 것을 아셨고, 그렇다면 결국 남은 것은 멸망뿐이다.

그럼에도 사랑의 하나님은 백성들과 구원을 위한 새로운 언약을 맺을 것을 말씀하셨다(렘 31:31-34). 이 언약은 십계명처럼 돌판에 새겨진 언약이 아니라 마음에 새겨진 언약이며, 하나님은 모든 죄를 용서하고 그들의 하나님이 되실 것이다. 마음의 변화를 통해 하나님과의 관계 또한 회복되므로, 더는 율법이 필요 없다. 또한 모든 민족이 하나님께로 돌아와 하나님의 통치를 받을 날이 온다(렘 3:16-17).

남유다의 멸망이 임박했을 때, 하나님은 요엘을 보내셔서 백성들에게 여호와의 날을 예언하게 하셨다(욜 1장). 이날은 세상의 모든 악을 준엄하게 심판하는 무서운 날이며, 이것은 역사의 마지막에 일어나기에 종말이라고 한다. 하지만 하나님은 심판 가운데서도 은혜를 베푸셔서, 자신을 찾는 모든 사람에게 성령님을 보내 주심으로써 그들을 구원하실 것이다(욜 2:28-32). 따라서 하나님의 백성에게 여호와의 날은 구원의 날이 될 것이다.

❖ 포로기 이후의 예언자

남유다도 바빌론에 의해 멸망하고 많은 사람이 포로로 끌려갔다. 그때 하나님은 바빌론 포로로 있던 에스겔에게 임하셔서 예언하게 하셨다(겔 36:26-28). 하나님은 자기 백성을 불쌍히 여기시기에 성령님을 부어 주셔서 그들의 굳은 마음을 부드럽고 하시고 모든 죄를 다 용서해 줄 것이다. 그렇게 되면 하나님은 그들의 아버지가 될 것이며 그들은 하나님의 자녀가 되어, 하나님의 계명을 기꺼이 따를 것이다. 그때 하나님은 그들이 사는 곳에 집을 지어서 영원히 그들과 함께하실 것이며, 다윗의 후손을 보내어서 영원토록 평화로운 왕국을 통치하게 하실 것이다(겔 37:25-28). 그러므로 하나님의 뜻은 자녀들과의 관계만이 아니라 세상까지도 회복하고, 그곳을 집으로 삼아 가족들과 영원히 함께 사시는 것이다.

하나님은 바벨론에 있던 다니엘에게도 임하셨는데, 그는 메대로부터 페르시아에 이르기까지 여러 이방 왕들을 섬겼다. 하나님은 다니엘을 통해 이스라엘뿐 아니라, 모든 열국에 임재하시고 역사하시는 만왕의 왕이심을 알려 주셨다. 하나님께서 다니엘에게 준 예언은 마지막 때에 일어날 거대한 사건들이다(단 7:13-27). 종말에 악한 자가 일어나서 세상을 정복하고 하나님을 대적하겠지만, 하나님의 부르심을 받은 인자가 그 세력을 완전히 심판할 것이다. 그리고 그는 백성들의 신분을 회복시키고 그들과 함께 영원토록 자신의 나라를 통치할 것이다.

그때가 되면 스가랴가 예언한 바와 같이 하나님께서는 예루살렘에 임재하시면서 자녀들과 영원토록 함께하실 것이며(슥 2:11), 온 세상은 하나님만을 유일한 왕으로 섬길 것이다(슥 14:9). 백성을 사랑하는 하나님은 그들을 보며 기뻐하고 즐거워하시며, 그들은 다시는 슬퍼하거나 모욕을 받지 않을 것이다(습 3:14-18). 이렇게 되면, 말라기의 예언대로 모든 민족이 하나님만을 찬양하게 되고, 해가 뜨는 곳부터 해가 지는 곳에 이르기까지 하나님의 이름만 높임을 받게 될 것이다(말 1:11). 그럼으로써 창조와 구원의 하나님을 향한 찬양과 감사가 온 세상에 넘칠 것이다.

아마 독자들은 이제 어렵게만 생각했던 예언을 조금 이해했을 것 같다. 그렇다면 이 예언들이 의미하는 것은 과연 무엇이며, 우리는 이 예언들을 어떻게 반응해야 하는가?

4. 예언자들을 통해 알려 주신 아버지의 계획

※ 타락의 결과, 심판과 절망

성경은 예언의 책이라고 할 만큼 많은 예언이 담겨 있고 실제로 성경의 핵심도 예언의 선포와 성취이다. 오랜 예언의 역사에 많은 예언자가 있었는데, 그들의 예언은 서로 다른 예언 같지만 서로 깊은 관련을 맺고 있다. 각각의 예언은 메시아의 왕국이라는 큰 그림의 한 퍼즐을 이룬다.

예언자들이 본격적으로 활동을 시작한 것은 왕국이 분열된 이후였다. 죄가 한 몸을 이루었던 가정을 남과 여로 분열시켰듯이, 죄는 같은 민족이었던 이스라엘을 남과 북으로 분열시켰다. 그러고 나서 범죄한 아담과 하와에게 위기가 찾아왔듯이, 범죄한 이스라엘에게 위기가 찾아오면서 모든 면에서 매우 긴박하고 어두운 시대를 맞이하게 된다.

하나님께서 아무리 이스라엘을 사랑한다고 해도, 거룩하고 정의로운 하나님은 결코 죄를 묵과하실 수 없다. 따라서 이스라엘은 타락으로 인한 심판과 멸망은 피할 수 없는데 이렇게 되면 이스라엘에게는 절망과 고통뿐이다.

이런 상황을 원하지 않으신 하나님은 많은 예언자를 보내서 이스라엘이 귀담아들어야 할 말씀을 전하시고 그들이 돌아오기만을 기다리셨다. 하지만 하나님의 말씀을 무시한 이스라엘은 예언대로 앗시리아와 바빌론에 의해 처참하게 멸망하게 된다. 그 후 백성들은 여러 나라로 강제 이주를 당하게 되면서, 예루살렘을 비롯한 이스라엘에는 이방인들이 주인처럼 거주하기 시작했다. 나라는 빼앗기고, 예루살렘은 폐허가 되고, 성전은 불타 버리면서, 하나님의 왕국을 위한 성전도, 주권도, 영토도, 백성도 모두 먼지처럼 사라졌다.

멸망한 이스라엘의 눈에는 눈물이, 가슴에는 절망이, 육체에는 고통만이 흐를 뿐이다. 이후 바벨론 포로였던 남유다는 바벨론을 점령한 페르시아의 포로가 되지만, 하나님의 은혜로 이스라엘로 귀환한다. 하지만 그 뒤로도 계속해서 그리스와 로마의 지배를 받게 된다. 주전 586년에 바벨론에 의해 멸망한 이스라엘은 예수님께서 오실 때까지, 대부분 시간을 제국의 식민지로 지냈다. 중간에 이스라엘은 마카비와 하스몬 왕조에 의해 독립을 이루지만 백여 년에 불과하고 나머지 오백 년 정도는 여러 제국의 속국이 되어 고통당했다.

기나긴 고통의 시간 가운데 이스라엘의 유일한 소망은 예언자들이 말한 하나님의 왕국을 회복할 메시아가 오는 것뿐이었다. 대다수는 하나님의 약속을 잊어버리고 절망 가운데 살았지만, 그래도 끝까지 하나님의 약속을 기다리던 사람들이 있었다. 복음서는 이들을 기록하고 있는데 예수님이 태어났을 때 예수님을 본 시므온이나 예수님을 위해 자신의 무덤을 내준 요셉이 대표적이다. 일반 백성들도 하나님의 약속을 따라 메시아를 기다리기는 매한가지였다. 세례 요한이 나타났을 때 그가 메시아인지 궁금해한 것이나(눅 3:15), 놀라운 기적들을 행하시던 예수님을 메시아로 믿고 따라다닌 것(요 7:31) 등도 모두 이런 이유이다.

❖ 아버지의 사랑, 회복과 소망

하나님의 마음이나 그 시대 상황은 충분히 알 것 같다. 그런데 하나님은 왜 굳이 예언자들을 통해 예언하셨을까? 그냥 자신의 뜻을 이루셔도 되는데 말이다. 하나님께서 예언자들을 통해 미리 예언하신 것은 자녀들이 심판 중에서도 소망을 갖기를 원하셨기 때문이다. 예레미야의 고백처럼 심판은 결코 하나님의 본심이 아니다(애 3:33). 하나님의 뜻은 심판이 아니라 구원이며(요 3:17; 12:47), 하나님은 약속을 반드시 지키시는 언약의 하나님이시다(느 1:5; 9:32). 무엇보다 아버지이신 하나님은 자녀를 너무나 사랑하신다(렘 31:3, 20). 그러므로 하나님은 약속하신 구원을 반드시 이루실 것을 확신할 수 있다.

하나님은 예언을 통해 자녀들이 약속을 반드시 지키시는 아버지의 신실하신 사랑을 신뢰하기를 원하셨다. 이런 신뢰야말로 그들이 세상에서 어려움을 당하는 가운데서도 소망과 믿음의 삶을 살 힘이기 때문이다. 이런 의미에서 예언은 자녀를 위한 하나님 아버지의 사랑의 메시지이며, 자녀들의 믿음과 소망을 위한 하나님의 기쁜 소식이다. 따라서 하나님의 자녀인 우리는 예언의 의미가 무엇인지 꼭 알아야 한다. 아래는 하나님의 예언 중에서 가장 핵심적인 예언을 골라서 순서대로 정리한 것이다.

1. 하나님께서 사탄을 심판하실 것이다(아담).
2. 하나님께서 모든 악한 자들을 심판하실 것이다(에녹).
3. 하나님께서 모든 민족이 복을 받게 하실 것이다(아브라함).
4. 하나님께서 백성을 억압에서 구원할 구원자를 보내실 것이다(모세).
5. 하나님께서 유다와 다윗의 후손으로 영원한 왕조를 세우실 것이다(야곱, 다윗).
6. 하나님께서 혼인을 통해 백성과 부부의 관계를 맺으실 것이다(호세아).

7. 하나님은 백성의 죄를 용서할 대속자를 보내실 것이며, 새 하늘과 새 땅을 창조하여 영원한 평화의 왕국을 세우실 것이다(이사야).
8. 하나님께서 하나님께 구원을 간구하는 모든 사람에게 성령님을 보내셔서 구원하실 것이다(요엘).
9. 하나님께서 모세의 언약과는 다른 새 언약을 백성들의 마음에 맺을 것이다(에레미야).
10. 하나님께서 백성들에게 성령님을 보내셔서 죄를 용서하실 것이며 새로운 마음을 만드실 것이다(에스겔).
11. 하나님께서 보내신 인자가 악한 왕을 심판하고 백성들과 함께 영원한 왕국을 통치할 것이다(다니엘).
12. 최종적으로 모든 민족 중에서 구원받은 사람들이 나올 것이며, 이들은 하나님을 알게 되며 찬양하고 섬기게 될 것이다(스가랴, 말라기).

이렇게 열두 가지가 하나님께서 구원한 성도들의 아버지가 되기 위해서 이스라엘과 맺은 약속들의 핵심이다. 이 약속들은 회중이라고 부르는 하나님의 가족을 통해서 이루실 예언들로서, 구약의 회중은 신약의 교회로 계속 이어지기에 궁극적으로는 교회를 통해서 완전히 성취될 것들이다.

❈ 메시아와 성령님을 통해 성취될 소망, 만물의 회복

예언이 신약 시대에 이루어진다는 것은 예수님과 성령님을 통해서 이루어진다는 것을 뜻하며, 시간이 걸린다 해도 삼위 하나님의 뜻이기에 반드시 이루어진다. 그리고 이 모든 것이 성취되는 날, 이전과는 전혀 다른 새로운 시대가 도래하는데 우리는 이를 종말이라고 부른다. 종말은 인간 중심적인 역사의 마지막으로 세상의 왕 노릇 하던 악한 세력들이 다 심판을 받는 때이다. 하지만 그것은 단순히 역사의 마지막이 아니라, 메시아가 통치하는 새로운 시대가 도래하였다는 것도 의미한다. 따라서 종말은 끝과 시작이라는 이중적 의미를 지니고 있다.

그러나 이것도 종말의 전부는 아니다. 예언자들이 전한 예언의 핵심은 모든 것의 회복이며, 회복이란 문제가 발생하기 이전의 상태로 되돌아가는 것을 뜻한다. 이 상태는 바로 에덴을 의미하기에(사 52:3), 회복이란 에덴의 상태로 돌아가는 것을 뜻한다.² 그래서 종말이 되면 모든 것이 에덴의 상태로 회복되면서, 그곳에 세워졌던 하나님의 왕국도 회복되어 메시아가 그곳의 왕으로서 영원히 통치할 것이다. 이것이 종말이다.

에덴은 하나님께서 사랑하는 가족을 위해 심혈을 기울여 만드신 하나님의 집으로 하나님께서는 성막/성전, 희년 그리고 광야의 삶을 통해서 에덴을 얼마나 사랑하시는지 보여 주셨다. 하나님은 자신의 꿈과 열정이 담긴 에덴을 절대로 포기하지 않으시기에, 이사야를 통해 예언하신 바와 같이 그곳을 반드시 회복하실 것이다(사 2:2-4; 11:6-9; 32:1, 15-18, 35:5-9, 65:17-25).

이 구절들은 지금 세상과는 전혀 다른 이상적인 세상을 이야기하고 있는데, 아담과 하와가 살았던 에덴을 연상시킨다. 그러므로 예언의 핵심은 하나님께서 타락한 세상을 그냥 두지 않고 에덴처럼 기쁨이 충만한 곳으로 새롭게 바꾸실 것이며, 가족들을 구원하여 그곳에서 영원토록 살게 하신다는 것이다. 그 삶은 아담과 하와가 에덴에서 살았던 그 아름다운 삶이며, 이스라엘이 광야에서 배웠던 삶이 완성된 지극히 선한 삶이다.

따라서 이러한 예언의 말씀들은 멸망한 이스라엘에게는 큰 소망이 된다. 창조주 하나님이 약속하신 것이기 때문에, 그들의 소망은 막연한 기대가 아니라 확신이다. 이스라엘 백성들은 이런 소망으로 인해 힘든 고난에도 포기하지 않고 어려운 현실에도 낙심하지 않고 끝까지 인내할 수 있었

다. 이런 의미에서 소망은 절망을 이기는 힘이며, 이스라엘은 이 소망을 품고 길고도 힘든 세월을 견뎌 낸다.

마지막으로 아래의 구절들을 소리 내어 읽어 보길 바란다. 자신의 약속을 반드시 이루시려는 하나님의 불타는 열정과 의지를 느낄 것이다.

"한 아기가 우리를 위해 태어났다. 우리가 한 아들을 모셨다. 그는 우리의 통치자가 될 것이다. 그의 이름은 '놀라우신 조언자', '전능하신 하나님', '영존하시는 아버지', '평화의 왕'이라고 불릴 것이다. 그의 왕권은 점점 더 커지고 나라의 평화도 끝없이 이어질 것이다. 그가 다윗의 보좌와 왕국 위에 앉아서, 이제부터 영원히, 공평과 정의로 그 나라를 굳게 세울 것이다. **만군의 주님의 열심이 이것을 반드시 이루실 것이다**." (사 9:6-7)

"너희는 태초부터 이루어진 일들을 기억하여라. 나는 하나님이다. 나 밖에 다른 신은 없다. 나는 하나님이다. 나와 같은 이는 없다. 처음부터 내가 장차 일어날 일들을 예고하였고, 내가, 이미 오래 전에, 아직 이루어지지 않은 일들을 미리 알렸다. '**나의 뜻이 반드시 성취될 것이며, 내가 하고자 하는 것은 내가 반드시 이룬다**'고 말하였다." (사 46:9-10)

"주님께서 나에게 대답하셨다. '너는 이 묵시를 기록하여라. 판에 똑똑히 새겨서, 누구든지 달려가면서도 읽을 수 있게 하여라. **이 묵시는, 정한 때가 되어야 이루어진다. 끝이 곧 온다는 것을 말하고 있다. 이것은 공연한 말이 아니니, 비록 더디더라도 그 때를 기다려라. 반드시 오고야 만다. 늦어지지 않을 것이다.** 마음이 한껏 부푼 교만한 자를 보아라. 그는 정직하지 못하다. 그러나 의인은 믿음으로 산다.'" (합 2:2-4)

그렇다면 이스라엘의 불충에도 불구하고 하나님께서 이 예언을 어떻게 성취하시는지 구체적으로 살펴보자.

주

1   이 부분에 대해서는 논란이 있다. 왜냐하면 에베소서 2:20에서 나오는 예언자는 구약의 예언자가 아니라고 생각하기 때문이다. 에베소서 3:5과 4:11에도 예언자가 나오는데, 여기에서의 예언

자는 구약의 예언자가 아니라 신약 시대에 예언의 은사를 받은 사람들이다. 이들은 사도들과 함께 복음의 비밀을 전하던 사람들이며, 교회는 이들의 가르침과 사역 위에 세워졌다. 따라서 2:20의 예언자는 구약의 예언자가 아니라고 생각하기도 하는데, 아주 정확한 지적이라 생각한다.

그렇지만 여기에서의 예언자는 단순히 예언의 은사를 받은 사람 정도가 아니라, 뛰어난 성경 지식을 바탕으로 복음을 가르친 사람들이다. 사도행전은 교회의 지도자로서 이런 예언자들이 있었음을 기록하고 있다. 대표적인 것이 사도행전 15장에 나온 유다와 실라이다. 15장을 보면 예루살렘 교회는 안디옥 교회에게 이방인들을 위한 교회의 규정을 알려 주기 위해서 유다와 실라를 보냈다고 하였다. 그런데 그들은 교회 지도자이자 예언자로서(15:22, 32), 이들은 거의 사도에 가까운 권위와 능력과 지식을 가진 사람들이었다. 안디옥 교회도 바울과 바나바를 포함한 일곱 명의 지도자가 있었는데, 그들은 예언자와 교사였다. 예언자는 예언만 하는 것이 아니라 예언을 하면서 성경도 가르치는 사람들로서, 안디옥 교회는 이들의 가르침과 사역 위에 세워졌다. 따라서 에베소서 2:20에서 말하는 예언자는 아마도 이런 예언자일 것이다.

중요한 사실은 예언자들이 복음을 교회에 가르쳤는데, 복음은 구약 예언자들의 예언이 성취되기 시작했다는 소식이다. 예수님과 사도들이 전한 복음도 바로 이것이었다. 복음은 신약에서 갑자기 주어진 것이 아니다. 바울은 복음이란 구약의 예언자들에 의해 미리 예언되었다고 했으며(롬 1:2; 16:26), 자신도 그들의 예언을 가르치며 복음을 전했다(행 26:22-23; 28:23). 특히 베드로는 신약의 복음 전도자(사도와 예언자)들이 구약의 예언자들이 계시한 예언을 성도들에게 가르쳤다고 했다(벧전 1:12). 예수님도 구약 예언자들의 예언은 자신에 관한 것임을 말씀하셨다(눅 24:27, 44). 이것은 구약의 예언과 복음은 서로 구별은 되지만, 따로 떼어 낼 수 없는 밀접한 관련이 있다는 사실을 알려 준다. 즉 구약의 예언과 신약의 복음은 경기의 전후반과 같다고도 할 수 있다.

또한, 성경을 보아도 교회가 구약 예언자의 터 위에 세워졌음을 잘 알 수 있다. 오순절에 성령님이 강림하시고 제자들이 방언한 것부터 요엘의 예언이 성취된 것이며(욜 2:28-32), 예수님의 십자가는 이사야의 예언에 의한 것이며(사 53장), 예수님의 부활과 승천은 다윗의 예언이 성취된 것이고(시 110:11, 16:8-11), 예수님의 십자가로 구원을 얻는 것은 예레미야의 새 언약이 성취되었기 때문이며(렘 31:31), 에스겔의 예언대로 교만하고 완고한 마음을 가진 사람들이 성령님의 은혜로 겸손하고 부드러운 마음을 가지게 되었다(겔 11:29; 36:26). 그리고 이사야가 예언한 대로 평화의 복음이 이방인들에게 전해지고(사 52:7, 10), 교회가 희년의 성취로 시작되며(사 61:1-2), 교회는 새 하늘과 새 땅을 소망하며 기다린다(사 66:17).

하나님께서 구약의 예언자들을 통해 예언하였고, 예수님께서 그 예언을 성취하기 시작하였다. 그리고 성령님께서 교회를 통해 예언을 완전히 성취하신다. 사도들과 예언자와 제자들은 이것을 위한 동역자들이며, 교회는 그 결과로 세워진 하나님의 가족이자 나라이다(엡 2:19; 딤전 3:15; 계 1:6; 5:10). 그러므로 교회는 구약 예언자들의 예언 위에 세워졌다고 해도 과언이 아니다.

2 예언서에 기록된 에덴의 회복에 대한 하나님의 약속은 '그레고리 빌, 미첼 킴, 『성전으로 읽는 성경 이야기』, p77-91'를 참고하라.

PART 3

아들의 시간에 감추어진
교회의 신비

1장
마침내 기한이 차매

1. 임마누엘, 구원을 위한 낮아지심
2. 믿음의 고백 위에 세워지는 가족 공동체
3. 자녀가 드릴 새로운 예배

1장   마침내 기한이 차매

"기한이 찼을 때에, 하나님께서는 자기 아들을 보내셔서….' **(갈 4:4)**

   이스라엘의 여호와 하나님은 어디에 계시는가? 시대가 바뀌고 국제정세도 변하면서 이스라엘을 지배하던 나라들도 바뀌었지만, 말라기 이후로 하나님은 무려 400년이 넘게 이스라엘에게 아무런 말씀도 없으셨다. 침묵이 길어질수록 이스라엘이 받는 고통은 더 커져만 갔지만, 이런 상황에 아랑곳없이 하나님의 약속을 잊은 채 로마를 등에 업고 권력과 부를 추구하던 사람들도 늘어만 갔다. 대표적인 사람들이 사두개인이다. 여기에 대제사장 같은 종교 지도자들이 가세하여, 산헤드린이라는 견고한 권력층을 형성하고 백성들의 피를 빨아 부정 축재를 일삼았다. 게다가 나라의 중심이 되어야 할 왕도 실권이 없는 분봉왕에 불과했는데 그것도 이방인인 에돔 사람이었다. 그러니 정신적으로 영적으로 의지할 곳도 없었다.

   그러나 이것과는 반대로 하나님의 약속을 따라 이스라엘의 회복을 기다리던 사람들도 있었다. 하지만 이들도 각자의 신념에 따라서 여러 갈래로 분열되어 서로 비난하며 싸우고 있었는데, 정치적으로 열심이었던 열심당원과 종교적으로 열심이었던 바리새인과 극단적인 종말론자들이었던 엣세네파 등이 그들이다. 이렇게 나라가 분열되어 있을 때, 로마 제국과 이들의 갈등 속에서 어찌할 바를 몰랐던 무지한 백성들은 고래 싸움에 새우 등 터

지듯 많은 어려움을 겪을 수밖에 없었다. 따라서 이 시기는 참으로 어둡고도 어려운 시기였다. 하지만 동트기 전에 가장 어둡다는 말이 있듯이, 도리어 이 시기는 어두움을 물리칠 새벽빛이 비치기 직전이었다. 그러므로 이제 하나님의 빛이 비칠 때가 되었다.

1. 임마누엘, 구원을 위한 낮아지심

> "'보아라, '동정녀가 잉태하여 아들을 낳을 것이니, 그의 이름을 임마누엘이라고 할 것이다' 하신 말씀을 이루려고 하신 것이다. 임마누엘은 번역하면 '하나님이 우리와 함께 계시다'는 뜻이다.'" (마 1:23)

❖ 사랑을 위한 성육신

예전에 마이클 더글라스가 주연한 〈트래픽〉(2001)이라는 영화가 있었다. 이 영화의 주인공인 마이클 더글라스는 대법원 판사이자 대통령으로부터 마약 퇴치 책임자로 부름을 받지만, 정작 그의 딸은 부족함 없는 삶에 만족 못 하고 마약 중독자가 되어 결국은 집을 가출한다. 그러자 아버지는 딸을 찾으러 모든 직책을 내려놓고 홀로 마약 소굴로 들어간다. 나는 이 영화를 보면서 예수님이 생각났다.

삼위 하나님 가운데 두 번째 위격이신 예수님은 하나님으로부터 나셨기에 하나님의 아들이라 한다(골 1:15).[1] 그렇지만 예수님은 하나님과 함께 세상을 창조하신 창조주로서(골 1:17), 특히 인간에게 생명을 넣어 주신 분이시다

(요 1:2-3). 특히 예수님은 본질적으로 하나님과 동등하신 분이실 뿐 아니라 하나님과 같은 권세를 가지시고 만물을 통치하시는 왕이시다.

하나님은 오랫동안 예수님께서 자신의 뒤를 이어 구원의 역사를 감당하기를 기다리셨다. 이제 정하신 때가 되자 예언대로 예수님께서 가족을 구원하기 위해서 직접 세상에 오셨는데, 이때부터 하나님과 예수님의 영적인 배턴 터치가 일어나면서 본격적으로 예수님의 시대가 시작되었다.

예수님은 원래 인간처럼 육체로 존재하신 것이 아니라 하나님처럼 영으로 존재하셨다. 영이신 예수님이 인간의 몸을 입으셨는데 우리는 이 몸을 성육신, 곧 성스러운 몸이라고 부른다. 그렇지만 예수님과 하나님은 하나이시므로 성육신은 하나님께서 직접 인간의 몸을 입으셨다는 것을 뜻한다.

그렇다면 영이셨던 예수님께서 왜 육신을 입으셨을까? 이는 사랑하는 가족의 죄를 대속할 속죄제물이 되기 위함이었다. 일반적으로 하나님께 죄를 용서받을 때는 동물 제사를 드리지만, 동물이 아무리 가치가 있어도 인간을 대신할 수는 없다(히 10:4, 11). 인간이 지은 죄는 인간만이 속죄할 수 있기에, 누군가는 죗값을 치를 수 있는 대속제물이 되어야 한다. 그것도 인류의 죄를 위한 제물이 되어야 할 뿐 아니라, 그 자신이 하나님께 흠 없는 자로 인정받아야 한다. 문제는 이런 자격을 갖춘 사람이 세상에 없다는 것이며, 그래서 결국 창조주이신 예수님께서 직접 속죄제물이 되려고 인간의 몸을 입으셨다(히 2:17). 이것이 성육신의 목적이며, 성육신의 동기는 바로 가족을 향한 사랑이다.

❈ 사랑을 위한 자기 낮춤

우리는 예수님을 생각하면 십자가를 생각하지만, 예수님은 원래 영원한 왕이셨다. 그

러나 세상에 오실 때는 영광스러운 왕의 모습으로 오신 것이 아니라, 자신의 신분과 권세와 능력을 모두 내려놓고서 아무것도 할 수 없는 연약한 갓난아기로 마구간에 내려오셨다(빌 2:6-7).

지금도 마찬가지이지만, 예수님께서 탄생하셨을 당시의 사람들은 영광스러운 왕을 기대했다. 그런데 왜 예수님은 아무도 관심을 가지지 않는 냄새나고 지저분한 마구간에 오셨는가? 그것은 세상에서 낮고 비천한 사람들도 편히 자기에게 와서 자기와 함께 있게 하기 위함이었으며, 그럼으로써 마구간은 성전이 되었다.

성전은 하나님이 백성들을 만나기 위해서 특별히 임재하시는 곳인데, 예수님께서 자녀들을 만나기 위해 마구간에 오심으로써 사람들이 외면하는 마구간이 오히려 거룩한 성전으로 변했다.[2] 참으로 충격적인 성전이 아닐 수 없지만, 예수님은 일부러 이곳을 선택하심으로써 이제부터 사람들의 고정관념을 깨는 새로운 성전이 세워질 것을 알려 주셨다. 세상적인 고정관념에 사로잡힌 사람들은 이 성전을 알아보지 못하고 외면할 것이지만, 그것에서 벗어나 진정으로 구원자를 갈망하는 사람들이라면 누구든지 올 수 있는 곳이 될 것이다.

그래서 예수님의 또 다른 이름은 '우리와 함께하는 하나님'이라는 뜻의 '임마누엘'이다. 예수님은 이 이름을 통해 자신이 무엇을 원하는지 정확하게 알려 주셨다. 여기에서 우리는 예수님은 '나'와 함께하기 위해서 오신 하나님이 아니라, '우리'와 함께하기 위해 오신 하나님이라는 중요한 사실을 발견한다. 우리는 구원받은 성도들의 공동체이다. 우리의 관심은 언제나 나에게 있지만, 예수님의 마음은 공동체에 있었다. 그러므로 예수님은 공동체와 함께하기 위해서 오신 공동체의 하나님이시다.

임마누엘의 예수님은 화려한 보석으로 치장한 교황이나 비싼 양복이나 고급 가운을 입은 유명 목사들과는 전혀 다른 모습이셨다. 가난한 평민으로 사신 임마누엘의 예수님은 자기 몸을 가꾸기 위해 할 수 있는 것이 없었다. 만일 우리가 그 당시로 돌아가 예수님을 만난다면, 아주 거친 피부에 땀 냄새 나는 몸을 가진 촌스러운 남자를 보게 될 것이다. 우리는 이런 자신을 부끄러워하지만, 예수님은 이런 몸을 부끄러워하기는커녕 오히려 더 당당하게 사람들과 가까이 지내셨다. 그렇기에 성육신의 본질은 가족에 대한 하나님 아버지의 사랑과 희생이다.

마치 어린이집 선생님이 아이들에게 모든 것을 맞추듯이, 하나님은 인간들과 함께하시려고 그들의 수준에 철저히 맞추셨다. 예수님은 우리를 하나님의 영광스러움에 참여시키려고, 일부러 우리의 비천함에 동참하신 것이다. 그런데 그것으로도 부족해서, 나중에는 자신을 완전히 부인하고 세상 사람들도 저주하고 부끄러워하는 십자가까지 지셨는데, 이는 임마누엘이라는 이름처럼 자녀들과 함께하고픈 하나님의 사랑 때문이었다. 사랑을 위해서라면 못 할 것이 없으신 하나님은 자녀를 찾아서 이렇게 세상에 내려오셨다.

2. 믿음의 고백 위에 세워지는 가족 공동체

> "나도 너에게 말한다. 너는 베드로다. 나는 이 반석 위에다가 내 교회를 세우겠다. 죽음의 문들이 그것을 이기지 못할 것이다." **(마 16:18)**

❖ 제자 교회

임마누엘로 오신 예수님은 본격적으로 사역을 시작하기 전에 사도들을

부르셔서 그들과 공동체를 이루셨다. 이로써 예수님께서 자신의 목적이 공동체에 있다는 것을 분명하게 보여 주셨다.

임마누엘의 예수님은 자신의 모든 가족과 함께하고 싶으셨지만, 몸이 있는 상태에서는 모든 인간과 함께할 수가 없으셨기에 모든 인간을 대표할 열두 명을 뽑으셨다. 전혀 어울리지도 않는 열두 명이었지만, 이들은 하나님이 창조하신 모든 민족을 대표하는 자들로 부름을 받은 특별한 자들이었으며, 예수님은 이들과 함께하시며 이들을 통해 자신의 뜻을 이루실 것이다.

따라서 이 공동체는 예수님께서 자신을 섬기기 위해 부르신 공동체이기에 교회이다. 즉 예수님은 사도들을 부르셔서 교회부터 세우셨는데, 이는 자신이 원하는 진정한 교회가 무엇인지와 자신의 핵심 사역이 교회를 세우는 것임을 알려 주기 위함이었다.

예수님은 베드로의 고백처럼 믿음의 고백 위에 교회를 세우겠다고 하셨는데(마 16:18), 이때 교회로 번역된 헬라어가 '에클레시아'이며, 이것은 공동체이다. 우리는 보통 교회를 생각하면 건물을 떠올리지만, 예수님께서 세우시겠다고 하신 것은 건물이 아니라 공동체였다. 이 공동체는 철저히 베드로와 같은 믿음의 고백을 하는 사람들로 이루어질 것이며, 이것이 예수님께서 원하시는 진정한 교회이다.

예수님께서 사도들을 모아 공동체부터 세우신 것은 후에 제자들이 예수님과 생활하며 배운 대로 교회를 세우게 하기 위함이셨다. 그러므로 사도행전에서 시작된 교회는 새로운 공동체가 아니라 제자들이 예수님에게서 배운 대로 세운 공동체이기에, 예수님께서 세우신 교회는 사도행전에서 시작된 교회의 초석이라 할 수 있다.

단지 다른 것이 있다면, 오순절에 시작된 사도행전의 교회는 예수님 대신에 성령님이 계시다는 것뿐이다. 그리고 예수님이 세운 공동체는 그 구성원이 유대인을 중심으로 모인 것이라면, 사도행전에 이후에 나오는 교회는 이방인 중심의 교회로 확장된 것뿐이다. 나머지는 모든 것이 같았다. 예수님과 성령님이 한 몸이시듯, 두 분이 세우신 교회도 똑같은 형태의 교회였다.

따라서 만일 우리가 진정한 교회가 무엇인지 알고자 한다면, 예수님이 직접 세우신 교회를 잘 살펴보는 것만큼 정확한 것은 없다. 그리고 예수님이 세우신 교회와 성령님이 세우신 교회가 동일한 것처럼, 현재 우리가 속해 있는 교회도 예수님이 세우신 교회와 같은 모습이어야 한다. 그렇다면 우리도 예수님이 세우신 교회를 철저히 배우고 따라야 한다.

❖ 두 가지 특징

예수님께서 세우신 교회의 첫 번째 특징은 교회가 바로 하나님 나라이다 (계 1:6; 5:10).³ 하나님 나라는 하나님께서 임재하시고 통치하시는 곳인데 대표적인 곳이 바로 성전이었다. 예수님이 세우신 제자 교회에서는 왕이신 예수님이 늘 함께하고 다스렸기에, 그 교회가 곧 성전이자 진정한 하나님의 나라였다.

예수님과 사도들이 세운 교회는 모두 작은 공동체였다. 세상의 관점에서 그 교회들은 매우 미약하고 보잘것없었지만, 예수님께는 너무나 소중한 교회였다. 따라서 교회의 외적 크기는 예수님께 별 의미가 없다. 중요한 것은 교회는 제자들이 아니라 예수님께서 직접 세우시는 것이며(마 16:18), 제자들은 다만 여기에 동역하라고 부르심을 받은 종들일 뿐이다.

성경에 기록된 모든 믿음의 사람들은 하나님의 부르심을 받아 하나님의 사역에 동참한 사람들이다. 교회도 마찬가지이기에 아무나 교회에 동참할 수는 없다. 오직 베드로처럼 예수님을 살아 계신 하나님의 아들이자 그리스도(구원자이자 왕)라고 고백한 사람들만이 교회의 참된 지체가 될 자격이 있는데, 이는 이들만이 하나님을 섬기도록 하나님의 부르심을 받기 때문이다. 따라서 교회의 일원이 되려면 반드시 먼저 믿음으로 구원받아야 한다.

그리고 교회의 두 번째 특징은 교회는 왕이신 하나님의 자녀들이 모였기에, 태생적으로 왕족 공동체라는 사실이다. 예수님은 제자들을 형제자매라 부르시면서, 그들이 단순한 제자가 아니라 가족임을 알려 주셨다(마 12:50; 28:10). 예수님의 가족은 왕의 가족이다. 많은 성도가 이것을 간과하고 있지만 너무나 중요한 영적 진리이다. 사극을 보게 되면 왕족들은 아무리 어려도 엄청난 권세가 주어지는 것을 볼 수 있다. 육적인 왕족도 이러한데, 하물며 교회는 어떠하겠는가?

이 권세를 가진 교회는 하나님을 대신하여 하늘과 땅을 통치하고 움직일 수 있게 된다(마 16:19). 물론 사탄의 거센 저항이 있겠지만 예수님은 자신이 세운 교회를 통해서 하나님의 나라를 계속 확장하실 것이다. 그러나 교회가 이것을 감당하려면 먼저 교회의 지체들이 하나가 되어야 한다(요 17:11, 21-23). 영적인 힘은 협력에서 나오며, 협력은 연합에서 나오기에, 연합하려면 한마음으로 서로를 섬겨야 한다.

그런데 대부분 제자는 서로 잘 모르던 사이였다. 예수님을 중심으로 가족이 되었지만, 진짜 가족이 되는 것은 결코 쉬운 일이 아니다. 이렇게 되려면 서로 친밀한 관계에 집중해야 하는데, 사람이 많아지면 이런 관계가 불가능하다.

예수님께서 열두 명을 선택하여 작은 공동체를 이루신 이유가 여기에 있다. 예수님께 중요한 것은 큰 교회가 아니라 하나가 된 교회이다. 그래서 예수님은 그들과 친밀한 사귐으로 함께 사시면서 양육하셨을 뿐 아니라, 제자들도 서로 깊은 사귐을 맺게 함으로써 예수님을 중심으로 하여 서로 연결되어 한 몸으로서 기능하게 하셨다. 이것을 유기적 관계라고 하는데, 예수님이 세우신 교회의 대표적인 특성이다.

이것은 마치 부모님을 중심으로 자녀들이 모여 가족을 이루는 것과도 같다. 부모가 가족의 중심이지만, 부모가 전부는 아니며 자녀들도 아주 중요하다. 가족 안에서는 부모의 역할이 가장 중요하지만, 자녀들도 나름대로 역할이 있는데 각자가 그 역할을 충실하게 감당할 때 아름답고 성숙한 가족 관계가 형성된다.

우리 주변에서 유기적 관계를 가장 잘 볼 수 있는 곳이 바로 가족이다. 사랑하는 남녀가 결혼하여 가족이 형성되고, 부부간 사랑의 열매로 자녀가 탄생하여 가족이 확장되며, 가족은 서로 사랑의 관계를 맺으며 함께 살아간다. 무엇보다 가족 관계는 자발적이고 지속적이며 무조건적이고 희생적인데, 그럼에도 기쁘고 보람도 느낀다. 또한, 이 관계 안에서 각자가 맡은 역할을 충실하게 감당할 때, 가족은 성숙해지고 삶은 풍성해진다.

이것이 바로 사랑으로 이루어진 가족의 특징이자 유기적 관계로 형성된 교회의 특징이다. 세상 기업이나 기관들도 유기적 관계를 추구하지만, 모두 사랑이 아닌 다른 목적을 위해 구성된 인위적인 조직이기에 흉내만 낼 뿐이지 진정한 유기적 관계를 맺을 수는 없다.

예수님께서 사도들과 유기적 관계를 맺었다는 것은 가족 관계를 형성하셨다는 것이며, 이는 사랑의 관계를 통해서 성숙하고 거룩한 하나님의 가족이 되게 하기 위함이었다. 그리고 이렇게 될 때 예수님께서 하나님의 뜻을 온전히 이루신 것처럼, 교회도 하나님의 뜻을 온전히 이룰 것이다.

3. 자녀가 드릴 새로운 예배

"예수께서 말씀하셨다. '여자여, 내 말을 믿어라. 너희가 아버지께, 이 산에서 예배를 드려야 한다거나, 예루살렘에서 예배를 드려야 한다거나, 하지 않을 때가 올 것이다. … 참되게 예배를 드리는 사람들이 영과 진리로 아버지께 예배를 드릴 때가 온다. 지금이 바로 그때이다. 아버지께서는 이렇게 예배를 드리는 사람들을 찾으신다. 하나님은 영이시다. 그러므로 하나님께 예배를 드리는 사람은 영과 진리로 예배를 드려야 한다.'" **(요 4:21-24)**

❖ 예배에 대한 도전

제자들과 팀을 이루신 예수님은 어느 날 제자들을 이끌고 사마리아로 가셨다. 사마리아는 북이스라엘과 앗시리아 사이에서 태어난 혼혈족이 사는 곳으로서 그들을 사마리아인이라 불렀다. 사마리아와 이스라엘은 오랫동안 원수처럼 지냈기에 이스라엘은 그들과 상종하지도 않았고 그곳을 방문하지도 않았다. 그런데도 예수님은 일부러 그들이 사는 마을로 제자들을 데리고 가셨다. 이는 제자들에게 그들의 고정관념을 깨뜨리고 그들의 생각을 새롭게 하여, 예배에 관한 중요한 영적 진리를 가르쳐 주기 위함이었다.

아마 '예배에 목숨 걸라'는 이야기는 한두 번쯤은 다 들어 보았을 것 같다. 이처럼 현대교회가 가장 중요하게 여기는 것이 예배이다. 세상 사람들도 기독교인을 생각하면, 자연스럽게 교회에서 예배드리는 사람을 떠올린다. 그만큼 예배를 중요하게 인식한다.

그러나 주의해야 할 사실은 정작 예수님은 한 번도 자신을 예배하라고 하지 않으셨다는 것이다. 사람들은 예수님께 예배드린다는 것을 생각조차 못 하지만, 예수님은 하나님과 하나이시기에 제자들이 예수님에게 예배를 드리는 것이 당연한 일이다. 실제로 요한계시록에서는 모든 피조물이 예수님께 예배를 드리는 장면이 기록되어 있다(계 5:7-14). 우리가 드리는 찬양 중에서도 예수님에 대한 찬양이 얼마나 많은가?

하지만 복음서에는 제자들이 예수님께 예배드렸다는 기록이 없으며, 예배에 대한 예수님의 가르침도 기껏해야 사마리아 여인에게 조금 가르친 것이 전부이다. 예배의 중요성에 비해 복음서에서 예배에 대한 가르침은 너무 빈약하다. 여기에서 의문이 생긴다. 왜 복음서 저자들은 예배에 관한 가르침을 기록하지 않았을까? 그리고 왜 예수님은 이토록 중요한 사실을 제자들에게 직접 가르치지 않으시고, 이름도 모르는 사마리아 여인을 통해서 간접적으로 가르치셨을까?

그녀에게는 전부 6명의 남편이 있었는데, 이것만 보아도 그녀의 나이가 꽤 있을 뿐 아니라 아주 험난한 삶을 살았음을 짐작할 수 있다. 그녀는 하나님께 예배드리는 것에 대한 갈망이 있었지만, 안타깝게도 주전 108년에 유대인들이 사마리아 성전을 파괴하면서 사마리아에는 예배를 드릴 수 있는 성전이 없었다. 물론 조금만 남쪽으로 내려가면 예루살렘이 있지만, 유대인들이 이들을 경멸하고 배척하기에 함부로 갈 수도 없어서 사마리아인들은 편히 예배드릴 수 있는 자체 성전을 세우고 싶어 했다.

이런 상황에서 예수님은 그 여인에게 앞으로 그리심산(예전에 사마리아 성전이 있었던 곳)이나, 예루살렘(현재 유대인들의 성전이 있는 곳)에 가서 예배를 드릴 필요가 없는 때가 온다고 하셨다. 그렇다면 예수님은 왜 이런 말씀을 하셨을까?

❖ 시작된 새로운 예배

지금도 세상의 종교는 그렇지만, 그 당시의 모든 종교는 제사로 신을 섬겼으며 이를 위한 신전이 꼭 필요했다. 그 당시 사람들은 신은 신전에 임한다고 믿었기에, 신전이 없으면 하다못해 가까운 산당이라도 가서 제사드렸다. 따라서 그 시대 사람들에게는 신을 섬기기 위한 성전이나, 아니면 대체

할 수 있는 특정 장소가 반드시 있어야 한다는 뿌리 깊은 고정관념이 있었는데, 느닷없이 성전 없이 예배를 드린다는 예수님의 말씀은 사마리아 여인에게 가히 혁명적인 말씀이었다.

물론 이것은 유대인에게도 충격적인 말씀이었다. 오순절을 통해서도 알 수 있듯이, 유대인들은 제사드리려 먼 외국에서부터 예루살렘을 방문했다. 지금도 외국 여행이 쉽지 않은데, 그 당시는 오죽했겠는가? 그런데 예수님께서 이제부터는 제사가 아니라 예배를 드려야 하며, 또한 그것을 위해 예루살렘 성전에 갈 필요가 없다고 하셨다.

사실 유대인들이 충격을 받은 것은 그들이 성전을 오해했기 때문이었다. 성막이나 성전의 의미는 가족과 함께하시는 하나님의 임재이다. 아담의 범죄로 모든 세상이 타락하게 된 상황에서 하나님의 임재가 세상을 떠날 수밖에 없지만, 가족들과 함께하고 싶은 하나님의 마음이 성막과 성전으로 나타난 것뿐이다.

그렇지만 하나님은 자신이 창조한 만물에 임재하시는 분이시기에, 하나님께서 성막이나 성전에만 머무신다는 생각은 아주 잘못된 생각이다(대하 2:6). 오히려 하나님은 영이시기에 장소에 전혀 구애받지 않으실 뿐 아니라, 모든 곳에 충만하게 임재하시는 분이시다. 따라서 예수님은 예배를 드리기 위해 굳이 성전이라 하는 특정한 건물을 찾아갈 필요가 없는 때가 온다는 것을 말씀하셨다.[4]

앞서 설명한 것처럼 성전은 에덴이 회복될 새 예루살렘을 예표할 뿐이다(히 8:5). 그럼에도 인간이 만든 성전을 우상처럼 여긴 유대인들은 예배는 당연히 성전에서 드려야 한다고 생각했다. 그렇다면 예배란 무엇인가?

이 시대 성도들은 예배를 생각하면 찬양을 생각하는 경향이 있기에 찬양 인도자를 예배 인도자로 부르기도 하지만, 찬양은 예배의 요소이지 예배의 전부가 아니다. 그리고 어떤 이들은 구약에는 예배가 없고 신약에서 시작된 것으로 생각하지만. 구약에서도 예배를 드렸는데 예를 들어 시편은 예배를 위한 노래 가사들이다. 원래 예배는 '엎드려 경배하다', '존경 또는 경의를 표하다', '무릎 꿇어 애원하다'라는 뜻으로서, 창조주를 향한 피조물의 경외하는 마음의 표현이다. 예배는 제사보다 더 넓은 개념으로서 제사도 예배의 일종이며, 제사의 주요 목적은 예배를 드릴 수 있도록 죄 사함을 받아 하나님과 화목해지는 것이다.

중요한 것은 예수님이 직접 속죄를 위한 완전한 제물이 되실 것이기에 죄 사함을 위한 제사가 더 이상 필요 없게 된다(히 10:18). 따라서 앞으로는 제사가 아닌 예배만 드리면 되는데, 예수님은 영(spirit)과 진리(truth) 안에서 드릴 예배를 말씀하심으로써 이전과는 다른 새로운 예배가 시작될 것을 암시하셨다. 또한 하나님은 이렇게 예배드리는 사람을 찾으신다고 하셨는데, 이는 이 예배가 하나님이 진정으로 원하시는 예배이기에 모든 성도는 이런 예배를 드려야 한다는 뜻이다. 그렇다면 성령과 진리로 예배를 드린다는 것은 무엇인가?[5]

❈ 영과 진리로 드리는 예배

먼저 영(spirit) 안에서 드리는 예배는 무엇인가? 어렵게 생각할 필요 없이 성령님 안에 있으면 된다. 우리가 성령님의 임재 안에 들어가서, 성령님께서 우리를 완전히 감싸는 상태이다. 그래서 성령님이 우리 안에 충만하게 임하실 뿐 아니라, 성령님이 이끄시는 대로 따라가는 것이다.

성도는 이미 성령님이 머무시는 성전이 되었기에(고전 3:16; 6:19), 어느 곳에서도 성령님을 의지하여 하나님께 예배드릴 수 있다. 사도들은 감옥에 갇혀서도 홀로 예배드렸는데, 이는 그들 자신이 성전이었기 때문이다(행 16:25).

하지만 우리가 성령님 안에 들어간다는 것은 조금 다른 개념이다. 이는 성령님께서 예배를 주도하시도록 적극적으로 자신을 성령님께 내드리는 것으로써, 그때 보혜사 성령님은 그 이름처럼 성도들이 하나님이 기뻐하시는 예배를 드리도록 도우신다. 다시 말하면 성도가 성령님을 갈망하고 의지하기에, 성령님께서 자신 안에 충만하게 임재하셔서 자신을 다스리고 인도하도록, 성령님을 초청하고 환영하며 기다리는 것이다. 그러면 성령님은 이러한 성도를 기뻐하셔서 충만하게 임재하시고, 예배 안에서 놀라운 능력으로 역사하며 은혜로운 예배가 되도록 성도들을 이끄신다.[6] 이렇게 되면, 성도는 성령님 안에서 하나님과 더 가까워질 뿐 아니라, 성령님이 행하시는 놀라운 일들이 성도 안에서 나타나게 된다.

이것이 초대교회에서 방언, 통역, 예언, 신유 등으로 나타나는 성령님의 능력이다. 성도들은 성령님의 인도를 따라 은사들을 사용해 교회를 섬김으로써, 성령님은 교회 안에서 더욱 역동적으로 역사하신다. 물론 이런 은사 외에도 다양한 은사들이 있는데, 성령님은 성도들이 모든 은사를 사용하게 해서 우리가 생각하는 것보다 더 풍성한 은혜와 축복을 누리게 하신다. 그러면 교회가 하나님을 깊이 경험함으로써 더욱 예수님을 닮아 가는 성숙함과 강건함의 축복을 누리게 된다. 따라서 성령님 안에서 드리는 예배는 성령님의 임재와 인도하심과 능력 안에서 드리는 예배이다.

그렇다면 **두 번째**로 진리는 무엇인가? 이는 몇 가지로 생각해 볼 수 있다. 먼저는 예수님이다. 예수님은 자신이 길이요 진리요 생명이라 하셨다(요 14:6). 두 번째는 진리의 성령님으로서, 성령님은 진리이시다(요일 5:6). 세 번째는 복음인데, 복음이 진리이다(갈 2:5, 14; 엡 1:13; 골 1:5).

이 세 가지는 서로 다른 것처럼 보이지만 사실 하나로 연결된다. 복음은 예수님에 관한 바른 지식이며, 성령님은 사람들에게 예수님을 전하고 예수님께로 인도하는 진리의 영이시다(요 15:16; 16:13). 그렇다면 결국 진리는 성령님이 전하시는 예수님의 복음이며, 이 진리로 구원을 받은 자들만이 하나님에게 참된 예배를 드릴 수 있다.

그러므로 진리 안에서 드리는 예배는 진리의 복음을 통해 구원받은 하나님의 자녀들이, 진리이신 성령님의 인도를 따라서 진리의 말씀을 나누며 드리는 예배이다. 진리 안에 머무는 것이 곧 예수님 안에 머무는 것이며(요 15:7), 이때 진리의 성령님은 성도들에게 자유를 주신다(요 8:32; 고후 3:17). 이 자유는 이전처럼 율법과 전통에 얽매이지 않고, 아담과 하와처럼 자유롭게 하나님과 관계를 맺을 수 있는 특권이다.

또한, 진리 안에서 드리는 예배는 성도가 성령님을 통해 영이신 하나님을 만남으로써, 성도의 영이 하나님과 연결되어 하나가 되는 예배이다. 그리고 성도 안에 계시는 성령님께서 성도를 서로 연결하고 하나로 엮으셔서, 영이신 삼위 하나님을 만나 아름다운 사귐을 누리는 예배이다.

이 예배가 바로 초기교회가 드렸던 예배였는데, 초기교회는 지금처럼 사역자 혼자서 일방적으로 설교하는 것이 아니라 모든 성도가 진리의 복음을 힘써 나누며 자유롭게 예배를 드렸다(골 1:16). 서로가 진리의 복음을 나눌 때, 이들은 진리를 더 깨닫게 되면서 진리이신 예수님을 깊이 만나게 된다. 또한, 믿음이 더 굳건해지고 소망이 더 뜨거워지며, 진리를 통해 역사하시는 성령님의 능력도 더 풍성하게 누린다.

성도들이 이렇게 예배를 드릴 때 삼위 하나님을 충만하게 경험하게 되면서 삼위 하나님과 더 친밀한 사귐을 가지게 된다. 중요한 것은 이 예배는 하나님이 기뻐하셨던 에덴 공동체가 드린 예배였다. 따라서 예수님의 말씀은 이제 하나님께서 이것을 회복하신다는 것이다.[7]

예수님께서 이름 없고 흠 많고 무시당하던 사마리아 여인에게 이 사실을 알려 주셨다는 것은 그녀도 이 예배를 드리게 될 것을 의미한다. 따라서 이 예배는 유대인만이 아니라, 성령님과 진리로 구원받은 모든 성도가 드리는 예배가 될 것이며, 인종, 성경, 나이, 계급, 직업 등의 차별이 전혀 없이 오직 하나님의 자녀이면 누구나 드릴 수 있는 새로운 예배이다.

❖ 회복된 에덴의 예배

앞서 언급한 바와 같이 제자들은 예수님께 예배드리지 않았다. 단지 우리가 생각하는 예배가 아니라, 예수님이 말씀하신 대로 새로운 예배를 드린 것뿐이다. 따라서 우리는 우리의 관점이 아닌 예수님의 관점에서 예배를 새롭게 생각해야 한다.

하나님께 거룩하고 경건한 예배를 드려야 한다고 생각하는 우리는 무엇인가 정형화되고 종교적인 의식이 있는 예배를 좋아하지만, 예수님께서 받으신 예배는 우리의 생각과는 전혀 다른 예배였다. 그 예배는 예수님과 교제 나누고, 동행하면서, 함께 먹고 마시는 예배였으며, 예수님 안에서 안식을 취하고, 감사하며, 기뻐하는 예배였다. 또한 예수님께 질문하고 대답하면서, 예수님의 가르침을 통해 진리를 알아 가는 예배였으며, 예수님의 말씀에 순종하면서 예수님을 섬기는 예배였다.

예수님에 관한 영화를 떠올리면 좀 더 쉽게 이해할 수 있다. 신기한 것은 어느 영화를 보아도 우리가 드리는 예배와 같은 형식적이고 권위적인 예배를 드리는 장면은 없는데, 성경에 그런 기록이 없으니 너무나 당연하다. 그 대신 제자들이 예수님 주위로 둘러앉아서 먹고 마시며 즐겁게 교제를 나누는 장면을 쉽게 볼 수 있는데, 이것이 제자들이 드린 예배였다. 그러니 이런 장면만 보아도 예수님께서 제자들이나 사람들과 어떻게 관계를 맺으셨는지 충분히 상상할 수 있다.

예수님은 파격적일 만큼 자유롭고 친밀한 관계를 맺으셨다. 유교적인 사고에 젖은 우리가 보기에는 아주 무례하고 방자하다고 생각할 정도로 예수님은 격식을 차리지 않으셨다. 그럼에도 이 모든 것이 예수님께 드린 예배였다면, 독자들은 이 예배를 받아들일 용의가 있는가?

우리가 한 가지 기억해야 할 것은 하나님도 예수님처럼 아담과 하와에게 예배드리라고 말씀하지 않으시고, 에덴동산을 돌보라고 하셨다는 사실이다(창 2:15). 그런데 '돌보다'가 하나님께 '예배드리다'(출 3:12) 혹은 하나님을 '섬기다'(출 12:31)란 뜻으로 사용되었다는 것은 에덴을 돌보는 삶이 곧 하나님을 섬기는 삶이라는 의미이다. 그래서 영어로 예배를 섬김(service)이라고 한다.

이 같은 예배는 우리에게 익숙한 예배와는 다르다. 성경이 말하는 참된 예배는 하나님과 이웃을 지극히 사랑하는 삶이다(막 12:28-31). 즉 하나님과 함께 교제를 나누고, 함께 밥을 먹고, 기뻐하고 즐거워하며, 하나님을 대신하여 하나님이 창조하신 이웃(사람과 자연)을 사랑하고 섬기는 예배이다.

예배를 이해하려면 하나님을 이해해야 한다. 성경이 말하는 하나님은 사랑이시기에 사랑을 원하시며 기뻐하신다. 하나님께 이것보다 더 중요한 것은 없다(막 12:29-30). 그렇다면 예배의 핵심도 사랑이다. 우리는 하나님의 자녀이기에 그분을 아버지로 부를 수 있으며, 하나님은 자녀인 우리를 기뻐하시고 매우 좋아하신다. 이 관계의 핵심은 사랑의 사귐이다. 예수님과 제자들은 이 관계를 잘 보여 주는데, 그들은 예수님을 중심으로 모여 공동체로 예수님과 사귐을 가졌고, 또한 예수님 안에서 서로 사귐을 가졌다.

예수님은 제자들을 위해 기도하시면서 제자들이 예수님과 함께함으로써, 창세 전부터 하나님과 가지셨던 그 사랑의 관계를 통해 누리는 축복을 그들도 볼 수 있게 해 달라고 하셨다(요 17:24). 아무것도 창조되기 이전에는 오직 삼위 하나님과 삼위 하나님의 사랑의 사귐만이 있었으며, 그 사귐을 통한 기쁨이 하나님께 영광이었다. 십자가에 달리시기 전에 예수님은 마지막으로 제자들을 위해 기도하면서, 하나님께서 그들을 그 사귐으로 초대해 주셔서 그 영광을 누리게 해 달라고 요청하셨다. 이것이 예수님이 원하신 바로 사귐의 예배이다.

이 예배에는 우리에게 익숙한 종교적인 의식이 전혀 없이 사랑의 관계가 중심이 된 예배였다. 예수님과 제자들은 이렇게 삼 년을 살았는데 그 모든 시간이 예배였다. 이것은 그 당시에도 참으로 충격적인 예배였지만, 안타깝게도 율법주의적 예배에 얽매인 지금 교회도 이것을 예배로 인정하기에는 여전히 매우 부담스러워한다.

하지만 성경이 말하는 예배는 하나님의 가족 모임이다. 아버지이자 남편이신 하나님과 아내이자 자녀인 성도들의 가족 모임이다. 그러므로 예배는 사랑의 관계이지 종교의식이 아니며, 갑자기 새롭게 시작된 예배가 아니라 이미 에덴 공동체가 드렸던 예배였다. 그들은 지금처럼 따로 시간을 내서 예배를 드린 것이 아니라, 모든 삶이 하나님께 예배를 드리는 시간이었다. 이 예배는 오직 성령님 안에서 진리의 복음을 따르는 삶으로 드리는 예배이며, 이것이 바로 바울이 말한 하나님께서 기뻐하시는 삶으로의 예배이자 (롬 12:1), 신약 시대 성도들이 마땅히 드려야 할 예배이다.

초대교회는 이런 예배를 드리면서 이방인만이 아니라 유대인에게서도 비난과 조롱을 받았는데, 종교적 전통과 거짓된 경건에 찌들어 있던 이들은 도저히 이해할 수 없는 예배였기 때문이다. 하지만 이 예배야말로 하나님이 기뻐하시는 예배이기에, 하나님은 이렇게 예배드리는 자를 찾으시며 원하셨다(요 4:23). 그리고 예수님은 이제 이 예배를 회복하시고 교회가 이런 예배를 드리도록 부르셨다.

그렇다면 이것을 위해서 예수님께서 하신 사역은 무엇인가?

주

1. 이것은 인간처럼 태어났다는 뜻이 아니라, 하나님으로부터 동일한 하나님이 나왔다는 것을 의미한다. 이것은 단세포 생물이 자기 분열을 통해 자기 복제가 이루어져 두 개가 되는 것과 비슷하다고 할 수 있을 것 같다. 우리가 가장 미개하게 생각하는 단세포 생물에서, 오히려 하나님의 존재적 특성을 발견할 수 있다는 것이 참으로 신기하고 놀랍다.

2. 하나님의 임재와 통치를 나타내는 언약궤는 성전의 핵심이다. 그런데 바빌론에 의해 예루살렘 성전이 파괴되었을 때 성전의 핵심인 언약궤도 함께 사라졌으며, 지금까지도 발견되지 않았다. 만약 언약궤가 정말 중요하다면 스룹바벨의 성전을 지으실 때 언약궤를 찾아 주시거나, 모세에게 언약궤를 새롭게 만들어 주실 것처럼 다시 만들어 주셨을 것이다. 그런데 하나님은 그렇게 하지 않으셨다. 왜냐하면 앞으로는 하나님께서 자기 백성과 함께 지내시면서 직접 말씀을 전해 주실 것이기 때문이다. 이렇게 되면 성전이 무너진 이후부터는 성전이나 언약궤가 더 이상 필요 없는 새로운 시대가 오기 때문이다.

3. 스캇 맥나이트는 교회가 하나님 나라임을 강하게 논증한다. 이 나라는 이스라엘과 이방인 신자를 모두 포함하는 확대된 이스라엘이다. 자세한 설명은 '스캇 맥나이트, 『하나님 나라의 비밀』, p153-182'를 참고하라.

4. 하워드 스나이더는 교회는 신학적으로 성전이 필요하지 않기에, 성전이라 부르는 건물은 필요 없다고 주장한다. 이런 주장은 전통적인 제도권 교회가 거세게 반발하겠지만, 그의 주장은 전적으로 옳다. 이것에 대한 하워드 스나이더의 논증은 '하워드 스나이더, 『새 포도주는 새 부대에』, 이강천 옮김, (생명의 말씀사, 2006), p58-72'를 참고하라. 물론 하워드가 성도들이 모이기 위한 장소 자체를 부정하는 것은 아니다. 다만 성전으로 부르며 신성시하는 건물을 일부러 지을 필요는 없다는 것이다.

5. 이것은 요한복음에서 매우 난해한 해석 중의 하나이다. 여러 주석서를 보아도 매우 막연하고 이론적이며 추상적인 해석이 대부분이어서 실제 우리 예배에는 전혀 적용이 안 된다. 나는 이것이 현대교회가 모든 성도가 제사장이자 하나님의 가족으로 교제 나누는 초대교회의 예배를 이해하지 못했기 때문이라 생각한다. 그리고 성령님의 은사를 거부하면서, 성령님이 자유롭게 역사하시며 능력이 나타나는 예배도 드려 본 적이 없다. 오히려 지극히 현재 제도화된 우리 예배를 중심으로 하여 예수님의 말씀을 이해하려 하니, 이 예배를 이해할 수 없게 되었다. 그래서 초대교회 예배에 관한 책들도 막상 읽어 보면 지극히 우리의 관점(제도, 전통, 신학)에서 기록하였다는 것을 알 수 있다.

6. 성령님의 은사가 있는 예배에 관한 설명은 '고든 D. 피, 『바울 성령 그리고 하나님의 백성』, 길성남 옮김, (좋은 씨앗, 2001), p207-218'를 참고하라. 고든 D. 피는 지금도 성령의 은사가 존재한다고 믿는 은사 옹호론자인데, 그의 경험을 바탕으로 성령의 은사가 있는 예배의 특징을 잘 설명하고 있다.

7. 성전신학의 대가인 그레고리 빌은 예수님의 모든 사역이 에덴 성전을 재건하기 위함이라는 관점에서 설명한다. '그레고리 빌 & 미첼 킴, 『성전으로 읽는 성경 이야기』, p93-115' 나는 예수님의 사역 중에서 에덴의 재건을 가장 명확하게 보여 주는 것이 새로운 예배라고 생각한다.

2장
교회를 위한 예수님의 사역

1. 성취되기 시작한 희년
2. 가족을 향한 사랑
3. 영적 전쟁의 선포
4. 종교화된 율법주의와의 싸움

2장   교회를 위한 예수님의 사역

1. 성취되기 시작한 희년

> "예수께서는, … 안식일에 회당에 들어가셨다. 그는 … 이런 말씀이 있는 데를 찾으셨다. '주님의 영이 내게 내리셨다. 주님께서 내게 기름을 부으셔서, 가난한 사람에게 기쁜 소식을 전하게 하셨다. 주님께서 나를 보내셔서, 포로 된 사람들에게 해방을 선포하고, 눈먼 사람들에게 눈 뜸을 선포하고, 억눌린 사람들을 풀어 주고, 주님의 은혜의 해를 선포하게 하셨다.' … 예수께서 그들에게 말씀하셨다. '이 성경 말씀이 너희가 듣는 가운데서 오늘 이루어졌다.'" (눅 4:16-21)

❖ 안식일에 선포된 희년

예수님은 영과 진리 안에서 드리는 새로운 예배가 시작될 것을 말씀하셨다. 그러나 이 예배는 오직 구원받은 하나님의 자녀들만이 드릴 수 있기에, 예배드리기에 앞서 죄의 문제가 먼저 해결되어야 한다. 그런데 문제는 인간 스스로는 이것을 해결할 수가 없다. 그렇다면 어떻게 이 예배를 드릴 수 있을 것인가?

공생애 사역을 시작하신 예수님께서 가장 먼저 하신 일은 사도들의 공동체를 세우는 것이었는데, 그 공동체는 교회이자 하나님의 나라를 위해서 함께 사역할 팀이었다. 예수님은 그들과 팀워크를 다지며 본격적인 사역을

준비하셨는데, 요한복음 2-4장이 바로 이 기간에 일어난 사건들을 기록한 장이다.

어느 정도 팀워크가 이루어지자 예수님은 어느 안식일에 회당에 가셔서 이사야의 예언을 읽으셨다(사 61:1-2). 이 말씀은 이사야가 레위기 25장에 기록된 희년의 성취를 예언한 것으로서, 핵심은 하나님께서 가족에게 해방의 은혜를 베푸시려고 특별한 사람을 보내신다는 것이다.

하나님은 그에게 기름(성령)을 부으실 것인데, 그는 가난한 사람들에게 기쁜 소식을 전하고, 상한 마음을 치유할 것이며, 포로가 되어 갇혀 있는 사람들을 자유롭게 할 것이다. 이것이 바로 기쁘고 복된 희년이다. 그럼에도 희년이 성취되었다는 기록이 성경에 없다는 것은 희년이 안 지켜졌다는 것으로 추측할 수 있다.

예수님은 이날 회당에서 이사야서의 예언을 읽으시며 드디어 희년이 성취를 선포하셨다. 예수님께서 인간이 이루지 못한 희년을 사랑하는 가족이 누릴 수 있도록 직접 희년을 이루시겠다고 공포하셨다.

❖ 시작된 희년의 성취

원래 희년은 대속죄일의 선포와 함께 시작하는데, 대속죄일은 민족적으로 모든 죄를 용서받는 날이다. 이는 희년은 죄 사함의 결과로 누리는 하나님의 축복이자 은혜임을 의미한다(레 25:9). 따라서 희년이 이루어지려면 무엇보다 먼저 죄의 문제가 해결되어야 하므로, 예수님의 선포는 곧 인간의 죄의 문제를 해결하겠다고 선언하신 것과 같다.

대부분의 성도가 죄 사함의 목적을 천국에 두지만, 이것은 미래의 축복이며 현재 삶에서도 실제로 누릴 수 있는 축복이 많다. 우선 죄로 인한 여러 결과로부터 자유로워지는데, 대표적으로 죄책감과 수치심이나 두려움과 절망 등의 마음의 아픔에서 해방되고, 육체적 질병이나 관계의 파괴와 같은 삶의 여러 고통에서도 해방된다. 또한 더 이상 죄의 노예로 지낼 필요가 없게 되면서, 죄의 유혹을 거부할 수 있는 권한도 주어진다. 이렇게 되면 하나님과의 관계에서 자신감과 당당함을 누린다.

이것이 전부가 아니다. 죄로 인해 타락한 성품에서 해방되고, 그 대신 성령님을 통해 하나님께서 아담과 하와에게 주셨던 아름다운 형상을 새로운 본성으로 얻으면서 이전과는 전혀 다른 삶을 살게 된다. 이렇듯 죄에서 해방된다는 것은 내적인 신분과 상태가 바뀜으로써, 하나님이 기뻐하시는 새로운 삶을 사는 것을 뜻한다.

이런 희년의 축복은 오직 죄 사함을 받은 사람들만이 누릴 수 있는데, 이들은 겸손한 마음, 곧 가난한 마음을 소유한 사람들이다. 오직 이 마음을 가진 사람만이 희년의 기쁨을 누릴 수 있는데(마 5:3), 이들은 자신의 죄를 보면서 마음이 슬픈 자들이요, 죄로 인해 마음이 깨어져서 부드러워진 자들이며, 하나님의 의(구원)를 갈망하는 자들이다(마 5:4-6). 이들이 이렇게 된 것은 성령님께서 부드럽고 온유한 마음으로 만드셨기 때문이다(겔 36:26-27).

하나님은 이 마음을 가진 사람들을 불쌍히 여기셔서 이들의 죄를 용서하고 구원의 은혜를 베푸신다. 그러면 이들은 하나님의 가족이 되는 축복을 누릴 것이며, 영적인 눈이 뜨여져서 사랑의 하나님을 보게 될 것이다. 또한 이들은 유업으로 물려받을 영광스러운 하늘나라를 바라보며, 하나님께 감사하며 하나님을 기뻐하고 즐거워할 것이다. 이것은 유명한 팔복이자 희년의 축복이다(마 5:3-12). 그러니 희년이 시작된다는 것은 우리에게 복 중의 복이요, 기쁜 소식 중의 기쁜 소식이 아닐 수 없다.

사역 준비를 끝내신 예수님께서 안식일에 이사야의 예언부터 읽으셨다는 것은, 이제부터는 맹목적이고 강압적이며 형식적인 안식일이 아니라, 자유와 기쁨으로 안식을 누리는 날이 시작되었음을 선포하신 것이다. 이는 이제부터 안식으로 충만했던 에덴이 회복되기 시작한다는 것이기에, 이 선언은 예수님 사역의 핵심이 하나님 자녀들을 죄에서 해방시켜 그들의 원래 신분과 권한과 삶을 회복하는 것임을 알려 준다. 그럼으로써 예수님은 아담에게 선포하신 복음을 성취하실 것이며(창 3:15), 궁극적으로는 하나님의 나라까지 완전히 회복하실 것이다.

하나님께서는 이것을 위해 예수님에게 성령님으로 기름을 부으셨다. 예수님은 성령님의 능력으로 희년을 성취하실 것이며, 예수님께서 세우실 공동체는 이 축복을 누리고 전파해야 할 공동체이다. 따라서 교회는 희년 공동체이며, 온 세상이 희년의 축복을 누리도록 예수님을 증거해야 할 책임이 있다. 예수님의 사역은 이런 공동체를 세우는 것이다.

2. 가족을 향한 사랑

> "예수께서 온 갈릴리를 두루 다니시면서, 그들의 회당에서 가르치며, 하늘나라의 복음을 선포하며, 백성 가운데서 모든 질병과 아픔을 고쳐 주셨다." (마 4:23)

❖ 기쁨의 동거와 친밀한 사귐

이사야의 예언을 선언하신 예수님은 제자들과 함께 본격적으로 사역을 시작하셨다. 예수님의 사역의 핵심은 선포와 가르침과 치유인데(마 4:23; 9:35), 이것을 하나로 표현하면 제자 양육이라 할 수 있다. 그런데 예수님은 지금처럼 성경 공부 중심이 아니라 동거라는 방식의 제자 양육을 통해 교회의 목회자로서 어떻게 교회를 섬겨야 하는지를 몸소 보여 주셨다.[1]

예수님은 율법주의자들은 철저히 배격하셨지만, 제자들과는 매우 친밀한 관계를 맺으셨는데, 얼마나 친밀하셨는지 아예 그들과 같이 사셨다. 일반적으로 우리는 예수님께서 3년 동안 사역하셨다고 생각하지만, 정확하게 3년이라는 기록은 성경에 없다. 다만 요한복음에 예수님의 공생애 사역 동안 유월절을 지키셨다는 기록이 3번 나오기에, 보통 3년으로 추측할 뿐이다. 이것은 예수님의 실제 사역이 3년 이상일 수도 있다는 것이며, 그렇다면 예수님은 제자들과 더 오랫동안 동거하셨을 것이다.

동거라는 것은 함께 사는 것이다. 예수님은 제자들과 함께 자고, 걷고, 이야기하고, 먹었다. 말 그대로 제자들과 함께 모든 것을 함께하며 사셨는데, 이는 예수님에게 그들은 가족이었음을 의미한다(히 2:11). 사실 낯선 사람들이 함께 동거한다는 것은 힘든 일이지만, 가족은 함께 살아가는 생활공동체이므로 예수님께서 이렇게 하는 것은 당연하였다.

이것은 하나님도 마찬가지셨다. 하나님은 에덴동산에서 아담과 하와와 동거하셨으며(창 3:8), 하나님은 아브라함을 찾아가서 함께 음식을 드셨으며(창 18:8), 하나님은 야곱과 함께 걸으셨으며(창 31:13), 시내산에서 장로들이 하나님을 보면서 음식을 먹었다(출 24:11). 또한 하나님은 이스라엘과 함께 사시면서 그들 사이를 거니시겠다고 하셨으며(레 26:11-12), 교회 가운데 자신이 살 집을 세우시겠다고 하셨고(겔 37:26-28), 자신이 원하는 것은 자신과 동행하는 것임을 분명하게 말씀하셨다(미 6:8). 하나님은 성막과 성전을 통해 가족과 함께 살고 싶다는 뜨거운 열망을 알려 주셨으며, 구름기둥과 불기둥을 통해 자신이 실제로 그들과 동행하고 있음을 명확하게 보여 주셨다.

이런 하나님의 모습은 세상의 신들과는 전혀 다르다. 가령 그리스 신화에 나오는 신들은 올림포스산에서 세상을 바라만 보고 있지, 인간과 함께하지

는 않는다. 그러다가 가끔 심통을 부려서 오히려 인간을 힘들게 한다. 부처도 신은 아니지만, 인간의 삶이나 역사에 개입하지 않는 것은 마찬가지이다. 그러나 사랑의 하나님은 자신의 교회와 함께하기를 늘 기뻐하시며 풍성한 은혜를 베푸시는 분이시다.

❖ 동거를 기뻐하신 예수님

하나님의 마음을 가장 잘 보여 주신 분이 바로 예수님이셨다. 예수님은 억지가 아니라 자발적이며 기쁨으로 동거하셨는데, 이 기쁨은 일반인들을 만나실 때도 마찬가지였다. 사람들과 친밀한 관계를 맺고 싶은 예수님의 열망은 그들과 함께 식사하는 것을 통해 잘 알 수 있다.[2] 예수님은 잔칫집에도 자주 가셨고, 사람들이 손가락질하는 세리의 집에서도 함께 식사하셨으며, 낯선 사람들과도 식사하기를 좋아하셨다. 심지어 나중에는 배고픈 제자들을 먹이기 위해서 직접 음식을 준비하셨다. 삼위 하나님의 한 분이신 예수님께서 자녀들을 위해 기꺼이 요리사가 되셨다.

그런데 이것을 얼마나 좋아하셨는지, 바리새인들은 예수님이 죄인들과 먹고 마시는 것을 즐거워하는 자라고 비난까지 하였다(마 11:19). 그런데 그냥 먹는 것이 아니라 마구 먹었으며(gluttonous), 포도주도 아주 좋아하셨다고 하였다. '마구 먹었다'라는 것은 게걸스럽게 먹었다는 뜻인데, 이렇게 먹는 예수님이 상상이 가는가? 예수님은 참으로 우리가 가진 생각의 틀을 깨뜨리는 분이시다.

흥미로운 것은 그 선생에 그 제자라는 말처럼 예수님의 제자들도 너무 먹는 것을 좋아하다 보니, 바리새인들은 그들이 요한의 제자들처럼 경건의 모습은 전혀 없고 먹는 것만 즐긴다고 비난까지 하였다(눅 5:30, 33).[3] 쉽게 말하면 제자들이 너무 무식하고 천박하며 불경하다는 것이다. 그런데 예수님은 제자들을 야단치기는커녕 오히려 그들을 옹호하셨다.

예수님은 사람들 앞에서 전혀 격식을 차리지 않으셨으며, 옷도 아주 남루하고 평범한 옷만 입으셨다. 그리고 예수님은 권위를 내세우지도 않으셨지만, 사람들은 그의 가르침을 통해서 엄청난 권위를 느꼈다(눅 4:32). 사람들은 예수님의 탁월한 가르침을 통해서도 충격을 받았지만, 가르침과 일치되는 예수님의 성품과 삶을 통해서 진정한 하나님을 목격하였다. 그러므로 진정한 권위는 언행이 일치된 참된 삶에서 나타나는 것이며, 제자들은 그의 삶을 통해서 진정한 하나님의 자녀와 사역자로 사는 삶을 배웠다.

예수님의 모습은 우리가 생각하는 경건과는 전혀 거리가 멀었다. 사람들은 겉으로 드러나는 행위를 경건의 기준으로 삼았지만, 예수님께서 보시기에 그것은 거짓과 위선일 뿐이며 참된 경건은 바로 사랑의 삶이었다. 그래서 예수님은 종교 지도자들의 시선에 전혀 아랑곳하지 않고 모든 사람과 친밀한 사귐을 가지셨다.

❖ 친구와 가족이 되어 주심

예수님은 제자들을 형제자매라 부르심으로서 실제로 그들을 가족으로 대하셨다(마 12:49; 28:10; 히 2:11). 한번 생각해 보라. 예수님은 하나님이신데, 하나님께서 갑자기 나를 찾아오셔서 "나의 형제자매여!"라 하시며 우리를 친동생처럼 여겨 주신다면 이것이 얼마나 놀라운 일인가? 참으로 엄청난 축복이자 영광이 아닐 수 없다.

가족과 같이 밥을 먹을 때는 즐겁고 맛있게 먹는 것이 최고이다. 반대로 위엄을 차리고 권위만 내세우면, 자리만 딱딱해질 뿐 아니라 밥맛도 사라진다. 누가 이렇게 식사하고 싶겠는가? 그러므로 예수님을 따르는 제자들도 예수님처럼 살아야 하며 교회도 이런 공동체가 되어야 한다.

가족을 향한 사랑은 예수님의 사역에서도 잘 나타난다. 복음서에 예수님께서 집을 방문하신 기록이 최소 14번 이상 나온다는 사실은 예수님 사역의 주된 장소는 가정집이었다는 것을 알려 준다. 물론 예수님은 제사드리려 성전에도 가셨고, 야외에서도 가르치고 기적도 행하셨다. 그러나 친밀한 사귐과 사역은 모두 집에서 이루어졌다.

예수님은 집에서 사람들을 만나시고, 이야기 나누시며, 함께 식사하고, 기적을 행하셨으며, 함께 잠도 주무셨다. 예수님께서 이 사귐으로 사람들을 초대하셨다는 것은 예수님은 제자들과 진정한 가족 관계를 맺고 싶으셨다는 것을 알려 준다. 그렇다면 이렇게 예수님과 함께 교제를 나누었던 사람들의 마음은 어떠했으며, 또한 서로를 바라보는 마음은 어떠했을까?

이것이 바로 복음이다. 복음은 단순히 구원받고 천국에 가는 것이 아니라, 하나님의 가족이 되어서 하나님과 영원한 사랑의 사귐을 가지게 된다는 소식이며, 하나님 안에서 새롭게 가족이 된 사람들과 함께 영원히 사랑의 삶을 살게 된다는 소식이다. 그러므로 복음은 본질적으로 공동체의 의미를 포함하고 있다. 예수님은 이 복음을 선포하고 가르치셨을 뿐 아니라, 삶에서 직접 복음을 실천함으로 공동체의 복음을 몸으로 경험하고 눈으로 볼 수 있게 하셨다.

예수님은 참으로 자신을 찾는 모든 사람의 친구가 되심으로써, 하나님은 우리의 친구가 되기를 원하신다는 것을 보여 주셨다. 하나님은 아브라함을 친구라고 부르셨지만(사 41:8), 아브라함의 친구만이 되셨는가? 성경을 보면 하나님은 노아도 야곱도 모세도 엘리야도 친구처럼 대하셨으며, 다윗에게 하나님은 연인이자 친구였다. 친구는 가깝고 친근한 사람이기에 친구는 모든 것을 함께 나눌 수 있다. 그리고 누구보다 서로를 이해하고 용납하며 격려하고 위로하며 권면과 책망도 하면서, 같이 기뻐하고 아파하고 슬퍼하면서 함께 살아가는 인생의 동반자이다.

예수님은 멀리 계신 분이 아니라 가까운 친구가 되셨다. 제자들의 친구이기도 하셨고, 당대에 가장 비난받던 세리의 친구이셨고, 무시당하던 과부와 어린아이들의 친구이기도 하셨고, 사람들이 멀리하던 귀신 들린 여인이나 병자들의 친구이셨다. 심지어 율법까지 어겨 가면서까지 나병 환자들에게 직접 손을 대 고쳐 주셨고, 과부의 죽은 외동아들의 관에 손을 대시고 그를 살리시면서 그들의 아픔에 동참하셨다. 예수님은 사람들의 평가나 비난에 전혀 개의치 않으시고 오직 사랑만을 위해 사셨다. 그 결과 사람들은 예수님에 관한 이야기를 듣는 것이 아니라 직접 예수님과 이야기를 나누었고, 예수님을 멀리서 바라만 본 것이 아니라 함께 밥을 먹고 즐거워하였다. 그러니 그들에게 예수님은 너무나 가까이 계시는 하나님이셨다.

이것은 마치 가족을 지극히 사랑하는 아버지가 온 정성으로 자녀를 돌보는 모습과도 같다. 가족이기에 동거하고, 사랑하기에 돌보며, 좋아하기에 친밀한 관계를 형성하고, 인자하기에 좋은 친구가 되셨다. 이것이 바로 임마누엘의 예수님이시다.

결국 사역의 핵심은 사랑의 관계이다. 그것도 직업적으로 하는 것이 아니라, 사랑으로 인해서 가족처럼 가깝게 지내는 관계이다. 그러므로 예수님께서 세우시기를 원하는 교회는 모든 성도가 이런 관계를 맺는 공동체이며, 교회의 사역은 이런 공동체를 세우는 것이다.

우리는 사역을 생각하면 무엇인가 거창하고 조직적으로 해야 하며, 주로 전임 사역자들이나 열정적인 성도들이 하는 것으로 생각한다. 그러나 예수님은 우리가 생각하는 것과 같은 종교인들의 사역을 거부하셨다. 예수님이 보여 주신 사역은 가족처럼 함께 지내는 것이었다. 가르침은 쉽지만, 동거는 매우 어렵다. 말로는 무엇을 못 하겠는가? 동거는 자신을 전적으로 헌신

하고 사람들을 받아 주지 않으면 불가능하다. 그래서 대다수 사람이 성경의 가르침을 외면하고 쉽고 편한 길을 선택하지만, 예수님의 방법은 명확하다. 바로 동거이다.[4]

❖ 인격적인 관계의 가르침

좋으신 예수님은 제자들을 존중하시고 인격적으로 대하셨는데, 이것은 가르침에서도 잘 드러난다. 예수님은 선포도 하셨지만 가르치기도 하셨다. 둘은 비슷한 것 같지만 매우 다른데, 선포는 preaching이고 가르침은 teaching이다. 헬라어도 선포는 '카루소'이며, 가르침은 '디다스코'이다. 선포는 확정된 사실을 일방적으로 선언하는 것이라면, 가르침은 상대가 충분히 이해하며 배울 수 있도록 상대에 맞게 세심하게 설명해 주는 것이다.

예를 들어서 예수님은 사역을 처음 시작하시면서 "회개하라. 하늘나라가 가까이 왔다"라고 선포하시면서, 하나님이 왕으로 통치하시는 나라가 이 세상에 도래하기 시작했다는 것을 알려 주셨다. 이것이 선포인데, 청중들의 생각과 상관없이 지금부터 자신이 통치하는 나라를 세상에 세울 것이라는 하나님의 결정을 알리시는 것이며, 선포에 대한 반응과 결과는 모두 청중의 몫이다.

'가르침'은 이것과는 매우 다르다. 예수님께서 비유를 많이 사용하신 것은 제자들의 이해를 도와주기 위한 예수님의 친절한 배려였다. 또한, 제자들이 이해하기 쉽도록 일방적으로 말씀하지 않으시고 아주 편한 상태에서 대화를 나누시듯 질문과 대답을 하시며 가르치셨다.[5]

예를 들면 마태복음 16장에서 예수님은 제자들에게 자신이 누구인지를 물어보셨으며(15-28). 요한복음 21장에는 예수님께서 식사를 하며 제자들과 말씀을 나누셨으며(15-25), 심지어 율법학자들의 질문에도 친절하게 대답하여 주셨는데 첫째 계명과 둘째 계명을 말씀하신 것이 가장 대표적이다 (막 12:28-34). 그리고 주기도문이나, 오병이어의 기적이나, 종말의 징조도 모두 질문과 대답으로 이루어진 가르침이다.

성경을 보면 예수님께서 가르치셨다는 것이 설교하셨다는 것보다 거의 두 배나 많다. 사도들도 마찬가지였다. 그들은 설교도 했지만 대부분은 가르침인데, 이는 예수님이나 사도들이 설교보다 가르침을 더 선호하였다는 것을 뜻한다. 이런 모습은 구약의 하나님에게도 동일하게 찾아볼 수 있다. 하나님은 아담, 노아, 아브라함, 야곱, 모세, 여호수아, 사무엘, 그리고 엘리야와 다른 예언자들과도 언제나 대화를 나누며 가르치셨다. 그렇다면 왜 그러셨을까?

우선 생각해 볼 수 있는 설교와 가르침의 가장 큰 차이점은 일방적인 관계와 인격적인 관계이다. 설교는 일방적이기에 인격적인 관계를 맺을 수가 없지만, 가르침은 인격적인 관계를 기초로 한다. 이 관계는 인간은 하나님의 형상을 가진 존재이기에 하나님을 대하듯 이들을 대한다는 믿음이 기초가 되어, 서로를 존중하고 배려하며 겸손함으로 섬기면서 인격적인 관계를 맺는다. 질문과 대답은 이것을 위한 중요한 도구이며, 이것이 자연스러워지면 마치 이야기를 나누듯이 하게 된다.

질문과 대답이 있었다는 것은 상호소통하였다는 것이며, 이는 친밀하고 인격적인 관계가 중심이 되었다는 것을 뜻한다. 예수님께서 제자들과 끊임없이 대화를 나누신 것도 바로 제자들과 인격적인 관계를 맺기 위함이셨다. 가르치신 곳도 딱딱한 강의실이 아니라 길거리, 집, 식사 자리, 들, 회당, 성전 등에서 밤낮없이 이루어졌다는 것은 일상생활이 바로 학교였다는 것을 뜻한다.

사람들은 가르침보다는 자신을 대하는 태도를 통해서 더 큰 감동을 한다.

전자는 가르치는 사람의 실력에, 후자는 자신에 대한 마음에 감동한다. 당대에 가장 뛰어난 선생이었던 예수님께서 자신들을 이렇게 대해 주시는 것을 보고서, 그들은 예수님의 사랑에 감동하였을 뿐 아니라 예수님을 깊이 존경하게 되었다.

 이것이 초대교회의 특징이기도 하였다. 초대교회에서는 주로 교사나 장로가 말씀을 가르쳤는데, 서로 질의응답을 하는 방식으로 예수님처럼 인격적인 관계를 맺으면서 가르쳤다. 이는 서로를 하나님의 자녀로 존중하고, 겸손으로 이해하며 사랑으로 섬기겠다는 믿음이 있었기 때문이다. 하지만 교사와 장로들만이 아니라, 모든 성도가 영적인 제사장으로서 예배에 참여하면서 적극적으로 말씀을 나누었다(골 3:16). 그들은 서로 질문하고 대답하는 능동적인 가르침의 시간을 통해 인격적인 관계를 맺었는데, 이는 예수님의 가르침을 본받았기 때문이다.

3. 영적 전쟁의 선포

"내가 하나님의 능력을 힘입어 귀신들을 내쫓으면, 하나님 나라가 너희에게 이미 온 것이다." (눅 11:20)

❖ 영적 전쟁을 선포하심

 예수님은 가족들과 완전한 사랑의 연합을 이루기 위해 먼저 해결하셔야 할 것이 있음을 아셨는데, 그것은 모든 악의 원흉인 사탄의 세력을 심판하는 것이었다. 그래서 예수님은 본격적인 사역 전에 사탄과의 영적 전쟁을 치르셨는데, 이는 죄와 죽음을 이용해서 세상의 왕 노릇을 하는 사탄을 심판하심으로써 하나님의 나라를 수복하기 위함이었다.

예수님은 이 나라에 매우 열정적이셨는데, 그 나라는 아버지의 임재와 통치로 충만한 나라요, 아버지의 영광과 은혜가 가득한 나라이다. 또한 그곳은 하나님 아버지께서 사랑하는 가족들과 완전한 사랑의 연합을 영원토록 누리는 나라이며, 평화와 안식이 넘치는 나라이다. 이 나라가 바로 구약의 예언자들이 예언하고 이스라엘이 오랫동안 간절히 기다렸던 나라이며 하나님이 기뻐하시는 나라이다.

이 나라는 기름 부음 받은 메시아를 통해 이루어질 것이며, 예수님은 세례요한에게 세례를 받으실 때 성령님께서 임하심으로써 그가 바로 자신임을 알려 주셨다. 이때 성령님은 권능으로 임재하심으로써 예수님께서 사탄과 싸워 이길 수 있도록 영적으로 무장시켜 주셨으며, 예수님은 이 능력으로 사탄의 세력을 무찌르며 선한 일을 행하셨다(행 10:38).

이것을 잘 보여 주는 것이 바로 40일 금식 이후에 사탄과의 싸움이었다. 성령님의 임재로 능력을 받으신 예수님은 사역 현장으로 나가기 전에 40일간 금식하시며 하나님께만 집중하는 시간을 가졌다. 그런 다음 성령님은 곧바로 예수님을 사탄에게 인도하셔서 시험을 받게 하셨는데, 사탄이 예수님에게 먼저 다가온 것이 아니라 성령님께서 예수님을 사탄에게 인도하셨다는 사실이 중요하다. 쉽게 생각하면 성령님께서 예수님을 통해 사탄에게 싸움을 건 것과 같다.

예수님은 오랫동안 금식하셨기에 육신적으로 매우 힘드셨지만, 3번에 걸친 사탄의 공격을 모두 물리쳤다.[6] 그것도 인간의 가장 큰 약점만을 골라서 집요하게 공격하는 사탄을 하나님의 말씀으로만 모두 물리치셨다. 사탄은 금식하신 예수님을 인간처럼 유혹하면 얼마든지 이길 수 있으리라 생각했지만, 예수님에게는 전능하신 성령님의 권능이 있었다. 이 권능이 하나님의 말씀을 통해 능력으로 역사하게 되자, 사탄은 이 말씀의 권위 앞에 굴복할 수밖에 없었다.

이 사건은 예수님께서 사탄에게 영적 전쟁을 선전포고하신 것과 같다(요일 3:8). 예수님은 이 사건을 통해서 자신은 하나님 나라의 수복을 위해 영적 전쟁을 하러 오셨다는 것과 이 전쟁의 무기는 성령님의 권능과 하나님의 말씀임을 분명하게 알려 주셨다. 그러나 이 무기는 자신만을 위한 것이 아니라, 제자들을 위한 것이기도 하다. 조만간 제자들도 이 전쟁에 참여하게 되겠지만(엡 6:12), 자신처럼 이 무기로 승리할 것이다. 따라서 제자들은 두려워할 것이 없다. 오히려 이 무기들을 의지하여 믿음으로 담대하게 이 전쟁에 참여해야 한다(엡 6:12).

❖ 하나님 나라의 회복을 선포하심

이때부터 예수님은 본격적으로 "회개하라. 하늘나라가 가까이 왔다"를 담대하게 선포하셨다(마 3:2). 여기에서 '나라'의 헬라어는 '바실리아'인데, '왕국'(kingdom)이라는 의미이다. 왕국은 왕이 통치하는 군주국으로서, 왕은 곧 법이며 절대적인 권세를 가진다.

하늘을 뜻하는 헬라어 '우라노스'는 우리가 보는 물리적 공간인 하늘이나 천체도 의미하지만, 하나님이 좌정하셔서 통치하시는 영적인 장소도 의미한다(마 5:16). 그러므로 하늘나라는 하나님께서 왕으로 통치하시는 왕국을 뜻하는 것으로 이해하는 것이 적절하다.

예수님의 선포의 핵심은 하나님(하늘)의 나라가 온다는 것과 회개하는 자만이 하나님의 나라에 들어갈 수 있다는 것이다. 이 선포는 바로 왕의 선포였으며, 그동안 거짓 왕 노릇 한 사탄은 하나님의 선포에 벌벌 떨었다. 예수님은 자신이 오신 목적이 하나님 나라의 복음을 전하기 위한 것이라고 분명하게 말씀하셨으며(눅 4:43), 예수님의 가르침의 핵심도 하나님 나라였다.[7] 그래서 예수님은 처음부터 하나님 나라가 도래했음을 선포하셨다(막 1:15).

성경은 하나님 나라가 사람들에게 복음(기쁜 소식)이라고 한다(눅 8:1). 우리는 흔히 복음을 개인의 구원과 관련해서 이해하지만, 성경이 말하는 복음은 하나님의 왕국과 관련된 사실이다. 헬라어로 '유앙겔리온'이라고 하는 복음은 국가적으로 아주 기쁜 소식을 의미하는데, 특히 광복절처럼 국가의 주권을 회복하는 것과 관련이 있다. 따라서 복음은 엄청나게 크고 기쁜 사건인데, 이것이 우리와 밀접한 관련이 있기에 우리에게도 기쁜 소식이 된다. 그것은 바로 하나님의 왕국이 수복되기 시작했다는 것이며, 복음은 우리에게도 이 나라의 백성이 될 기회가 주어졌다는 소식이다. 그것도 하나님의 자녀로 입양되어서, 하나님을 아빠라 부르며 그의 왕국을 유업으로 물려받게 되었다는 소식이다. 그래서 복음은 기쁜 소식이다.

❈ 치유를 통한 하나님 나라의 회복

그렇다면 하나님 나라가 도래한다는 것을 어떻게 증명하는가? 그것이 바로 치유사역이다. 하나님이 기뻐하셨던 에덴에서는 질병이 전혀 없었기에 질병들이 존재한다는 것은 현 세상이 하나님께서 원래 의도하신 상태가 아니라는 것을 뜻하며, 치유는 이것을 고침으로써 원상태로 되돌리는 것이다.

그러나 이것만이 치유의 목적은 아니다. 예수님은 질병으로 고통당하는 사람들을 불쌍히 여기셔서 그들의 아픔에 개입하여 질고를 해결해 주셨다. 지금도 질병으로 인한 고통이 너무나 큰데, 열악한 환경에 의료기술까지 발달하지 못한 그 당시는 말할 것도 없다. 그러나 예수님은 아무런 대가도 없이 자신을 찾아오는 모든 병자를 고쳐 주셨다. 그러니 예수님이 자기 동네를 방문하신다는 소식이 들리면, 구름 떼와 같은 무리가 병을 고치려 예수님께 몰려들었다.

그들의 절박한 마음을 잘 아신 예수님은 피곤한 몸을 이끈 채 늦은 저녁까지 그들을 고쳐 주셨다. 심지어 예수님은 자신을 찾아온 모든 사람에게 일일이 손을 얹은 후 고쳐 주심으로써 자신의 손길을 느끼게 하셨다(눅 4:40). 사실 사람들을 모두 모아 놓고 말씀 한 번으로 고치면 더 쉽고 편하게 사역하실 수가 있으셨음에도, 그렇게 하지 않으셨다는 것은 자신의 편리나 사람들의 인정보다도 한 명 한 명을 더 소중하게 여기셨다는 것을 의미한다. 그러니 이런 섬김과 치유를 받은 그들의 마음이 어떠했을까?

탁월한 의사이셨던 예수님은 전인격적이며 통합적인 치유를 하셨다. 예수님은 질병을 고치셨고, 아픈 마음을 치유하시며, 귀신 들림에서 벗어나게 하셨는데,[8] 이것을 예수님의 3대 치유사역이라고 한다. 예수님은 사람들을 온갖 고통과 눌림과 억압에서 해방시켜 자유와 기쁨과 평안과 안식을 누리게 함으로써 그들이 육체적, 심적, 영적인 희년을 누리게 하셨다. 사람들은 치유를 통해서 희년의 성취와 축복(자유, 기쁨, 평안, 안식)을 누리게 되기에, 치유와 희년은 아주 밀접한 관련이 있다.

이것이 바로 하나님의 나라의 특징이다(롬 14:17). 천국에서 아프고 병든 사람을 생각할 수 있는가? 이것처럼 하나님의 거룩한 임재와 완전한 통치가 임하는 하나님의 나라에는 귀신이나 질병이 있을 수가 없다. 따라서 예수님은 치유사역을 통해 하나님의 나라가 세상에서 회복되기 시작했음을 분명하게 증명하셨으며(마 12:28; 11:20). 이것을 목격한 사람들에게 하나님의 나라는 막연한 기대가 아니라 확신이었다. 또한 하나님의 나라는 이미 우리의 삶 속에서 실현되고 있기에, 삶에서 그 능력을 경험하는 것은 너무나 당연하다(고전 4:20).

　하나님은 고통과 억압에서 해방된 이스라엘에게 자신은 치료하는 하나님이심을 알려 주셨는데(출 15:26), 이는 구원 사역과 깊은 관련이 있다. 구원은 해결할 수 없는 문제(죄)를 해결하여 문제가 발생하기 이전의 상태(에덴)로 되돌리는 것이라면, 치유 역시 고통당하기 이전의 건강한 상태로 되돌리는 것을 의미이기 때문이다. 따라서 구원은 치유이다.[9]

　죄로 인해 고통당하며 신음하는 만물은 타락에서 치유되기를 간절히 소망하고 기다리고 있다(롬 8:20-22). 그런데 기쁜 소식은 예수님께서 치유를 통해서 만물을 회복하기 시작하셨다는 것이다. 비록 처음에는 이것이 인간으로부터 시작하겠지만, 종국에는 만물에까지 확산하여 그들도 치유를 누릴 것이다.

　그럼으로써 희년의 축복이 만물 안에 충만해지는데, 이것이 예수님께서 재림하실 때 이루어질 하나님의 나라이다. 초대교회가 치유사역을 중요하게 여긴 것도 이 때문이다. 치유사역은 하나님의 나라가 도래하기 시작했음을 확증한다. 그것은 하나님이 기뻐하셨던 에덴이 회복되기 시작했다는 것이며, 복음은 이것과 관련된 소식이다. 그래서 치유를 경험한 사람들이 복음이 실제임을 믿게 되었고, 이들이 복음을 증파하면서 교회는 급속도로 성장하였다.[10]

4. 종교화된 율법주의와의 싸움

"바리새파 사람들과 율법학자들이 예수께 물었다. '왜 당신의 제자들은 장로들이 전하여 준 전통을 따르지 않고, 부정한 손으로 음식을 먹습니까?' 예수께서 그들에게 대답하셨다. "이사야가 너희 같은 위선자들을 두고 적절히 예언하였다. 이렇게 기록되어 있다. '이 백성은 입술로는 나를 공경해도, 마음은 내게서 멀리 떠나 있다. 그들은 사람의 훈계를 교리로 가르치며, 나를 헛되이 예배한다.' 너희는 하나님의 계명을 버리고, 사람의 전통을 지키고 있다." 또 그들에게 말씀하셨다. '너희는 너희의 전통을 지키려고 하나님의 계명을 잘도 저버린다.'" **(막 7:5-9)**

❖ 인간이 만든 율법주의

하나님 나라의 완전한 회복을 위해 예수님께서 집중하신 사역 중의 하나가 종교화된 율법주의와의 싸움이셨다. 많은 사람이 이 부분을 간과하고 있지만, 이것과 관련된 기록이 복음서에 많다는 것은 예수님이 이것을 매우 중요하게 생각하셨다는 것을 뜻한다. 그 이유는 율법주의는 하나님의 뜻을 곡해함으로 하나님과의 관계와 삶에 심각한 문제를 일으킬 뿐 아니라, 여로보함처럼 하나님의 이름을 빌려 인간이 원하는 새로운 종교를 만들기 때문이다. 그렇다면 왜 이런 일이 일어나게 되었는가?

율법주의는 하루아침에 생겨난 것이 아니라 오랜 시간에 걸쳐서 서서히 형성된 굳건한 종교적 전통이다. 남유다가 바빌론에 의해 멸망한 유대인들은 영적으로 각성하며 멸망한 원인을 찾았는데, 그것은 율법을 지키지 않았다는 것이었다. 그래서 그때부터 율법을 지키자는 운동들이 일어났는데, 문제는 이것을 너무 중요하게 여긴 나머지 율법을 문자적으로 지키는 것에만 집중하였다는 것이다.

그들은 율법을 해석하여 적용하는 일에만 힘을 쏟으면서, 적용을 위한 수많은 행동 규칙을 만들어 가르쳤다. 나중에는 율법을 잘 지키자는 원래의 취지는 잊어버리고 규칙들만 남게 되었는데 이것이 예수님 당시 극에 달했다. 이것에 열정적인 사람들이 바로 모세의 율법을 자랑하던 바리새인과 율법학자 같은 전통적인 종교인들이었다.[11] 그들은 예수님이 전하는 새로운 복음을 도저히 이해할 수도 없고 받아들일 수도 없었다. 그들의 관점에서 예수님은 자신들의 가르침을 거부하는 자요, 장로들의 해석을 무시하는 교만한 자요, 기존의 체제를 파괴하는 자요, 오래된 전통에 저항하는 자요, 자신들의 신앙을 뒤집으려는 혁명가였다.

그러다 보니 새로운 예배와 삶을 가르치는 예수님과 기존의 전통과 규범을 더 중요하게 여기는 종교인들 사이에는 갈등이 발생할 수밖에 없었고, 결국에 이들은 삼위 하나님 중의 한 분이신 예수님을 죽이려는 결심까지 한다(막 3:6). 그것도 하나님을 위한다는 명목으로 말이다.

❖ 하나님을 통제하는 율법주의

어떻게 이런 일이 있을 수 있었을까? 원래 하나님은 인간이 풍성한 자유를 누리도록 창조하셨다. 하나님이 의도하신 에덴의 삶은 어떤 제도나 규범이나 의식도 없이 완전한 자유를 누리며 하나님과 이웃을 마음껏 사랑하는 삶이다. 법이 있다면 단 한 가지, 선악과를 먹지 않는 것뿐이었다.

이것이 너무나 쉬울 것 같지만, 선악과를 먹지 않는 것은 자연스럽게 할 수 있는 것이 아니다. 물론 에덴에서의 인간은 지금보다 훨씬 지적인 능력이 뛰어났을 뿐 아니라, 죄성이 없었기에 하나님의 말씀을 지키는 것이 타락한 우리보다는 훨씬 쉬웠다. 그렇지만 선악과를 먹지 않는 것은 항상 기억하고 가슴에 새겨서 의지적으로 해야 하는 것으로써, 이것을 제외한 모든 것은 자유였는데 결국 그들이 죄를 범하였다.

그래서 하나님은 출애굽한 이스라엘에게 율법을 주셨는데, 이는 이스라엘이 가족이 되었음에도 죄성을 가졌기 때문이었다(갈 3:19; 딤전 1:9-10). 성문화된 법이 없으면 인간들은 죄성으로 인해 자기 멋대로 살면서 하나님은 물론 이웃과의 관계에 심각한 문제를 일으킬 수밖에 없다.

이것을 원하지 않으신 하나님은 가족들 간에 질서를 유지하고, 새로운 신분에 합당한 삶을 가르치기 위해서 율법을 주셨다. 율법은 하나님께서 자녀들이 행복하게 살도록 주신 것이기에(신 10:13), 율법의 핵심은 사랑이다(막 12:28-31). 그러므로 절대로 까다로운 규정과 의식으로 자녀들의 삶을 힘들게 하려는 것이 아니다. 이것을 이해하지 못하면 하나님을 오해하게 될 뿐 아니라, 무조건 율법을 지켜야 하는 부담스러운 행위(순종)만 남게 되면서, 강압적이고 강박적인 종교 생활을 하게 된다.

또한, 율법은 실체가 오기까지 임시로 주어진 것으로서 실체의 그림자이자 모형일 뿐이기에(히 10:1), 온전한 것이 나타나면 사라지게 되어 있다. 이 말은 온전한 것을 기다려야 한다는 것과 온전한 것이 오면 언제든지 버릴 수 있는 마음이 필요하다는 의미이기도 하다. 그러나 이것을 깨닫지 못한 바리새인과 율법학자들은 율법이 완전하고 영원하다고 믿다 보니, 그들에게 남은 것은 율법을 온전히 지키는 것뿐이었다. 결국은 '~하라'와 '~하지 말라'는 명령만 남게 되면서, 하나님과의 관계가 사랑의 관계가 아닌 상명하복의 관계로 바뀌었다. 그래서 감히 인간이 사랑으로 율법을 완성하러 오신 예수님도 거부한 것이다(마 5:17; 롬 13:10).

게다가 그들은 구약에 기록된 613가지 율법 외에도 각 율법을 정확하게 지키기 위한 수많은 행동 규칙까지도 만들어서 마치 하나님의 뜻인 것처럼 가르치며 백성들에게 강요했는데(막 7:7-9), 이것을 장로들의 전통(유전)이라고 한다. 그런데 이것이 시간이 흐르면서 확고한 신앙체계로 굳어져 사람들은 스스로 여기에 얽매이게 되었다.

예를 들면 하나님은 안식일을 거룩하게 지내기 위해서 일하지 말라고 말씀하셨지만, 구체적으로 무엇을 하지 말아야 할지는 말씀하지 않으셨다. 그래서 이들은 일하지 않는 규정을 무려 39가지나 만들어서 지켰다.[12] 또한 레위기 11~16장에는 기록된 정결법 중의 하나가 제사장들이 제사드리기 전에 손 씻기이다. 그런데 종교 지도자들은 일반인들도 식사 전에 무조건 손을 씻어야 한다고 했을 뿐 아니라,[13] 나중에는 씻는 것과 관련한 여러 규정을 만들었던 것 같다. 게다가 설거지 법까지도 만들어서 사람들을 통제하였다(막 7:4). 하나님의 말씀을 지키겠다는 취지는 좋을지 모르지만, 이집트와 바빌론의 노예로도 부족하여 이제는 스스로 종교의식과 전통의 노예가 되어 버렸다. 그런데도 자신이 노예인 것도 모른다.

문제는 전통을 따르지 않으면 마치 하나님께 큰 잘못을 저질러 벌을 받을 것처럼 생각한다는 것이다. 이렇게 되면 아무리 힘들어도 무조건 지켜야만 하는데, 결국 그들에게 남는 것은 하나님과 아무런 상관도 없는 헛된 행위뿐이다(막 7:7-8). 그것도 맹목적이고, 형식적인 행위들인데, 이것이 바로 전통의 특징이며 이러한 속성 때문에 전통은 강한 구속력을 가진다.

❖ 율법주의의 폐해

전통이 무조건 나쁜 것은 아니지만, 일단 전통이 되면 벗어나기가 매우 어렵다. 전통이 위험한 이유는 이유를 불문하고 무조건 진리로 둔갑하면서 전통을 당연하게 생각한다는 점이다. 이렇게 되면 진짜 진리는 중요하지 않다. 중요한 것은 그저 전통을 지키는 것이며, 오히려 이것을 위해 나름대로 근거와 논리를 만든다. 더 심각한 것은 대부분 사람은 자신이 구속당하고 있다는 사실조차도 모르는데, 이것이 바로 사람들을 구속하는 전통의 메커니즘이다.

예수님 당시도 그랬다. 종교 지도자들은 장로들의 전통을 이용하여 자신들이 원하는 대로 백성들을 구속하고 조종하였다. 안 그래도 로마의 속국으로 살면서 어려움이 많은데, 장로들의 전통은 그들의 삶을 더 힘들고 버

겁게 만들었다. 그런데도 그들은 이것이 잘못된 것인지도 모르고 맹목적으로 따랐는데, 이는 이런 종교의식을 열심히 하는 것이 하나님께 인정받는 법이라고 배웠기 때문이다. 하지만 이것은 세상의 생각일 뿐이다.

예수님 당시에 종교 지도자들은 하나님에 대한 믿음을 세상의 종교처럼 바꾸어 버리는 엄청난 죄를 저질렀다(마 23:23). 그들은 하나님께서 진정으로 원하시던 사랑의 관계 대신에 각종 의식과 행위를 강조하면서 이것에 따른 거짓된 경건 체계를 만들어 지켰는데(골 2:22-23), 이는 하나님을 믿는 것과 세상의 종교를 믿는 것이 별반 다를 것이 없게 되었다는 것을 의미한다.

세상의 모든 종교는 인간의 행위를 통해서 신들에게 나아갈 수 있다고 믿는다. 그래서 사람들은 그들의 신을 기쁘게 하려고 큰 성전을 짓고, 힘들고 복잡한 의식을 지키고, 많은 제물을 드리고, 이해하기도 어려운 경전을 배우고 무조건 복종한다. 여기에서 중요한 것은 인간적인 열심과 행위이다.

율법주의도 이것도 비슷하다. 율법은 하나님께서 주신 것이기에 선하며, 예수님도 율법을 존중하셨기에 할례도 받으시고 절기도 지키셨다. 그러나 율법주의는 율법에 절대적인 가치를 두는 신앙체계로서, 율법을 주신 하나님의 목적은 잊어버리고 율법을 지키는 행위에만 매몰되게 한다. 게다가 율법을 위해 인간이 만든 수많은 의식과 제도까지도 지켜야만 하기에, 나중에는 스스로 자유를 버리고 율법의 노예로서 살게 된다.

예수님이 보시기에 당시 종교 지도자들도 이방신을 섬기는 우상숭배자들과 다를 바가 없었다. 그들은 제사보다도 사랑을 더 원하시는 하나님의 마음은 무시하고(호 6:6), 장로들의 전통을 지키는 것에만 관심을 두었는데 그들이 자랑하던 전통은 결국은 인간이 만든 종교적인 의식일 뿐이다. 이런 점에서 율법주의와 세상의 종교는 너무나 비슷하다.

인간의 행위와 능력이 중심이 된 율법주의에 매몰된 그들은 하나님의 은혜를 거부하고, 그 대신 자신의 열정과 헌신으로 하나님께 나아간다. 결국 율법주의자들이 율법주의에 빠지는 이유도 자기 의를 통한 자기자랑과 자기만족 때문이다. 이렇게 되면 성숙함과 거룩함과 같은 내적인 아름다움보다는 눈에 보이는 외적인 규모와 제도와 행위에 더 치중하는데, 인간은 겉모습을 중요하게 여기지만 하나님은 중심을 보신다(삼상 16:7). 따라서 율법주의는 하나님의 이름을 가장한 교묘한 거짓 신앙이며, 아무리 열심히 하나님을 섬겨도 헛되고 헛된 믿음일 뿐이다(막 7:13).

게다가 율법주의를 따르는 삶을 사는 것은 너무나 힘들다. 그 많은 전통을 다 외우기도 어렵지만, 그것을 지키려면 온종일 그것만 생각하면서 자신의 모든 행위를 전통에 맞추어야 한다. 613가지 율법을 지키기도 너무 어려운데, 누가 수천 가지 전통을 다 지킬 수가 있는가? 이것은 불가능하다.

❖ 율법주의를 이용하는 종교 지도자

전통도 문제이지만, 더 큰 문제는 가식적이고 교만하며 무례한 종교 지도자들이었다(마 23:3-4). 율법주의를 만들고 확산시킨 것도 그들이었으며, 율법주의로 예수님을 죽인 이들도 그들이었다. 하나님과 예수님은 끊임없이 인내하며 기다려 주셨는데, 그들은 자신도 지키지 않은 것을 가르치며, 따르지 못하는 이들을 비판하고 정죄했다. 그렇지만 자신들은 알고 있고 가르치기 때문에 마치 지키고 있는 것으로 스스로 자신을 속인다. 반대로 무지한 백성들은 하나님께 벌을 받을 것에 대한 두려움 때문에 억지로라도 전통을 따라야만 한다. 예수님께서 보시기에 이들이 얼마나 가증스러웠으면 이들을 위선자라고 계속 책망하셨겠는가? 이처럼 율법주의는 나도 모르게 위선적인 삶을 살게 한다.

특히 율법주의는 하나님 대신에 자신을 섬기는 우상숭배이다. 예수님은 바리새인들에게 너희는 독사의 자식들이라고 책망하시며(마 12:34), 너희의 아버지는 거짓말쟁이 사탄이라고 분노하셨다(요 8:44). 사탄의 자녀는 아비 사탄의 속성을 가지고 사탄의 방식대로 사는 사람이다. 예수님께서 책망하신 이유는 사탄이 사람들을 의식과 행위를 중요하게 여기는 거짓 종교로 이끌듯이, 그들 역시 사탄의 계략을 따라서 종교 행위와 의식으로 하나님을 섬기는 거짓 신앙을 가르치기 때문이다.

아비 사탄처럼 율법주의자들의 거짓말은 참으로 교묘해서, 사람들이 듣기에는 아주 그럴듯하니 분별력 없고 무지한 백성들은 쉽게 속는다. 그러면 하나님 나라를 위해 부르심을 받은 백성들이 하나님을 위해 살기는커녕, 오히려 하나님의 나라를 대적하여 사탄의 왕국을 견고하게 하는 데 일조하게 된다. 전투에서 아군이 적군을 공격하지는 않고 오히려 아군을 공격하는 것과 같으니 얼마나 한심하고 잘못된 일인가? 그러니 이들을 향한 예수님의 분노를 충분히 짐작할 수 있다.

예수님의 분노는 종교 지도자들이 보는 앞에서 의도적으로 장로의 전통을 거부하신 것에서 잘 알 수 있다. 예수님은 육체를 입으신 사랑의 하나님이시기에 인간이 만든 것들에 결코 얽매일 수가 없다. 그리고 예수님은 율법을 제정하신 율법의 주인이시기에(마 12:8), 예수님에게 전통을 따르라고 하는 것은 백성들이 왕에게 명령하는 것이요, 코끼리를 물컵에 넣으려고 하는 것과 같다.

율법주의에 대한 예수님의 태도는 로마를 대하는 태도와도 너무나 비교가 된다. 그 당시 유대인의 원수인 로마에는 한마디 비판도 하지 않으신 예수님께서, 오히려 동족인 종교 지도자들과 싸우셨다는 것은 예수님의 적은 로마가 아니라 사탄이 만든 율법주의였다는 것을 의미한다.

따라서 예수님의 관점에서는 이런 것들은 다 무너져야 할 악한 것들이기에, 예수님은 종교 지도자들의 위선과 교만과 어리석음을 강하게 질책하시며, 그들의 가르침과 전통을 공개적으로 비판하셨다. 너무나 인자하고 친절한 예수님이셨지만, 유독 종교 지도자들은 강하게 책망하시며 그들과 논쟁까지 하셨다는 점에서 율법주의의 심각성을 잘 알 수 있다.

예수님의 뜻은 후에 제자들이 세운 초대교회에서도 그대로 나타났다. 초대교회가 그 당시 유대인들이 보기에 혁명일 정도로 자유로운 예배를 드리며 신앙생활 한 것도 바로 이러한 예수님의 뒤를 따른 공동체였기 때문이다.[14] 따라서 교회도 당연히 이런 공동체가 되어야 한다. 예수님은 이것을 위해서 공생애 사역을 하셨다. 그렇다면 이것을 위한 예수님의 마지막 사역은 무엇인가?

주

1. 예수님의 제자훈련방식에 관한 자세한 설명은 '로버트 콜만, 『주님의 전도 계획』, 홍성철 옮김, (생명의 말씀사, 2015)'를 추천한다. 지금 교회에서 익숙한 제자훈련이 아니라, 예수님께서 가르치신 제자훈련을 배울 수 있다.
2. 예수님은 의도적으로 사람들과 식사하셨는데, 여기에는 중요한 목적들이 있었다. 예수님께서 식사를 얼마나 중요하게 여겼는지를 더 자세하게 알고 싶으면 '팀 체스터, 『예수님이 차려주신 밥상』, 홍종락 옮김, (IVP, 2013)'을 참고하라.
3. Ibid. p15
4. 그렇다면 지금도 무조건 동거해야 하는가? 현실적으로 동거는 매우 어렵다. 사실 초대교회도 동거하지는 않았다. 그러나 동거가 어렵다면 비슷한 방법이라도 찾아야 하는데, 적어도 좋은 친구처럼은 만나야 한다. 즉 자주 만나되 친밀하게 만나며, 편안하게 만나되 언제든지 만날 수 있어야 한다. 그래서 삶의 동반자로서 삶의 많은 것들을 함께 고민하고 기도하며 격려해서 함께 살아가는 것이다. 이것이 성경이 가르치는 제자훈련의 기본이다.
5. 이것과 관련해서 더 자세한 설명은 '로이 B. 주크, 『예수님의 티칭스타일』, 송원준 옮김, (디모데, 2014), p363-490'를 참고하라.
6. 도널드 크레이빌은 사탄은 예수님에게 타락한 정치와 공허한 종교와 불의한 경제를 인정하기를 유혹했다고 한다. '도널드 크레이빌, 『예수가 바라본 하나님 나라』, 김기철 옮김, (복있는 사람, 2010), p53-127' 나는 사탄이 예수님을 정치적 권력과 영적인 교만함과 경제적 부유함으로 유혹했다고 생각한다. 이것은 중요한 의미가 있는데, 예수님은 이 시험을 통해서 앞으로 교회가 겪게 될 시험을 알려주셨다. 사탄은 교회에게 세상종교들처럼 정치적 권력과 영적인 우월감과 경제적 부유함을 추구하라고 유혹할 것이다. 이렇게 하면 손쉽게 목적을 이룰 수 있을 것처럼 보이지

만, 교회는 이것을 단호하게 거부해야 한다. 실제로 초대교회는 이 싸움에서 이기지만, 로마가 기독교를 공인한 이후에 교회는 이 싸움에서 실패하면서 타락하기 시작한다. 그리고 지금까지도 이 싸움은 계속되고 있다.

7 이 시대 교회에서 반드시 회복되어야 할 것 중의 하나가 하나님 나라의 복음이다. 이것에 관한 책으로 '강의창, 『복음은 그런 게 아닙니다』, (CLC, 2021)'; '프랭크 바이올라, 『인써전스』, 이남하 옮김, (대장간, 2019)'; '조지 앨든 래드, 『하나님 나라의 복음』, 박미가 옮김, (서로사랑, 2009)'; '송영목, 『하나님 나라의 복음과 교회의 공공성』, (SFC 출판부, 2020)'; '매트 챈틀러, 제라드 윌슨, 『완전한 복음』, 장혜영 옮김, (새물결 플러스, 2013)'; '스캇 맥나이트, 『예수 왕의 복음』, 박세혁 옮김, (새물결 플러스, 2014)'; '이종필, 『킹덤복음』, (아르카, 2019)'; '톰 라이트, 『이것이 복음이다』, 백지윤 옮김, (IVP, 2017)'; '브루스 애쉬포드 & 히스 토머스, 『왕의 복음』, 정옥배 옮김, (IVP, 2021)'을 추천한다.

8 축사 사역은 매우 실제적이고 중요한 사역임에도 현재 교회에서는 이것에 관한 인식이 매우 드물다. 이것에 관한 신학적인 설명은 '그레이엄 H. 트웰프트리, 『초기 기독교와 축귀 사역』, 이용중 옮김, (새물결 플러스, 2020)'; '그레함 H. 트웰프트리, 『귀신 축출자 예수』, 이성하 옮김, (대장간, 2013)'를 참고하라. 그리고 '배본철, 『귀신 추방』, (킹덤북스, 2014)'; '이윤호, 『내 이름으로 사악한 적을 추방하라』, (베다니 출판사, 2007)'도 추천한다. 배본철과 이윤호의 책은 한국적인 상황에서 실제적인 방법까지 있어서 매우 유용하다.

9 '하워드 A. 스나이더 & 조엘 스캔드렛, 『피조물의 치유인 구원』, 권오훈 & 권지혜 옮김, (대한기독교서회, 2015), p16' 하워드 스나이더와 조엘 스캔드렛은 구원을 치유의 관점에서 설명한다. 즉 세상은 죄라는 질병에 걸려 아픈 상태이기에 하나님께서 세상을 치유하신다는 것이며, 이것이 바로 구원이라는 관점을 제시한다. 사실 성경은 세상은 심각한 질병에 걸려 고통당하고 있으며(롬 8:21-22), 하나님은 질병을 치료하는 분이심을 밝힌다(출 15:26). 예수님의 십자가도 치유를 위한 사역이셨으며(사 53:5), 성령님도 치유하는 분으로 세상에 올 것이라 하였다(사 61:4-4). 이 관점에서 예수님과 사도들의 사역을 볼 때, 왜 치유사역이 중요한지를 이해할 수 있다.

10 마이클 그린, 『초대교회의 복음전도』, p325-336

11 이것을 더 깊이 알고 삶에 적용하고 싶은 사람들에게 '래리 오스본, 『당신의 열심이 위험한 이유』, 장혜영 옮김, (새물결 플러스, 2013)', '톰 허베스톨, 『불편한 진실 내 안의 바리새인』, 이경미 옮김, (홍성사, 2012)'을 추천한다. 그리고 '브레넌 매닝, 『아바의 자녀』, p105-131'도 읽어 보라.

12 R. T. 프랜스, 『NICNT 마태복음』, 권대영 & 황의무 옮김, (부흥과개혁사, 2019), p547-548

13 이것과 관련된 내용은 '톰 허베스톨, 『불편한 진실 내 안의 바리새인』, p159-162'를 참고하라.

14 사도들을 비롯한 초대교회 지도자들은 이방인 교회가 우상에게 바친 음식과 음행과 목매어 죽인 것과 피를 먹은 것만을 금지하고, 나머지 모든 율법과 전통에서 자유하게 되었음을 선언했다(행 15:20). 바울도 사람들을 옭아매었던 율법에서 풀려나서 더 이상 문자에 얽매이지 않는다고 하였다(롬 7:6). 초대교회가 자유로운 신앙생활 한 것은 바로 이런 이유에서이다.

교회를
묻다가
하나님을
만나다

3장
교회를 위한 예수님의 희생과 영광

1. 십자가에 감추어진 기쁨
2. 부활, 시작된 만물의 회복
3. 승천, 재림을 준비해야 할 교회

3장   교회를 위한 예수님의 희생과 영광

1. 십자가에 감추어진 기쁨

> "믿음의 창시자요 완성자이신 예수를 바라봅시다. 그는 자기 앞에 놓여 있는 기쁨을 내다보고서, 부끄러움을 마음에 두지 않으시고, 십자가를 참으셨습니다." (히 12:2)

❈ 가족을 찾는 기쁨

예수님은 세상의 권세를 가진 종교 지도자들에 대한 저항과 비판이 종국에는 자기에게 죽음이라는 부메랑이 되어 돌아오겠지만, 사랑하는 아버지와 가족을 위해서는 피할 수 없는 길임을 잘 아셨다.

예수님의 죽음은 그 당시 사람들이 가장 무서워하던 십자가에서의 죽음이었다. 우리는 십자가를 생각하면 고통부터 생각하지만, 간과하는 것이 있는데 예수님에게는 두려움보다 더 큰 기쁨이 있었다는 사실이다. 십자가 앞에서 기쁨이라니! 이 무슨 황당한 이야기인가?

예수님은 몇 가지 비유를 통해서 잃어버린 가족을 찾는 하나님의 마음을 설명하셨다(눅 18장). 어떤 목자는 잃어버린 양 한 마리를 찾아서 기뻐하고, 어떤 여인은 잃어버린 한 드라크마를 찾고서 기뻐한다. 한 드라크마는 노동자 하루 품삯이다. 그런데 가족은 양 한 마리와 한 드라크마와는 비교할 수도 없으니, 잃어버린 가족을 찾으면 하나님께서 얼마나 기뻐하시겠는가?

예수님은 이것을 돌아온 탕자의 비유를 통해서 다시 설명하셨다. 고집스럽고 어리석으며 욕심 많은 아들은 아버지를 떠나 자유분방한 삶을 살려 하지만 아버지는 그를 말리지 않는다. 그 대신 힘들고 고통스러워도 아들이 스스로 깨닫고 돌아오는 길을 선택한다.

아버지가 원하는 것은 진정한 사랑의 관계이며, 이는 아버지의 사랑과 가족의 소중함을 깨닫고 기쁨으로 자원하여 맺는 관계이다. 아버지에게 가장 소중한 것은 이것이기에, 아버지는 평생 모은 재산까지도 기꺼이 버릴 각오를 하고 아들을 보낸다. 그러나 얼마 가지 못해서 아들은 병들고 빈털터리가 되어 유대인이 가장 경멸하는 돼지보다도 못한 존재로 전락하면서, 그제야 아버지의 사랑을 깨닫고 아버지에게로 돌아간다.

꽤 많은 시간이 지났지만, 문밖에서 언제 올지도 모르는 아들을 마냥 기다리고 있던 아버지는 드디어 아들이 오는 것을 본다. 성경을 보면 아들이 아버지를 발견한 것이 아니라, 아버지가 아들을 발견한다. 렘브란트의 돌아온 탕자에 나오는 아들처럼 아무도 알아볼 수 없는 이상하고 흉측한 모습으로 변했지만, 아들을 잊은 적이 없는 아버지는 단번에 아들을 알아본다.

아들을 보는 아버지의 눈에는 잃어버린 아들을 향한 사랑뿐이다. 죄책감과 두려움에 사로잡힌 아들은 조심스럽게 아버지에게 다가가지만, 아버지는 아들에게 달려가서 그를 안고 기뻐하며 잔치를 벌인다. 그것도 아들에게 가장 좋은 옷을 입혀서, 동네 사람들을 다 불러 모아 최고의 잔치를 벌인다. 원래 율법에 따르면 이런 아들은 모두가 볼 수 있도록 나무에 매달아 죽여야 하는데(신 21:18-23), 아버지는 율법조차도 무시하고 아들을 받아들인다. 이렇듯 결국 자비가 심판을 이기는 법이다(약 2:13).

탕자의 비유는 아버지의 자비를 보여 준다. 자비는 감정이 아니라 적극적이고 실제적인 사랑으로서, 가족을 위한 가장의 자비는 희생과 인내와 용서이다. 아버지는 재산을 희생했고, 오랜 시간을 고통 속에 인내하며 기다렸고, 아들의 큰 죄를 다 용서했다. 그 재산은 자신의 고생 어린 삶이기에, 재산을 버리는 것은 자신을 버린 것과 같지만 아버지는 아들을 위해 그것도 아끼지 않는다.

❖ 고통보다 더 큰 기쁨

예수님도 마찬가지셨다. 예수님은 가족(교회)의 구원을 위해서 스스로 대속제물이 되셨는데, 그것은 역사상 가장 처참하고 수치스러운 죽음이었던 십자가였다. 로마는 죄수가 극도의 수치심을 느끼도록 사람들이 보는 앞에서 옷이 벗기고 가능한 많은 사람이 보도록 일부러 마을 입구에서 나무에 매달아 오랜 시간 구경거리가 되게 하였다. 무엇보다 사람들의 공포심을 조성하기 위해서 최대한의 고통을 느끼며 천천히 죽게 하였는데, 죄인들은 자신을 쳐다보는 사람들의 시선을 느끼며 서서히 죽어 갔다.

십자가는 너무나 끔찍하고 고통스러워서 극악무도한 죄인들에게나 내려지는 극형이었다. 특히 예수님은 유대인의 왕이 되어 로마에 반역을 꾀한다는 역모죄로 처형당하셨다. 예수님께서 이렇게 죽으신 것은 인간의 죄가 그만큼 심각할 뿐 아니라, 인간의 죄는 근본적으로 하나님께 역모를 꾀한 것이기 때문이다. 역모는 동서고금을 막론하고 죄 중의 죄이다. 창조주이신 예수님은 구원자가 되기 위해서 이런 죽음까지도 감당하셨지만. 피조물이자 죄인인 인간은 예수님을 조롱하고 채찍질하였으며, 사랑하는 제자들도 두려움 앞에서 예수님을 배반하고 떠났다. 그러니 예수님은 육체적 고통만이 아니라 극심한 마음의 고통도 겪으셨다.

그래서인지 예전부터 십자가는 고통의 상징이었으며, 고난주간이나 성찬식을 할 때는 일부러 고난당하는 장면을 생각하며 억지 눈물도 흘려야 십자가에 조금이나마 보답하는 것 같다. 그러나 예수님에게 십자가는 기쁨이었는데, 그것도 십자가의 고통과 두려움보다도 더 큰 기쁨이었다.

예수님은 창조 이전부터 이 기쁨을 누리셨다(엡 1:5). 이 기쁨은 자신의 죽음을 통해 사랑하는 가족을 구원할 것에 기쁨이요, 그들과 행복한 사랑의 사귐을 가질 것에 대한 기쁨이요, 이들을 통해서 온 세상에 하나님의 영광으로 가득할 것에 대한 기쁨이었다. 예수님은 이 기쁨으로 만물과 가족을 창조하셨으며, 에덴에서 이 기쁨을 충만하게 누리셨다. 십자가는 분명히 고통이지만, 예수님의 마음에는 이 기쁨으로 십자가를 지셨다.

❖ 고통을 이기는 소망

여성은 이 기쁨을 조금이나마 경험한다. 여성은 엄마가 되기 위해서 몸이 찢기고 피가 흐르는 해산의 고통을 감당한다. 나는 남성으로서 분만실에서 이것을 간접적으로 경험했다. 분만실은 여성에게 수치와 고통의 장소이지만, 여인은 자녀를 얻기 위해 태어날 아이만을 바라보며 분만대에서 해산의 시간을 견딘다. 여인이 그 과정을 견딜 수 있는 것은 오직 아이에 대한 소망 때문이며, 이 소망은 사랑에서 나온다. 여기에서 사랑은 본성이다. 그래서 보지도 못한 아기를 사랑하며, 사랑하기에 소망하며, 소망하기에 기뻐한다. 그리고 그것들이 고통과 두려움과 수치를 견디게 한다. 이것들이 아무리 크다고 해도, 자녀에 대한 사랑과 소망과 기쁨은 더 크다. 그래서 어머니는 위대하다.

예수님도 마찬가지셨다. 예수님에게 십자가는 영적인 분만대이다. 예수님이 이것을 견딜 수 있었던 이유는 단 한 가지, 가족들의 공동체인 교회에 대한 사랑과 소망과 기쁨이 십자가보다 컸기 때문이다. 그러므로 십자가가 아무리 고통스럽고 수치스럽다고 해도, 가족을 위한 예수님의 사랑과 소망과 기쁨을 막을 수가 없다.

고난과 수치를 당하시는 것도 개의치 않으시고 온 세상을 가슴에 품고 십자가에 올라가신 예수님은 온 세상을 바라보시면서 이제 곧 모든 나라와 민족 가운데서 구원을 얻을 가족들을 생각하셨다. 비록 자신은 온몸이 찢기고 피 흘려 죽겠지만, 그들은 모든 죄를 용서받고 새로운 생명을 얻을 것이다.

하나님은 그들을 거룩하고 의로운 자가 되게 하시어 가족으로 삼으실 것이며, 그들을 모아서 교회를 세우실 것이다. 이것이 처음에는 120명으로 시작하겠지만, 언젠가는 온 세상에 자기 가족으로 충만한 날이 올 것이며 그들은 구원의 하나님만을 찬양하며 기뻐할 것이다. 이렇게 하여 하나님은 아담에게 주신 충만의 축복과 아브라함에게 주신 복의 언약을 이루신다.

따라서 예수님에게 십자가는 기쁨이었으며 자녀들도 십자가를 기뻐하기를 원하신다.[1] 한번 생각해 보라. 어머니에게 두 자녀가 있는데, 한 자녀는 해산의 고통을 생각하면서 늘 슬퍼하며 죄송해하고, 한 자녀는 자신을 낳아서 길러 준 어머니를 기뻐하고 자랑하며 즐겁게 산다. 독자들이라면 어떤 자녀를 원하는가? 그렇다면 하나님은 어떤 자녀를 좋아하겠는가? 율법주의에 빠지게 되면 위선적인 거짓 경건에 빠지기에 십상이다. 그러나 진정으로 예수님의 마음을 아는 하나님의 자녀들은 더 이상 십자가로 인해서 슬퍼하는 것이 아니라, 거룩하고 의로운 하나님의 가족이 된 것을 기뻐하고 감사한다.

교회는 이 기쁨으로 가득한 공동체이며, 이 기쁨으로 하나님께 찬양드린다. 그리고 이 기쁨의 근원이 되는 십자가를 증언함으로써, 세상도 이 기쁨에 참여하도록 초청한다. 곧 기쁨으로 충만하였던 에덴으로의 초대이다.

2. 부활, 시작된 만물의 회복

> "이제 그리스도께서는 죽은 사람들 가운데서 살아나셔서, 잠든 사람들의 첫 열매가 되셨습니다." **(고전 15:20)**

영화 〈패션 오브 크라이스트〉**(2004)**에 나오는 것처럼, 세상의 눈으로 십자가를 보면 예수님은 철저히 실패한 사람이었을 것이며, 사탄은 그 죽음을 바라보면서 자신이 이겼다고 회심의 미소를 지었다. 어떤 사람들은 예수님을 신화로 취급한다. 그러나 신화는 신비롭고 강한 영웅을 이야기하지, 예수님처럼 창조주의 조건 없는 사랑을 이야기하지는 않는다.

예수님의 십자가는 가족을 향한 아버지의 짝사랑을 이야기한다. 그런데 만약 이 이야기가 이렇게만 끝난다면, 예수님의 삶은 너무나 슬프고 안타까울 것이며, 우리의 마음에는 슬픔과 낙심뿐일 것이다. 그러나 기쁨과 소망을 원하시는 하나님은 모두가 충격을 받을 수밖에 없는 놀라운 반전을 준비하셨다. 그것이 바로 부활이다.

예수님은 무덤에만 머물러 계시지 않으시고 부활하셔서, 오히려 자신이 사탄을 이겼음을 선포하셨다**(히 2:14-15)**. 이것이 바로 세상이 이해하지 못한 진정한 영웅의 승리이자 인류 역사의 흐름을 완전히 뒤바꾼 획기적인 사건이다. 그렇다면 성경에는 예수님의 부활 이전에도 부활한 사람들은 여럿 있었는데, 어떻게 예수님의 부활이 사탄과의 싸움에서 승리가 될 수 있는가?

예수님의 부활은 이들의 부활과 완전히 다르다. **첫 번째**로 부활하신 예수님은 다시 죽지 않으셨지만**(롬 6:9)**, 그들은 모두 다시 죽었다. 즉 예수님의 부활은 영원한 생명이며, 그들의 부활은 잠시 생명이 연장된 것에 불과하다. **두 번째**로 예수님은 직접 3번이나 부활을 예언하셨고, 예언하신 대로 정확하게 부활하셨다. 그러나 다른 사람들은 아무도 자신이 부활할지 몰랐다. 다시 말하면 예수님의 부활은 처음부터 의도된 사건이었으며, 다른 사람들의 부활은 우연히 일어난 사건이었다. **세 번째**로 예수님은 창조주의 부활이었으며, 다른 사람들은 인간의 부활이었다. 예수님은 스스로의 능력으로 부활하셨고, 다른 사람들은 창조주의 능력으로 부활하였다.

예수님은 자신의 부활을 통해서 자신은 육체를 입은 인간만이 아니라, 생명과 죽음도 마음대로 할 수 있는 전능한 하나님이심을 선포하셨다. 그렇다면 어떻게 예수님의 부활이 사탄과 관련이 있다는 말인가?

이것에 대한 단서는 죽음은 죄로 인한 결과이며, 죄는 사탄으로 인한 것이라는 사실이다. 즉 사탄이 죄를 만들었고, 죄는 인간에게 죽음을 가져왔다. 죄와 죽음과 사탄은 악의 삼총사이자 인간이 반드시 극복해야 할 문제이지만, 그중에서도 근원은 사탄이다. 사탄이야말로 악의 원흉이기에, 사탄을 심판해야만 죄와 죽음의 문제도 해결할 수 있다. 다시 말하면 가족을 구원하고 만물을 회복하기 위해서는 반드시 사탄을 물리쳐야만 한다.

이것을 위한 예수님의 3단계 작전이 십자가와 부활과 재림이다. 예수님은 십자가를 통해서 죄의 문제를 해결하시고, 부활을 통해서 죽음을 무력화시키고, 재림을 통해서 사탄을 심판하신다. 십자가가 사탄의 온갖 노력을 수포가 되게 한 날이라면, 부활은 사탄의 계획과 권세를 무너뜨리기 시작한 날이며, 재림은 사탄을 완전히 패배시켜 영원한 감옥에 갇히게 하는 날이다.

제2차 세계대전에서 패배가 완전히 굳어진 것 같던 연합군은 노르망디 상륙작전에서 승리함으로 전세는 바뀌기 시작했다. 태평양 전쟁에서 미드웨이 해전도 마찬가지였는데 이때부터 미군은 승리를 향해 전진하기 시작했다. 두 전투 모두 매우 불리하고 어려운 상황에서도 극적으로 승리함으로써 결국 전쟁에서 승리하는 결정적인 계기가 되었다. 이처럼 예수님께서 부활하셨을 때 예수님의 작전 중 3분의 2가 완전히 성공하면서, 사탄은 치명타를 입고 퇴각하기 시작하였으며, 반대로 하나님의 나라는 수복되기 시작했다.

따라서 예수님께서 부활하신 날은 더 이상 이전과 같을 수가 없었다. 그 날은 영적 전쟁에서 전세가 역전된 날로서, 어둠이 물러나고 빛이 들어오기 시작하면서 죽음과 절망이 지배하던 세상에 새로운 생명이 싹트기 시작한 날이었다. 부활은 하나님의 나라와 영광을 위한 예수님의 반격이 본격적으로 시작되었음을 알려 주는 신호탄이며, 만물의 회복이 시작되었음을 알려 주는 종소리였으며, 죽음과 절망에 빠져 있던 인류 역사를 완전히 바꾼 가장 극적이고 중요한 전환점이라 할 수 있다.[2]

이렇듯 부활은 그 자체로 우리에게 놀라운 사건이지만, 이것은 단지 시작에 불과할 뿐이다. 이사야가 예언한 대로(사 26:19), 예수님은 부활의 첫 열매일 뿐이다(고전 15:20). 종말에 하나님은 구원받은 모든 자녀를 부활시킬 것이기에(요 11:25-26), 앞으로 수를 헤아릴 수 없는 엄청난 부활이 있을 것이다.

예수님의 부활은 이것이 일어날 것을 보증하는 확실한 증거이자, 하나님께서 가족에게 주신 참된 믿음이며 소망이다.[3] 세상은 죽음이 끝이라 생각하지만, 하나님의 가족들은 결코 죽음으로 끝나지 않는다. 예수님의 부활은 이런 부활이 있을 것을 분명하게 증명한다.

무엇보다 더 확실한 증거는 성령님이시다(고후 1:21-22; 5:4-5). 성령님은 마리아의 태중에서 예수님이 잉태되게 하셨고, 죽은 예수님에게 새 생명을 주셔서 부활하게 하신 분이시다(롬 1:4). 하나님은 가족들에게도 성령님을 통해 새로운 생명을 주실 뿐 아니라 영원히 머무르게 하실 것이기에 성도는 부활을 확신할 수 있다.

그래서 성경은 성도의 죽음을 잠자는 것에 비유한다(살전 4:13). 살아 있는 사람은 저녁에 잠들어 아침에 일어난다. 성도의 죽음이 이렇다. 성도는 영적으로 살아 있는 존재이기에 잠시 긴 잠을 잘 뿐이며 예수님이 재림하시는 영광스러운 날이 되면 모두 부활하게 될 것이다. 성도는 이것을 믿고 소망하기에, 죽음이 슬플 수는 있으나 소망이 없는 세상 사람들처럼 슬픔에 함몰되지는 않는다.

그렇다면 부활한다는 것은 그냥 이전의 몸으로 다시 살아나는 것을 의미하는가? 우리는 예수님의 부활을 통해서 부활할 성도의 몸을 유추할 수 있다. 부활하신 예수님은 이전과는 다른 몸이 되셨는데 그 몸은 시공간을 초월하는 몸이셨으며(요 20:26; 눅 24:31), 그 몸 그대로 거룩한 하늘나라에 올라가셨다. 하늘나라는 거룩하고 완전한 곳이기에 부활하신 예수님의 몸도 그곳에 합당한 영광스러운 몸으로 바뀌셨다(빌 3:21). 그러므로 그 몸은 이전과는 전혀 다른 새로운 몸이셨으며, 그런 면에서 부활은 창조주 하나님의 재창조 사역의 시작이다.[4]

재창조는 하나님의 구원 사역의 핵심이다. 하나님의 계획은 만물을 재창조하는 것으로서(사 65:17), 하나님은 성도를 비롯하여 만물을 재창조하신다. 이런 점에서 예수님의 부활은 중요한 의미가 있다. 만물의 창조주이신 예수님의 부활은 성도를 포함한 만물의 재창조를 예고하는데, 이것을 만물의 회복이라도 한다(행 3:21).

성경이 말하는 회복은 창조의 원형으로 돌아가는 것이므로, 예수님의 부활은 하나님께서 만물을 창조의 원형으로 회복하기 시작하셨다는 것을 알려 준다. 그렇다면 이것을 증명하는 것이 무엇인가?

첫 번째는 성도의 구원이다. 성도가 구원받을 때 성령님을 통해 예수님의 생명이 들어오게 되면서(요일 5:11-12), 죽었던 그들의 영이 다시 살아난다(롬 8:10). 이것은 성도의 영이 예수님의 부활에 참여하였다는 것을 의미한다.

두 번째는 성도의 삶이다. 영적으로 부활한 성도는 이전과는 완전히 다른 새로운 존재가 되어 새로운 삶을 살게 되는데(고후 5:17), 그 삶은 모든 면에서 예수님을 닮은 삶이다(롬 8:29; 엡 4:15). 예수님은 하나님과 이웃만을 지극히 사랑하고 섬기는 삶을 사셨는데, 성도 역시 이렇게 살게 된다는 것이다.[5] 이것은 하나님의 자녀 된 성도가 예수님을 닮아 갈 수 있도록, 성령님께서 성도 안에 머무시면서 예수님의 생명이 자라나게 하기 때문이다.

자녀는 아버지의 피와 생명을 이어받은 사람이듯이, 성도는 예수님의 피로 말미암아 예수님의 생명을 가짐으로 하나님의 자녀가 된 사람이다. 자녀가 아버지를 닮듯이 성도가 예수님을 닮은 자로 살아가는 것은 당연하며, 이는 하나님의 형상(속성)을 가지고 하나님의 모양(존재 방식)대로 사는 것이다(창 1:26). 곧 공동체로 모여서, 함께 하나님과 사랑의 교제를 나누며 서로를 사랑하고 섬기는 삶이다. 이것이 바로 창조의 목적이요 구원의 목적이다.

이 삶은 에덴에서 아담과 하와가 살았던 삶이었다. 성도가 이 삶을 살게 되면, 자신을 통해서 선한 영향력이 흘러나가 가족과 이웃과 사회까지도 변하게 되면서, 하나님이 기뻐하셨던 에덴의 상태를 회복하게 된다. 부활은 이것을 위한 하나님의 능력이다.[6]

3. 승천, 재림을 준비해야 할 교회

> "예수께서 그들에게 말씀하셨다. '때나 시기는 아버지께서 아버지의 권한으로 정하신 것이니, 너희가 알 바가 아니다. 그러나 성령이 너희에게 내리시면, 너희는 능력을 받고, 예루살렘과 온 유대와 사마리아에서, 그리고 마침내 땅끝에까지 이르러 내 증인이 될 것이다.' 이 말씀을 하신 다음에, 그가 그들이 보는 앞에서 들려 올라가시니, 구름에 싸여서 보이지 않게 되었다." (행 1:7-9)

❖ 집을 마련하러 가신 예수님

부활하신 예수님은 땅에서의 모든 사명을 마치시고 제자들과 마지막 시간을 보내셨다. 이 기간에 예수님은 그들에게 하나님의 왕국을 가르치는 것에 집중하셨는데(행 1:3), 마지막 가르침이 하나님 나라였다는 것은 하나님 나라의 회복이 예수님의 사역의 핵심임을 알려 준다.

예수님은 이것을 완성할 사람들을 불러 모으셨는데, 그들은 단순한 동역자가 아니라 하나님의 자녀이자 가족이며, 함께 하나님 나라를 유업으로 물려받을 상속자들이다. 그래서 예수님은 그들을 제자로 삼아 이 나라를 수복하기 위한 동역자로 삼으셨으며 사역을 위한 훈련 기간이 끝나자, 원래 계셨던 하늘나라로 올라가시며 성령님께 이들을 넘겨드렸다.

이렇게만 생각하면 예수님은 이제 모든 일을 다 마치시고 홀가분하게 올라가셨을 것으로 생각하기 쉽다. 그러나 예수님은 사랑하는 가족들이 머물 집을 지으러 하늘나라로 가신다고 말씀하셨다. 마치 약혼식을 마친 신랑이 아버지 집에 가서 사랑하는 신부와 함께 살아갈 처소를 예비하듯이, 예수님도 사랑하는 가족이 머물 집을 지으러 아버지의 집으로 가신다(요 14:2-3). 그날이 올 때까지 예수님은 가족을 위해 기도하시면서 집을 준비하시다가(롬 8:34), 모든 준비가 끝나면 다시 오실 것이다.

이것이 승천하신 예수님이 사랑하는 가족을 위해 하실 새로운 사역이다. 예수님은 그날이 언제인지는 제자들에게 말씀하지 않으셨지만, 예수님은 그들을 위해 반드시 다시 오실 것이며 또한 속히 오실 것이다(계 22:20). 그러므로 예수님의 약속을 믿는 모든 제자는 그날을 소망하며 기다려야 한다.

❖ 하나님의 나라를 위한 제자들의 책임

제자는 예수님과 함께 공동 상속자로서 하나님 나라에 대한 지분이 있는 자들이다. 지분이 있다는 것은 책임도 있다는 것을 의미하지만 이것은 곧 자신을 위한 책임이기도 하다. 그러므로 제자들도 예수님처럼 하나님 나라를 위한 상속자의 역할을 감당해야 한다. 그렇다고 혼자 하는 것은 아니다. 제자들은 다른 지체들과 함께 공동체로 이것을 감당할 것이며, 무엇보다 성령님께서 그들과 늘 함께하시며 도와주실 것이다.

성령님은 복음이 전해지는 곳곳마다 구원받은 성도들을 모아 하나님의 가족 공동체를 세우실 것인데, 그 공동체가 바로 교회(에클레시아)이다. 성령님은 그들의 마음을 새롭게 하여 예수님의 말씀을 가르칠 것이며, 그들은 삼위 하나님을 기뻐하고 즐거워하며 구원의 은혜를 찬양하고 감사할 것이다. 그리고 성도들이 교회로 모일 때 그곳에 하나님의 나라가 임하게 될 것이며, 교회가 사랑으로 하나님과 이웃을 섬기면서 예수님의 재림을 준비할 것이다. 이것이 예수님께서 제자들에게 남겨 주신 하나님 나라에 대한 사역이다.

무엇보다 먼저 하늘나라의 복음이 온 세상에 전해져야 하는데(마 24:14), 예수님의 제자들은 모두 이것을 위한 부활의 증인이다(행 1:22). 부활의 증인은 예수님의 부활로 말미암아 만물의 재창조가 시작되었다는 것을 알리는 사람이다. 하지만 부활에 앞서 먼저 십자가가 있기에, 부활의 증인은 십자가와 부활과 함께 전하는 사람들이다.

놀라운 것은 이 소식이 전해지는 곳곳마다 하나님의 왕국이 회복되기 시작한다는 사실이다. 말씀으로 만물을 창조하신 하나님은 자신의 기쁜 소식(복음)이 전해지는 곳곳마다 강한 능력으로 역사하신다. 따라서 하나님 나라는 복음이 전해질 때 회복되며, 증인으로 산다는 것은 복음으로 세상을 정복하는 삶을 산다는 것을 뜻한다.

어떤 사람들은 정복이라는 단어에 거부감을 가지기도 하지만, 정복이라는 말에는 적극성이 담겨 있다. 하나님은 아담에게 에덴을 정복하라고 하셨고, 이스라엘에게 가나안을 정복하라고 하셨다. 또한 예수님은 제자들에게 온 세상을 정복하라고 하셨다(마 28:18-19). 하지만 이 정복은 세상처럼 자신의 욕망을 위해 폭력과 파괴를 일삼는 정복이 아니다. 이것은 하나님의 복음과 예수님의 사랑과 성령님의 능력으로 정복하는 것이며, 자신을 위해서가 아니라 세상을 위하여 겸손함과 온유함으로 섬기는 것이다. 그렇지만 예수님처럼 뒤로 물러나지 않고 아주 적극적으로 섬기는 것이다.

❈ 제자들을 도우실 성령님

이렇게 제자들이 복음을 전할 때 사탄은 거세게 저항하겠지만, 성령님께서 그들에게 사탄을 이길 수 있는 능력을 주실 것이다. 예수님도 이 능력으로 모든 사역을 감당하시며, 사탄을 물리치고 놀라운 기적을 행하셨을 뿐 아니라 죽음에서도 부활하셨다. 예수님은 누구보다 제자들에게 성령님이 필요하다는 사실을 잘 아셨기에, 그들이 증인이 되기 전에 먼저 예루살렘에서 성령님이 오실 것을 기다리라고 말씀하셨다.

승천하시는 예수님을 바라보는 제자들의 마음에는 두려움과 설렘으로 공존했다. 이것을 잘 아신 예수님은 사탄이 아무리 강하여도 성령님이 그들에게 임하시면, 이들은 능력을 받아 예루살렘부터 시작하여 온 유대와 사마리아를 넘어서서 땅끝까지 이르러 부활의 증인이 될 것이라 격려하셨다(행 1:8). 그러므로 제자들은 무엇보다 성령님의 능력을 받는 것이 중요하다.

아울러 제자들은 하나님의 왕국을 회복하기 위해서는 반드시 사탄과의 치열한 영적 전쟁이 있을 것이라는 사실을 명심해야 한다. 예수님께서 반격하기 시작하셨지만, 여전히 사탄이 이 세상의 왕으로 군림하고 있기에 이 싸움은 거센 싸움이 될 것이다. 게다가 사탄은 혼자 싸우지 않고 귀신들을 동원하여 군대로 공격한다. 따라서 성도 혼자서는 절대로 이길 수 없다. 그렇다면 어떻게 하여야 하는가?

삼위의 하나님이 하나님 나라의 수복을 위해 모든 것을 함께하시듯이, 성도들도 반드시 함께 싸워야 한다. **"혼자 싸우면 지지만 둘이 힘을 합치면 적에게 맞설 수 있다. 세 겹줄은 쉽게 끊어지지 않는다"**라는 전도서의 말씀처럼(전 4:12). 성도들은 반드시 공동체로 모여서 영적 군대로 함께 싸워야 하는데 이것이 승리의 핵심이다.

교회는 세상 속에서 회복되기 시작한 하나님의 왕국이다. 이 교회는 작은 공동체이지만, 하나님의 사랑과 임재와 통치가 임하는 하나님의 가족이자 집이기에, 하나님께는 그 무엇보다 소중하다. 그러므로 성령님은 자신의 동역자들이 모인 교회를 통해서 사탄의 왕국을 무찌름으로써 하나님의 왕국을 점점 더 확장하실 것이며, 마침내 온 세상에 복음이 다 전해졌을 때 예수님은 제자들이 본 모습 그대로 다시 오실 것이다.

그렇다면 삼위 하나님 중에서 셋째 하나님이신 성령님은 어떻게 오실 것이며, 성령님이 오신 뒤에 하나님 나라는 어떻게 확장될 것인가? 이제 성령님의 사역을 알아보도록 하자.

주

1   나는 1993년 12월에 유명한 미국 어바나(Urbana)에서 열리는 어바나 선교대회를 참석하였다. 그때 대회의 마지막 날에 약 2만 명의 젊은이들이 성찬식을 했는데, 찬양밴드가 나와서 즐겁게 춤을 추며 찬양하는 모습과 참석자들이 기쁨으로 찬양하는 모습에 나는 충격을 받았다. 과연 예수님은 우리에게 무엇을 원하시며, 우리는 어떻게 반응해야 하는가? 나는 십자가의 의미를 다시 생각하지 않을 수가 없었다. 존 파이퍼는 하나님께서 우리의 죄를 예수님께서 지우기를 기뻐하셨다고

한다. '존 파이퍼, 『하나님의 기쁨』, (두란노, 2013), p197-227.' 그런데 예수님이 하나님이시기에, 하나님의 기쁨은 곧 예수님의 기쁨이다. 그러므로 예수님은 인간의 죄를 지시기를 기뻐하셨다는 의미가 된다.

2 톰 라이트는 예수님의 부활은 새로운 시대의 도래를 가리키는 상징이자 핵심이라고 주장한다. '톰 라이트, 『예수의 도전』, 홍병룡 옮김, (IVP, 2014), p199-200' 그의 주장처럼 부활은 인류 역사에 완전히 새로운 시대가 시작되었음을 알려 주는 사건이다.

3 부활은 하나님께서 이 세상에 사는 자녀들에게 주신 최고의 소망이다. 교회가 예수님의 재림을 소망하는 것도 예수님이 재림하셔야 부활하기 때문이다. 그런데 부활을 소망하려면, 먼저 이 세상이 절망적인 상태라는 것을 깊이 인식해야 한다. 아직도 세상이 살만하다고 생각하며 세상에 미련을 두는 사람은 절대로 부활을 소망할 수 없다. 게다가 교만한 인간은 무너져가는 세상에서도 헛된 낙관론으로 일관한다. 이것은 무신론(하나님이 없다고 믿는 믿음)을 넘어 반신론(하나님이 필요 없다고 생각하고 의지적으로 거부하는 믿음)이다. 이것에 관한 설명은 '팀 켈러, 『팀 켈러의 부활을 입다』, 윤종석 옮김, (두란노, 2021), p10-22'를 읽어 보라.

4 톰 라이트, 『하나님 아들의 부활』, 박문재 옮김, (CH북스, 2005), p371

5 하나님과 이웃을 지극히 사랑하는 삶에 관한 설명은 '제임스 에머리 화이트, 『이해할 수 없는 하나님 사랑하기』, 전의우 옮김, (IVP, 2005)'를 읽어 보라. 지금은 품절인데, 중고서적으로 구할 수 있을 것이다.

6 부활은 성육신과 십자가와 재림과 더불어서 예수님의 핵심 4가지 사역 중의 하나임에도 부활에 관한 책은 매우 적은 편이다. 특히 부활과 함께 수레바퀴의 한 축이라 할 수 있는 십자가에 비하면 확연하게 비교가 될 정도로 작다. 그나마 있는 대부분도 부활을 변증하는 책이다. 그러다 보니 부활의 중요성에 비해 일반적으로 성도들이 부활의 의미를 잘 모른다. 국내 서적 중에서 부활을 깊이 있게 다루는 책으로 '톰 라이트, 『하나님의 아들의 부활』, (CH 북스, 2005)'이 있지만, 탁월한 책임에도 너무 신학적이고 내용도 방대해서 일반 성도들이 읽기에는 부담스럽다. 그나마 『팀 켈러의 부활을 입다』, (두란노, 2021)가 부활의 의미를 통찰력 있게 설명한다.

그렇지만 부활을 증인으로 살았던 초대교회 성도들처럼, 역동적이고 도전적이며 능력 있는 삶을 살게 하는 부활의 능력에 대한 설명은 부족하다. 이것이 복음주의의 한계인데, 이런 점에서는 성령의 능력을 강조하고 추구하는 사람들(은사주의자)에게서 배울 점이 더 많다. 관심이 있는 사람들은 '케네스 해긴, 『믿는 자의 권세』, 김진호 옮김, (믿음의 말씀사, 2007)'; '앤드류 워맥, 『당신은 이미 가졌습니다』, 두영규 옮김, (믿음의 말씀사, 2010)'; '빌 존슨 & 크리스 밸러턴, 『왕의 자녀의 초자연적인 삶』, 김형술 옮김, (순전한 나드, 2008)'; 'R. T. 켄달, 『내일의 기름부음』, 박정희 옮김, (순전한 나드, 2014)'; '손기철, 『알고 싶어요. 성령님』, (규장, 2012)' 등을 읽어 보라.

PART 4

성령의 시간에 감추어진
교회의 신비(I)

1장
교회를 해산하시는 성령님

1. 오순절에 임하신 성령님
2. 권능으로 역사하신 성령님
3. 시작된 종말
4. 회개와 성령세례

1장   교회를
해산하시는 성령님

1. 오순절에 임하신 성령님

"오순절이 되어서, 그들은 모두 한곳에 모여 있었다. 그때에 갑자기 하늘에서 세찬 바람이 부는 듯한 소리가 나더니, 그들이 앉아 있는 온 집 안을 가득 채웠다. 그리고 불길이 솟아오를 때 혓바닥처럼 갈라지는 것 같은 혀들이 그들에게 나타나더니, 각 사람 위에 내려앉았다. 그들은 모두 성령으로 충만하게 되어서, 성령이 시키시는 대로, 각각 방언으로 말하기 시작하였다." **(행 2:1-4)**

❖ 오순절

예수님께서 승천하신 지 열흘 가까이 되면서 오순절이 되었다. 유월절과도 가까운 오순절이 되면 전 세계에서 몰려온 유대인들로 예루살렘은 발 디딜 틈도 없이 복잡해진다. 게다가 유대교로 개종한 이방인들까지도 몰려드니 예루살렘은 그야말로 북새통을 이루게 된다.

이스라엘의 절기는 모두 분명한 기원과 목적이 있다. 하나님은 출애굽한 이스라엘에게 직접 일곱 절기를 정해 주셨는데**(레 23장)**, 절기는 이스라엘의 명절들로서 기쁘고 즐거운 축제의 날이다. 여기에는 숨겨진 영적 비밀이 있는데, 그것은 바로 예수 그리스도이다**(골 2:16-17)**. 즉 예수님이 절기의 중심이다.

예수님은 세상 죄를 대속하기 위한 유월절 어린양이 되시려 유월절에 죽으셨고, 부활의 영광스러운 몸을 입기 위해서 무교절 기간에 무덤에 묻혀 계셨다(고전 5:7). 초실절은 유월절 이후 첫 안식일로서, 1년 농사의 첫 추수인 보리 추수가 시작되었음을 기념하는 날로서(레 23:9-11; 민 18:12-13), 예수님은 초실절에 다시 살아나심으로써 부활의 첫 열매가 되셨다. 이처럼 절기는 예수님을 예표하기 위해 하나님께서 정하신 특별한 날이기에(레 23:4), 절기마다 예수님과 관련해서 아주 중요한 사건들이 발생한다.

초실절 다음 절기는 오순절이다. 오순절은 초실절로부터 50일째 날인데, 이날은 1년 농사의 마지막 추수인 밀 추수가 시작되었음을 기념하는 날이다.[1] 그렇다면 오순절은 예수님과 어떤 관련이 있는가?

❈ 추수의 시작

제자들은 예루살렘을 떠나지 말고 성령님을 기다리라는 예수님의 말씀을 따라서, 어느 다락방에 모여 함께 성령님을 기다리고 있었다. 그런데 갑자기 성령님이 강한 바람 소리와 함께 타오르는 불길처럼 생긴 혀의 모양으로 제자들에게 임하셨다. 참으로 해괴한 모습이 아닐 수 없다. 불이면 불이지 혀는 또 무엇이며, 왜 성령님께서 혀의 모양으로 제자들에게 임한 것인가? 또한, 강한 바람 소리는 무엇인가?

바람은 보이지도 않고 손에 잡을 수도 없다. 어디로 왔다가 어디로 가는지도 모르는 종잡을 수 없는 움직임이다. 그러나 강한 바람이니, 보이지 않지만 분명히 느낄 수 있다. 성령님이 이러하시다. 성령님은 보이지 않지만, 분명히 느낄 수 있는 분이시다. 하지만 인간의 생각으로 예측할 수도 없고 능력으로 제어할 수도 없으시므로 인간에게는 성령님을 느끼고 따라가는 것밖에 할 것이 없다.

구약에서 불은 보통 하나님의 임재를 나타내지만 강렬함의 의미도 있다. 특히 불은 이전의 것을 다 태우고 새롭게 하는 힘이다. 따라서 성령님이 불처럼 임하셨다는 것은 이전의 것과는 완전히 다른 무엇을 행하실 강력한 힘으로 임재하신다는 것을 뜻한다. 이렇게 성령님을 받은 제자들은 갑자기 여러 지역의 언어로 하나님의 큰일을 전하기 시작했다. 그것이 무엇인지 정확하게 기록되지는 않았지만, 아마도 하나님의 큰일은 창조와 구원과 관련해 하나님이 하신 위대한 일일 것이다.

이것이 혀의 의미이다. 혀는 말을 의미하는데, 성령님께서 혀처럼 임하셨다는 것은 제자들에게 언어의 영으로 임하셔서 이전에 없던 새로운 언어를 하게 하셨다. 그리고 이렇게 하신 것은 히브리어를 쓰지 않는 다른 민족들에게 하나님의 큰일을 전하기 위함이었는데, 이는 이전에는 없었던 일이었다. 물론 한꺼번에 여러 사람이 예언한 적은 몇 번 있었지만, 동시에 전 세계의 여러 언어로 하나님의 놀라운 구원의 역사를 선포한 적은 한 번도 없었다. 하지만 덕분에 외국에 오래 살면서 모국어를 잊어버린 유대인만이 아니라, 외국에 살던 이방인들까지도 언어의 어려움 없이 하나님의 역사를 들을 수 있게 되었다(행 2:9-11).

이것에 충격을 받은 사람들이 웅성거리며 서로를 쳐다보고 있을 때 갑자기 베드로가 복음을 전하였는데, 하루에만 3천 명이 넘는 사람들이 회개하고 예수님을 구원자로 영접하여 세례를 받았다. 참으로 엄청난 숫자이다. 이때 구원받은 사람들이 자신들의 고향으로 돌아가서 함께 모이기 시작했다. 우리는 이것을 교회라고 부르는데, 그중에 대표적인 교회가 로마교회이며 그 외에 다른 교회들도 많이 세워졌을 것이다.[2]

이것은 바벨탑 사건을 뒤바꾼 획기적인 사건이었다. 바벨탑을 통해 하나님의 위치로 올라가려는 교만한 인간은 하나님의 심판으로 갑자기 다른 언어들을 쓰기 시작하면서, 같은 언어를 사용하던 사람들끼리 여러 지역으로 흩어지면서 여러 민족으로 나뉘게 된다. 그런데 이제 성령님께서 제자들이 여러 지역의 언어로 하나님을 전하게 하심으로써, 모든 나라와 민족들도 하나님을 알 수 있는 은혜를 베푸신다.

하나님은 이스라엘을 장자로 부르셨는데(출 4:22), 이제 오순절에 세상의 모든 언어로 복음을 전하심으로써, 모든 민족 중에서 자신의 차자로 삼으시기 시작하셨다. 이렇게 되면 그들도 구원받아 하나님의 백성으로서 새로운 정체성을 가지게 되면서(엡 2:15), 하나님의 성도이자 가족으로 구성된 새로운 민족이 된다.[3] 그러므로 이들에게는 민족, 언어, 지역, 인종에 의한 정체성은 더 이상 아무런 의미가 없다.

하나님은 이전에 없던 새로운 민족을 오순절에 창조하셨다. 오순절은 1년 추수에서 마지막 추수가 시작되었음을 기념하는 날이다. 성령님은 오순절에 임하심으로써, 이제부터 유대인을 넘어서서 이방인 추수가 시작됨으로 하나님의 나라가 본격적으로 온 세상으로 확장하기 시작했다는 것을 알려 주셨다. 이 추수는 영혼의 구원을 의미하는 영적인 추수로서, 구원받은 자들은 부활을 약속받은 자들이다. 육체적인 부활은 미래의 사건이지만, 그들의 영은 구원받는 순간에 다시 살아나기에(엡 2:6; 골 2:12) 성도가 된다는 것은 영적인 부활을 경험한다는 것을 의미한다.

예수님은 초실절에 부활하심으로써 추수의 첫 열매가 되셨고, 성령님은 오순절에 많은 이들을 구원하심으로써 그들도 부활에 참여하게 하셨다. 그럼으로써 만물의 회복에 참여하게 되고, 종말에 왕으로 오실 예수님의 길을 예비하신다.

2. 권능으로 역사하신 성령님

> "사람들이 이 말을 듣고 마음이 찔려서 '형제들이여, 우리가 어떻게 하면 좋겠습니까?' 하고 베드로와 다른 사도들에게 말하였다." **(행 2:37)**

❖ 초자연적인 회심

성령님의 능력을 받은 베드로가 설교하자, 하루 만에 무려 3,000명이 넘는 사람들이 회심하고 예수님을 믿었다. 이전에도 예수님을 따르던 사람들은 많았지만, 이런 일은 전례가 없다. 회심(conversion)은 돌아선다는 것이며, 이는 지난 삶을 떠나 하나님께로 완전히 돌아가서 이전과는 다른 새로운 길을 가는 것을 뜻한다. 그런데 이것이 통제와 안정을 좋아하는 인간에게 매우 어려운 일이어서, 여기에는 반드시 분명한 이유가 있어야 한다. 그렇다면 그 이유는 무엇인가?

불과 두 달 전에 산헤드린과 로마 총독 빌라도는 예수님을 반란죄로 몰아 십자가에 처형시켰다.⁴ 반란죄는 역모이며, 어느 왕국이든지 역모는 최고의 극형에 처하게 된다. 예수님께서 십자가에 처형당하실 때, 대부분 제자들은 죽음에 대한 두려움으로 인해 사랑하고 존경한다던 예수님을 버리고 도망갔다. 이것이 불과 두 달 전의 일이다. 하물며 제자들도 이러한데 다른 사람들이야 오죽하겠는가?

그리고 그때 유대인들은 예수님이 십자가에서 죽어야 한다고 미친 듯이 외쳤었는데, 갑자기 3천 명의 사람들이 돌변하여 예수님을 자기들의 구원자와 왕으로 받아들였다. 이것은 자칫하면 산헤드린과 로마에 의해 자신들도 역모로 십자가에서 처형될 수 있는 사건이었다. 실제로 로마에 저항하

던 수많은 사람이 역모로 십자가에서 공개처형을 당했기에 사람들은 로마의 잔인함과 십자가의 두려움을 잘 알고 있었다. 그런데 어떻게 이들이 갑자기 예수님을 메시아로 믿게 되었는가?

여기에는 두 가지 이유가 있다. 첫째로 부활에 대한 확신이다. 만약 예수님께서 진실로 부활하셨다면, 예수님은 하나님의 아들이었음이 분명하다 (롬 1:4). 왜냐하면 이런 부활은 전례가 없기 때문이다. 구약에서도 부활은 있었으며, 예수님도 죽은 자를 여럿 살리셨다. 그렇지만 누구도 부활을 예고하지도 않았으며, 자력으로 부활할 수도 없었다.

이것과 비교해 예수님의 부활은 완전히 다르다. 앞에서 설명한 것과 같이 예수님은 부활을 통해 죽음과 생명도 마음대로 하실 수 있는 전능한 하나님이심을 증명하셨으며, 이를 확신한 베드로는 예수님의 부활을 담대하게 선포했다(행 2:24-32). 게다가 이것은 너무나 많은 증인이 있기에, 도저히 반박할 수도 없는 진실이다. 따라서 남은 것은 믿든지 부정하든지 양자택일뿐이다.

두 번째는 성령님의 역사이다. 이것이 첫 번째보다 더 중요하다. 아무리 진리를 외쳐도, 어리석고 교만하고 완고한 인간은 절대로 쉽게 생각을 바꾸지 않는다. 들어도 깨닫지 못하는 어리석음과 자신이 전적으로 옳다고 여기는 교만함은 인간이 가진 가장 심각한 문제 중의 하나이다. 여기에 끝까지 고집하는 완고함까지 더해지면 그야말로 구제불능이다. 이것을 잘 보여 주는 것이 예수님의 사역이다. 사람들은 3년이 넘게 예수님을 직접 보고 듣고 경험했음에도 깨닫지 못하고, 나중에는 산헤드린의 꾐에 빠져 예수님을 십자가에 처형하라고 외쳤다. 이것이 인간이다. 그런데 어떻게 사람이 이렇게 갑자기 바뀔 수 있는가?

❈ 성령님의 역사와 새로운 마음

그것은 바로 성령님의 능력이다. 불같은 성령님이 제자들에게 임하자, 제자들의 설교에 능력이 나타나기 시작했다(히 4:12). 능력이 임하면 말씀이 달라지면서, 인간의 말이 아니라 능력 있는 하나님의 말씀이 선포된다. 하나님의 말씀에는 여러 가지 모습들이 있다. 매우 부드럽고 따뜻하고 온유한 말씀도 있지만, 때로는 아주 강렬하고 분명한 말씀도 있다. 욥기의 마지막 부분은 이것을 잘 보여 주는 좋은 예다. 하나님은 욥에게 폭풍이 몰아치는 가운데 질문을 하시는데, 권위와 지혜와 능력의 말씀 앞에 충격을 받은 욥은 할 말을 잃고 그저 듣고만 있었다(욥 38-41장). 이것처럼 거룩한 하나님의 말씀이 임하면 인간을 벌벌 떨 수밖에 없다.

보이는 행위도 마음대로 못 하는 인간은 보이지도 않는 마음(생각, 감정, 의지)을 바꿀 능력이 없다. 만약 이것이 가능하다면 지금쯤 우리의 삶도 세상도 완전히 달라져 있어야 하는데, 실상은 전혀 그렇지 못하다는 것은 오직 하나님의 능력으로만 가능하다는 것을 알려 준다. 그래서 하나님은 에스겔을 통해 성령님을 보내셔서, 직접 사람들의 마음을 바꾸어 주실 것이라고 하셨다(겔 11:19; 36:26).

사실 베드로의 말이 바뀐 것은 없다. 다만 그의 말에 성령님의 능력이 임하니, 베드로의 말을 들은 사람들이 양심의 가책을 느꼈다. 그러므로 그들의 마음이 갑자기 그것도 완전히 바뀐 것은 절대적으로 성령님의 능력에 의함이다.

이는 죄로 인해서 하나님의 말씀을 거역하던 교만하고 완고한 마음이, 성령님에 의해 온유하고 부드러운 마음으로 재창조되었다는 것을 의미한다. 그러자 사람들이 하나님의 말씀에 귀를 기울이게 되고 말씀을 받아들였다.

마음이 바뀌니 말씀이 들리기 시작하면서 말씀을 이해하고 말씀에 반응

한다. 진리의 말씀이 숨겨졌던 자신들의 죄를 드러내자 그들은 죄를 깨닫고 회개하고 하나님의 은혜를 구하였다. 하나님께서 자신들의 죄를 용서해 주지 않으면, 자신들에게는 아무런 소망이 없음을 깨닫게 되면서 사람들은 겸손해졌다.

사람들은 사망선고를 받으면 절망한다. 하나님으로부터 사망을 선고받은 그들도 절망하였다. 그러나 아무리 말기 암에 걸렸다고 해도, 확실한 치료법만 있으면 아무런 문제가 되지 않는다. 이것처럼 그들에게는 사망선고만 받은 것이 아니라 새로운 생명을 얻을 방법도 받았는데, 그것은 하나님께서 세상의 죄를 대속하기 위해서 예수님을 죽게 하셨다는 사실이다. 이것이 핵심이다. 하나님의 은혜로 마음이 부드러워진 그들은 이 사실이 믿어지자 자신의 죄를 회개하고 예수님을 구원자로 영접하였다. 이것이 회심이다. 그러므로 회심은 성령님의 역사이다.

오순절을 맞이하여 성령님이 임하셨다. 가족의 구원을 위해 33년 전에 성자 하나님께서 베들레헴에 오신 것처럼, 이제는 성령 하나님께서 구원의 역사를 마무리하기 위해 오순절에 마가의 다락방에 오셨다. 그리고 강한 능력으로 마지막 추수를 시작하시면서, 아브라함을 통해서 모든 민족이 복을 누리게 하겠다는 하나님의 언약이 드디어 본격적으로 성취되기 시작했다(창 12:3).

3. 시작된 종말

"이 일은 하나님께서 예언자 요엘을 시켜서 말씀하신 대로 된 것입니다. '하나님께서 말씀하신다. 마지막 날에 나는 내 영을 모든 사람에게 부어 주겠다. … 주님의 이름을 부르는 사람은 구원을 얻을 것이다.'" (행 2:16-21)

❈ 성취된 요엘의 예언

모든 제자가 외국어로 하나님이 하신 큰일을 전하자 사람들은 충격을 받았다. 베드로는 이것이 요엘의 예언이 성취된 것이라 했는데, 이 예언은 요엘서 2:28-32를 의미한다. 요엘의 예언은 3장밖에 안 되는 짧은 예언이지만, 종말에 일어날 심판과 구원과 관련된 사건을 기록한 중요한 예언이다.

요엘서를 비롯하여 예언서의 핵심은 심판과 구원이다. 예언서에는 언젠가 '여호와의 날(주님의 날)'이 올 것을 기록하고 있는데(사 2:2; 13:6; 렘 23:20; 암 5:18-20; 습 1:7, 14-15), 요엘서에는 다섯 번이 기록되어 있다(1:5; 2:1, 11; 31; 3:14). 여호와는 구원자이기에, '여호의 날'은 하나님께서 자신의 백성을 구원하는 날이다. 쉽게 생각하면 우리나라의 광복절과 같은 날이다. 그러니 이스라엘에게는 얼마나 중요하겠는가?

하지만 구원에도 순서가 있다. 대한제국이 해방되기 위해서는 먼저 침략자 일본이 심판받아야 한다. 이처럼, 하나님의 자녀가 구원하기 위해서는 먼저 이들을 억압하고 핍박하는 악의 세력이 하나님의 정의롭고 준엄한 심판을 받아야 한다. 하지만 하나님은 자녀들에게 그동안의 수고와 고난에 합당한 상급을 주실 것이다(사 40:10). 그리고 이 심판과 상급은 모두 최종적이며 영원하기에 악의 세력들에게 여호와의 날은 매우 무섭고 두려운 날이지만, 하나님의 백성에게는 기쁘고 복된 날이다. 그래서 이들은 이날을 소망하며 기다렸다.

그렇다면 하나님께서 구원하신다는 것은 무엇을 의미하는가? 우리는 흔히 구원을 죄 용서받고 영혼이 하늘에 있는 천국에 가는 것으로 생각하지만 이것은 전혀 성경적이지 않다. 구약의 예언서가 말하는 구원은 이 땅 위에 새로운 세상이 도래하는 것인데, 그때 모든 악의 세력은 심판받고 지상에서 사라지게 된다. 그렇게 되면 모든 갈등과 분열과 다툼과 파괴는 다 사라지게 되면서 평화와 안식과 기쁨과 정의만 있는 세상이 되는데, 구원받은 성도는 그곳에서 하나님과 이웃을 사랑하고 섬기는 삶을 살게 된다.

이사야에 의하면 그 세상은 맹수들도 어린양처럼 변하여 인간과 평화롭게 지내는 꿈만 같은 곳이다(사 11:6-8; 35:6-8). 그러나 저절로 이렇게 되지는 않는다. 이것은 모두 메시아에 의해서 이루어질 것인데, 메시아는 하나님을 대신하여 하나님의 능력과 지혜로 온 세상을 선하고 평화롭게 통치할 것이다. 그럼으로써 다니엘이 예언한 것처럼 메시아가 영원히 통치하는 왕국이 세워지게 된다(단 7:14, 18, 27).

❖ 종말의 시작

성경은 모든 사람이 하나님의 말씀에 온전히 순종하며 하나님만을 사랑하고 섬기는 새로운 시대가 올 것을 예언하고 있다. 그날이 오기까지 성도들은 세상에서 고난을 받겠지만, 종국에 하나님은 성도들이 자신이 재창조할 새로운 세상에서 영원히 살게 하실 것이다. 이것이 종말이다. 세상에서 종말은 마지막이지만, 성경에서 종말은 인간 중심적인 역사가 끝나고 메시아가 통치하는 새로운 시대의 도래를 의미한다. 한국에 살다가 외국으로 이민을 하게 되면, 한국의 삶을 끝나지만 외국에서 새로운 삶이 시작하는 것과 같다. 이것처럼 종말은 마지막과 시작이란 의미를 함께 담고 있다.

그렇다면 무엇이 시작되는가? 이것은 원래 상태로의 회복을 의미한다(행 3:21). 가령 우리는 경제가 빨리 회복되면 좋겠다고 하거나, 몸이 빨리 회복되기를 원한다고 말한다. 이때 회복은 경제가 어렵기 이전의 상태나 몸이 아프기 이전의 상태로 돌아가는 것을 의미한다. 이것처럼 성경은 세상이 회복될 것을 예언하고 있는데, 이는 타락한 상태 이전의 처음 상태로 되돌아가는 것이다. 이것이 종말이다.

종말에 이루어질 세상은 지금 우리가 사는 세상과는 완전히 다른 세상이기에, 현 세상에서는 도저히 이루어질 수 없는 세상이다. 아무리 정치적인 평화가 이루어진다고 해도 인간의 죄성이 바뀌는 것도 아니고, 맹수와 인간이 평화를 누릴 수도 없다. 따라서 이 세상은 판타지 소설이나 영화에서나 볼 수 있는 낙원이나 유토피아와 가깝다.

이곳이 성경에 기록되어 있는데, 바로 하나님이 매우 기뻐하셨던 에덴이다. 그러므로 종말에 이루어질 세상은 에덴의 상태로 변한 세상, 즉 창조의 원형을 회복한 세상임을 알 수 있다. 하지만 실제로 하나님이 완전히 회복하실 그곳은 에덴 이상의 아름다움과 신비로움이 있는 곳으로서(계 21-22장),[5] 하나님은 그곳을 통해서 창조의 기쁨을 회복하실 것이다.

이때 일어날 사건 중의 하나가 성도에게 임하시는 성령님이다. 하나님은 아담의 코에 생기를 넣으시면서 성령님도 함께 불어넣으셨다. 하나님은 에덴동산에 충만하게 임재하시고 성령님은 아담과 하와 안에 충만하게 머무시면서, 삼위 하나님과 에덴 공동체는 완전한 연합을 이루었다. 이것은 매우 중요한 의미가 있는데, 하나님은 그들의 하나님이 되고 그들은 하나님의 백성과 가족이 되었다는 것을 뜻한다.

이것이 성경 전체를 흐르는 핵심 사상이다. 그러나 그들이 죄를 지음으로 성령님과의 분리가 일어나 죽음이 찾아왔으며, 결국은 에덴에서도 쫓겨나게 되었다. 따라서 만약 하나님의 목적이 에덴의 회복이라면, 무엇보다 성령님께서 성도들에게 다시 임하셔서, 성도가 하나님과 다시 연합해야 한다.

구약에서 성령님은 소수의 사람에게 임하셨는데, 그것도 특별한 경우에만 잠시 임하셨다. 그런데 오순절에는 모든 제자에게 성령님이 임하셨다. 요엘은 종말이 되면 구원을 얻을 모든 사람에게 성령님이 임한다고 하였으며, 베드로도 사람들에게 회개하는 모두에게 성령님이 임하게 될 것이라고 하였다(행 2:38). 종말은 에덴의 회복을 의미하기에, 에덴처럼 모든 성도에게 성령님이 임했다는 것은 구약의 예언자들이 예언한 종말이 드디어 시작되었다는 것을 뜻한다.[6]

4. 회개와 성령세례

"사람들이 이 말을 듣고 마음이 찔려서 '형제들이여, 우리가 어떻게 하면 좋겠습니까?' 하고 베드로와 다른 사도들에게 말하였다. 베드로가 대답하였다. '회개하십시오. 그리고 여러분 각 사람은 예수 그리스도의 이름으로 세례를 받고, 죄 용서를 받으십시오. 그리하면 성령을 선물로 받을 것입니다.'" (행 2:37-38)

❖ 진정한 회심

베드로는 예수님의 부활을 근거로 종말이 시작되었음을 선포했다. 따라서 이제 곧 종말의 심판이 있을 것이며, 유대인이라고 해서 이것을 피할 수는 없다. 오히려 이들은 하나님의 아들을 십자가에 못 박아 죽게 한 죄에 대한 책임이 있기에, 이제 남은 것은 하나님의 준엄한 심판과 영원한 멸망뿐이다. 그러니 참으로 무섭지 않을 수가 없다.

하지만 한 가지 피할 방법이 있는데 그것은 회개하고 예수님을 영접하는 것뿐이다. 회개는 '생각을 바꾸다'라는 의미이다. 회개는 잘못된 생각을 바꾸는 것이다. 잘못된 생각을 바꾸려면 먼저 잘못 생각했다는 것을 깨닫고, 겸손히 인정한 다음 옛 생각을 버려야 한다. 그런 다음에야 새로운 생각을 받아들이게 된다.

이들이 버려야 할 옛 생각이란 지극히 인간적이고 종교적이며 세상적인 생각으로서 매우 어리석고 교만하며 악한 생각이다. 이것으로 인해서 이들은 하나님을 오해하고 창조주이자 왕이시며 구원자이신 예수님을 거부함으로써 하나님의 심판을 자초한 자들이다.

이들은 오랜 시간 동안 하나님의 심판으로 인한 제국들의 침략을 받았다. 그때마다 참혹한 파괴와 무서운 죽음을 겪었는데, 만약 회개하지 않으면 또다시 심판받을 수밖에 없다. 그러므로 이들은 옛 생각으로 인해 자신들이 하나님의 심판을 받을 수밖에 없는 끔찍한 결과를 초래했다는 것을 인정해야 한다. 그래야만 그 생각을 버릴 수 있다.

그러나 이것으로는 충분하지 않다. 옛 생각을 버림은 새로운 생각을 받아들이기 위함이다. 이들이 받아들여야 할 새로운 생각은 예수님은 하나님의 아들이며 자신들을 구원할 메시아라는 사실이다. 즉 메시아이신 예수님은 인간을 죄에서 구원하기 위해 십자가에서 죽으셨다는 사실을 받아들여야만 한다.

하지만 이것도 전부는 아니다. 유대인에게 메시아는 왕이다. 우리는 왕을 가볍게 여기지만, 그 시대 왕은 절대적인 권세로 통치하는 자로서, 백성들에게는 순종이 요구된다. 즉 메시아를 믿는다는 것은 예수님을 자신을 통치할 왕으로 받아들이고 예수님께 삶의 주권을 완전히 내어드리는 것을 의미한다. 그러나 예수님은 가족을 위해서 자신의 목숨까지도 아끼지 않으신 사랑의 아버지이시기에, 예수님을 메시아로 믿는 것은 강압이나 두려움이 아니라 사랑에 감복하여 자원해 믿는 것이다.[7]

누구든지 이것을 믿으면, 하나님은 그들의 죄를 용서하고 구원하셔서(롬 10:9), 거룩하고 의로운 사람이 되게 하신다. 이것은 참수를 앞둔 역적의 자녀들이 하루아침에 왕의 자녀가 되는 것보다 더 충격적인 사건이며, 이것은 오직 회심의 결과로만 주어지는 놀라운 은혜이다.

따라서 구원은 완전히 새로운 존재가 된다는 것을 의미하며, 새로운 존재이기에 새로운 삶을 살아야 한다. 이 삶은 예수님을 왕으로 섬기는 삶으로서, 자신에게 새로운 생명을 주신 예수님만을 사랑하고 따르며 섬기는 삶이다. 원래 이 삶은 에덴에서 아담이 살았던 삶이었는데, 오순절에 하나님은 성도가 이 삶을 살도록 구원해 주시고 성령님을 통해서 성도에게 예수님의 생명을 넣어 주셨다.

❈ 참된 세례와 회개

베드로의 설교를 듣고 회개했다는 것은 이 모든 것을 받아들였다는 것을 의미한다. 그런데 이것을 진정으로 받아들였다는 것을 어떻게 알 수 있는가? 그것은 세례로 알 수 있다. 성경이 말하는 세례는 지금처럼 머리에 물을 조금 붓는 세례가 아니라, 온몸을 완전히 물에 담그는 침례를 의미한다. 따라서 회개한 이들은 모두 침례를 받았다. 침례는 사람들 앞에서 나의 신앙을 고백하는 것으로서, 하나님의 은혜로 자신의 모든 죄가 용서받고, 완전히 새로운 존재로 태어난다는 믿음을 공개적으로 표현하는 행위이다.

문제는 이 고백이 절대 쉽지 않다는 사실이다. 불과 두 달도 안 되어서 예수님은 산헤드린과 로마에 의해 십자가에서 돌아가셨는데, 지금은 부활하셨다는 소문 때문에 산헤드린과 로마의 신경이 매우 곤두서 있는 상태였다. 이런 상황에서 세례를 받는다는 것은 산헤드린과 로마의 결정에 정면으로 도전하는 것과 같으며, 자칫하면 자신들도 매우 위험한 상황을 겪을 수도 있다. 그럼에도 예수님을 구원자이자 주인으로 모시겠다는 믿음을 세례를 통해 표현하는 것이다.

그런데 세례는 개인 신앙의 공적인 고백이다. 나만의 신앙이 아니라, 사람들 앞에서 고백하는 공적인 신앙이다. 그러므로 적당히 믿어서는 구원을 받을 수 없다. 구원을 받는 것은 모두에게 주어진 기회이지만 누구나 얻을 수 있는 것은 아니다. 여기에는 엄격한 자격심사가 주어지는데, 기준은 확고한 믿음의 고백이다(롬 10:9-10). 하나님의 나라는 단호하고 분명한 회심을 요구한다. 그렇지 않으면 손에 쟁기를 잡고서도 계속 뒤를 돌아보게 될 것이며, 하나님은 이런 사람들은 자신의 나라에 합당하지 않다고 하신다(눅 9:62).

이런 세례를 받게 되면, 죄 사함을 통해 구원받고 예수님과 연합하게 된다(롬 6:4). 구원은 내적인 변화이다. 그렇다면 구원받았다는 것을 어떻게 알 수 있는가? 성령님이다. 완전히 회심한 이들에게는 성령님이 임하셔서 이들과 함께하시지만, 성령님은 영적인 분이시기에 인간의 오감으로는 느낄 수가 없다. 하지만 여인이 임신하면 반드시 몸에 변화가 오듯이, 성령님이 임하시면 성도 안에는 새로운 변화들이 일어나는데 그것은 바로 예수님을 닮은 삶이다.

베드로는 왜 구원이 필요하고 어떻게 구원을 얻을 수 있는지를 가르치며, 그들의 반응을 촉구했다. 이 가르침에 많은 사람이 갈등했다. 복음은 옛것을 버리고 새것을 받아들여야 하기에, 둘 사이에서 갈등과 충돌이 일어날 수밖에 없다. 그렇지만 복음은 뒷문을 허용하지 않으며, 양다리도 허용하지 않는다. 복음은 받아들이든지 거부하든지, 둘 중의 하나이다. 결정하는 데 시간은 걸릴 수는 있지만, 구원에는 회색지대가 없다.

예수님은 베드로에게 자신을 어떻게 생각하느냐고 물으시자 베드로는 예수님은 메시아(그리스도)이자 하나님의 아들이라고 고백하였다(마 16:16). 유대인에게 메시아는 구원자이자 통치하는 왕이시며, 예수님은 하나님의 아들이시기에 신이시다. 그러므로 메시아이신 예수님은 유일한 예배의 대상이며 절대적인 순종의 대상이자, 사랑하는 가족과 늘 함께하시는 임마누엘의 하나님이시다.

　예수님은 이 고백 위에 교회를 세우시겠다고 분명히 말씀하셨다(마 16:18). 이 고백은 너무나 중요하다. 이 고백은 단순한 입술의 고백이 아니라 마음의 고백이며 삶의 결단이며, 이 고백을 한 사람들만이 구원을 얻어 교회의 지체가 될 수 있다. 반대로 이 고백을 하지 않은 사람들은 성도가 아니다. 아무리 교회를 오래 다니고 봉사를 많이 하고 직분을 받아도 진정한 고백이 없이는 성도가 아니다. 성도가 아니라는 것은 구원받지 못했다는 것을 의미하며, 외적인 조건과 상관없이 여전히 사탄의 자녀에 불과하다. 그리고 이 고백을 하지 않는 무리가 모인 교회는 교회가 아니라, 종교집단이요, 사교 단체이며, 세상적인 모임에 지나지 않는다. 베드로의 설교는 이것을 분명하게 알려 준다.

주

1 미국의 추사감사절이나 한국의 추석은 추수의 결실을 보며 기뻐하고 즐거워하는 명절이다. 그러나 이스라엘의 초실절이나 오순절은 추수의 시작을 감사하고 기뻐하는 날이다. 수확하기 전에 미리 감사하는 것이 우리의 풍습과 다른 점이다.

2 많은 사람이 이것을 신기하게 생각하지만, 한국에 세워진 첫 교회도 선교사들이 세운 것이 아니라 중국에서 예수님을 믿고 개종한 사람들이 조선에 돌아와서 자기 집에 세운 교회였다. 그들은 집에서 예배드리며 가족과 하인들과 이웃을 전도하면서 교회가 확장되었다. 초대교회와 똑같은 역사가 한국교회에서도 일어났다. 그러니 이것은 복음이 전해지면 당연히 일어나는 일반적인 현상이라고 생각할 수 있다.

3 구원과 관련해서는 더 이상 유대인과 이방인의 구분이 없는 새로운 사람이 탄생하였다는 것이며, 성경은 이것을 '한 새사람(one new man)'이라 한다. 하나님의 구원은 이스라엘을 중심으로 시작되었지만, 원래 아담의 후손은 유대인도 이방인도 아닌 단지 아담의 후손이었을 뿐이다. 따라서 새 사람이 창조되기 시작했다는 것은 에덴의 회복이 시작되었음을 알리는 중요한 징조이다. 새사람에 관한 자세한 내용은 '아리엘 블루멘탈, 『한 새 사람』, 김주성 & 고병헌 옮김, (리바이브 이스라엘, 2018)'를 참고하라.

4 원래 산헤드린이 예수님을 죽이기 위해 만든 죄명은 신성모독이었지만, 사형집행은 로마 총독이었던 빌라도에게 있었다. 그런데 이런 죄목으로는 종교에 관용적인 로마의 허락을 받을 수가 없었기에, 빌라도가 사형을 결정할 수밖에 없도록 로마가 가장 심각하게 생각하는 반란죄를 예수님에

게 덮어씌웠다.

5   새 예루살렘이 임하게 될 새 하늘과 새 땅은 죄의 가능성이 전혀 없고, 삼위 하나님의 보좌가 그곳에 있으면서 성도들과 함께 만물을 통치한다는 점에서 에덴 이상의 장소이다.

6   고든 피는 초대교회의 최고의 특징은 종말론적 공동체이며, 성령님이 오신 것은 교회가 종말론적 공동체임을 보여 주는 증거이자 종말이 시작된 것임을 주장한다. 자세한 설명은 '고든 피, 『바울, 성령, 그리고 하나님 백성』, p81-97'을 참고하라.

7   데이비드 베너는 그의 책 『사랑에 항복하다』에서 성도는 하나님의 사랑에 감복하여 자원하여 자신을 하나님께 전적으로 의탁한다(Surrender: 항복하다, 내어주다.)는 개념을 설명한다. 나는 이것이 진정한 회개와 하나님과 사랑의 관계의 시작이라고 생각한다. 자세한 것은 '데이비드 베너, 『사랑에 항복하다』 김성환 옮김, (IVP, 2005)'을 참고하라.

2장
재창조된 교회의 특징

1. 에덴 공동체
2. 가정교회
3. 교회, 하나님의 가족
4. 친밀한 사귐
5. 성령님의 능력
6. 하나님을 경외함
7. 사랑으로 성취되는 희년
8. 구원의 빛을 발함

2장 재창조된 교회의 특징

1. 에덴 공동체

"날마다 한마음으로 성전에 열심히 모이고, 집집이 돌아가면서 빵을 떼며, 순전한 마음으로 기쁘게 음식을 먹고, 하나님을 찬양하였다." **(행 2:46-47)**

❖ 성도들의 모임

베드로의 설교를 듣고 하루에 3,000명이나 회개하고 예수님을 믿었다.[1] 그런데 이들이 예수님을 믿고 죄 사함을 받아 천국에 가게 되었다는 사실에만 만족한 것이 아니라 함께 모이기 시작했다.[2] 이 모임을 헬라어 신약성경에서는 '에클레시아'로 기록했고, 한국어로는 '교회'라고 번역하였다. 교회(敎會)는 한자로 가르칠 '교'에 모일 '회'를 사용하는데, 한자로 교회는 가르치고 배우기 위해 모이는 곳이기에 교회를 학교, 학원, 서당 같은 곳으로 생각할 수 있다.

교회는 가르침이 중요하기는 하지만, 가르치고 배우기 위해서만 모이는 곳은 아니다. 에클레시아는 '성도들' 또는 '성도들의 모임'을 의미한다. 앞서 설명한 것처럼 원래 에클레시아는 시민 회의였는데, 한국어로 번역하면 '집회'나 '회중'이 가장 적절하다. 집회는 어떤 모임을 의미하고 회중은 그 모임에 참석한 사람들을 의미하기에, 집회와 회중은 세상의 어떤 모임과 참석자들을 의미할 수도 있는데, 성경에서도 이렇게 사용한 예가 있다(행 19:32, 39, 41).

하지만 에클레시아를 교회로 해석할 때는 공동체가 가장 적절한 번역이다. 우리는 교회를 생각하면 건물로 이해하는 뿌리 깊은 고정관념이 있지만, 실제로 교회는 공동체의 성격이 아주 강하다.[3] 그렇다면 공동체란 무엇인가? 공동체는 특정 이념이나 가치를 공유하는 사람들이 이것을 구현하기 위해 함께 생활하는 무리이다. 따라서 공동체가 되려면 반드시 함께하는 사람들이 있어야 한다.

교회도 마찬가지이다. 혼자서는 교회가 될 수 없는데 혼자는 단지 성도일 뿐이다. 교회가 되려면 반드시 성도들이 함께 모여야 한다. 교회가 공동체인 이유는 성경은 교회가 성도들이 함께 살아가는 삶의 공동체라고 가르치기 때문이다. 이것이 중요하다. 교회는 그냥 예배만 잠깐 드리고 헤어지는 곳이 아니라, 삼위일체 하나님을 믿는 믿음을 세상에서 구현하기 위해 함께 살아가는 생활공동체다. 특히 신앙이 교회의 핵심이기에 교회를 신앙공동체라고 할 수 있으며, 이것이 다른 공동체와 구별되는 교회의 특징이다.

✤ 성도들의 공동체

성경을 기록한 저자들이 교회를 뜻하는 단어로 에클레시아를 사용한 것은 이 단어가 교회의 진정한 의미를 가장 잘 설명하기 때문이다.[4] 에클레시아는 개최를 알리는 공고가 났을 때 18세 이상 남자 시민들만 참석하게 된다. 이처럼 교회로서 에클레시아도 하나님을 섬기기 위해서 하나님의 부르심을 받은 성도들만이 모이게 된다(고전 1:2). 교회는 성도는 자기가 원해서 모인 것이 아니라, 하나님께서 부르셨기에 모인다. 그러므로 교회의 주체는 성도가 아니라 하나님이다.

성도의 의미는 거룩한 사람이다(롬 1:7). 거룩의 뜻은 '구별됨'이기에, 성도는 하나님을 섬기기 위해서 세상과 구별된 사람들을 의미한다. 이들이 모인 공동체를 에클레시아라 하고, 에클레시아의 구성원인 성도는 하나님을 섬기기 위해 세상 사람들과는 구별되게 살아간다. 그렇지만 혼자 사는 것이 아니라, 군대처럼 분명한 목적을 가지고 함께 살아간다. 핵심은 하나님은 성도를 에클레시아로 부르시고, 성도는 이 부르심에 응답하여 에클레시아로 모인다.

그렇다면 왜 하나님은 성도를 부르셔서 에클레시아를 이루게 하시는가? 이것은 너무나 분명하고 간단한데 공동체가 하나님의 뜻이기 때문이다. 공동체의 속성이 있으신 삼위 하나님은 인간을 창조하실 때 자신의 속성을 넣어 주심으로써 자신처럼 공동체적인 존재가 되게 하셨다(창 1:26-27). 또한, 공동체는 하나님의 존재 방식이자 하나님의 기쁨이며 열정이기며, 하나님은 늘 공동체로 함께 사귐을 가지신다. 사역도 늘 함께하시는데, 단지 역할의 차이가 있을 뿐이지 서로가 긴밀하게 연결되어 유기적으로 활동하신다. 즉 상호소통, 상호합의, 상호분담, 상호존중, 상호의존, 상호섬김, 상호책임, 상호높임 등으로 함께 사역하신다.

이것이 하나님의 창조부터 시작해서 예수님의 구속의 사역과 성령님의 복음 전파 사역에 이르기까지 계속 이어진다. 그래서 하나님은 인간도 공동체로 모이게 하여서 함께 살아가게 하셨을 뿐 아니라, 구원 사역도 성도들의 공동체와 함께하신다.

이렇게만 이야기하면 개인은 하나님의 안중에도 없는 것처럼 생각할 수도 있지만 그렇지는 않다. 하나님은 개인도 소중히 여기시며 개인을 부르시지만 언제나 개인으로만 끝나지 않으신다. 개인의 부르심도 결국은 공동체에 참여시키기 위함이다.

성경은 이런 이야기로 처음부터 끝까지 이어진다. 하나님은 아담을 부르셔서 셋을 낳아 가족을 이루게 하셨다. 노아를 부르셨지만 노아는 가족과 함께 방주를 지었으며, 아브라함을 부르셔서 그를 통해 믿음의 가족을 이루게 하셨다. 요셉을 부르셔서 그를 통해서 야곱의 가족 공동체를 이집트에 오게 하셨으며, 모세를 부르셔서 이스라엘을 해방하고 광야로 이끌게 하셨다. 다윗을 부르셔서 이스라엘의 왕이 되게 하셨고, 예언자들을 부르셔서 이스라엘에게 말씀을 선포하게 하셨다. 이 모든 것은 이스라엘이라는 민족 공동체가 하나님을 섬기게 하기 위함이셨다.

나중에 하나님은 예수님을 세상에 보내셨지만 예수님도 제자공동체를 이루셨으며, 제자들은 공동체로 마가의 다락방에 모여서 성령님을 기다렸으며, 오순절에 오신 성령님은 에클레시아라는 공동체를 세우셨다. 끝으로 모든 성도는 공동체 안에서 함께 신앙생활을 하며 함께 예수님을 맞이한다. 이것처럼 하나님이 사람들을 부르시고 그들을 통해서 공동체를 이루셨으며, 그 공동체를 통해서 자신의 사역을 이루어 가셨다.

어떤 사람은 세례 요한은 혼자였다고 주장하지만 사실 세례 요한도 자신을 따르던 제자들이 있었으며(요 1:35), 그의 특징으로 보아 사역하기 전에 옛 세네파에서 훈련받았을 가능성이 큰데, 결론은 그는 혼자가 아니었다는 것이다. 사도들도 항상 공동체로 모여 있었는데, 그들이 사역할 때도 항상 그들과 함께하면서 도와주던 동역자들이 있었다. 그들의 사역의 가장 중요한 목적도 성도들의 공동체(에클레시아)를 세우는 것이었다. 그래서 바울도 공동체로 함께 전도한 다음에 반드시 에클레시아라는 교회를 세웠다. 그리고 공동체로 모이게 하고, 공동체 안에서 훈련하다가, 나중에 공동체를 남겨두고서 다른 곳으로 전도하러 가서 새로운 공동체를 세웠다.

이렇듯 성경에 공동체에 관한 이야기로 가득하다는 것은 삼위 하나님의 마음에 공동체를 향한 열정으로 가득하다는 것을 뜻한다. 이것이 가장 분명하게 나타난 것이 예수님의 선언이다. 예수님은 베드로에게 교회를 세우겠다고 하셨는데, 여기에 사용된 헬라어가 에클레시아이다(마 16:18). 에클레시아는 건물이 아니라 공동체이기에, 예수님의 계획과 열정과 의지는 건물이 아니라 공동체를 세우는 것이다. 세상 종교를 따라가려는 인간은 크고 화려하며 멋있는 건물을 좋아하는데, 심지어 예수님의 제자들도 마찬가지였다. 그들도 그 당시 최고의 건축물로 알려진 예루살렘을 성전을 기뻐하고 자랑했지만, 예수님은 이것에 전혀 관심이 없으셨다. 오히려 예수님은 진짜 성전인 자신을 알아보지 못하고 헛된 건물에 마음이 빼앗긴 그들을 안타까워하셨다(막 13:1-2; 눅 21:5-6).

하나님은 각 개인을 부르시지만, 결국 그 부르심은 공동체를 위함이다. 그리고 부르심을 받은 성도들이 모여서 공동체를 이루고 함께 하나님을 섬긴다. 삼위일체 하나님처럼 서로 합의하고 의존하고 섬김으로써, 서로를 기쁘게 하고 높이는 것이다. 이것이야말로 창조의 목적이 이루어지는 것이며, 하나님은 이것을 진정으로 원하신다.

❖ 에덴의 회복을 위한 공동체

성령님은 종말을 시작하시면서 교회를 창조하셨다. 이것은 교회가 태생적으로 종말과 깊은 관련이 있음을 알려 주는데, 교회는 종말을 준비하기 위한 공동체이기 때문이다. 그래서 교회는 처음부터 종말에 대한 믿음과 소망으로 살아가던 공동체였으며, 모든 성도가 기쁨으로 예수님의 재림을 맞이할 준비를 하던 공동체였다.

성경이 말하는 종말의 의미는 회복이다. 종말이 되면 타락으로 인해 비정상적인 상태가 된 만물이 정상적인 상태, 곧 에덴의 상태로 되돌아가게 된다. 성경이 말하는 종말은 예수님이 재림하시는 그날만이 아니라, 오순절부터 시작하여 메시아가 다시 오는 그날까지의 모든 시간이다. 따라서 종말은 상당히 긴 시간이며, 이 시간 동안 하나님은 점진적으로 자신의 나라를 회복하여 가시는데 그중의 핵심이 바로 교회이다.

성령님께서 창조하신 교회는 단순히 구원받은 무리가 모인 공동체가 아니라, 에덴의 회복을 위해서 부르심을 받은 공동체였다. 따라서 교회는 에덴의 완전한 회복을 소망하며, 성령님과 함께 그날이 속히 오도록 준비해야 할 책임을 부여받은 공동체이다(벧후 3:11-14). 그러나 이것보다 먼저 교회가 에덴의 축복과 영광을 경험하고 누리는 것이 더 중요하다. 그럴 때 강한 확신 속에서 더 굳건한 믿음과 뜨거운 소망을 가지게 될 뿐 아니라, 더 담대하고 열정적으로 복음을 전할 수 있다.

그래서 성령님은 교회라는 공동체 안에 에덴의 특징들을 회복하기 시작하셨다. 그것들은 하나님 안에서의 가족 관계, 친밀한 사랑의 사귐, 유기적 관계와 다양한 은사, 풍성한 진리의 말씀, 성도들의 하나 됨, 성령님의 임재와 능력, 충만한 기쁨과 자발적인 섬김, 종교적 의식이 없는 자유로운 예배, 사회적 귀천 없이 모두가 평등한 관계, 영적인 성숙함과 예수님을 닮은 거룩함, 열정적인 섬김과 겸손하고 온유한 마음, 모든 성도의 제사장 등이다.

초대교회는 지금의 교회와는 매우 다른데, 초대교회를 이해하는 핵심은 바로 에덴 공동체의 회복이며, 이것이 삼위일체 하나님의 구원 사역을 이해하는 핵심이기도 하다. 따라서 교회와 하나님의 구원을 이해하려면 먼저 에덴을 이해해야 하며, 교회의 성숙함의 표지도 교회 안에 에덴이 얼마나 회복되었는가이다.

2. 가정교회

> "날마다 한마음으로 성전에 열심히 모이고, 집집이 돌아가면서 빵을 떼며, 순전한 마음으로 기쁘게 음식을 먹고, 하나님을 찬양하였다." **(행 2:46-47)**

❈ 새로운 성전이 된 성도들의 모임

하나님은 가족을 위해서 에덴이라는 집을 지으시고, 그곳에 머무시면서 사랑하는 그들과 함께 지내셨다. 비록 그들이 죄를 범하여 에덴을 떠나야 했지만, 하나님은 그곳에서 가족들과 다시 함께하고 싶은 마음뿐이었다. 이 마음이 레위기 26:11-13에 잘 나타나 있다. 하나님은 절대로 가족을 싫어하지 않으신다. 때때로 분노하시는 모습도 보이시고 심판도 하시지만, 하나님의 진심은 안타까움과 그리움이다(렘 31:20; 애 3:31-33). 그래서 하나님의 꿈은 가족들을 구원하고 그들이 살 집을 마련하여 그곳에서 그들과 다시 함께 사는 것이다. 성막과 성전은 이것을 위한 하나님의 열정과 의지를 잘 보여 준다(출 25:8).

무엇보다 이것을 명확하게 보여 주는 것이 예수님이다. 예수님은 인간의 몸을 입고 직접 이 땅에 오셔서, 제자들을 모아서 공동체를 이루고 그들과 동행하시며 모든 것을 함께하셨다. 함께 먹고, 걷고, 이야기 나누고, 자고, 사역하신 것이다. 참으로 예수님은 제자들과 함께 가족처럼 생활하셨는데, 억지로 하신 것이 아니라 기뻐하고 좋아하셨다. 그래서 예수님은 이름도 임마누엘이다.

그런데 오순절에 성령님이 제자들에게 오심으로써, 새로운 단계로 접어들게 된다. 성령님은 구원받은 성도들 안에 들어와 성도와 더불어 사시게 되면서 성도 자신이 거룩한 성전이 된다. 성전의 가장 중요한 기능은 하나님의 임재인데, 이제 구원받은 성도 모두에게 성령님이 임하심으로써, 모든 성도가 성전이 되었다(고전 3:16; 6:19).

그러나 성도만이 성전은 아니라 성령님은 성도들이 모인 모임에도 임재하신다. 오순절에 성령님이 임하신 그곳이 대표적이다. 성도들의 모임도 성전이 되면서(엡 2:21-22), 구약과는 완전히 다른 새로운 성전이 등장했는데, 건물이 성전이 아니라 모임이 성전이라는 것이며 이것이 원래 하나님이 원래 창조의 계획이었다.

아담과 하와 안에 성령님이 임재하심으로써 아담과 하와는 성전이 되었다. 그리고 아담과 하와가 살던 에덴에 하나님이 임재하심으로써, 에덴도 성전이 되었다. 아담과 하와 자신이 성전이었으며, 아담과 하와가 살던 에덴은 그 자체가 성전이었다. 따라서 그곳에서는 건물로서의 성전이 전혀 필요 없다. 아담과 하와는 어디에서든지 하나님을 만날 수 있었고, 어디에서라도 예배를 드릴 수 있었다. 예수님께서 사마리아 여인에게 말씀하신 대로, 예배를 드리기 위해서 특정 장소를 갈 필요가 전혀 없는 것이다(요 4:21-23).

어떤 이들은 사도행전 2:46에서 성도들이 성전에 모였다는 것을 근거로 하여 초대교회도 성전에서 예배를 드렸다고 주장한다. 그러나 이것은 지극히 우리의 관점에서 성경을 오해한 것이다. 베드로나 요한처럼 개인적으로 기도하러 갈 수는 있지만, 성도들이 성전에 모인 것은 여러 사람을 만나기 위해서 가장 좋은 장소이기 때문이다. 그곳은 장소도 넓고 모든 사람이 다 알고 있으며, 많은 사람을 만날 수 있다. 우리가 교통이 좋고 만나기 편한 곳에서 만나듯이, 그들에게는 성전이 그런 곳이었다. 따라서 성경은 그들이 성전에서 모였다고 하였지, 예배를 드렸다고 하지 않았다.

❖ 집에 임재하시는 하나님

오순절 이후에 제자들은 예배를 위해 새로운 장소를 사용했다. 사도행전 2장을 보면 구원을 받은 이들이 성도들의 집에서 모이기 시작했다.[5] 아주 많은 사람이 회심하였기에 많은 가정집에서 모였을 것이다. 그리고 그들은 함께 모여 밥을 먹고 예배를 드리며 교제하였는데, 성경에 의하면 그들이 매일 모였다고 한다(행 2:46).

그런데 그들은 예배만 드린 것이 아니라, 같이 밥도 먹고 재산까지도 나누었다. 이것은 완전히 생활공동체가 된 것을 의미한다. 가족을 식구라고도 하는데, 식구(食口)는 함께 밥 먹는 사람이다. 밥을 같이 먹는다는 것은 단순히 음식을 먹는 것이 아니라, 삶을 함께 살아가는 존재가 되었다는 것을 뜻한다. 우리가 물질을 가장 많이 사용한 사람들도 가족이며, 시간을 함께 가장 많이 보내는 사람도 가족이다. 가족은 삶을 공유하는 사람이자 자신의 한 부분이기에 중요한 것을 아낌없이 나눈다.

성도들이 함께 모인 것은 여러 이유가 있지만, 그중에 하나는 이들은 하나님 안에서 한 가족이 되었기 때문이다. 신약성경은 교회를 여러 가지 비유로 설명하는데 핵심은 하나님의 가족이다(엡 2:19; 딤전 3:15). 이 개념이 교회에 관한 모든 개념 중에서 가장 중요하다. 모든 성도는 하나님 안에서 형제자매들이기에, 하나님 안에서 한 가족이 되었다. 가족이 되었기 때문에, 서로 모여서 밥을 먹고 교제를 나누며 물질도 나누면서 함께 살아간다.

그렇지만 성도들이 함께 모일 때 그들만 함께 있는 것은 아니다. 예수님은 두세 사람이 예수님의 이름으로 모일 때 예수님도 그곳에 함께하시겠다고 하셨는데(마 18:20), 그들이 모일 때 성령님이 그들과 함께하시면서 공동체의 성령님으로 임재하신다(엡 2:21-22). 이 공동체는 하나님의 가족이기에 그들이 모인 그곳은 하나님이 임재하시는 하나님의 집이 되며, 하나님과 가족이 모인 공간이기에 그 공간은 매우 특별한 공간이요 거룩한 공간이 된다.

구약에서는 성전을 하나님의 집이라 하였는데(시 84:10; 135:2; 단 5:3), 집은 거주하는 곳이다. 구약에서 하나님은 성막이나 성전에서 거주하셨지만, 이제는 성도들이 모인 공동체를 집으로 삼고 그곳에 거주하신다. 그곳에서 사랑하는 가족이 된 성도들과 함께 살고 싶으셨다. 하나님은 그곳에 임재하셔서 성도들을 만나 주시고, 성도들은 그 임재 안에서 기뻐하고 즐거워한다. 따라서 성도들은 공동체를 영적인 집으로 삼아서 하나님과 함께 살게 되기에 교회가 모인 가정집은 하나님이 임재하시는 거룩한 집이 된다.

우리는 자꾸 특정한 장소를 거룩한 곳으로 여기는 경향이 있다. 그래서 교회 예배당을 성전이라 부르고, 설교하는 강단을 거룩하게 여긴다. 그러다 보니 괜히 그곳이 더 거룩한 곳처럼 여겨져서, 나도 모르게 엄숙하고 경건해져야 할 것 같은 생각도 든다. 그러나 특정 장소가 거룩한 것이 아니라, 하나님께서 임재하신 곳이 거룩한 곳이다. 거룩의 기준은 하나님의 임재이다.

예를 들어서 모세는 불타는 떨기나무를 목격하였는데(출 3:1-6), 그곳은 모세가 늘 지나다니던 곳이었다. 그런데 어느 날 갑자기 하나님께서 그곳에 임재하지 않으셨다면서, 그곳은 갑자기 거룩한 곳이 되었다. 그래서 하나님은 모세에게 신을 벗으라고 하셨다. 반대로 거룩한 도성이라 불렸던 예루살렘도 하나님의 임재가 사라지자(겔 10:18; 11:22-23), 바빌론에 의해서 잿더미가 되어 버린다. 성전도 마찬가지이다. 아무리 크고 화려하고 최신식이라 해도, 하나님이 임재하지 않으면 돌덩어리에 지나지 않는다.

이것처럼 특정 장소가 거룩한 것이 아니라, 하나님께서 임재하시는 곳이 거룩한 곳이다. 아무리 화려한 예배당이나 웅장한 강단도 성령님이 임재하지 않으면 콘크리트 덩어리에 불과하다. 대표적인 것이 헤롯이 지은 예루살렘 성전이다. 헤롯 성전은 그 당시 규모나 화려함에서 타의 추종을 불허했지만, 성전의 핵심인 언약궤가 없었다. 언약궤가 없다는 것은 하나님의 임재도 통치도 없다는 것을 의미하기에, 헤롯 성전은 하나님께는 아무런 의미가 없는 돌덩어리가 불과한 것이었다. 그래서 무려 84년에 걸쳐 완공된 성전이었지만, 완공된 지 불과 6년 뒤에 로마에 의해서 완전히 잿더미가 되고 만다. 반대로 부르심을 받은 성도들이 모이면 설사 그곳이 감옥이라 해도 거룩한 곳이 된다.

그러므로 건물이나 특정 장소를 신성시하는 것은 어리석고 헛된 믿음이다. 성도가 거룩한 사람인 것도 도덕적으로 깨끗해서가 아니라, 성령님께서 성도 안에 임재하시기 때문이다. 성도가 모인 곳이 거룩한 곳이 되는 것도 성령님이 그곳에 임재하기 때문이다. 예수님도 여러 가정집을 돌아다니시며 사역을 하셨는데, 예수님께서 방문하실 때마다 그곳은 하나님께서 자녀를 만나는 거룩한 성전이 되면서 세상 속으로 성전이 확장되었다.

예수님은 새 술은 새 부대에 담아야 한다고 하셨다(마 9:17). 옛 술은 율법이며, 율법을 담은 옛 부대는 성전과 제사와 제사장이다. 구약은 옛 술과 옛 부대의 시대였지만, 신약은 새 술과 새 부대의 시대이다. 새 술은 발효되어 부풀어 오르기에 낡은 옛 부대에 담으면 터져 버린다. 옛 부대는 복음이 가르치는 성령님의 역사, 진정한 자유, 사랑의 사귐, 유기적 관계, 하나 됨, 모든 성도의 제사장 등을 담을 수가 없다.[6] 그러므로 새 술은 반드시 새 부대에 담아야 하는데, 새 술은 복음이며 복음을 온전히 담는 새 부대는 가정집이었다.[7] 이런 이유로 예수님도 사도들도 성전이 아니라 가정집에서 소규모로 모였다. 그러므로 성도들이 모인 가정집은 그냥 집이 아니라, 성령님이 임재하시는 거룩한 성전이다.

초대교회는 이것에 대한 분명한 인식이 있었기 때문에, 건물로서의 성전에는 관심이 없었다.[8]

3. 교회, 하나님의 가족

"그들은 사도들의 가르침에 몰두하며, 서로 사귀는 일과 빵을 떼는 일과 기도에 힘썼다. … 집집이 돌아가면서 빵을 떼며, 순전한 마음으로 기쁘게 음식을 먹고, 하나님을 찬양하였다." **(행 2:42, 46-47)**

❖ 가족 모임과 집

하나님은 구원받은 가족들을 부르셔서 공동체로 모이게 하셨는데 모이려면 장소가 필요하다. 사도행전은 처음 교회가 시작되었을 때, 교회가 가정집에서 모였다고 기록한다. 초대교회가 가정집에서 모인 것은 부인할 수 없는 사실이다.

대부분 사람은 초대교회가 가정집에서 모인 것은 환난과 핍박 때문이었다고 생각한다. 그러나 사도행전의 기록들은 교회가 환난과 상관없이 가정집에서 모였음을 알려 준다. 교회에 가해진 첫 핍박은 산헤드린에 의한 것이었는데, 이 핍박으로 인해서 예루살렘에 있던 교회는 외부로 도망가게 된다. 이것이 사도행전 8장에 기록되어 있다(행 8:3). 그렇지만 사도행전 2:46과 5:42는 핍박 이전에도 교회가 가정집에서 모였다는 것을 가르쳐 준다.

나중에 로마 제국 여러 지역에 살던 유대인 신자들이 전통 유대인에 의해서 핍박을 받기는 하지만, 그것이 로마 제국에 의한 핍박은 아니었다. 이방인 신자들도 어려움이 있기는 했지만 핍박받은 것은 아니었다. 이방인 교회가 본격적으로 핍박받은 것은 로마 화재 이후 네로 황제에 의해서였다 (AD 64).[9] 그런데 성경의 여러 구절은 이방인 교회들이 핍박 이전에도 가정집에서 모였음을 알려 준다(행 12:12; 16:40; 20:20; 롬 16:5; 고전 16:19; 골 4:15; 몬 1:2). 따

라서 핍박 때문에 어쩔 수 없이 가정집에서 모였다는 우리의 생각은 잘못된 것임을 알 수 있다.[10]

초대교회 성도들은 의식적으로 가정집에서 모였다.[11] 그렇다면 왜 성도들은 집에서 모였을까?[12] 사실 집은 종교활동을 하기에는 적절하지 않은 장소이지만, 성령님께서 성도들을 집에서 모으신 이유는 새로운 가족으로서 함께 사랑의 관계를 맺기에 가장 최적화된 장소이기 때문이다.[13] 집은 삶을 영위하는 곳이다. 그리고 가족은 함께 살아가는 공동체인데, 혈육으로 맺어졌기에 공동체 중에서도 가장 끈끈한 공동체이다. 가족과 집은 삶을 영위하기 위해 가장 중요한 요소일 뿐 아니라, 동서고금을 막론하고 인간에게 가장 신성한 것으로 여겨졌다.

우리도 많은 사람을 만나지만, 집에서 만나는 사람들은 아주 소수이다. 누군가에게 집을 제공하고 집에서 사람들을 맞이한다는 것은 인간관계에 있어서 아주 친밀하고 신뢰하며 중요한 사람이라는 것을 뜻한다. 그래서 손님을 초대해도 식당에서 초대하는 것과 집으로 초대하는 것은 의미가 다르다. 그리고 집에서 모이면 어느 곳보다도 더 친밀함과 편안함을 느끼게 되며, 심지어 피곤하면 누워서 쉴 수도 있다. 이것이 집이다.

하나님은 성도를 하나님 나라의 백성으로만 삼으신 것이 아니라, 가족으로 삼으셨다. 그 결과 모든 성도는 성령님 안에서 예수님의 한 몸을 이루는 영적인 가족이 되었는데, 하나님의 관점에서는 이것이 진정한 가족이다. 예수님도 제자들에게 자신의 진정한 가족은 육적인 가족이 아니라 성도들로 구성된 영적인 가족이라고 말씀하셨다(마 12:48-49). 육신의 가족은 죽음으로 헤어질 수 있지만, 영적인 가족은 하나님의 나라에서 하나님과 영원히 살 사람들이다.

하나님은 성도의 가정집을 자신의 집으로 삼으시고, 그곳으로 다른 가족을 부르신다. 사실 성도는 하나님의 자녀이고 하나님은 성도의 집에 임재하시기에, 성도의 집은 곧 하나님의 집이기도 하며 그곳에 모인 성도들은 하나님 안에서 새롭게 가족이 된 사람들이다. 마치 한 아버지 아래에 여러 사람이 입양된 것과 같다. 그러다 보니 서로가 잘 아는 사람들도 있겠지만, 처음 만나는 사람들도 있었다. 그렇지만 전혀 상관없다. 이들은 이제 하나님 안에서 한 가족이며, 가족이기에 가족으로서 모임을 한다.

따라서 교회 안에서는 세상적인 신분이 적용되지 않는다. 세상에서의 귀천은 세상에서나 해당되는 것이며, 교회 안에서는 모두가 하나님의 가족일 뿐이다.[14] 귀족과 노예가 한 형제가 되고, 이방인과 유대인이 한 자매가 되며, 부자와 가난한 자가 한 가족이 된다. 이것이 교회이기에, 교회는 모두가 평등한 사회이다. 따라서 성도가 된다는 것을 이것을 인정하고 받아들인다는 것을 의미한다.

❖ 가족 모임과 예배(식사와 가족 모임)

성도들의 모임은 하나님의 가족으로서의 모임이다. 하나님의 가족이 된 것은 하나님의 전적인 은혜이기에 하나님께 감사하고 찬양을 드린다. 그렇지만 먼 곳에서 온 사람들도 있다 보니 서로가 잘 모를 수도 있어 서로 교제를 나눈다. 지난날의 삶을 나누고, 회심하게 된 계기들을 나누며, 변화된 삶을 나누었다. 서로의 이야기를 들으면서 서로를 알아 가는데, 이런 시간이 얼마나 즐거운지 모른다. 특히 먼 곳에서 살던 사람들의 이야기는 더 흥미롭고 재미있기 마련이다. 그러면서 조금씩 더 가까워지고 친해진다.

그렇지만 가족, 형제, 친구, 이웃 중에서 예수님을 믿지 못한 이들이 있는데 이들도 모두 구원이 필요하다. 구원은 오직 예수님을 영접할 때만 얻는다. 게다가 이제 종말이 시작되었기 때문에, 예수님이 다시 오시기 전에 빨리 믿고 구원받아야 한다. 이 때문에 이들은 구원을 위해 함께 열심히 기도했을 것이며, 이런 시간을 함께 보내면서 영적인 동지애를 느꼈다.

이렇게 하다 보니 어느덧 시간이 많이 지나서 배가 고파 같이 밥을 먹었다. 그렇지만 이 식사는 단순한 식사가 아니다. 예수님은 돌아가시기 전 마지막 유월절에 제자들과 함께 식사하시면서, 빵과 포도주로 자신의 죽음을 기억하라고 하셨다(눅 22:19). 유대인에게 빵과 포도주는 우리에게 밥과 국과 같은 의미이다.

이 식사는 여러 가지 의미가 있다. 하나님 안에서 한 가족이 되었다는 믿음의 의미가 있으며, 하나님의 나라에서 누릴 기쁨의 잔치를 소망하는 의미가 있으며, 예수님의 희생적인 사랑으로 이런 은혜를 누리게 되었다는 감사의 의미가 있다. 예수님의 피는 생명을 의미하고 예수님의 몸은 존재를 의미한다. 그러므로 포도주와 빵을 먹는다는 것은 예수님을 먹음으로써, 예수님과 내가 연합하여 내 안에 예수님이 사신다는 것을 뜻한다.

또한, 포도주와 빵이 있는 식사는 예수님으로 말미암아 새로운 생명을 얻었고 새로운 존재가 되었기에, 이제 새로운 신분에 따른 새로운 삶을 살겠다는 고백이며, 이 삶은 하나님의 자녀로서의 삶이다. 따라서 이 식사는 단순한 식사가 아니라 성찬(聖餐)이다. 그렇지만 우리가 생각하는 무엇인가 근엄하고 경건한 의식이 아니라, 하나님의 은혜로 구원받은 가족들이 모인 기쁨의 식사이다.

이런 식사의 중요성은 이미 모세가 신명기에서 언급한 적이 있었다. 모세는 이스라엘이 가나안에 정착해서 평화롭게 살게 될 때, 한 명도 소외됨 없이 하나님 앞에서 모두가 함께 즐거운 식사를 할 것을 가르쳤다(신 12:10, 12, 18; 14; 11:27-28). 핵심은 하나님 앞에서 모두가 함께 즐겁게 식사하는 것이다. 가나안은 영적으로 하나님의 나라를 의미하고, 신명기는 하나님 자녀들의 삶을 가르치는 책이다. 그러므로 그의 가르침은 하나님의 자녀들이 하나님의 나라에서 평화와 안식을 누릴 때, 그들이 이웃과 어떤 관계를 맺어야 하는지에 관한 것이었다. 그것은 하나님 안에서 가족 됨을 누리는 것인데, 이것이 식사에서 이루어진다. 그러므로 그들에게 식사는 매우 중요한 의미가 있는데, 실제로 이것이 완전히 성취되는 것이 바로 초대교회였다.

❖ 교제로 드리는 예배

성도들이 모였지만, 이 모임의 주체는 성도들을 부르신 하나님이다. 따라서 성도들은 하나님의 말씀을 들어야 하며, 이것이 교회의 특징이기도 하다. 먼저 이들은 서로 자신들이 깨달은 하나님의 말씀들을 나누었을 것이다. 이들의 대부분은 유대인이기에 어렸을 때부터 율법을 배우고 따랐지만, 모르는 것도 이해할 수 없던 것도 많았다. 무엇인가 이상해도 전통이기에 그냥 따랐는데, 베드로의 설교를 듣고 새로운 것을 깨닫기 시작했다. 그 당시 예수님은 워낙 유명했을 뿐 아니라, 온 유대를 돌아다니며 사역하셨기에 상당수는 예수님을 직접 보고 들었다. 그런데 그때는 다 알지 못했던 것들이, 예수님을 믿고 나니 새롭게 이해가 되었다. 그들은 이런 것들을 기억하며 서로 나누었을 것이며, 아마도 진지한 토론도 있었을 것이다.

그럼에도 다 이해할 수 없는 것들이 많아서 그들은 자신들을 도와줄 사람을 불렀는데 그들이 바로 사도들이다.[15] 이들이 사도를 초청하자, 사도들은 기꺼이 왔다. 사도들을 초청한 이들은 예수님을 알고 싶어 하는 사람들일 뿐 아니라, 이제는 하나님 안에서 한 가족이 된 사람들이다. 그들도 사도를 만나는 것이 영광이자 기쁨이지만, 사도들도 이들을 만나는 것이 기쁨이었다. 그래서 새로운 가족이 된 그들에게 밤늦도록 예수님을 전했다.[16] 그들은 무려 3년이나 예수님의 말씀을 듣고 배웠고, 보고 경험한 것도 많다 보니 전할 것도 너무나 많았다. 그리고 사도들을 통해서 배웠으니 얼마나 깊은 진리들을 배웠을까?

사도들은 예수님에 대해서도 가르쳤겠지만, 이런 것들이 구약 예언자들의 예언과 어떤 관련이 있는지 가르쳤다(행 26:22-23; 28:23; 벧전 1:12). 사람들은 그동안 궁금했던 것들도 물어볼 것이며, 사도들은 대답해 준다. 그러면서 퍼즐들이 맞추어지기 시작하면서, 비어 있던 퍼즐들 때문에 도저히 알 수 없었던 그림이 조금씩 맞춰졌다. 인간에게는 지적인 호기심이 있기에, 배우고 깨닫는 즐거움이 너무나 크다. 그들이 그랬다. 그것도 구원과 관련된 것이었기에 얼마나 재미있고 기뻤을까? 그러니 전혀 지루하지 않았을 뿐 아니라 오히려 흘러가는 시간이 아쉬웠다.

이 모임을 예배라고 한다.[17] 새로운 예배는 이렇게 시작되었다. 예배에 대한 신학적인 정의가 많지만, 어렵게 설명할 필요가 없다. 예배는 하나님의 가족 모임이며, 이 예배의 핵심은 교제이다. 이 교제는 성도들 간의 교제요, 삼위 하나님과의 교제다(요일 1:3). 그들이 교제를 나누는 이유는 하나님을 사랑하고 새로운 가족들을 사랑하기 때문이다. 그러므로 사랑이야말로 교제의 원동력이며, 교제가 없는 예배는 예배라고 할 수가 없다.

생각해 보라. 부모님을 만나러 갔는데, 아무런 말도 없이 그저 가만히 앉아만 있다가 오는 것을 만남이라고 할 수 있는가? 예배는 교제를 위한 만남인데, 교제가 없는 만남은 팥 없는 팥빵과 같다. 그리고 이 교제의 요소들은 찬양, 기도, 감사, 식사, 말씀, 사귐, 섬김 등이다. 우리는 흔히 사귐을 교제라고 생각하지만, 영적인 교제는 우리가 생각하는 것보다 훨씬 폭이 넓고 다양하다.[18] 이 모든 것이 어우러질 때 풍성한 교제가 이루어진다.

교제의 특징은 모든 성도가 적극적이며 기쁨으로 참여하는 것이다. 이는 모든 성도가 교제에 참여하라고 부르심을 받았기 때문이며, 성령님의 사랑이 이들의 마음을 감동하여서 교제에 참여하게 하시기 때문이다.

또 한 가지 특징은 자유이다. 이 모임은 친밀한 가족 모임이기에 지금처럼 어떤 형식이나 전통이 필요 없다. 오히려 성령님은 예배는 하나님의 가족 모임이기에 성도들이 인간들이 만든 종교적인 의식과 제도에서 벗어나, 편안하고 즐거운 분위기에서 자유롭게 예배드리게 하신다(고후 3:17).

인간이 만든 형식과 의식과 제도와 전통은 인간이 보기에 경건해 보이지만, 결국에는 바리새인들처럼 하나님과의 사랑의 관계를 종교적인 행위로 바꾸어 버린다(골 2:22-23). 그리고 이것은 에덴의 특징도 아니고 하나님의 뜻도 아니다. 하나님이 기뻐하신 에덴의 교제는 자발적이고 창조적인 섬김과 기쁨의 참여로 이루어졌다. 여기에는 자유가 필수이다.[19]

에덴이 회복된 교회도 마찬가지이다. 교회는 이전의 헛된 종교적인 생활 방식에서 해방된 공동체이며(벧전 2:17), 성령님을 따라서 사랑과 자유로 관계를 맺을 때 진정한 사귐이 이루어진다(갈 5:13). 그리고 사귐의 열매는 기쁨과 충만과 성숙과 연합이다. 이것이 바로 초대교회의 예배의 특징이다.

4. 친밀한 사귐

> "그들은 사도들의 가르침에 몰두하며, 서로 사귀는 일과 빵을 떼는 일과 기도에 힘썼다. … 집집이 돌아가면서 빵을 떼며, 순전한 마음으로 기쁘게 음식을 먹고, 하나님을 찬양하였다." (행 2:42, 46-47)

❖ 삼위 하나님과 교제

처음 시작된 교회의 특징은 예배드리기 위해서 모인 것이 아니라 교제를 나누기 위해서 모였다. 그들에게는 교제가 예배였지만, 우리는 교제와 예배를 구분하여 교제는 예배가 아니라고 생각한다. 그들은 예배를 지금 우리와는 전혀 다른 개념으로 이해했기에 그들을 바르게 이해하기 위해서는 패러다임의 전환이 필요하다.

그렇다면 왜 교회는 교제를 나누기 위해서 모였을까? 하나님은 사랑이며 사랑의 특성 중의 하나는 교제이기 때문이다. 사랑으로 충만하신 삼위 하나님은 서로를 지극히 사랑하시는데, 사랑은 본성적으로 친밀한 교제를 나누고 싶을 열망을 담고 있다. 교제는 사랑이신 삼위 하나님의 존재 방식으로서, 삼위 하나님은 영원토록 이 교제를 나누신다(요 17:24).

하나님은 인간을 창조하실 때 자신의 형상과 모양을 따라서 창조하셨다(창 1:26). 나는 앞서 형상은 속성이고 모양은 존재 방식이라고 하였다. 하나님처럼 존재한다는 것은 하나님처럼 사랑의 관계를 나누면서 사는 것을 뜻한다. 이것을 기뻐하시는 하나님은 사랑하는 인간도 자신처럼 큰 기쁨을 누리게 하려고 이 방식으로 살도록 창조하셨다.

❖ 사귐으로의 부르심

그래서 하나님은 인간에게 사랑의 속성을 넣어 주셨을 뿐 아니라, 사랑이 풍성해지도록 정의와 평화와 기쁨과 진리와 친절 같은 속성도 함께 넣어 주셨다. 또한, 하나님처럼 생각하고, 감정을 느끼고, 의지적 선택을 하게 하신 것도 날마다 새롭고 극대화된 사랑의 사귐을 누리게 하기 위함이다.

사귐을 가지려면 반드시 대상이 있어야 하기에 하나님은 성도들을 공동체로 모이게 하셨다. 하나님께서 사랑으로 충만한 예수님의 생명을 성도들에게 넣어 주시고 성령님께서 죽었던 성도들의 영을 살려 주신 것도 모두 사랑의 사귐을 위해서이다. 따라서 진정한 성도라면 반드시 사귐에 대한 갈망을 느낄 수밖에 없으며, 성도들이 교회로 모여 함께 교제를 나눈 것도 너무나 당연하다.

에덴에서 아담과 하와는 사랑의 사귐으로 충만한 삶을 살았다. 비록 죄로 인해 하나님과의 관계가 단절되었지만, 하나님은 자신의 목적을 잊지 않으시고 이 관계를 지속하여 가신다. 에녹, 노아, 아브라함, 야곱, 요셉, 모세, 사무엘, 엘리야 등 하나님께서 부르신 모든 하나님의 사람들은 하나님과 사랑의 교제를 나누는 삶을 살았다. 심지어 하나님은 아브라함을 친구라 하셨고(사 41:8), 이스라엘을 자녀로 삼으시고 늘 그들과 함께하시며 사랑을 베푸셨다. 이런 하나님의 마음을 가장 잘 알았던 사람이 다윗이었는데, 그의 평생에 단 한 가지 소원은 하나님과 더 깊은 사랑의 교제를 나누는 것이었다(시 27:4).

이것이 예수님을 통해서 다시 한번 명확하게 드러났다. 예수님은 하나님이시지만, 한 번도 제자들에게 자신에게 예배를 드리라고 하지 않으셨으며, 제자들 역시 한 번도 예수님께 예배를 드린 적이 없었다. 그 대신 예수님께서 원하신 것은 제자들과의 친밀한 교제였다. 예수님은 늘 제자들과 함께 지내시면서 먹고 마시면서 이야기를 나누었다. 심지어 죄인이라고 비난받던 세리들이나 죄인들까지도 기꺼이 만나 주셨으며, 그들과 먹고 마시면서 그들의 친구가 되어 주셨다(눅 5:30; 7:34). 예수님은 이런 교제에서 기쁨을 나누셨다.

이런 교제는 예수님과의 교제만이 아니라, 제자들 간의 교제도 포함한다. 예수님이 중심이 된 제자들의 공동체에서는 제자들도 서로 끊임없이 교제를 나누었다. 물론 가끔은 서로 다투기도 하고 시기하기도 하였지만, 제자들의 사귐을 보는 것은 예수님의 기쁨이었다.

사람들은 이것을 잘 이해하지 못하는 것 같다. 그래서 아예 성도들의 교제를 금지하는 교회도 보았다. 그렇지만 만약 우리가 자녀를 바라보는 부모의 마음을 안다면 예수님의 마음도 쉽게 이해할 수 있다. 부모로서 느끼는 가장 큰 기쁨 중의 하나는 자녀들이 서로 사랑하며 사이좋게 지내는 것 바라보는 것이 얼마나 기쁜지 모른다. 예수님은 제자들의 아버지이시기에 그들을 바라보는 예수님도 마찬가지이다.

그런데 이런 모임에서 삶의 변화가 나타난다. 완전한 사람은 아무도 없기에 모두 허물과 실수와 부족함이 있다. 하지만 자신을 용서하고 용납하여 줄 뿐 아니라, 기뻐하고 존중해 주시는 하나님의 은혜와 사랑을 경험하면서 이들이 변하기 시작한다. 그리고 교제를 통해 서로를 섬기고 도우면서 새로운 것을 배우고 경험하는데, 사람은 이 과정을 통해 성장하고 성숙해진다. 이것이 교제의 축복이기에 교제는 하나님의 은혜와 사랑과 능력이 흘러가는 영적인 혈관이 된다. 그래서 우리 몸에 혈관이 막히면 심각한 질병이 생기듯이, 영적인 혈관인 교제가 막히면 성도의 신앙과 삶에도 많은 문제가 발생하게 된다. 교제가 그리스도의 몸으로서 교회의 본질인 것도 이 때문이다.[20]

사랑의 교제로 충만했던 에덴이 초대교회에서 온전히 회복되기 시작했다. 예수님께서 승천하신 뒤로 예수님은 안 계시지만, 성령님이 공동체 안에 임재하고 계신다. 성도들은 성령님을 중심으로 하여 삼위 하나님과 교제를 나누며, 새로운 가족이 된 지체들과 함께 교제를 나눈다. 그리고 성령님은 이들을 바라보시며 기뻐하시고 즐거워하시며, 이들에게 더욱 충만하게 임재하신다.

❋ 교제의 특징

교회가 사랑의 사귐에 힘쓰면 어떻게 되는가? 네 가지 특징이 나타난다.

첫째, 교제는 유기적 관계를 맺게 한다(고전 12:12-27). 성도들이 모두 자발적으로 교제에 참여하는데, 이때 성령님은 성도들이 공동체를 섬길 수 있도록 은사를 주신다. 그러면 성도들은 사랑의 관계 안에서 은사에 따라 각자의 역할을 충실하게 감당한다. 이것을 유기적 관계라고 하며, 이 관계를 맺게 하는 근원은 사랑이다(고전 13장).

사랑하기에 적극적으로 사귀고 기쁨으로 섬기게 되면서, 서로를 이해하고 품게 되면서 서로가 더 친밀하게 연결되어 한 몸이 되어 간다. 이 관계가 더 풍성하고 아름답고 성숙해지기를 원하시는 성령님은 다양한 사랑의 섬김을 위해 모든 성도에게 여러 가지 사랑의 은사를 주신다. 이것이 바로 성령님의 은사이다.

그래서 어떤 이들은 믿음으로 격려하며, 어떤 이들은 사랑으로 위로하며, 어떤 이들은 아픈 이들을 위해 기도하고, 어떤 이들은 긍휼한 마음으로 어려운 이들을 도와주고, 어떤 이들은 지식의 말씀으로 권면하고, 어떤 이들은 지혜로서 조언해 준다. 그리고 이렇게 하는 이유는 사랑 때문이다. 사랑이 모든 은사의 근간이자 핵심이며(고전 13:13), 성도의 교제는 유기적 관계 안에서 은사를 사용함으로 더 은혜롭고 풍성해진다.

두 번째, 교제는 교회가 하나가 되게 한다. 삼위 하나님은 인간이 자신처럼 존재하도록 창조하셨다. 이것은 여러 의미가 있지만, 그중의 하나는 삼위일체 하나님처럼 하나로 사는 것이다. 이것이 창조의 목적이기도 한데, 이것을 잘 보여 주는 것이 남자와 여자가 결혼하고 한 몸이 되는 것이다(창 2:24). 이것은 성적인 결합만이 아니라, 진짜 한 사람처럼 살라는 의미이다. 이런 삶은 사랑의 교제를 통해 마음이 하나가 될 때만 가능하다. 그것도 열정적이고 뜨거운 사랑의 교제를 통해서만 가능하다.

하나님의 가족인 교회도 마찬가지이다. 하나 됨은 교회의 최고의 가치이다.[21] 예수님은 삼위 하나님이 사랑으로 하나가 되었듯이 제자들도 사랑으로 하나가 되기를 간절히 소망하셨는데(요 17:11, 21-23), 이는 그들도 삼위일체 하나님이 누리시는 충만한 사랑을 누리게 하기 위함이었다(요일 4:12). 그리고 이것이 실제로 이루어진 것이 사도행전 2장에 나온 교회였는데 이것은 교회가 열심히 사랑의 교제를 나누면서 유기적 관계가 이루어졌기 때문이다. 그럴 때 교회는 한 몸으로 기능할 뿐 아니라, 마음까지도 하나가 된다.

세 번째, 교제는 공동체를 성숙하게 한다(엡 4:11-16). 하나님께서 주신 몸의 기관들은 다 요긴하다. 아무리 보잘것없다고 해도, 오히려 더 중요할 수도 있다. 예를 들어서 그동안 맹장은 필요 없는 기관이라는 인식이 많았다. 그러나 맹장은 큰 장자의 일부로 기능하는데, 수분과 염분을 흡수하고 점액과 내용물을 썩혀 준다고 한다. 근래에는 맹장이 면역력에 중요하다는 연구 결과도 나왔다고 한다. 결국 맹장도 필요 없는 것이 아니었다.

성도의 역할이 이렇다. 교회는 예수님의 몸이며, 지체들은 예수님의 몸을 구성하고 있는 기관들이다. 그리고 성령님은 각 지체들에게 몸을 위한 고유한 역할을 주시는데. 성령님이 주신 역할이기에 모두 필요하고 중요하다. 그렇지만 이것이 교회에 도움이 되려면, 모든 지체는 반드시 유기적으로 서로 연결되어 있어야 한다. 머리와 심장이 아무리 중요하다고 하여도, 몸에 연결되지 않은 머리와 심장은 아무런 소용이 없는 것과 마찬가지이다. 따라서 몸의 모든 기관이 서로 연결되어 정상적으로 활동할 때 몸이 건강해지듯이, 모든 지체가 유기적 관계를 맺으며 각자의 역할을 감당할 때 공동체는 강건하고 성숙하게 된다. 그러면 어떤 어려움에서도 흔들리지 않고 믿음과 소망을 지키는 공동체가 된다.

네 번째, 교제는 교회가 하나님의 임재와 속성으로 충만하게 한다(엡 1:23; 요일 4:12). 우리는 임재를 생각하면 주로 어떤 감각적인 느낌을 생각한다. 예를 들어서 뜨겁게 찬양을 드릴 때, 열심히 기도할 때, 은혜로운 말씀을 들을 때 우리는 감각적으로 하나님의 임재를 느낄 때가 많다. 그러나 임재가 감각적인 것만을 의미하지는 않는다.

　임재는 우리에게 나타난 하나님의 현존하심이기에 하나님이 임재하시면 하나님의 속성도 함께 임하게 된다. 그 속성이 너무나 거룩하고 영광스럽기에 우리가 두려움도 느끼지만, 우리가 하나님을 닮아 더 거룩해질수록 임재는 두려움이 아니라 도리어 감사와 기쁨과 영광이 된다.

　그렇다면 어떻게 이렇게 될 수 있는가? 하나님을 사랑하는 교회는 하나님의 임재를 더욱 추구하는데, 이때 삼위일체 하나님은 자신처럼 하나가 된 교회 안에 충만하게 임재하신다. 이때 기쁨, 평안, 사랑, 은혜, 진리, 충성, 겸손, 온유, 친절, 정의, 긍휼, 자유, 지혜 같은 하나님의 온갖 속성도 함께 충만하게 임한다. 그러면 이 교회는 하나님을 더욱 충만하게 경험할 수밖에 없으며, 이것은 세상이 절대로 줄 수 없는 축복이다. 그래서 교회는 하나님께 더 감사를 드리고 하나님을 기뻐하며 이 축복을 주신 하나님을 전파하는데, 세상은 이런 교회를 통해서 하나님이 어떤 분이신지를 보게 된다(요 13:35).

　하나님께서 인간을 창조하신 가장 중요한 목적은 하나님께 영광을 돌리기 위함이다. 하나님께서 영광을 받기 위해서는 세상이 하나님의 속성으로 충만해져야 하는데, 성령님은 교회를 통해서 이것을 이루신다(엡 1:23). 이런 세상은 하나님의 영광을 비추는 거울과 같은 역할을 하는데, 이것이 바로 하나님께서 교회에게 주신 선교적 사명이다. 그리고 이 모든 것은 시작은 성도들의 깊은 사랑의 교제이며, 하나님은 이런 교회를 보시며 기뻐하신다.

　이렇게 된 곳이 바로 하나님이 기뻐하셨던 에덴이었는데, 이제 성령님은 새롭게 세운 공동체를 통해서 에덴을 회복하고 계셨다.

5. 성령님의 능력

"사도들을 통하여 놀라운 일과 표징이 많이 일어났던 것이다." (행 2:43)

❖ 성령님의 임재와 능력

성도들의 모임에 임재하겠다고 하신 성령님은 성도들이 함께 모여 찬양하고 기도하니 그들 안에서 임재하시며 기뻐 춤을 추셨다. 그러자 모두가 성령님의 깊은 임재를 통해 자신들과 함께하시는 임마누엘의 하나님을 느꼈다. 성도들은 그 임재 안에서 성령님이 주시는 평안과 위로와 기쁨을 누렸다.

그중에는 아픈 지체들이 있었다. 병으로 몸이 아플 수도 있고, 사고를 당했을 수도 있고, 여러 가지 이유로 인해서 마음의 아픔이 있을 수도 있다. 그들은 단지 아픈 사람들이 아니라 자신의 가족이기에 사도들은 그들을 바라보며 안타깝고 불쌍함을 느꼈다. 그런데 그들이 병을 고치신 예수님을 기억하고 사도들에게 기도를 부탁하자, 사도들은 이들의 아픔이 치유되기를 간절히 기도했는데 놀라운 일들이 일어나기 시작했다. 도저히 고칠 수 없으리라 생각했던 병들이 낫기 시작한 것이다.

성령님의 능력을 받으신 예수님은 놀라운 기적을 일으키셨는데(행 10:38), 예수님이 못 고치는 병은 없었다. 말씀 한마디에 모든 병은 무릎을 꿇고 떠나야 했고 사람들은 아픔과 고통에서 해방되었다. 그것만이 아니다. 죽은 자들도 살리셨고 귀신 들린 자들도 고치셨는데 심지어 군대 귀신들까지도 예수님 앞에서는 쩔쩔매었다. 이것은 모두 성령님의 능력에 의한 것이다.

죽은 예수님까지도 부활하게 하신 능력의 성령님이 오순절에 불처럼 임하셨다. 불은 강력한 힘이다. 이 힘이 사도의 기도를 통해서 아픈 지체들에게 전해지자 그들이 고침을 받으면서 기쁨과 자유를 누리게 되었으며, 이것을 본 다른 지체들도 서로 앞다투어 사도들에게 나왔다. 세상에 아프지 않은 사람이 어디 있는가? 게다가 그 당시는 위생적으로 열악하고 의학도 발달하지 못했는데 놀라운 치유의 역사를 보니, 자기에게 있던 병들도 고침을 받고 싶었다.

❖ 치유하시는 성령님

치유의 현장에는 기쁨도 있지만, 통곡도 있다. 많은 병은 마음에서부터 온다. 그런데 하나님의 사랑이 성령님을 통해서 자신에게 전해져 오고 그 사랑이 자신의 마음을 어루만지니, 오랫동안 쌓아 왔던 아픔이 터져 나오면서 상한 감정이 치유되기 시작한다. 통곡은 여기에서 나온다. 그러나 이것은 한탄도 아니고 원망도 아니다. 이것은 자신의 마음을 어루만지고 치유하시는 하나님의 사랑에 대한 감격에서 나오는 통곡이다.

이것을 이해하려면 질병으로 인한 고통을 이해해야 한다. 오랫동안 병으로 고생하면 삶의 어려움도 상당하지만, 감정도 많이 상하게 된다. 고쳐지지 않는 질병으로 인해서 절망, 수치, 불안, 외로움, 거절감, 원망, 죄책감 등도 나타나는데, 감정은 육체와 연결되어 있기에 이것들이 삶을 더 고통스럽게 한다.

그렇지만 성령님의 능력은 육신의 아픔과 마음의 아픔도 함께 치유하여 상한 감정에서 해방하신다. 이것이 치유의 특징이다. 하나가 치유되면 그 치유가 다른 곳으로도 전해지게 되면서 결국에는 몸과 마음이 함께 치유된다. 그럴 때 치유 받은 자들은 하나님의 깊은 사랑을 경험하며 기쁨의 눈물을 흘리게 된다.

　이것을 경험하게 되면 생각의 변화가 일어난다. 가장 먼저 일어나는 것은 주변의 아픈 사람들에 관한 생각이다. 가족과 친구와 이웃 중에서 아픈 사람들은 너무나 많다. 그런데 좋은 것은 스스로 알아서 전하기 마련이다. 이들은 자신들이 경험한 놀라운 사실을 아픈 사람들에게 전했을 것이며, 이 소식을 들은 사람들이 사도들에게 몰려왔다. 그러자 사도들은 이들을 위해서도 기도해 주었는데 그들의 병도 치유되면서 자유와 기쁨이 확산하였다.

　여기에는 축사도 포함된다. 모든 병은 아니지만, 많은 병은 귀신에 의한 것인데, 귀신에 의한 질병은 영적 치유가 필요하기에 고치기가 더 어렵다. 게다가 귀신에 들리면 인간의 마음과 행동이 속박당하면서 귀신에게 복종하며 고통스러운 삶을 사는데, 사도들이 귀신들을 쫓아내자 그들은 영적인 묶임에서 해방되었다. 이것이 바로 성령님의 능력에 의한 치유의 특징이자 축복이다.

❖ 성취되기 시작한 희년

　성경은 사도들을 통해서 놀라운 일과 표징이 많이 일어났다고 하였다. 신약에서 놀라운 일(wonder)과 표징(sign)은 기적을 의미한다. 성경에는 많은 기적이 기록되어 있지만 가장 보편적인 기적은 치유와 축사이다. 기적은 인간의 이성과 경험과 현실을 넘어서는 현상이며, 인간에게는 초자연적이다. 하지만 전능하신 하나님께 기적은 너무나 당연하며, 만약 누군가 이를 행한다면 그는 하나님으로부터 권능을 받은 사람일 가능성이 크다. 하나님께서 예수님과 사도들에게 권능을 주신 이유 중의 하나도 이들은 하나님을 대신하는 권위를 가진 사람임을 증명하기 위함이었다.

치유는 영적으로도 매우 중요한 의미가 있다. 이사야는 성령님의 기름 부음을 받은 자가 나타나서 사람들을 치유하고 자유하게 할 것이며, 사람들의 아픈 마음을 위로할 것을 예언했는데 이것은 희년의 성취를 의미한다(사 61:1-2). 예수님도 사역을 시작하기 전에 안식일에 이사야의 예언이 성취되었다고 선포하셨는데(눅 4:17-21), 실제로 많은 병자를 고치고 귀신들을 쫓고 아픈 마음을 치유하심으로써 희년이 성취되었음을 증명하셨다.

치유는 예수님만의 사역이 아니었다. 예수님은 제자들을 통해 치유가 확산하기를 원하셨는데(눅 9:1), 이것이 오순절 이후에 사도들을 통해서 이루어짐으로써, 희년의 기쁜 소식이 성도들의 삶 속에서 실제가 되었다.

그렇지만 이것은 사도들만 행하는 것은 아니다. 사도행전 8:6, 13절에는 빌립이 기적을 행했다고 기록하고 있다. 빌립은 사도가 아니라 집사이지만 그도 기적을 행했다. 바울이 고린도교회에 쓴 편지에도 성령님은 성도들에게 치유의 은사를 주신다고 하였다(고전 12:9, 28, 30). 이는 성령님의 은사를 받은 사람이라면 누구나 이런 일을 행할 수 있다는 것이기에, 교회 안에서 치유는 아주 보편적이며 당연하였다. 그러므로 모든 성도는 성령님의 능력을 힘입어 기적과 능력을 통해 희년의 성취를 전파하도록 부르심을 받은 자들이며, 성령님은 이들을 통해서 온 세상을 치유함으로 하나님의 나라를 확장하신다.

6. 하나님을 경외함

"모든 사람에게 두려운 마음이 생겼다." **(행 2:43)**

❖ 기쁨과 경외

사도행전 2장 후반부는 교회가 처음 시작하는 과정을 기록하고 있다. 그런데 그중에 성도들에게 두려운 마음이 생겼다는 기록이 있다. 이것은 무엇일까?

교회는 에덴처럼 기쁨의 공동체이어야 한다. 기쁨은 성령님의 속성으로서, 성도가 기쁨을 느끼고 누리는 것은 성도가 기뻐하기를 원하시기는 성령님께서 성도에게 기쁨의 축복을 주시기 때문이다.

기쁨은 개인에게도 임하지만, 공동체에게도 임한다. 성도가 공동체를 통해서 누리는 큰 축복 중의 하나도 기쁨이다. 이 기쁨은 개인이 누리는 기쁨과는 다른 기쁨으로서 더 크고 깊고 풍성한 기쁨으로서, 성도가 공동체로 열심히 모이는 이유 중의 하나는 공동체에서 누리는 기쁨이 크기 때문이다. 그리고 기쁨은 사람의 마음을 움직이는 강한 힘이 있으며, 어려움과 고난을 이기는 능력이기도 하다.

그러나 성도가 하나님을 만나게 되면 기쁨만 누리는 것은 아니다. 거룩하고 위대한 하나님 앞에서 인간은 경외감을 느끼는데, 이는 피조물이 창조주를 대면하기에 느끼는 특별한 감정이다. 이 감정을 보통 두려움으로 표현하지만, 이것은 무서움을 뜻하는 두려움과는 다른 의미의 감정으로서, 경외는 경이로움과 감탄과 존경심이 모두 포함된 의미이다. 초대교회 성도들이 느낀 것은 바로 이런 경외감이었다.[22]

이런 감정은 꼭 하나님이 아니더라도 느낄 수 있다. 나는 1993년 눈 내리는 겨울에 그랜드 캐니언에 갔었고, 2001년 무더운 여름에는 백두산 천지에 올랐다. 처음에는 엄청난 눈과 안개 때문에 둘 다 아무것도 안 보였다. 그런데 갑자기 살랑거리는 바람 사이로 구름과 안개가 걷히면서 숨겨진 모습을 조금씩 드러내는데, 자연의 위대함과 신비로움과 아름다움 앞에서 나는 입이 벌어져 다물 수가 없었다. 참으로 장관이었다. 그 자연 앞에 나는 너무나 작고 연약한 인간에 불과한 나를 발견하게 되면서, 이런 것을 만드신 하나님이 얼마나 위대하신 분이신지를 조금이나마 느낄 수 있었다.

성도들은 사도들의 가르침을 통해서 성령님의 지혜로우심과 선하심을 느꼈다면, 기도의 능력을 통해서 성령님의 능력과 사랑을 느꼈다. 그리고 성도들의 식사를 통해서 성령님의 은혜와 자비를 느꼈을 것이며, 성도들의 교제를 통해서 하나님의 기쁨과 위로를 느꼈다. 이것을 종합하면 성도들은 교회에서 성령님의 거룩한 임재를 느꼈다는 것을 알 수 있다.

거룩한 성령님이 임재하시면, 마치 바람 다른 곳에서는 느낄 수 없는 매우 엄숙하고 경건하고 신비로운 무엇을 몸으로 느끼게 된다. 그리고 하나님은 완전하고 순결하며 무한하고 영원한 초월자이시기에, 하나님의 임재 앞에서 인간은 자신의 허물과 부족함과 죄성을 느낄 수밖에 없다. 그때 우리는 하나님 앞에 겸손하게 무릎을 꿇지 않을 수가 없는데, 경외는 이런 것들도 포함한다.

사도들을 통해서 경험한 놀라운 기적들은 경외감을 더했다. 나는 신유와 축사가 일어나는 것을 여러 번 보았는데, 그때마다 위대한 하나님을 느꼈다. 이것처럼 하나님의 능력을 경험하게 되면, 하나님의 위대하심과 엄청난 권위를 느끼지 않을 수가 없다. 한번은 제자들이 폭풍이 부는 바다를 잠잠하게 하는 예수님을 목격하면서, **"도대체 예수님이 누구이길래 바람과 바다까지도 복종하는가?"** 라 한 적이 있었다(마 8:26). 경외는 바로 이럴 때 느끼는 감정이다.

※ 경외와 두려움

경외감을 느끼면 저절로 하나님 앞에 무릎을 꿇게 된다. 모세가 불타는 떨기나무에서 하나님을 만났을 때 그는 두려워서 얼굴을 가렸다(출 3:6). 이사야가 영적인 눈이 열려서 보좌에 계시는 하나님을 보았을 때, 자신은 죽을 것 같은 두려움을 느꼈다(사 6:5). 다니엘은 특별한 천사를 보는데, 그때에도 두려움에 사로잡혀 쓰러졌다(단 10:5-12). 바울도 다메섹에서 예수님을 만나고 쓰러졌으며(행 8:3-4), 사도 요한도 예수님을 만난 뒤에 두려워하며 쓰러졌다(계 1:17). 이러한 믿음의 위인들도 하나님을 만났을 때 경외감을 느꼈는데, 하물며 오순절에 강력한 성령님의 임재를 경험한 성도들이야 말할 것도 없다.

어쩌면 이들에게는 부활의 복음이 두려움으로 다가왔을 수도 있다. 부활은 너무나 복된 소식이지만 무서운 심판과도 관련이 있다. 성경은 부활 이후에 심판이 있음을 알려 주는데(요 5:29; 6:2), 믿은 이들은 부활하여 하나님의 나라에서 영원히 살게 되겠지만, 믿지 않는 자들은 부활하여 지옥에서 영원히 거하게 된다. 이것이 바로 심판의 날에 일어나는데, 하나님은 이미 이날을 정하셨다(행 17:30-31).

예수님의 부활은 죽음으로 세상을 다스리던 사탄의 세력이 무너진 사건이기에 부활은 이날이 있을 것을 알려 주는 분명한 증거이다. 다시 말하면 부활은 하나님께서 죄와 죽음의 원인이 되는 사탄의 세력을 절대로 그냥 두지 않으시겠다는 확고한 의지의 표명이다. 따라서 이제 세상이 할 수 있는 것은 회개하고 하나님께로 돌아오는 것뿐이다.

성도는 이날이 오기 전에 세상이 구원받도록 복음을 전할 책무를 받은 사람들이다. 이들은 하나님의 가족이 되어 하나님의 나라의 상속자가 되는 큰 축복을 받았지만, 이 세상에서는 하나님의 나라를 위해 성령님과 함께 동역하며 부활의 증인이 되어야 할 책임도 있다. 그리고 이 사명은 막중하기에 성도들은 충성스럽게 이것을 감당해야 한다.

여기에는 산헤드린과 로마의 거센 저항이 있겠지만, 결국에는 예수님께서 다시 오셔서 모든 악의 세력들을 심판하실 것이다. 이날이 구약의 예언자들이 예언한 무섭고 떨리는 심판이 있는 여호와의 날이자 종말이다. 종말은 오순절에 성령님이 오심으로써 이미 시작되었는데, 초대교회 성도들은 그날이 얼마 남지 않았다고 생각했다. 따라서 그들의 마음에는 그날에 대한 두려움과 복음 전파에 대한 긴박한 마음이 있었다.

세상 사람들은 두려움을 부정적인 감정으로 생각하여 극복하거나 무시할 것을 가르친다. 물론 잘못된 두려움도 있지만 두려움이 무조건 나쁜 것만은 아니다. 사람은 기쁨만 느끼면 나도 모르게 가벼워지기 마련이지만, 경외감을 느끼면 자연스럽게 겸손해지고 진지해진다. 피조물이 창조주 하나님을 만났는데, 어떻게 교만하고 무례하며 무책임할 수가 있는가? 이것은 불가능하다. 만약 이런 모습들이 보인다면, 하나님을 아직 못 만났거나, 아니면 하나님을 잊어버렸다는 것을 뜻한다. 그러므로 하나님을 깊이 만난 초대교회가 경외감을 느낀 것은 당연하다.

또한 다가올 종말에 대한 두려움은 우리 자신에게 영적인 경각심을 준다. 이런 경각심이 없으면, 나도 모르게 세상에 소망을 두면서 세상의 경향을 따라가기 마련이다. 그리고 영적인 경각심은 영적인 싸움에서 승리하는 삶을 살게 하는 데 큰 도움이 된다. 이런 경각심이 있을 때 늘 자신의 영적 상태를 살펴보고 시대를 분별하여, 자신에게 맡겨진 책임에 충성을 다하려 하게 되기 때문이다.

심판에 대한 두려움은 죄를 억제하는 것에도 도움이 된다. 두려움만으로 억제할 수는 없지만, 심판에 대한 두려움이 죄를 억제하는 데 큰 역할을 하는 것은 사실이다. 어떤 사람들은 두려움 없는 자유로운 삶만을 주장하지만, 하나님을 두려워하지 않는 자유는 결국 방종과 타락으로 갈 뿐이다. 그 결과는 언제나 참혹한데 유대인들은 역사를 통해서 이것을 너무나 많이 겪었다. 따라서 이 두려움이 죄에 대한 저항력을 키워 죄를 이기게 한다.

초대교회는 하나님에 대한 경외감과 두려움을 느꼈으며, 이 감정이 그들에게 더욱 세상과 구별된 거룩한 백성의 삶을 살게 하는 원동력이 되었다.

7. 사랑으로 성취되는 희년

> "믿는 사람은 모두 함께 지내며, 모든 것을 공동으로 소유하였다. 그들은 재산과 소유물을 팔아서, 모든 사람에게 필요한 대로 나누어 주었다." **(행 2:44-45)**

❖ 가족을 위한 자발적 희생

사도행전 2장은 초대교회의 놀라운 모습을 보여 준다. 그중에서도 가장 놀라운 모습은 아마 성도들의 공동소유일 것인데, 이는 세상 어느 곳에서도 볼 수 없는 충격적인 모습이기 때문이다. 그렇지만 이것은 너무나 아름답고 선한 모습으로 인한 충격이다.

오순절에 성령님이 임하시자 폭발적인 회심이 일어나게 되면서, 구원받은 성도들이 함께 모이기 시작했다. 유월절과 오순절이 되면, 외국이나 타지에서 예루살렘을 방문한 이들이 예루살렘에 살던 유대인들보다 훨씬 더 많았다. 따라서 새롭게 회심한 성도들의 상당수는 그들이었을 것이며, 유대인은 아니지만 유대교로 개종한 이방인들도 많았는데 그들 중에서도 구원받은 이들이 있었을 것이다.

　이들은 예루살렘에 있던 성도들의 집을 돌면서 모임을 했다. 그런데 한 집에서만 계속 모이기에는 여러 가지 어려움이 있었다. 그래서 성도들은 서로의 부담을 줄이기 위해서 자신들의 집을 공개하여서 모임을 했는데, 구원받은 사람들이 워낙 많았기에 모임을 위해 제공한 집들도 많았을 것이다.

　문제는 재외유대인들이었다.[23] 그들은 곧 집으로 돌아가야 했지만, 성도들과의 교제가 너무나 좋았고 배우는 것도 아주 많았다. 그러나 이제 돌아가면 자신들이 언제 다시 예루살렘에 방문할 수 있을지 알 수 없었다. 평생에 한두 번 오는 것도 소수의 사람만 누릴 수 있는 특권인데, 이제 가면 언제 다시 올 수 있겠는가? 더욱이 이제는 구원받은 하나님의 가족으로서의 새로운 삶을 살아야 하는데, 여기에는 영적인 준비가 필요하다.

　따라서 그들은 가능한 예루살렘에 오래 머물면서 다른 지체들과 교제를 나누고 말씀을 배우고 싶었다. 이렇게 하려면 무엇보다 숙박이 해결되어야 하는데, 경제적으로 쉽지 않았다. 그 많은 사람이 갑자기 어디에서 일자리를 구하겠는가? 이것이 그들의 고민이었다.

　그때 몇몇 지체들이 과감하게 자기 재산을 팔아서 이들에게 나누어 주자, 필요에 따라서 서로 나누어 가졌다. 네 것 내 것이 없이 모든 것은 모두의 것으로 여겼다. 그렇다고 만나를 더 가지려던 조상들처럼 욕심을 부리지도 않았다. 그저 필요한 만큼만 가질 뿐이며 나보다 더 필요한 사람이 있다면 기꺼이 양보했다. 나눔으로 필요를 채운 사람도 기쁘지만, 필요를 채워 주려 나누는 사람은 더 기뻐한다. 따라서 여기에는 부자도 없고 가난한 자도 없이 모두가 평등하며, 이들에게는 오직 나눔과 기쁨 그리고 평화와 만족이 있을 뿐이다.

　성도들의 공동소유는 사도행전 4:32에 한 번 더 나온다. 이것이 교회 안에서 큰 논란이 되었다. 이것은 초기교회 전체의 일반적인 모습인가? 아니면 일부에 의해서 한시적으로 나타난 현상인가? 루크 티모시 존슨은 이것을 한시적으로 몇몇 지체들에게서 일어난 일로 해석한다.[24] 성경이 공동소유를 가르친 적도 없고, 여러 구절에서는 성도들의 개인 소유가 있었다는 것을 기록하기 때문이다. 그렇지만 초대교회에서, 특히 교회가 처음 시작된 초대교회에서 자발적인 공동소유가 있었다는 것은 분명한 사실로 인정한다.

❖ 성령이 창조한 새 마음

그렇다면 어떻게 이런 일이 있을 수 있는가? 이런 곳에는 도적질도 사기도 다툼도 갈등도 없다. 지금 우리가 분노하는 것도 사회가 공정하지 않기 때문이다. 많은 이가 평화와 정의를 외치지만, 현실은 이미 기득권이 가진 소수의 권력자와 부자들을 위한 평등과 정의일 뿐이다. 우리가 목격하는 것은 이것을 주장하는 자들이, 실제로 이것을 위해서 자신을 희생할 용기가 없다는 사실이다. 오히려 이미 가진 것도 부족하여, 권력과 법과 지식을 이용해 더 교묘하게 더 많은 것을 누리면서도 입으로는 평등과 정의와 공정을 외친다. 결국 남은 것은 탐욕과 거짓과 위선으로 의한 불법과 불공정과 불의함이다.

하지만 이것이 비단 그들만의 문제인가? 예수님은 죄 없는 자가 돌을 던지라고 했는데, 과연 나는 돌을 던질 자격이 있는가? 나는 하늘을 우러러 한 점 부끄러움도 없기에, 과연 그들과 다르다고 주장할 수 있는가? 아니면 나의 허물과 잘못은 그들에 비해 작아서 나는 괜찮다고 말할 것인가? 아담의 타락 이후로 인간은 수많은 우상을 섬겼다. 우상은 인간의 탐욕과 두려움이 인간의 상상력과 종교성과 함께 어우러져 만들어진 결과물이다.

그중에서도 가장 강력한 우상이라면 물질이다. 오죽하면 예수님도 재물과 하나님을 함께 섬길 수 없다고 하였을까?(마 6:24) 재물이 하나님과 같은 위치에 올라가 있다는 것이지만 실상은 하나님보다 더 높고 강하다. 자신의 생명과 행복이 재물에 있다고 믿는 인간은 재물을 생명만큼 중요하게 여기다 보니 재물이라는 우상이 인간을 완전히 지배하게 되었다. 실제로 대부분 사람의 생각에서 가장 크게 자리를 잡은 것도 재물이며, 인간이 재물의 욕망에서 벗어나지 못하는 이유도 이 때문이다. 그리고 수많은 철학자와 정치가와 사회운동가들이 유토피아와 같은 세상을 꿈꾸었지만, 아직도 이것이 꿈만 같은 환상에 불과한 것은 인간은 이것을 이길 힘이 없기 때문이다.

하나님은 가나안에 들어가는 이스라엘에게 동족 중에서 가난한 자가 없도록 하라고 하셨는데(신 15:4), 이렇게 하려면 그들은 이 말씀을 가슴에 새기고 힘써 동족을 섬겨야 한다(신 15:11). 하지만 언제나 하나님보다 자신들의 욕망이 더 우선이었던 그들은 이 말씀에 신실하지 못하였으며, 그 결과 빈곤과 이것이 관련된 각종 부정부패와 불의함은 이스라엘의 고질적인 병폐였다. 오죽하면 이스라엘이 멸망한 이유 중의 하나가 이 문제였겠는가?

그런데 성도들이 자기 재물을 내놓았다. 심지어 전 재산을 내놓은 사람들도 있었다. 누구의 가르침이나 강요에 의한 것이 아니라 스스로 이런 결정을 하였는데 그것도 아주 기쁘게 하였다.[25] 어떻게 이런 일이 일어날 수 있는가? 이런 결정을 내릴 수 있는 원동력은 사랑뿐이다. 지체들을 내 몸처럼 사랑하기에 자신의 모든 것을 다 내놓았다.

그럼 이런 사랑은 어떻게 해서 생긴 것인가? 하나님은 성령님을 통해서 인간의 교만하고 완고한 마음을 제거하고 겸손하고 온유한 마음으로 만들어 주실 것이라고 하였는데(겔 11:19; 36:26), 이렇게 되면 하나님의 말씀을 기꺼이 지키게 된다(겔 11:20; 36:27).

하나님의 말씀대로 성령님이 성도에게 역사하니까 그들의 마음이 완전히 새로워지면서 자신의 죄를 깨닫게 되었다. 그런데 죄성을 가진 인간이 죄를 알게 되는 것만큼 고통스럽고 두려운 것이 없으며, 죄를 직면한 인간은 거룩한 하나님 앞에 무릎 꿇고 은혜를 구할 수밖에 없다. 이때 사람들의 완고하고 교만한 마음이 깨어지면서 겸손하고 부드러운 마음이 된다. 그러면 자비로운 하나님은 이들의 죄를 용서하시고 상처 난 마음을 치유하여 주시는데, 이때 사람들은 하나님의 깊은 사랑을 체험하게 되면서 은혜를 감사하게 된다.

❈ 성령님과 새로운 사회

결국 핵심은 성도가 사랑의 삶을 살게 된 것은 하나님께서 그들에게 사랑을 경험하게 하셨기 때문이다(요일 4:19). 더욱이 하나님은 성령님을 통해 성도에게 사랑의 마음을 부어 주셨다(롬 5:5). 그러자 이전에는 자신만을 위하던 마음이, 이제는 자기들도 하나님처럼 누군가에게 자비를 베풀고 싶은 마음이 들면서 자신이 받은 은혜를 지체들에게 나누고 싶어지게 된다. 이것이 바로 성도들의 사랑의 삶이다.

그 무엇보다 온 생각과 감정과 의지와 삶을 다해, 하나님을 사랑하고 이웃을 내 몸처럼 사랑하는 삶을 살게 된다(막 12:28-31). 그러니 지체들을 보는 눈도 달라져서 그들의 고민이 곧 나의 고민이고, 그들의 어려움이 내 어려움이 된다. 자기 사랑으로 충만한 인간은 자신을 위해서라면 아까울 것도 없고 못 할 것도 없었는데, 하나님의 사랑으로 지체를 내 몸처럼 사랑하게 되니, 그들을 위해서 재산도 아끼지 않으면서 공동소유가 시작되었다.

이때부터 에클레시아라는 작은 공동체 안에서는 이전에 볼 수 없었던 놀라운 일이 일어났다. 경제적인 염려에서 해방되어 자유를 누리고, 경제적인 정의가 이루어져 모두가 평등한 사회가 되었다. 필요한 만큼만 나누어 가지기에, 갈등도 다툼도 미움도 사라지면서 평화가 이루어진다. 생활에 필요한 것을 공급받으니, 생계에 대한 불안도 사라지면서 삶에서 안식을 취하게 된다. 한두 명이 이렇게 자신을 헌신했는데, 다른 지체들도 감동과 도전을 받고 자신의 것을 내놓게 되면서 사랑과 섬김이 공동체 전체로 확산하였다. 그렇지만 재산을 내놓은 사람도, 그 재산을 나누어 가지는 사람도 모두 기뻐하고 만족한다. 그리고 이들은 모두 한 가족이다.

이것은 완전한 유토피아이다. 그런데 이것이 어디에서 많이 본 듯한 모습이다. 바로 레위기 25장의 희년이다. 하나님께서 율법을 정해 놓으셨지만, 한 번도 이루어지지 않았던 희년이 드디어 성취된 것이다. 인간이 꿈만 꾸었지 도저히 이루어질 수 없었던 세상이, 성령님의 능력으로 말미암아 자연스럽게 이루어졌다.

성경에는 이것과 비슷한 사건들이 있었다. 이스라엘이 광야를 지날 때 하나님께서 그들에게 만나를 주셨는데, 모든 사람이 부족하지 않고 충분하게 먹었다(출 16:17-18). 예수님도 자신을 따라온 사람들에게 음식을 나누어 주셨는데, 누구도 부족함 없이 배불리 먹었다(마 15:37; 막 8:8). 이와 같은 사건이 이제는 성령님을 통해서 교회 안에 일어났다. 세 사건의 공통점은 삼위 하나님께서 백성들을 돌보셔서 이전에 경험하지 못한 새로운 상황을 만드셨다는 것이며, 이런 일은 오직 삼위 하나님만이 이루실 수 있다.

희년은 너무나 좋은 제도이지만, 인간은 이것을 이룰 수가 없다. 인간이 아무리 좋은 계획을 세우고, 열심히 노력하고, 정치를 잘하고, 좋은 제도와 법을 만들고, 사회운동을 활발히 펼치고, 많은 교육을 해도 안 된다. 결국에는 밑 빠진 독에 물 붓기일 뿐이라는 사실은 역사와 사회가 분명하게 증명하고 있다. 이것은 오직 성령님이 임하실 때만 가능한 새로운 사회로서, 이 사회는 하나님의 충만한 사랑과 통치가 있는 사회이다. 이 사회의 시작은 모든 문제의 근원인 죄의 문제가 해결되어야만 가능하다. 즉 먼저 영적인 구원의 문제가 해결될 때 물리적인 세상의 문제도 해결된다는 것이다. 이것이 바로 하나님의 방식이자 순서이며 원리이기에 교회는 반드시 이것을 따라야 한다. 이것을 깨닫지 못하면, 결국 바리새인들처럼 자기 생각과 능력으로 자기 의를 세우려 할 뿐이다.

성경은 이미 오래전에 이런 사회가 있었다는 것을 알려 주는데, 그곳이 바로 에덴이다. 성령님은 교회 안에서 희년의 성취를 통해 에덴을 회복하고 계셨다. 하나님께서 이사야가 예언한 것과 예수님께서 선포하신 것을(사 61:1-2; 눅 4:18-21) 에클레시아라는 교회 안에서 성령님을 통해 실제가 되게 하신 것이다.

8. 구원의 빛을 발함

> "그들은 모든 사람에게서 호감을 샀다. 주님께서는 구원 받는 사람을 날마다 더하여 주셨다." (행 2:47)

❈ 추수를 위한 성령님의 역사

세상 어디에서도 볼 수 없었던 놀랍고 신기한 공동체가 작은 가정집에서 시작되었다. 세상에서 보기에는 너무나 하찮고 작은 무리였지만, 하나님이 보시기에 너무나 소중하고 아름다운 가족들을 오순절에 성령님께서 본격적으로 재창조하기 시작하셨다.

그러자 하나님께서 믿는 자들을 날마다 더하여 주셨다. 물론 성도들도 자신이 깨달은 놀라운 영적인 진리와 변화된 삶과 경험한 하나님의 은혜를 가족과 이웃들에게 전하고 싶었기에 열심히 전도했다. 그렇지만 전도는 전적으로 성령님의 역사이다. 인간이 아무리 설득해도 영혼의 구원은 영적인 문제이기에 영혼이 구원을 얻는 것은 오직 성령님의 역사에 의해서만 가능하다.

인간이 복음을 깨닫고 받아들이는 것은 성령님께서 마음을 움직여 주셔서 예수님에 관한 관심을 불러일으켜 주셔야 하며, 복음을 듣고 깨달을 수 있는 은혜를 베풀어 주셔야 한다. 가장 대표적인 것이 오순절에 있었던 집단 회심이다. 베드로의 설교도 중요하지만, 더 중요한 것은 성령님의 역사였다. 성령님께서 강한 능력으로 역사하자, 이전에 볼 수 없었던 집단 회심이 일어났다.

사도행전을 보면 하나님께서 구원받은 자들을 날마다 더하여 주셨다고 하였다. 성도들의 변화된 삶과 공동체의 아름다운 사귐과 사도들의 능력 등이 사람들의 마음을 움직이게 한 것은 사실이었다. 그래서 사람들은 교회를 보면서 궁금함을 느끼며 관심을 가졌었다.

하지만 결국 구원은 성령님의 역사이므로, 성령님께서 여러 상황과 요소들을 통해서 사람들의 마음을 변화시킨 것이다. 사람들이 예수님께 관심을 가지게 된 것도, 그들이 공동체로 모이고 싶어 하는 것도 모두 성령님께서 하신 일이다. 하나님께서 그들을 성도로 부르시자 이 부르심을 들은 사람들이 교회로 몰려들기 시작하면서, 구원받는 자들이 날마다 늘어나게 되었다. 그렇지 않으면 하루 만에 3,000명이나 회심하는 역사는 절대로 일어날 수 없다.

❈ 충만한 교회와 선교

성령님께서 갑자기 이런 역사를 일으키신 것은 아니었다. 영혼을 섬기는 일은 너무나 중요하지만, 중요한 만큼 어렵고 힘든 일이기도 하다. 이것을 잘 감당하려면 반드시 준비가 필요한데, 성령님은 교회가 이런 역사를 감당할 수 있도록 미리 준비하셨다. 교회가 사랑의 사귐을 통해서 유기적으로 관계를 맺고 하나가 되어서 성숙하고 강건하게 하셨을 뿐 아니라, 하나님의 속성으로 충만한 공동체가 되게 하신 것이다. 이렇게 함으로써 교회가 세상을 가슴에 품고 하나님의 마음으로 사랑하며 섬길 준비를 시키셨다.

그런 다음에 교회가 하나님의 선하고 아름다운 빛을 비추기 시작했는데, 드디어 교회가 어두운 세상에서 등대 역할을 하기 시작한 것이다(사 60:1-3).

짐 푸트먼은 "빛은 모일수록 더욱 밝게 빛난다"라고 했다.[26] 나는 이 말이 너무나 가슴에 와닿는다. 성도는 세상의 빛이다(마 5:14). 성도가 진정으로 사랑의 관계로 하나가 되면, 그 빛들이 모여 더 밝은 빛이 되면서 교회 안에는 예수님의 빛으로 더 밝아진다. 이 빛은 감추려야 감출 수가 없는 강한 빛이 되어 온 세상을 환히 비추게 되며, 어두운 세상은 이 빛을 통해서 하나님을 보고 하나님께로 나아오게 된다. 이것이 바로 성경이 말하는 진정한 선교이며, 이 선교는 성령님과 성도들의 완전한 연합으로 인해 이루어지게 된다.

어떤 이들은 교회 안에서 일어난 치유가 사람들이 교회로 몰려들게 한 주요 원인이라고 생각한다. 맞는 말이기도 하다. 실제로 많은 사람이 치유 때문에 예수님이나 사도들을 따라다니는데, 치유가 사람들의 큰 관심을 유발하며 필요를 채우기 때문이다. 그리고 치유를 경험할 때 하나님의 살아계심과 사랑과 능력을 경험함으로써 하나님께로 돌아오는 경우도 많다.

하지만 이것보다 더 중요한 것은 교회가 하나님의 속성으로 충만해지면서 선하고 아름다운 열매로 가득해졌다는 사실이다. 세상과 구별된 교회의 경건함, 세상에서 찾아볼 수 없는 정의롭고 평등한 관계, 사랑과 기쁨으로 가득한 성도들의 친밀한 관계, 인내와 온유와 친절로 가득한 아름다운 사귐, 구원과 생명으로 인도하는 진리의 복음, 협력과 섬김으로 서로를 돕고 도움을 받음, 공동체를 통한 영적인 성숙과 삶의 변화를 경험함, 하나님을 더 깊이 알아 가고 가까워짐, 세상에서 경험할 수 없는 하나님의 임재와 평안, 다른 공동체에서 찾아볼 수 없는 교회의 하나 됨과 성숙함, 성도 각자가 예수님을 닮아 가는 거룩함, 정직하고 성실하며 겸손한 직업윤리, 복음 위에 세워진 흔들리지 않는 삶의 목적과 목표 등이다. 이것이 진정한 복음의 능력이며, 사람들은 이런 것을 통해 하나님을 말로만 듣는 것이 아니라 눈으로 목격하고 삶에서 경험하게 되면서 엄청난 충격과 감동과 도전을 받는다.

하나님의 임재는 이 모든 것을 다 담고 있다. 예수님은 제자들에게 너희가 서로 사랑하면, 세상이 너희가 내 제자인 줄 알게 된다고 하셨다(요 13:35). 교회 안에 하나님의 임재가 가득해지면서 하나님의 빛이 더 강해지기 시작했다. 그 빛이 교회를 넘어서 세상을 비추기 시작하면서 어두움으로 가득한 세상이 흔들리기 시작하고, 너무나 견고하게 여겨졌던 사탄의 왕국에 금이 가기 시작하면서 그 속으로 하나님의 빛이 비치기 시작했다. 그러자 갈 바를 알지 못하고 방황하던 사람들이 이 빛을 보고 하나님께로 나왔다(벧전 2:12). 이것이 바로 이스라엘이 감당하지 못했던 선교의 소명을 오순절에 오신 성령님께서 교회를 통해 직접 성취하신 성령님의 역사였다.

❈ 확장되는 하나님 나라

오순절은 세상을 구원하기 위한 마지막 추수가 시작되었음을 알려 주는 종소리와 같다. 그 종소리가 울리자 성령님은 거대한 낫을 들고 추수 밭을 향해서 전력을 다해 달려가셨다. 성령님께서 제자들을 통해 하나님의 복음을 우렁차게 전파하게 하시니, 능력의 말씀이 흑암과 혼돈을 흔들어 만물을 창조하듯이, 성령님의 능력이 복음을 통해 사람들의 마음을 뒤흔들어 새 마음을 창조하셨다.

성령님의 거침없는 추수가 시작되자 이전에 볼 수 없었던 놀라운 회심이 일어나기 시작했다. 작은 다락방에서 시작된 하나님의 나라가 3,000명이 넘는 회심자에게로 확산하더니, 이제는 그들을 통해서 그들의 가족과 이웃 속으로까지 하나님의 나라가 확장되기 시작했다.

이것은 아브라함을 통해서 모든 민족이 복을 누리게 하겠다는 하나님의 언약이 드디어 예루살렘에서부터 성취되기 시작했다는 것을 뜻한다. 그렇지만 이것은 시작에 불과하며, 언젠가는 예수님의 예언처럼 이것이 땅끝의 모든 민족에게 이르게 되면서 종말이 온다(마 24:14).

종말이 왔다는 것은 하나님께서 약속하신 기름 부은 메시아가 오신다는 것을 뜻한다. 그렇게 되면 모든 악의 세력은 정의로운 심판을 받게 되면서 메시아가 통치하는 영원한 평화의 나라가 이루어지게 될 것인데, 성령님은 교회와 함께 이 모든 것의 완전한 성취를 준비하신다. 따라서 사도행전 2장은 오순절의 종소리와 함께 성령님이 종말이라는 결승점을 향한 경주를 시작하셨음을 알려 준다.

주

1 로드니 스타크는 사도행전 2장 41절에 나오는 3천 명과 4장 4절에 나오는 5천 명을 문자적으로 생각하지 않는데, 그 이유는 그 당시 기껏해야 2만 명 남짓한 예루살렘 인구에 비해서 너무 많은 숫자라는 것이다. 그래서 그는 주후 40년경의 기독교인을 약 1천 명 정도로 추측한다. '로드니 스타크, 『기독교의 발흥』, 손현선 옮김, (좋은 씨앗, 2016), p20-21' 그러나 오순절에는 예루살렘 인구보다 훨씬 더 많은 수의 재외유대인들과 외국인들이 예루살렘을 방문하고 있었으며, 사도행전 4장의 경우에는 이미 교회에 관한 소식이 널리 알려졌기에 외지에서도 많은 사람이 방문하였을 것이다. 따라서 정확히 3천 명이나 5천 명은 아니더라도, 1천 명보다는 훨씬 더 많은 사람이 회

심하였을 것으로 추정할 수 있다.

2　이들은 어떻게 해서 모이게 되었을까? 성경에 이유가 설명되지는 않았지만, 상황을 고려하여 유추해 볼 수는 있다. 아마 세례를 받은 이들이 베드로에게 앞으로 어떻게 해야 하는지를 물어보았을 것이며, 베드로는 그들에게 흩어지지 말고 모일 것을 권면했을 것이다. 한 가지 분명한 것은 베드로나 제자들이 모임을 조직하지는 않았다는 것이다. 그 당시 상황을 고려하면 이것은 거의 불가능하다. 오히려 베드로의 권면을 들을 사람 중에서 서로 가까운 사람들이 함께 모이기 시작했을 가능성이 큰데, 중요한 것은 교회는 성도들의 자발적이며 자치적인 모임으로 시작하였다는 사실이다.

3　예를 들어서 우리가 서초역 앞에 있는 어느 교회에서 만나자고 했을 때는 교회를 건물(장소)의 개념으로 이해한 것이다. 그리고 유럽의 많은 교회가 술집이나 창고나 이슬람 사원으로 바뀌었다고 할 때도 교회를 건물의 의미로 이해한 것이다. 이것처럼 우리는 사람이 아무도 없어도 기독교인들이 모여서 예배드리는 건물이 있다면 교회라고 부르는데, 이것이 우리가 교회를 건물로 이해하고 있다는 것을 알려 준다.

4　교회를 설명하기 위해 새로운 신학적 용어를 만든 것이 아니라, 누구든지 이해할 수 있도록 아주 평범한 세상의 언어를 사용했다. 그렇지만 에클레시아는 교회의 특성을 가장 잘 설명할 수 있는 단어이기도 하기에, 의도한 것은 아니지만 신학적 의미가 담겨 있다.

5　제임스 던은 초기교회가 대략 12~20명 정도로 모였을 것이며, 아무리 부자라고 하여도 50명은 넘지 않았을 것으로 추정한다. '제임스 던, 『초기교회의 기원(상)』, p819-821' 나 역시 매우 합리적인 생각이라고 생각한다.

6　교회갱신 운동의 세계적인 대가인 하워드 스나이더는 우리는 복음이라는 새 포도주를 전통이나 철학이나 제도나 관습 등의 낡은 부대에 담으려 하는데, 문제는 시간이 지날수록 옛 부대가 복음을 구속하기 시작한다고 주장한다. '하워드 스나이더, 『새 포도주는 새 부대에』, p10'

7　Ibid. p80. 하워드 스나이더는 교회는 건물이 필요 없음을 역설하며 가정집에서 모이면 된다고 주장한다. 그는 이 책을 1975년에 썼는데, 그때 이미 이런 주장을 했다는 것이 놀랍다.

8　김정, 『초대교회의 예배사』, (CLC, 2014), p87

9　박영호, 『우리가 몰랐던 1세기 교회』, (IVP, 2021), p226

10　케빈 드영과 테드 클럭은 그의 책에서 초대교회가 가정집에 모인 것은 그들의 신앙의 불법이었기에 어쩔 수 없이 임시방편으로 사용한 것으로 주장한다. 그러나 로마는 다신교를 믿는 제국이었으며, 제국에 저항하지 않는다면 속국들의 고유한 종교를 존중했는데 이것이 오히려 제국을 안정되게 유지한다고 믿었기 때문이다. 따라서 기독교는 핍박받기 이전에는 로마 제국에서 불법이 아니었다. 단지 이해하기 힘든 이상한 종교였을 뿐이었다. 자세한 내용은 '케빈 드영 & 테드 클럭, 『우리는 왜 지역 교회를 사랑하는가』, 이용중 옮김, (부흥과개혁사, 2010), p150'을 참고하라. 프랭크 비올라(바이올라)도 빌 그림스의 글을 인용하며 핍박 때문에 초대교회가 가정에서 모였다는 생각을 반박한다. '프랭크 비올라, 『1세기 관계적 교회』, 박영은 옮김, (미션월드, 2013), p71'

11　프랭크 바이올라, 『이교에 물든 기독교』, p66

12 초대교회 성도들이 가정집에서 모인 자세한 설명은 '프랭크 바이올라, 『1세기 관계적 교회』, 박영은 옮김, (미션월드, 2013), p71-78'을 참고하라.

13 존 드라이버, 『교회의 얼굴』, p183

14 제럴드 싯처, 『회복력 있는 신앙』, 이지혜 옮김, (두란노, 2020), p191

15 우리는 흔히 사도들이 사도행전 2장에 기록된 교회를 목회했다고 생각하지만, 3천 명이 가정집에서 모이려면 적어도 100~200개의 가정교회로 모였을 것으로 추정하며, 게다가 그들은 매일 모였다. 따라서 12명의 사도가 이 많은 교회를 목회한다는 것은 불가능한 일이다. 오히려 사도들은 예수님에게 배운 대로(눅 9:4) 순회사역자로 여러 가정교회를 돌아다니며 섬겼다고 생각하는 것이 더 합리적이다.

16 말씀에 대한 성도들의 열정은 사도행전 20:7-11에서도 잘 나타나 있다. 그들은 앞이 잘 보이지도 않는 어두운 밤이었지만 피곤한 몸을 이끌고 밤늦도록 사도들의 이야기를 들었다. 초창기 한국교회도 겨울 농번기에 평양교회에서 열린 2주간의 사경회에 참석하기 위해, 멀리서는 전라도에서부터 평양까지 2주나 걸리는 거리를 걸어서 왔다. 그러나 총 6주가 걸렸는데, 그것도 자기가 먹을 것을 다 가지고 올라와서, 2주간 내내 종일 성경을 배웠다. 이것처럼 진정한 사람의 자녀들은 아버지의 말씀에 대한 갈망이 있다.

17 초대교회의 예배도 시간이 지나면서 많은 변화가 생겼는데, 특히 중요하게 생각해야 할 예배는 사도들과 그의 동역자들이 사역했던 1세기 예배이다. 왜냐하면 이 예배야말로 성령님께서 의도하신 예배가 무엇인지를 가장 정확하게 알 수 있기 때문이다. 이 예배를 알고 싶으면 '로버트 뱅크스, 『1세기 교회 예배 이야기』, 신현기 옮김, (IVP, 2017)'을 참고하면 더 쉽게 이해할 수 있다. 그리고 예배의 변천사는 '프랭크 바이올라, 조지 바나, 『이교에 물든 기독교』, p101-139', '윌리엄 윌리몬, 『간추린 예배의 역사』, 임대웅 옮김, (CLC, 2020)'을 참고하라. 신약성경을 바탕으로 초대교회 예배를 설명한 책으로는 '랄프 마틴, 『초대교회 예배』, 오창윤 옮김, (은성, 1989)'을 참고하라. 2세기가 되면서 교회의 예배도 조금씩 제도화가 되기 시작했다. 1세기 이후의 초대교회 예배는 '김정, 『초대교회 예배사』, (CLC, 2014)'을 참고하라. 랄프 마틴이나 김정의 책은 제도권 교회의 관점에서 예배를 설명하기에, 예배의 중요한 요소인 성령님의 은사나 성도의 교제나 유기적 관계 등이 빠졌다는 점에서 아쉬움이 크다.

18 성도의 관계 안에서 교제를 성경적이고 구체적이며 실천적으로 잘 설명한 책으로서 '제럴드 싯처, 『사랑의 짐』, 최종훈 옮김, (성서유니온, 2009)'를 추천한다. 이 책을 읽으면 성경적인 성도의 교제가 무엇이며, 공동체 안에서 성도들이 어떻게 관계를 맺어야 할지를 잘 알게 될 것이다.

19 고든 D. 피는 성령님이 주도하신 초대교회 예배는 성도들이 자유롭고 자발적으로 참여하는 예배라고 말한다. '고든 D. 피, 『바울 성령 그리고 하나님의 백성』, p210'

20 하워드 스나이더, 『교회 DNA』, 최형근 옮김, (IVP, 2006), p58

21 박영호, 『다시 만나는 교회』, (복있는사람, 2020), p91

22 배덕만, 『우리는 교회인가』, (대장간, 2020), p118-123

23 진 에드워즈는 삼천 명 중에서 상당수가 해외에서 온 재외유대인으로 추정하는데 상당히 설득

력이 있다고 생각한다. 자세한 설명은 '진 에드워즈, 『이야기 사도행전』, 차영호 옮김, (미션월드, 2013), p46-47'을 참고하라.
24 루크 T. 존슨, 『공동소유: 미심쩍은 초대교회의 이상』, 박예일 옮김, (대장간, 2013), p36-38
25 초기교회의 헌금은 지금처럼 이름을 적고, 여러 명목으로 내고, 십일조를 강요하지 않았다. 그리고 십일조는 율법의 하나인데, 복음은 성도를 모든 율법에서 자유하게 한다(롬 7:6). 따라서 지금 우리가 율법을 지키지 않는 것처럼 초대교회도 십일조를 드리지 않았다. 모든 헌금은 철저히 자발적이었으며, 자유롭게 드렸다. 지도자들도 절대로 강요하지 않았으며, 모은 헌금은 모두 선교와 구제를 위해 사용하였다. '제럴드 싯처, 『회복력 있는 신앙』, p220' 초대교회가 이렇게 한 것은 하나님이 원하시는 것은 자발적이고 자유로운 사랑과 섬김이기 때문이다.
26 자세한 것은 '짐 푸트먼, 『교회는 관계다』, (생명의 말씀사, 2017), p241-263'을 참고하라.

교회를 묻다가
하나님을
만나다

PART 5

성령의 시간 속에 감추어진
교회의 신비(II)

1장
사도행전 29장

1. 시작된 선교행전
2. 거세진 핍박과 생명을 건 선교
3. 초대교회 선교의 특징

1장　　　　　　　　　　　　　　　사도행전 29장

"이튿날 그는 바나바와 함께 더베로 떠났다. 바울과 바나바는 그 성에서 복음을 전하여 많은 제자를 얻은 뒤에, 루스드라와 이고니온과 안디옥으로 되돌아갔다. 그들은 제자들의 마음을 굳세게 해 주고, 믿음을 지키라고 권하였다. 그리고 또 이렇게 말하였다. '우리가 하나님 나라에 들어가려면, 반드시 많은 환난을 겪어야 합니다.' 그리고 그들을 위해서 각 교회에서 장로들을 임명한 뒤에, 금식을 하면서 기도하고, 그들이 믿게 된 주님께 그들을 맡겼다. 그리고 그 두 사람은 비시디아 지방을 거쳐서 밤빌리아 지방에 이르렀다." (행 14:20-24)

1. 시작된 선교행전

❖ 교회 개척을 위한 선교

앞장에서 우리는 처음 시작된 교회를 살펴보았다. 처음 시작된 교회는 분명히 너무나 놀랍고 아름다운 공동체였지만, 얼마 못 가서 곧 여러 가지 문제들이 발생하였다. 구제헌금 배분 문제가 생겨서 다투다가 긴급하게 집사를 세웠고, 이방인들의 구원 문제로 베드로가 예루살렘 교회에서 해명하는 일도 있었다. 교회적으로도 로마교회는 이방인과 유대인들의 갈등이 심각했으며, 고린도교회는 문제 종합백화점이라 할 만큼 문제란 문제는 다 가진 교회였다. 요한계시록에 나오는 일곱 교회 중에서 다섯 교회는 책망받

았다. 바울과 바나바는 선교를 앞두고 갈등하다가 결국은 갈라졌고, 베드로와 바나바는 이방인과 식사하던 것을 감추려다가 바울의 책망까지 받았다. 그 외에도 율법과 할례와 관련된 문제, 성적인 타락, 이단과 거짓 사역자, 배교, 경제적 어려움, 사회적 차별 등 많은 문제가 있었다.

우리는 자칫하면 초대교회를 이상화할 수 있지만, 이런 사실들은 초대교회가 결코 완전한 교회가 아님을 보여 준다. 성령님이 오셨다고 해도 그들은 여전히 연약하고 부족함이 많은 존재였기에, 때로는 낙심하여 쓰러지고 지쳐서 넘어지기도 하였고, 서로 오해하거나 다투기도 하였다. 따라서 그들의 삶과 공동체에도 많은 실수와 허물이 있기 마련이다. 이것은 결국 그들도 인간일 뿐이며, 늘 하나님의 은혜가 있어야 하는 연약하고 부족한 사람들이라는 사실을 알려 준다.

그러나 이런 것들이 하나님의 뜻이 이루어지는 데 방해가 될 수는 없다. 처음부터 그들을 너무나 잘 아신 성령님은 절대로 낙심하거나 포기하지 않으셨다. 오히려 성령님은 이런 교회를 도우시고 인도하셔서, 그들을 통해서 복음을 전파함으로 하나님의 나라를 확장해 가셨다. 이것이 사도행전에 기록되어 있다.

사도행전의 초반부는 베드로를 중심으로 하여 예루살렘에 복음이 전파되는 과정을 기록하고 있고, 중반부터는 바울을 중심으로 하여 로마 제국 전역에 교회가 세워지는 과정을 기록하고 있다. 사도행전(Acts)이라고 부르는 이유도 이 때문이다. 하지만 베드로와 바울만 선교한 것은 아니었다. 예수님을 따르는 모든 제자가 생명을 바쳐서 복음을 전하였다(행 8:4). 유명한 스데반과 야고보의 순교에서 알 수 있듯이, 이 여정은 언제나 생명을 건 도전이었음에도 그들은 복음을 위해 자신의 목숨을 아끼지 않았다.

그들이 이렇게 자신을 헌신한 이유 중의 하나는 그들이 종말을 살고 있다는 확고한 시대 의식(awareness of time) 때문이었다(히 1:2; 벧전 1:20; 요일 2:18). 종말은 메시야가 재림하셔서서 모든 악을 심판하시고(행 17:31) 하나님의 백성을 구원하심으로써 완성된다(행 2:21). 이것이 오순절에 시작되었으며 완성될 날이 아주 가까이 왔다(벧전 4:7; 계 22:10). 그런데 종말이 오려면 먼저 복음이 땅끝까지 전해져야 한다(마 24:14). 예수님은 이 일을 제자들에게 맡기셨고, 하나님은 이것을 위해서 성령님을 제자들에게 보내셨다(행 1:8). 그러므로 이들은 복음을 전하지 않을 수가 없다.

그런데 이들의 선교에는 중요한 네 가지 패턴이 있다. **첫째**는 복음을 전파하는 것이며, **둘째**는 그들을 제자들로 양육하는 것이며, **셋째**는 그들을 모아서 공동체를 세우는 것이었다. **넷째**는 그 공동체를 성도들에게 맡기고 그들은 새로운 곳으로 전도여행을 떠났다. 이것이 계속 반복되는 그들의 선교의 특징이었다(행 14:20-24).[1]

이는 이들의 선교 목적은 하나님의 가족 공동체를 세우고, 공동체 안에서 새로운 사귐의 삶을 살기 위함이다. 복음은 하나님과의 사랑의 사귐과 영적인 가족과의 사랑의 사귐에 초청하는 소식이기에, 단지 사람들을 모이게 하는 것이 아니라 하나님과 이웃과 깊은 사랑의 사귐을 갖는 것이 중요하다. 그래서 이것을 위해 세워진 교회는 모두 가정집에서 모였으며, 이때 가정집은 단순히 예배의 공간만이 아니라 선교를 위한 핵심적인 장소의 역할을 감당하였다.[2]

그렇지만 이것은 그들의 목적이 아니라 성령님의 목적이자 성령님께서 원하셨다. 단지 이들은 성령님의 목적을 이루기 위해서 성령님의 부르심을 받아, 성령님의 뜻대로 성령님을 섬긴 사람들에 불과하다. 성령님의 뜻은 하나님의 뜻이고 예수님의 뜻이기도 하다. 따라서 사도행전은 선교를 위한 사도들의 행적을 기록한 것이 아니라, 삼위 하나님께서 자신의 가족 공동체를 세우려는 뜻을 사도들을 통해 어떻게 이루어 가시는지를 기록한 책이다. 단지 이것을 주도적으로 행하신 분이 바로 성령님이시며, 이 행적이 사도행전 28장까지 기록되어 있다.

❖ 사도행전 28장 이후

그렇다면 28장 이후로는 어떻게 되었을까? 사도들의 행적이 잘 알려지지는 않지만, 초대교회는 선교행전이요 순교행전이었음은 널리 알려져 있다. 그리고 고대 여러 가지 기록들을 조사하면 사도들의 행적을 대충 유추할 수 있다.[3]

사도들의 행적은 선교의 행적이요 순교의 행적이었다. 초대교회는 열두 사도 외에도 사도라고 인정받던 사람들이 여럿 있었는데,[4] 이들은 모두 복음을 위해서 선교하다가 죽은 자들이다.[5]

복음을 위해서 가장 먼저 죽은 사람은 스데반이다(AD 32). 그는 분노한 열성 유대인들에 의해 산헤드린에서 돌에 맞아 죽었다. 그 뒤에 예루살렘에서 세배대의 아들 큰 야고보가 참수당하면서 사도 중에서는 가장 먼저 순교했다(AD 42). 그리고 바울의 충실한 동역자였던 실라가 고린도에서 돌에 맞아 죽고(AD 54), 바울의 또 다른 동역자였던 바나바도 키프로스에서 돌에 맞아 순교한다(AD 61). 훌륭한 선교사이자 충성된 동역자였던 그들의 죽음으로 인해서 바울의 마음은 매우 아팠을 것이다. 그렇다고 슬픔에만 잠겨 있을 수는 없었다. 이들은 모두 하나님의 나라에 갔고, 자신에게는 아직 남아 있는 사명이 있기 때문이다.

AD 62에 예루살렘 교회의 기둥 역할을 하던 예수님의 동생 야고보가 형이었던 예수님의 뒤를 이어서 유대 지도자들에 의해서 순교한다. 원래 그를 성전 꼭대기에서 떨어지게 해서 죽이려 했으나, 그래도 죽지 않자 곤봉으로 때려죽였다. 그러자 남아 있던 사도들은 야고보를 대신할 사람으로 예수님의 사촌이었던 시므온(글로바의 아들)을 뽑았는데, 아마도 예수님의 어릴 적부터 모든 행적을 가장 잘 알고 있었기 때문인 것 같다. 그런데 같은 해에 산헤드린에 의해서 알패오의 아들 작은 야고보와 맛디아가 예루살렘에서 돌아 맞아 순교한다.

2. 거세진 핍박과 생명을 건 선교

❖ 거세지는 핍박의 물결

이때부터 예루살렘에서의 핍박이 더욱 거세어지고, 교회는 더 큰 어려움을 겪게 되었다. 그러자 시므온과 몇몇 교회 지도자들은 함께 기도하며 하나님의 뜻을 구하다가 두 가지 중요한 결정을 하였다. 하나는 모두가 죽기 전에 예수님의 행적을 기록하는 것이며, 다른 하나는 각자가 섬길 선교지를 정하는 것이었다.[6] 그래서 이미 인도로 간 도마를 제외하고 남은 사도들을 불러서 선교를 위해 각자 가야 할 지역들을 정했다. 순교가 일상화된 상황에서, 남은 이들은 복음 전파에 대한 더욱 긴박한 마음을 가졌다. 비록 예루살렘 교회도 매우 어려운 상황이었지만, 예수님께서 가족을 섬기려 세상에 오셨듯이 사도들도 성령님의 인도하심을 따라 섬겨야 할 곳으로 흩어졌다.

이렇게 흩어지는 그들의 마음이 어떠했을까? 이미 많은 동역자가 순교했기에, 그들의 앞길에도 순교가 기다리고 있음을 잘 알았다. 그러나 어떠한 어려움과 고난이 있다고 해도, 예수님을 향한 사랑과 믿음과 소망을 꺾을 수는 없기에 그들도 순교를 각오한 비장한 마음으로 선교지로 떠났.

이런 모습이 사도행전이 기록되어 있다. AD 58경에 에베소 교인들은 예루살렘으로 떠나는 바울과 눈물의 이별을 겪는데(행 20:38), 다시는 바울을 볼 수 없다는 것을 알고 있었기 때문이다. 그렇지만 바울은 복음을 위해서 생명도 아끼지 않고 과감하게 그들을 떠난다(행 20:23-24). 하늘의 영광을 위해서 기꺼이 이 땅에서의 고난을 택했다. 그렇지만 이것이 바울만의 마음이었을까? 분명히 에베소 교인들도 같은 마음으로 바울을 보냈을 것이다. 인간이기에 슬픔과 아쉬움이 없을 수는 없지만, 이런 감정들보다 더 중요한 것은 하나님 나라를 위한 부르심이다.

그런데 바울은 소아시아와 남유럽을 돌면서 복음을 전하다가, 다시 로마에 가서 네로에 의해서 참수당한다(AD 64). 전승에 의하면, 바울이 죽던 날에 베드로도 네로에 의해서 로마에서 거꾸로 된 십자가에서 순교했다고 한다.[7] 바울과 베드로의 순교는 교회에 큰 충격을 주었다. 바울은 가장 왕성하게 선교하던 사도였고, 베드로는 교회에서 가장 중요한 역할을 감당하던 사도였는데 두 사람이 같은 날에 죽었다.

이것은 선교와 교회의 중심축이 흔들리는 것과 같은 사건이었다. 그것도 그들 모두 로마에 의해서 죽었다. 이때 수많은 기독교인이 방화의 누명을 쓰고 순교하였는데, 얼마나 많은 기독교인을 십자가에서 화형을 시켰는지 로마의 밤이 대낮처럼 밝았다고 한다. 성도는 죽어서도 자신의 몸으로 타락하고 어두운 세상을 밝히는 법이다. 그러나 교회는 이 사실을 결코 가볍게 여길 수가 없었다. 어쩌면 이것은 앞으로 로마에 의해서 거대한 환난이 일어날 것을 알려 주는 전주곡과 같은 사건이었다.

❈ 멈추지 않는 순교행전

이때부터 핍박이 로마 제국 전역으로 확산하였다. 그렇지만 이것이 하나님 나라와 복음을 향한 열정을 막을 수는 없다. 바울은 일찍이 자기들이 하나님 나라에 들어가기 위해서는 많은 환난을 겪어야 한다고 하였다(행 14:22). 성령님의 역사에 사탄의 저항이 있는 것은 당연하며, 이것은 사탄의 발악일 뿐이지 이미 전세는 역전되었다. 예수님도 사탄이 세상의 문을 아무리 꼭꼭 걸어 잠가도, 교회가 세워지는 것을 막을 수 없다고 하셨다(마 16:18). 그리고 제자들에게는 죽음에서 부활하신 예수님의 생명과 예수님을 부활하게 한 성령님의 능력이 함께하고 있다. 그렇기에 자기들도 예수님처럼 부활하게 될 것이며, 오히려 나중에는 사탄을 심판할 것이다.

또한, 이 땅에서의 고난과는 비교할 수 없는 영광이 하늘나라에서 이들을 기다리고 있다. 세상은 죽음 앞에 무릎을 꿇지만, 구원받아 예수님의 생명을 얻은 자기들에게 죽음이란 영원한 삶으로 들어가는 입구와 같은 것일 뿐이다. 그러므로 이들은 죽음을 두려워하지 않는다(행 5:41; 벧전 4:13). 죽음이 두렵지 않으니, 어떤 것으로도 이들을 굴복할 수가 없다. 이들은 세상의 눈으로 볼 때 완전히 미친 사람들이다(행 26:24). 세상에 죽음을 두려워하지 않는 미친 사람들보다 더 무서운 사람들은 없다.

바울이 로마에서 처형당할 위기에 처했을 때, 바울을 도우려고 아굴라와 브리스길라가 긴급히 로마를 방문하였다. 하지만 너무 늦게 도착하는 바람에 바울을 도울 수가 없었을 뿐 아니라, 오히려 이들 부부도 십자가에서 순교를 당했다고 한다. 사도 요한도 로마에 왔지만, 하나님께서 기적적으로 그를 보호하셔서 나중에 요한계시록을 기록하게 하였다고 한다. 이 무렵에 사도 빌립은 소아시아의 히에라볼리에서 십자가형으로 순교를 당한다(AD 66). 히에라볼리(튀르키예의 파묵칼레)는 에베소, 라오디게아, 골로세와 가까운 도시이다. 그다음 해에 바울과 바나바의 동역자였던 마가는 이집트의 알렉산드리아에서 구타당해 순교하고(AD 67), 그다음 해에는 바돌로매가 소아시아의 아르메니아에서 순교를 당했는데(AD 68), 그는 살가죽이 벗겨진 채로 참수당했다고 한다.

그리고 그다음 해에는 안드레가 그리스 남서부에 있는 파트라스에서 십자가형으로 순교한다(AD 69). 두 해 뒤에는 야고보의 아들 유다와 열심당원 시몬이 페르시아(이란)에서 칼로 난자당해서 순교하고(AD 71), 그다음 해에는 도마가 페르시아보다 더 멀리 있는 인도에서 창에 찔려 순교한다(AD 72). 그 외에도 바울의 신실한 동역자였던 누가는 그리스에서 죽고(AD 80), 같은 해에 바울의 영적 아들이었던 디모데도 에베소에서 죽는다. 마태는 에티오피아에서 죽었고(AD 90), 요한은 에베소에서 죽었다(AD 100). 그리고 디도는 그리스 남쪽에 있는 크레타섬에서 죽었다(AD 107). 뛰어난 설교가이자 열정적인 전도자였던 아볼로도 연도는 정확하지 않지만, 고린도에서 죽은 것으로 추정한다. 마지막으로 예수님의 사촌으로서 교회의 지도자였던 시므온은 예루살렘이 로마에 의해 멸망한 뒤에도 끝까지 예루살렘에서 사역하다가 120세의 나이에 십자가에서 순교했다고 한다(2세기 초).

3. 초대교회 선교의 특징

❈ 모든 성도들의 행전

이들의 행적은 순교를 각오한 선교의 행적이었다.[8] 그들은 성령님의 인도하심을 따라서, 그들이 가야 할 곳으로 모두 흩어졌다. 사도들과 전도자들은 한곳에만 계속 머물지 않았다. 그들의 사역의 주목표는 개척이다. 개척은 힘들다. 그들도 인간이다. 왜 쉽고 편안한 삶을 살고 싶지 않았겠는가? 그리고 왜 사람들의 인정을 받으면서 안정된 사역을 하고 싶지 않았겠는가? 하지만 그렇게 머물러 있어서는 땅끝까지 복음을 전파하려는 예수님의 뜻이 이루어질 수가 없기에, 힘들고 부담스러워도 낯설고 어려운 곳으로 갔다.

이들의 사역의 특징 중의 하나는 반드시 함께하는 동역자들이 있었다. 대표적인 것이 바울의 동역자였다. 그에게는 바나바, 마가, 누가, 실라, 브리스가와 아굴라, 디도, 아볼로, 에바브라, 에바브라디도, 빌레몬 등 많은 동역자가 있었다. 다른 사도들도 마찬가지였다. 사도들은 위대한 사역자였지만 고집불통의 독불장군도 아니었고, 홀로 사냥하는 외로운 호랑이도 아니었다. 오히려 이들은 자신의 연약함과 부족함을 잘 알기에, 삼위 하나님이 함께 동역하시듯이 동역자들과 마음을 모아 공동체로 사역했다. 사도행전이나 서신서에 이런 동역자들의 이름이 계속 나온다는 것은 이들의 역할이 매우 중요했다는 것을 알려 준다. 또한 서신서에는 이런 동역자들과 교회가 서로 안부를 전하며 섬겼다는 기록들이 많은데, 이는 그들만이 아니라 모든 성도들이 하나님 나라를 위한 동지 의식을 가지고 서로 깊은 유대관계를 맺었다는 것을 알려 준다.[9]

그런데 어디를 가서도 그들의 사역은 같았는데, 복음을 전하며 제자를 훈련하고 교회를 세우는 것이다. 이것을 개척 사역이라고 하는데 제자들은 복음만 전하지 않았다는 것이 중요하다. 개척의 최종 목표는 교회이다. 복음을 전해서 제자를 양육하고, 회심자가 몇 명만 나오면 곧바로 공동체로 모여서 교회를 세워 교회 안에서 함께 신앙생활했다.

그러다가 때가 되면, 또 다른 곳으로 이동했다. 그래야 하나님의 나라가 확장되면서, 예수님의 재림을 준비할 수 있기 때문이었다. 그래서 그들은 계속 여러 곳을 돌아다니며 복음을 전하며 교회를 세웠다. 그리고 이 모든 것은 성령님이 정하시고 인도하시는 대로 따르는 것뿐이다.

이들이 공동체를 떠날 때 그 공동체가 성숙하고 강건한 것도 아니었다.

바울이 가장 오래 목회한 에베소교회가 2년 반이고, 고린도교회는 1년 반이다. 몇 개월 목회하지 않는 공동체들도 많았지만, 그들을 교회의 주인이신 성령님께 맡기고 새로운 곳으로 떠났다(행 20:32). 그러면 모든 성도가 영적 제사장으로서 함께 공동체를 섬겼으며, 사도들을 비롯한 여러 순회사역자가 이런 공동체들을 돌면서 성숙하고 강건할 수 있도록 도왔다.

❖ 가정교회, 선교의 중심

사도들만 이런 공동체를 세운 것이 아니라 초대교회의 모든 가정교회가 선교에 참여했다. 그들은 가정에서 모이다가 숫자가 많아지면 자연스럽게 나누었다. 지금처럼 사역자 중심이 아니라 성도들이 중심이 되어서 함께 새로운 모임을 시작하였는데, 집에서 모여 교제를 가지고 식사를 하며 기도하고 말씀을 나누었다. 부자가 있다면 큰 집에서 여럿이 모일 수도 있었겠지만, 대부분은 가난한 사람들이었다. 그러다 보니 모일 수 있는 숫자도 아주 제한적일 수밖에 없다.

그러나 두세 명만 모여도 교회가 되기 때문에 상관없다(마 18:20).[10] 여기에는 특별한 의식이 필요한 것도 아니었고, 조직이나 제도가 필요한 것도 아니었으며, 많은 훈련이나 후원이 필요한 것도 아니었다. 그렇다고 지금처럼 거창한 사역도 아니었고, 사역자라 하는 소수의 사람만이 하는 것도 아니었다. 모든 성도가 선교사인 것이 바로 초대교회였다.

따라서 그들이 가까운 곳에 있는 사람들에게 복음을 전하면 전도이고, 때로는 멀리 가게 되어서 그곳에서 복음을 전하면 선교가 되었다. 그들이 사는 곳이 바로 선교의 현장이었고, 그들은 어느 곳에 가든지 그들은 이웃과 관계를 맺었고 복음을 전하고 친구가 되었다. 이것이 바로 예수님의 방식이었다. 그리고 그들을 집으로 초대해서 함께 교제 나누며, 관심 있는 사람들을 예배로 초대하고 복음을 가르쳤다. 그러면 교회가 되는 것이니, 우리의 생각보다 교회를 세우기는 아주 쉽다. 또한 이것이 그들의 생활방식이었기에, 초대교회의 선교는 아주 당연할 뿐 아니라 매우 자연스러웠다. 따라서 이런 선교에는 굳이 건물도 조직도 제도도 필요 없다.

그 당시는 성령님의 역사가 강했기 때문에 매우 빠른 속도로 교회가 확장되었는데 빠르면 몇 주 만에 새로운 교회가 개척되기도 하고, 늦어도 몇 달이면 새로운 교회가 개척되었다. 이렇게 되면 원 교회도 개척된 교회도 모두 새로운 상황을 맞이할 수밖에 없기에, 교회는 언제나 매우 역동적이고 생명력 있는 신앙생활을 하게 된다. 또한 교회가 계속 변하기 때문에 영적으로 정체가 되거나, 예수님께서 싫어하셨던 전통도 세워질 틈도 없다.

가장 중요한 것은 복음을 전파하고 교회를 세우는 것은 성령님의 사역이며, 성도들은 성령님의 동역자들일 뿐이라는 것이다. 주객이 전도되면 안 된다. 따라서 성도는 성령님께서 마음껏 역사하시도록 성령님께 자신을 온전히 내어드려야 한다. 특히 선교는 성령님이 주시는 은사가 매우 중요한데, 바울은 선교를 위해서 꼭 필요한 다섯 가지 은사를 설명하고 있다(엡 4:11-12).

사도의 은사가 있는 사람들이 교회를 개척하고, 예언의 은사가 있는 사람들이 교회를 위해 기도하면서 성령님의 음성을 듣고 분별하였으며, 전도의 은사가 있는 사람들이 복음을 전해 사람들을 교회로 초대하였으며, 목자의 은사가 있는 사람들이 그들을 돌보았고, 가르침의 은사가 있는 사람들이 말씀을 가르쳤다. 그렇지만 이것은 유기적 관계 안에서 공동체적으로 함께 한 공동사역이었기에, 선교사 한 사람에게 과도한 책임이 지우고 특별한 능력과 훈련을 요구하는 현대교회에 비해서 훨씬 쉬웠다.[11]

❖ 초대교회의 도전

이러한 초대교회의 선교 훈련은 오직 한 가지 바로 관계 훈련이었다. **먼저**는 하나님과의 관계이고 **두 번째**는 교회 안에서 지체들과의 관계이었으며, **세 번째**는 이 두 관계를 바탕으로 하여 세상과 관계를 맺는 것이다. 그리고 이 모든 훈련의 기초는 복음으로서, 철저히 복음 위에서 새로운 관계를 맺는 것이다. 이것이 선교를 위한 그들의 훈련이었으며, 이 훈련이 최적화된 곳이 바로 가정교회였기에 그들은 교회 안에서 이 훈련을 집중적으로 받았다. 따라서 이것이 성령님께서 가정교회를 세우신 목적이기도 하다.

예수님은 하늘나라가 누룩과 같다고 하셨다(마 13:33). 빵에 들어간 누룩은 보이지도 않지만, 빵을 부풀게 하고 부드럽게 한다. 이것처럼 건물도 없는 가정교회는 세상 속에서 보이지도 않지만, 하나님의 나라를 확장하며 세상을 변화시킨다.[12] 이것이 바로 가정교회 중심의 초대교회 선교였다.

초대교회의 선교는 교육받고 안수받은 전임 사역자 중심이 된 현대교회의 관점에서 매우 급진적이고 도전적일 수 있다. 그러나 사도들이 담대하게 공동체를 떠날 수 있고 성도들도 사도들 없이 자체적으로 공동체를 섬길 수 있었던 것은 교회는 철저히 예수님이 세우시는 것이라는 믿음 때문이었다(행 14:23; 20:32). 공동체는 사역자가 세우는 것이 아니다. 사람들은 도구일 뿐이다. 따라서 공동체의 중심도 사도들 같은 전임 사역자가 아니라 예수님이며, 성도들은 예수님께 연결된 지체들이다. 이들이 예수님을 의지하고 성령님의 인도하심을 따라서 성령님의 은사를 사용하여 함께 공동체를 세워나간다. 이것이 바로 성경이 가르치는 예수님이 머리가 된 한 몸으로서의 교회이다.

그리고 사도행전이나 서신서에 기록된 사역자들은 다 순회사역자들이었다.[13] 물론 요한이나 디모데처럼 에베소에서 사역한 사람들도 있지만, 이들 역시 그 지역의 여러 가정교회를 순회하면서 섬겼던 사람들이었다.[14] 그들은 예수님의 제자가 되기 위해서 자기를 부인하고 십자가를 짊어졌다(마 16:24). 그들은 모두 죽었지만, 하나님은 그들의 희생과 섬김을 통해서 자신의 나라를 확장해 가셨다. 예수님의 피로 세상이 구원을 얻듯이, 하나님의 나라도 성도들의 희생과 순교의 피로 확장된다. 이것이 AD 311까지 계속 이어진다.

주

1. 초대교회 최고의 선교사였던 바울의 선교목표와 방법에 대해서는 '에크하르트 슈나벨, 『선교사 바울』, 정옥배 옮김, (부흥과 개혁사, 2008), p280-312'; '에드 스테처 & 리제트 바이든, "바울과 교회개척", 로버트 L 플리머 & 존 마크 테리 편집, 『바울의 선교 방법론』, 조호영 옮김, (CLC, 2016), p280-312'를 참고하라. 같은 책에서 크리스토프 W. 스텐쉬케는 초기 중국선교사였던 로랜드 알랜의 글을 인용하며, 바울의 선교의 목적은 개인의 회심이 아니라 교회 개척이었음을 밝힌다.(p117)
2. 가정교회를 중심으로 한 초대교회의 선교에 관한 자세한 내용은 '안희열, 『바울, 교회에서 길을 찾다』, (두란노, 2021)'을 참고하라.
3. 자세한 내용은 '토마스 E 슈미트, 『사도행전 그 이후』, 윤종석 옮김, (아바 서원, 2014)'와 '존 폭스, 『순교사 열전』, 홍병룡 옮김, (포이에마, 2014), p22-84'를 참고하라. 가톨릭 사이트인 '굿 뉴스 성인'(https://maria.catholic.or.kr/saho/saint.asp)도 참고하라.
4. 초대교회에서는 사도(apostle)라는 호칭이 우리의 생각보다 상당히 폭넓게 사용되었는데, 바나바(행 14:14)와 예수님의 동생 야고보(갈 1:19)도 사도로 기록하고 있다. 헬라어 성경에는 디도와 동역자들과(고후 8:23) 에바브로디도(빌 2:25)도 사도(apostolos)로 기록하였다.
5. 사도들의 순교 연도는 '토마스 E. 슈미트, 『사도행전 그 이후』, (아바 서원, 2014)'에 기록된 연도를 따른다.
6. Ibid. p152
7. Ibid. p145
8. 초대교회 순교의 영성에 관한 설명은 '박아청, 『초대교회 신도들의 사생관』, (CLC, 2021), p144-204'를 참고하라.
9. 신약성경이 우리에게 알려 주는 놀라운 사실은 초대교회 성도들은 서로 보지도 못했지만, 하나님 안에서 모두 한 가족이요 예수님을 위한 성령님의 동역자라는 의식이 확고했다는 것이다. 이것이 지금 현대 교회와 너무 다른 점 중의 하나인데 서신서에 잘 기록되어 있다. 아래의 구절을 참고

하라. (롬 16장; 고전 16:15-24; 고후 13:12-13; 빌 4:31-23; 골 4:7-8; 살전 5:25-28; 딤후 4:19-21; 빌 1:23-24; 히 13:23-25; 벧전 5:13-14; 요이 1:13; 요삼 1:15)

10 미로슬라브 볼프,『삼위일체와 교회』, 황영은 옮김, (IVP, 2012)
11 초대교회의 선교가 쉬웠던 이유 중의 하나는 교단이나 건물이나 제도에 얽매이지 않았기 때문이다. 성경의 가르침을 따르면 교회는 성도들의 모임으로서, 성도가 2명 이상만 모이면 교회가 되기 때문에 교회를 개척하기는 의외로 쉽다. 전임 사역자가 없어도 되고, 교단의 허락도 필요 없다. 장소는 중요하지 않기에 어디서 모이든지 상관없다. 단지 지속적으로, 친밀하게, 그리고 복음 중심으로 모이면 그 모임은 에클레시아가 된다.
12 로마를 변화시킨 초기교회 성도들의 삶의 특징들에 관한 설명은 '제럴드 싯처,『회복력 있는 신앙』'을 읽어 보라.
13 초대교회의 특징 중의 하나는 순회사역자들이다. 초대교회는 평신도라 부르는 성도들이 사역자로 함께 섬기는 공동체였다. 그리고 이들의 부족함을 채워 건강하고 성숙한 공동체가 되도록 돕던 사람들이 있었는데 그들을 순회사역자라고 한다. 순회사역자들은 여러 공동체를 순회하면서 사역하는 사람들이다. 사도들도 다 순회사역자였는데, 바울의 선교여행은 순회사역자로서의 모습을 잘 보여 준다. 이들의 목적은 오직 예수님이 주인이 된 성도들의 공동체를 세우는 것이었기에, 한곳에 오래 머물지 않았다. 이는 자칫하면 성도들이 예수님보다 사역자들을 더 의지할 수도 있고, 또한 자신들이 교회의 주인 행세를 하지 않기 위함이기도 하였다. 그리고 한국교회 초창기에 왔던 선교사들도 여러 지역을 돌아다니면서 순회 사역을 하였다.
14 많은 사람이 디모데가 에베소교회에서 담임 목회를 한 것으로 생각하지만, 이것은 지극히 우리의 관점에서 이해한 것이다. 그 당시는 담임목사라는 제도 자체가 없었을 뿐 아니라, 모든 교회는 가정교회에서 모였다. 따라서 에베소에도 많은 가정교회가 있었는데 워낙 빨리 성장하였기에 사람들이 많아지면 곧바로 여러 교회로 나누어져서 예배를 드렸다. 이런 상황이 되면 새로 시작한 교회들을 도와주어야 하기에, 지금과 같은 담임 목회는 할 수도 없다. 그러므로 디모데는 담임 목회를 한 것이 아니라 에베소 지역 가정교회를 섬긴 순회사역자였다고 생각하는 것이 더 타당하다.

교회를
묻다가
하나님을
만나다

2장
교회의 변질과 타락

1. 제도화된 교회의 탄생
2. 타락하는 교회

2장   교회의 변질과 타락

1. 제도화된 교회의 탄생

"예수께서 그들에게 대답하셨다. '이사야가 너희 같은 위선자들을 두고 적절히 예언하였다. 이렇게 기록되어 있다. '이 백성은 입술로는 나를 공경해도, 마음은 내게서 멀리 떠나 있다. 그들은 사람의 훈계를 교리로 가르치며, 나를 헛되이 예배한다.' 너희는 하나님의 계명을 버리고, 사람의 전통을 지키고 있다.' 또 그들에게 말씀하셨다. '너희는 너희의 전통을 지키려고 하나님의 계명을 잘도 저버린다.'" **(막 7:6-9)**

❖ 기독교 공인이 초래한 해악

성령님께서 교회를 창조하신 지 2천 년이 지났다. 10년이면 강산도 변한다는데, 2천 년이면 강산도 200번이나 바뀌는 시간이다. 그동안 세상에는 참으로 많은 일이 일어났다. 영원할 것 같은 로마가 무너지고, 새로운 제국들이 나타났다가 사라졌다. 한때는 세상을 호령하며 강력한 권력을 휘둘렀지만, 인간이 세운 나라는 얼마 가지 못하고 역사의 뒤안길로 사라졌다. 이렇듯 영원한 왕도 나라도 없는 것이 인간의 역사이다.

그동안 교회에도 많은 일이 있었다. 기독교가 공인되기 이전에 유대인들과 로마 제국의 이교도들이 보는 기독교는 도저히 이해할 수 없는 이상한 종교였을 뿐 아니라, 제국의 체제를 위협하는 나쁜 종교였다.[1] 그래서 교회

는 처음 300년간 환난과 핍박의 시기를 맞이했다. 핍박과 환난은 시기와 지역에 따라서 차이가 있었지만, 이것이 없었던 적은 없었다. 그러다가 AD 312에 로마의 황제 콘스탄티누스가 기독교를 공인하면서, 교회는 성령님과 복음이 아닌 제도와 의식 중심의 새로운 기독교로 변질한다.

기독교를 공인했다는 것은 기독교를 믿어도 되는 종교로 인정했다는 것을 의미한다.[2] 이때부터 교회는 더 이상 핍박 없이 신앙의 자유를 누리게 되었다. 그런데 문제는 여기에서부터 시작하였다.

사실 그가 기독교를 공인은 했지만 회심한 것은 아니었다. 그는 원래 태양신을 섬겼으며 자신을 신의 아들로 믿었는데, 많은 신을 믿던 로마에서 그에게 기독교는 공인된 여러 종교 중의 하나였을 뿐이었으며, 하나님도 그중의 하나일 뿐이었다. 그 당시 로마 황제는 자신을 제사장 중에서도 가장 높은 제사장으로 불렸다. 문제는 그는 스스로 자신을 교회에서 가장 높은 자로 세우고 교회에 간섭하면서 자기가 원하는 대로 교회를 바꾸기 시작했는데, 태양신을 섬기던 그가 원하던 기독교는 이방인 종교들처럼 신을 섬기는 기독교였다.

많은 사람은 이것이 얼마나 심각한 문제인지를 인식하지 못한다. 이교도가 기독교를 바꾸었으니, 이전과는 다른 퓨전 기독교가 탄생할 수밖에 없다. 쉽게 설명하면 이것은 범신론을 믿은 힌두교나 불교 지도자가 자기도 기독교인이 되고 싶다고 하면서, 개종도 하지 않은 채 유일신을 믿는 기독교를 자신이 원하는 대로 바꾼 것과 같다. 범신론을 믿는 사람들은 하나님을 받아들이기가 쉽다. 어차피 수많은 신들이 있는데 하나님은 그중의 하나일 뿐이기 때문이다. 그러나 유일신을 믿는 사람들은 범신론을 받아들이는 순간 유일신을 버리는 것이기에 절대로 받아들일 수가 없다. 따라서 두 종교는 자신이 믿고 있는 믿음을 버리지 않는 이상 통합은 불가능하다. 그래서 콘스탄티누스는 교회의 믿음을 인정해 주면서도, 믿음을 담는 그릇은 모두 이교도 식으로 바꾸는 기괴한 방식으로 기독교와 이교를 통합시켰다. 다시 말하면 믿음은 인정해 주겠지만, 믿음을 표현하는 방식은 이교도 식으로 바꾸었다는 것이다.

❖ 변질된 기독교

그중의 대표적인 것이 건물의 건축이다.[3] 그는 예수님을 위한다는 명목으로 요청하지도 않은 예배당을 스스로 지었는데, 그것도 고대 신전처럼 크고 화려한 건물을 지었다.[4] 거대한 신전에서 태양신을 섬기던 콘스탄티누스는 성전도 제사도 제사장도 없이 가정집에서 예배드리는 종교를 상상할 수가 없었다.[5] 그것도 신분과 인종과 남녀노소의 차별이 없이 모두 한 가족이라는 사실은 더더욱 받아들이기가 어려웠을 것이다.

콘스탄티누스는 바실리카 형식의 성전을 여러 개 지었는데, 그 후로 로마 제국 전체에 거대한 여러 성전을 건축하였다.[6] 이에 편승한 교회도 건축을 위해 헌금을 모으고 땅을 사기 시작했는데 이는 초대교회에서는 한 번도 없던 일이었다.[7] 게다가 이전에는 이교에 제물을 바치던 사람들이 이제는 교회에 기부하게 되면서, 교회가 부유해지기 시작했고 교회를 섬기던 사제들이 권력을 가지게 되었다.[8] 그리고 황제가 스스로 기독교인이라 하면서 기독교인들에게 여러 혜택도 베푸니, 백성들도 앞다투어 기독교인이 되려 했다. 그리고 황제의 호의에 결탁하여 많은 교회가 자발적으로 믿음의 기준을 낮추어 사람들이 쉽게 개종할 수 있게 하였다. 덕분에 기독교가 급속히 확산하면서 외형적으로는 엄청난 부흥이 일어난 것처럼 보였다.

사실 그는 하나님에 대한 지식이 전혀 없었기에, 하나님께서 원하는 성령님과 진리의 예배가 무엇인지도 몰랐다. 기독교인으로 자청한 그는 교회에서 예배를 드리기를 원했는데, 초대교회의 전통이 아니라 자신이 익숙하고 좋아하는 방식으로 예배를 드리고 싶었다. 그것이 바로 태양신을 섬기듯이, 큰 건물에서 성직자를 중심으로 각종 제도와 의식을 따르는 예배였다.

문제는 건물이 생기게 되면 건물을 유지하기 위해서 어쩔 수 없이 인력과 돈이 필요하게 되고, 조직을 만들고 건물을 관리하게 되고, 관계보다 건물에 더 집중하게 될 수밖에 없게 된다. 이것은 건물이 나쁜 것이 아니라, 죄의 영향을 받는 인간이 눈에 보이는 건물을 우상처럼 섬기기 때문에 나타나는 현상이다.[9] 또한 교회끼리도 서로 건물로 비교 경쟁하게 되고, 우월감과 열등감을 가질 수밖에 없다. 지금도 이것이 교회 안에 심각한 문제인데, 이 문제의 원인 바로 콘스탄티누스였다. 그는 하나님을 섬긴다면서, 신전 대신에 성전이라는 건물을 지었고, 제사장 대신에 성직자라는 제도를 만들었고, 제사 대신에 의식화된 예배로 바꾸었다. 결국 그는 기독교를 이방 종교처럼 바꾸면서, 이방 종교화된 이상한 기독교가 탄생하게 된다.[10] 그렇지만 이교도였던 그에게는 이것이 더 신성하고 경건하게 보였다.

이 결과 교회는 만인 제사장에서 소수의 성직자와 대부분의 평신도로 나누었고, 적극적인 참여에서 관객처럼 바라만 보는 모임으로, 공동체 중심에서 개인 중심적인 신앙으로 변한다. 또한, 성령님의 인도와 역사 중심에서 인간의 계획과 방법 중심으로, 성령님의 은사 중심적인 섬김에서 종교화된 의식 중심적인 예배로, 사랑의 교제가 중심이 된 신앙생활에서 행사와 활동 중심의 신앙생활로, 그리고 자유롭고 자발적인 섬김에서 인위적인 제도와 조직 중심의 사역이 되어 버렸다.

하나님은 자신을 섬길 때 이방 민족들이 신을 섬기는 방식으로 섬기지 말 것을 명령하셨는데(신 12:4), 그런 방식이 역겹다고까지 하셨다(신 13:31). 제사는 반드시 제사법을 따라야 하듯이, 신약교회는 반드시 성경에 기록된 초대교회의 전통을 따라야 한다(고전 11:2; 살전 2:15). 바울은 혹시라도 교회가 새로운 전통을 잊어버리고 사람들의 전통과 세상의 원리를 따를까 봐 염려하였다(골 2:8; 살전 3:6). 이는 복음의 축복과 능력을 온전히 누릴 수가 없게 되며, 교회는 영적인 성숙함과 거룩함을 잃어버리기 때문이다.

❈ 이교화된 교회

이렇게 되자 이교의 영향력이 교회 안에 노골적이지만 합법적으로 침투하기 시작하면서 분명히 이름은 교회지만, 이전과는 전혀 다른 새로운 교회가 탄생하고 성도들도 이전과는 전혀 다른 모습을 보이기 시작한다. 혼합종교를 믿었던 구약의 왕조처럼, 황제가 혼합종교이니 자연스럽게 백성들도 혼합종교를 가지게 되었다. 이름은 분명히 기독교이지만, 이교에 물든 기독교를 믿게 된 것이다.[11] 그러면서 점차 초대교회의 신앙과 전통을 교회에서 찾아보기가 어려워졌다.

가장 큰 문제는 새로운 방식들이 모두 이방 종교에서 본뜬 것들임에도 불구하고,[12] 대다수의 교회 지도자들이 콘스탄틴의 이런 행적을 적극적으로 거부하지 못했다는 것이다. 그들로서는 콘스탄틴이 베풀어 준 호의가 너무나 컸을 것이며, 더 이상은 핍박과 고난을 받고 싶지 않았을 것이다. 그래서 많은 기독교 지도자들이 콘스탄틴의 정책에 반감이 있으면서도 믿음을 타협하기 시작했는데, 그때부터 대부분의 성도가 편안한 현실에 안주하며 종말의 하나님의 나라를 소망하기보다 현재의 하나님의 나라를 더 좋아하기 시작했다.

콘스탄티누스가 회심하고 세례를 받은 것은 죽기 직전이었다.[13] 이것도 역사학자들에 따라서 의견이 분분하다. 죽기 직전에는 회심했다는 사람도 있고, 그때도 진정한 회심이 아니라 지옥에 가지 않으려는 방편으로서의 회심이라고 주장하는 학자도 있다. 분명한 것은 그가 기독교를 공인할 때부터 세례를 받기 직전까지는 태양신을 섬기던 이교도였다는 사실이다.[14] 그러면서도 그는 스스로 자신을 기독교인이라고 여겼다.

❖ 제도화되고 제국화된 기독교

이때부터 건물 중심의 교회 시대가 시작되었는데 원래 기독교는 제사장이 없다. 하지만 성전이라 부르는 건물이 있으니, 그곳에서 활동하며 건물을 지킬 사람이 필요하게 되면서 제사장 대신에 성직자를 세웠다. 이름만 다르지, 같은 기능을 하게 한 것이다. 그리고 그는 그들에게 월급을 주면서 성전에서 전임으로 일하게 하였는데, 이때부터 월급을 받으며 성전에서 일하는 전임 사역자 제도가 시작되었다.[15]

사실 이것도 이교도의 사제를 본뜬 제도였는데, 이때부터 구약처럼 교회 안에 사제중심주의가 자리를 잡게 된다. 그리고 교회 지도자들에게는 특별한 권한과 혜택을 베풀었는데, 오히려 이 때문에 그들이 타락하는 원인이 되었다. 또한, AD 324에 태양(sun)신을 섬기던 일요일(sunday)을 공휴일로 삼고 각자 섬기는 신들에게 예배를 드리게 하였는데, 교회도 이때부터 일요일 예배를 정규예배로 정했다. 여기에 구약의 안식일 개념이 더해지면서, 초대교회에는 없던 주일성수라는 이상한 믿음이 확고해지기 시작했다.

그러다가 테오도시우스 황제는 기독교를 로마의 국교로 정한다(AD 391). 이는 다른 종교는 인정하지 않는다는 것이며, 다른 종교를 믿을 때는 핍박을 각오해야 한다. 이때부터 국가적인 강제 개종이 이루어지면서, 오히려 다른 종교가 핍박을 받는 시대가 되었다. 그런데 이것은 예수님의 방법이 아니었다. 예수님은 한 번도 강제 개종을 시킨 적이 없으셨으며, 무한한 능력과 권위로 사람들을 협박하지도 않으셨다. 사도들도 마찬가지였다.

그러나 국교가 된 교회는 국가의 비호를 받으며 권위를 내세우고 권력을 휘두르며 사람들을 지배하기 시작했다. 기독교가 공인된 이후로는 베드로와 같은 믿음의 고백은 필요 없게 되면서, 초대교회가 가졌던 그 굳건한 믿음이 점점 사라지기 시작했다. 원래 초대교회는 교사가 새로운 신자를 문답식으로 양육하여 완전한 회심을 점검한 뒤에서야 비로소 교회의 지체로 인정이 되었는데,[16] 때로는 이 과정이 무려 3년이 걸릴 때도 있었다고 한다.[17] 그런데 기독교가 국교가 된 이후로는 이런 과정도 없이 그저 교회에 가서 몇 번 예배를 드리다가 세례를 받고 기독교인이라고 말만 하면 되면서, 초대교회부터 내려온 완전한 회개와 진정한 믿음의 고백이 사라졌다.[18]

이것만이 문제가 아니다. 이미 AD 380부터는 가톨릭 신앙(하나의 신앙)만을 따르라는 칙령을 발표하면서,[19] 하나님에 대한 믿음을 세상의 법으로 법제화시키고 제도화된 제국교회를 거부하는 가정교회를 불법으로 정하고 성전 중심의 교회만을 참된 교회로 인정하였다.[20] 성령님과 사도들에 의해서 시작된 가정교회가 로마 황제에 의해서 금지당하고, 사도들은 생각하지도 않았던 성전 중심의 교회가 진짜 교회로 둔갑한 것이다. 이때부터 소수 가정교회는 변화된 세상을 무시하고 정통만을 고집하는 광신자들이 모이는 이상한 교회가 되고, 제도화된 대다수 교회는 정부의 보호와 후원을 받으면서 정상적인 교회로 인정받게 되면서 크리스텐덤(Christendom)이라고 하는 기독교 왕국이 세워졌다.[21]

기독교 왕국이 이루어진 뒤부터 교회는 하나님의 왕국은 교회를 통해서 이 세상 위에 이루어졌다고 믿었고, 교회는 종말에 대한 믿음과 소망을 서서히 잃어버리게 되었다. 그러나 성경은 이 땅 위의 하나님의 나라도 중요하지만, 이 땅과 구별되는 하늘에 있는 하나님의 왕국을 가르치고 있다. 그리고 예수님이 재림하시면, 예수님이 통치하시는 나라가 이루어진다고 가

르치는데, 이 나라야말로 성경이 가르치는 회복될 하나님의 나라이다.

　성도의 궁극적인 소망은 여기에 있다. 그래서 성도는 종말의 핵심인 예수님의 재림을 간절히 기다린다(빌 3:20; 딛 2:13). 초대교회는 이것에 대한 확고한 믿음과 간절한 소망이 있었다. 그런데 기독교 국가가 되면서 초대교회의 믿음과 소망을 잃어버리게 된다. 그것을 잃어버리니, 초대교회와 같은 믿음과 소망의 삶도 살 수도 없게 되면서 초대교회는 자기들과는 전혀 상관없는 그저 먼 옛날의 이야기가 되고 말았다. 그런데 이것이 지금까지 계속 이어져 왔다.

2. 타락하는 교회

❖ 안정과 풍요, 사탄의 새로운 전략

　예루살렘에서 핍박이 시작된 이후부터 기독교가 공인되기까지 약 250년 동안 교회는 시대와 장소에 따라서 핍박의 정도 차이가 있었을 뿐이지, 핍박이 없었던 적은 없었다.[22] 특히 기독교가 공인되기 직전 10여 년은 가장 끔찍한 핍박이 있었는데, 적당한 핍박으로는 교회의 부흥을 막을 수가 없으니까 더 강한 핍박으로 교회를 공격한 것이다. 하지만 예수님의 교회에게는 이것이 통용되지 않는다. 오히려 환난과 핍박은 성도의 신앙을 더 굳건하고 성숙하게 하는 영양분과 같기에 교회는 계속 성장하였다.

　이 사실을 깨달은 사탄은 전략을 바꾸어서 이전과는 전혀 다른 새로운 방법을 사용했다. 그 방법은 자유와 권력과 풍요였는데 의외로 이 방법이 너무나 효과가 좋았다. 교회는 극한 환난에 있다가 갑자기 자유와 평화를 누리게 되자 어쩔 줄을 몰라 했다. 게다가 콘스탄티누스 이후로 교회는 정부의 엄청난 보호와 후원까지 받으면서 이전에 없던 안정과 풍요까지도 누렸다.

갑자기 큰 금액의 복권에 당첨된 사람 중 대부분은 몇 년이 못 되어서 돈을 다 잃는다고 한다. 그 외에도 건강도 잃어버리고 관계도 깨어지며, 심지어는 중독자가 되고 빚까지 지는 일도 많다고 한다. 갑자기 주어진 돈을 어떻게 관리해야 할지 몰라서 주체를 못 하다가, 나중에는 탕진 정도가 아니라 아예 이전보다 더 못해지는 경우이다. 결론적으로 돈이 축복이 아니라 독이 된 것이다.

엄청난 복권에 당첨된 교회도 이런 과정을 겪게 된다. 성경은 사탄이 빛나는 천사처럼 나타난다고 하였다(고전 11:14). 눈에 보기에 좋은 것이 실제로 다 좋은 것이 아니라 오히려 악하고 나쁜 것일 수도 있다. 콘스탄틴이 주는 자유가 이랬다. 오랜 어둠 속에 있던 교회에게 콘스탄틴은 광명한 천사처럼 보였을지 모른다. 그러나 결과적으로 그는 사탄의 대리인이었을 수도 있다. 콘스탄틴 이후로 교회는 급속도로 타락하기 시작한다. 알렌 크라이더는 유세비우스와 어거스틴의 글을 인용하여 이렇게 말하였다.

> "많은 그리스도인의 행동이 관습이 될 수밖에 없었고, 이로써 그리스도인은 위선적인 사람들이 되었습니다. 이미 AD 330경 콘스탄틴의 자서전을 쓴 유세비우스는 '교회로 스며들어 온 사람들의 가증스러운 위선이 성품과 이름으로 간주되었다'(VC 4.54)라고 말했습니다. 히포의 어거스틴에 따르면 사람들이 그리스도인이 되는 것을 거부하는 일반적인 이유는 그리스도인의 행동이었다고 합니다. '이 그리스도인들이 하는 짓을 보라!'" (Sermon 5.8)[23]

교회사에 가장 유명한 신학자이자 교회 지도자 중의 한 명이었던 어거스틴(AD 354~430)은 기독교의 공인된 지 100년 전후로 활동하였다. 그런데 그보다 앞선 역사학자인 유세비우스에 의하면 기독교가 로마에 공인된 지 20년도 되지 않아서 교회 안에 가증스러운 위선이 당연해지기 시작했으며[24], 어거스틴은 공인이 된 지 불과 100년 만에 사람들이 기독교인이 되기 싫어하는 이유가 바로 기독교인이라 하는 사람들의 거짓과 위선과 타락 때문이었음을 기록하고 있다. 이 무렵에 인간의 자유의지와 행위 구원을 강조하다가 이단으로 낙인된 펠라기우스(AD 360?~420?)도 사실은 로마 기독교인들의 위선 되고 타락한 삶을 목격하고 환멸을 느껴, 인간의 의지적 행위를 강조하며 도덕적이고 윤리적인 삶을 통해 교회의 갱신을 주장한 사람이었다.

초대교회가 핍박 중에서도 계속 부흥할 수 있었던 이유는 세상과 구별되는 성도들의 거룩함과 성숙함이었는데(벧전 2:12), 이제는 성도들 때문에 기독교를 믿기 싫어하는 상황이 된 것이다. 이런 것들을 통해 알 수 있듯이 국가에 의해 공인되고 국교가 된 교회의 실상은 참으로 충격적이지 않을 수 없다. 지키기는 너무나 어려워도, 무너지는 것은 순식간이다. 이것이 바로 기독교 왕국 안에서 교회의 영적 실상이었다.

❖ 로마가톨릭의 타락

확장하는 로마가톨릭

교회는 갑자기 주어진 축복에 취해 어찌할 바를 모르다가, 냄비 안의 개구리처럼 자신들도 모르게 세상의 종교처럼 제도화가 되고 말았다.[25] 로마제국의 유일한 종교로서 인정받은 기독교는 정부의 적극적인 후원과 보호를 받은 교회는 로마제국 전반에 걸쳐 엄청난 영향력을 미치기 시작한다. 로마교회와 함께 중요한 교회가 콘스탄티노플 교회였다. 콘스탄티노플은 게르만족의 위협으로 인해 콘스탄티누스가 세운 도시로서(AD 330), 오스만 제국이 이곳을 점령한 뒤에(AD 1453) 이스탄불로 이름을 바뀌었다. 이때부터 콘스탄티노플이 로마의 수도가 되면서, 정치 문화 종교적으로 아주 중요한 도시가 되었다.

반면에 로마는 여러 가지로 매우 힘들고 어려운 시기를 보내게 된다. 이 무렵부터 로마교회는 자신은 베드로와 바울이 순교한 땅에 세워진 교회라 하여 더 특별한 권위를 부여하고, 로마교회를 '우주적인' 또는 '보편적인'이 라는 뜻으로 로마가톨릭이라고 부르기 시작했는데, 이는 로마교회가 모든 교회의 중심이라는 의미이다. 그 후 로마는 거대한 로마를 효과적으로 통치하기 위해서, 콘스탄티노플 중심의 동로마와 로마 중심의 서로마로 나누는데(AD 395) 오히려 이때부터 두 로마는 서로 대립하게 된다.

5세기 말에는 야만족으로 무시당하던 게르만족에 의해 서로마가 멸망하자, 동로마가 유일한 로마제국으로 남게 된다. 게르만족의 하나였던 프랑코 족의 클로비스 1세는 여러 왕국을 통합하여 거대한 프랑크 왕국을 서유럽(독일, 프랑스, 중북부 이탈리아)에 세운다. 원래 클로비스는 니케아 공의회에 의해서 이단으로 정죄된 아리우스주의를 믿었지만, 그는 아내의 권유로 기독교로 개종하게 되면서 로마교회와 밀접한 관계를 맺었다. 비록 그들이 로마를 정복하기는 하였지만, 로마의 종교적·정신적 지주는 여전히 로마가톨릭이었기 때문에 정치적인 안정을 위해서는 로마가톨릭의 협력이 필수적이었다. 교회 역시 새로운 왕국과 협력함으로써, 혼란스러운 시기임에도 안정을 유지할 수 있었다. 클로비스는 로마의 뛰어난 제도와 문화와 함께 로마교회를 통해 성직자들도 많이 받아들였으며, 로마교회는 프랑코 왕국의 보호와 후원을 받으면서 정치적으로 이전보다 더 큰 힘을 가지게 된다.

군주국가에서 왕의 권세는 절대적이기에 왕이 개종하면 백성들은 모두 왕을 따라 개종한다. 클로비스의 개종으로 프랑코 왕국이 기독교 국가가 되면서 기독교가 서유럽 전체에 확장되고, 교회의 힘이 로마제국을 넘어서서 서유럽 전체까지 미치게 된다. 나중에 로마는 멸망하지만, 종교는 변하지 않는다. 나라만 바뀔 뿐이다. 그래서 나라는 망했지만, 오히려 로마가톨릭은 더 큰 영향력을 가지게 된다.

권력을 장악한 로마가톨릭

5세기 중반의 로마가톨릭의 주교였던 레오 1세가 대제(the great)가 되면서 본격적으로 시작된 교황제도는 6세기 말 그레고리 대제에 의해서 확립되었다. 8세기 중반에는 로마교회가 권력 외에 영토까지 가지게 되면서 교회는 국가가 되었으며 백성에게 땅을 빌려주고 받은 세금으로 엄청난 부를 축적했다.

9세기에 들어 교황은 황제와 동등한 권위를 가지게 되었고, 그를 등에 업은 교회는 점점 더 기세등등해졌으나 오히려 절대권력을 두고서 교황과 황제의 갈등은 심각해지기 시작했다. 11세기 후반부에는 '카노사의 굴욕'이라는 중요한 사건이 일어났는데, 교황 그레고리우스 7세가 신성로마제국의 황제 하인리히 4세를 파문하면서 황제까지 교황 앞에 무릎 꿇게 했다. 그리고 13세기 초에 들어서는 교황 인노켄티우스 3세가 주교 임명권 때문에 영국 왕을 파문하고 프랑스까지 동원해 그를 협박하여 자기 명령에 복종시켰다. 이처럼 교황의 권위가 태양처럼 절대화되면서, 사람들은 하나님께 무릎을 꿇는 것이 아니라 막강한 권력을 가진 교회 앞에 무릎을 꿇게 되었다.

어떤 사람들은 교회가 세상에 하나님의 뜻을 이루기 위해서 권력을 가져야 한다고 생각하지만, 이것은 결코 성경적이 아니다. 오히려 이것은 사탄이 아담을 유혹할 때 사용한 방법이었으며, 이것에 넘어간 아담은 하나님의 자리에 오르려 선악과를 먹고 만다. 이것이 바로 타락의 시작이다. 절대권력은 오직 하나님의 것이며, 우리는 모두 예수님처럼 낮은 자리에 가서 겸손히 섬겨야 한다. 실제로 예수님도 사도들도 단 한 번도 권력을 추구한 적이 없으셨다. 바울과 바나바는 자신들을 신격화시키는 사람들을 말리기까지 했지만(행 14:18), 이 사실을 잊은 교회가 사탄의 유혹을 받아 권력을 가지자 또 한 번 타락의 길로 가게 된다.

교회의 타락과 분열

인간이 세상에 자신의 왕국을 세우기 위해 꼭 필요한 것이 권력과 재물이다. 권력은 지배하고 다스리는 힘으로써, 인간의 권력의 원천은 자기를 높여 자랑하려는 교만과 자기만족을 충족시키려는 강한 욕망이다. 이 욕망은 자기 뜻을 이룸으로써, 자기를 만족시켜 기쁘게 하려는 악한 욕구이다. 사람이 재물을 탐하는 원인도 재물을 통해서 자랑, 권력, 허영, 쾌락, 지배, 게으름 등의 악한 욕망을 충족할 수 있기 때문이다. 따라서 타락한 재물은 그 자체로 권력의 속성이 있으며, 탐욕스러운 인간은 권력도 재물도 만족할 줄을 모른다.

교황들도 마찬가지였다. 권력과 재물에 눈이 먼 교회는 주교나 수도원장 같은 성직까지도 매매했는데, 권력과 토지를 가진 성직은 많은 수입을 올릴 수 있는 원천이었다. 그렇지만 이 때문에 탐욕스러운 사람들이 성직을 갖기를 원했는데, 성직이 부르심이 아니라 매매의 수단이 되면서 돈으로 성직을 사고팔 수 있게 되었다. 그러자 황제와 교황은 서로에게 성직 임명권이 있음을 주장하며 큰 갈등과 충돌이 일어나게 된다. 성직이 하나님과 이웃을 섬길 수 있는 기회를 얻는 것이 아니라, 부와 권력을 위한 자리로 바뀌었다.

사람이 권력과 재물 둘 다 가지면 세상을 자기 것으로 여기게 되면서, 거칠 것도 없고 부러운 것도 없어진다. 그러니 하나님을 찾을 필요도 없고, 하나님 앞에 겸손할 필요도 없고 하나님을 의지할 필요도 없다. 그 대신 교만함이 하늘을 찌르면서 하나님 대신에 자기가 세상의 왕이 되어, 지극히 자기중심적이고 자기 욕구만을 충족시키려 하면서 양심도 이성도 없이 악한 본능만을 따르는 짐승 같은 삶을 살게 된다.

하나님이 없는 인간의 권력은 반드시 죄성을 따르게 되어 있다. 그래서 절대권력은 반드시 부패하는데, 재물도 마찬가지이다. 하나님 없는 절대 재물도 반드시 부패한다. 문제는 세상이 아니라 교회다. 교회가 권력과 재물로 타락하게 되면, 세상은 등대에 불이 꺼진 어두운 밤하늘처럼 된다. 그러면 하나님이 사랑하시는 정의와 정직과 평등은 사라지고, 불의와 불법과 거짓이 판치는 세상이 된다.

이런 곳에는 반드시 성적인 타락도 함께한다. 성적인 욕구는 인간의 가장 근원적인 욕구이기에, 인간은 재물과 권력을 이용해 이것을 충족시키려 한다. 중세 가톨릭교회가 이랬다. 독신이었던 교황을 비롯한 성직자들이 정부를 두고 사생아를 낳았을 뿐 아니라, 그것도 부족하여 매춘도 일삼고 근친상간까지도 비일비재했다고 한다. 그들의 성적 타락은 너무나 추잡하고 악하지만, 절대권력을 가졌기 때문에 아무도 간섭할 수가 없었다. 사실 이런 것들은 굳이 성경이나 교회사를 볼 것도 없다. 이것은 인류 역사의 교훈이며, 우리 주변을 봐도 이런 경우는 너무나 흔하다. 그러니 하나님을 떠난 교회도 세상과 별반 다를 것이 없게 되었다.

이 무렵에 교회가 서방교회(로마 중심의 서유럽과 북유럽과 북아프리카교회)와 동방교회(콘스탄티노플 중심의 동유럽과 아시아 중심의 정교회)로 분열한다(1054년). 사실 이것은 로마가 동서로 나누어질 때부터 어느 정도 예견된 것이기는 하지만, 그동안 여러 가지 문제들(언어, 문화, 성상, 신학, 주교 파면, 파문장)이 계속 쌓이면서 골이 깊어진 교회는 결국 두 개의 교회로 나누어지게 되었다(1054년). 그러다가 4차 십자군 전쟁 기간에 서방교회가 이슬람으로부터 빼앗긴 영토를 회복한다는 이유로 동방교회가 있는 콘스탄티노플을 침략하고 약탈과 학살을 저지르면서 두 교회는 완전히 원수처럼 지내게 되었다(1204년).[26] 그 뒤로 동방교회는 계속되는 제국들의 침략으로 인해 더는 성장하지 못했다. 우리에게 정교회는 매우 낯설지만, 신학적인 관점은 가톨릭보다 오히려 더 가깝다.

극에 달한 타락

죄성을 가진 인간은 반드시 선한 힘과 법으로 통제받아야 한다. 그런데 교회가 최고 권력자이다 보니, 아무도 교회를 통제할 수가 없었다. 13세기부터는 교회가 하나님을 위한다는 명목으로 종교재판소까지 차려 무자비한 폭력과 고문도 서슴지 않았다. 협박, 음모, 권모술수는 말할 것도 없고, 수많은 사람을 말로 표현할 수 없는 끔찍한 고문으로 죽였다. 그런데도 교회가 무소불위의 권력을 가졌으니, 나라의 최고 권력자인 왕들도 교황을 무서워하였다.

교회가 타락하니, 하나님을 두려워하지도 않게 되면서 못 할 짓이 없었다. 게다가 교회는 절대 진리와 유일한 구원을 가졌다고 가르치니, 교회야말로 세상적인 것 외에 영적인 것까지도 모두 소유한 유일한 기관이 되었다.

타락한 교회는 자기의 욕망을 채우려고, 이것을 이용하여 무지한 백성들을 마음대로 조종하였다. 문제는 거룩한 교회가 썩으니 그 냄새가 시궁창보다 더했음에도 불구하고, 유대인들이 바리세인들의 영적 학대를 당하면서도 장로의 전통에서 못 벗어나는 것처럼, 백성들은 교회를 떠날 수가 없었다. 왜냐하면 일반 백성들이 교회를 떠난다는 것은 구원을 잃어버리고 지옥에 가는 것과 같았기 때문이다. 이 두려움이 사람들을 옭아매면서 사람들은 두려움의 노예가 되었고, 교회는 이 두려움을 이용해서 백성들을 지배했다.

이것이 16세기 초 교황 레오 10세가 면죄부 판매하면서 극에 달했는데,

사실 이것은 이미 12세기부터 조금씩 시작되었었다. 처음에는 연옥 교리를 만들고 사제들을 통해서 고해성사하게 하던 것이, 나중에는 교황이 죄를 면할 수 있다는 교리로까지 변질하였다. 이렇게 되면 가난한 사람들은 면죄받을 수도 없게 되어 결국은 돈 있는 사람들을 위한 면죄부가 되는데, 오히려 이들은 면죄를 확신하여 더 담대하게 죄를 지었다. 결국 악이 또 다른 악을 만들었다.

이런 상황에서 레오 10세는 재정적인 어려움에도 성베드로 성당을 지으려고 면죄부를 팔기 시작했다. 죄를 용서하는 것은 오직 하나님만이 할 수 있는 권한이기에(막 2:7), 교황이 죄를 용서해 줄 수 있다는 것은 교황이 하나님의 위치에 올라갔다는 것을 뜻한다. 이것이야말로 자신을 신격화한 명백한 우상숭배이며, 이는 아담의 죄를 그대로 답습했다는 것을 뜻한다. 마치 예수님께서 태어날 무렵에 대제사장들이 돈벌이 미쳐 하나님을 이용한 것처럼, 그들도 하나님의 이름을 팔아서 엄청난 돈벌이를 하였다. 따라서 이것은 교회가 타락할 수 있는 최악의 상태에까지 이르렀다는 것을 뜻한다.

모래 위에 세워진 교회

성경은 우리에게 지도자의 중요성을 가르친다. 국가든지 교회든지 가정이든지, 모든 공동체는 지도자들에 의해서 흥망성쇠가 결정된다. 사실 이것은 성경을 볼 것도 없이 우리 주변과 사회와 역사를 보아도 너무나 분명하다. 따라서 지도자의 타락은 곧 교회의 타락으로 이어진다. 교회가 타락하게 되면 여러 가지 현상들이 발생하는데, 그중의 하나는 성도들의 영적인 미성숙함이다. 이렇게 되는 첫째 이유는 교회 안에서 구원받지 못한 유사 그리스도인들이 너무 많기 때문인데, 구원받지도 못했기에 영적으로 성숙해지는 것은 불가능하다.

그리고 두 번째로 구원은 받았지만 굳건한 믿음을 가지지 못한 미성숙한 성도들도 많아지게 된다. 성도에게 교회는 어린아이에게 어머니와 같은 존재이다. 어린아이가 성장하려면 어머니의 양육을 받아야 하는 것처럼, 성도가 성장하려면 반드시 교회 안에서 양육을 받아야 한다. 그런데 유사 그리스도인들이 많은 교회는 미성숙할 수밖에 없고, 그런 교회에서는 성도들도 영적인 공급을 충분히 받을 수가 없다.

유사 그리스도인과 미성숙한 그리스도인 모두 종교활동을 하기에 둘 다 믿음을 가진 것처럼 보인다. 이것이 평소에는 잘 구분이 되지 않지만, 고난의 상황이 되면 그들의 믿음의 실체는 적나라하게 드러난다.

이것을 잘 보여 주는 예가 바로 동로마(비잔틴 제국)가 이슬람에 무너지면서 교회 안에서 일어났던 집단개종이다. 1453년 동로마는 서진 정책을 펼치며 유럽을 향해 오던 이슬람에 의해 멸망한다. 이때 동로마의 수도였던 콘스탄티노플도 멸망하면서, 1,000년의 역사를 자랑하던 기독교 왕국이 하루아침에 사라지고, 그 대신 그렇게도 증오하고 혐오하던 이슬람 왕국이 세워졌다.

문제는 기독교 왕국이 무너진 것이 아니라, 동로마에 있던 기독교인들의 집단개종이었다. 이슬람이 동로마를 점령했지만, 그곳의 백성들은 기독교인이었기에 그들을 다 죽일 수도 없었다. 그 대신 이슬람은 차별정책을 통해서 기독교인들에게는 사회적 경제적 제약을 가했는데, 이슬람에 의해 갑자기 삶의 어려움을 겪게 된 많은 기독교인이 이것을 피하고자 자발적으로 이슬람으로 개종하였다. 그럼으로써 동로마는 급속도로 이슬람화가 되어 지금까지도 강한 이슬람 국가로 남아 있게 된다.

동로마의 수도였던 콘스탄티노플이 있던 지역은 지금의 튀르키예(터키)인데, 그곳은 초대교회의 유명한 안디옥교회와 요한계시록의 일곱 교회가 있던 소아시아 지역으로서, 초대교회의 부흥의 본산지였을 뿐 아니라 수많은 성도가 순교로 신앙을 지켰던 믿음의 본산이었다. 그런데도 이들의 후손들은 조상들과는 달리 스스로 이슬람으로 개종하였다. 그렇다고 해서 이슬람이 초대교회처럼 기독교인들을 색출하여 처형한 것도 아니라, 단지 사회적 경제적으로 차별하였을 뿐이었다. 그런데도 성도들은 믿음을 위한 싸움은 커녕 자발적으로 개종했다는 것은 무엇을 의미하며, 왜 이런 사태가 발생했는가? 그것은 그들에게는 하나님보다도 사회적, 경제적 차별을 받지 않고 사는 것이 더 중요했다는 것이다.

사람들은 고난 없이 편안한 신앙생활을 꿈꾸지만, 사탄이 지배하는 세상에서 경건하게 살려는 성도들은 반드시 고난을 받게 되어 있다(딤후 3:12). 고난을 좋아할 사람은 없지만, 오히려 하나님은 고난을 통해서 선을 이루신다. 성도는 고난을 통해서 하나님을 더 갈망하게 되고, 영적으로나 성품적으로 더 성숙해진다. 그래서 성도에게 고난은 축복이며, 성도는 이것을 믿는 사람이기에 고난에 대한 반응은 예수님을 따르는 자들의 신앙을 나타내는 표지가 된다.

문제는 사람들은 고난을 극도로 두려워하고 싫어하기에, 어떻게 해서든 고난을 피하려 한다는 것이다. 이런 세상에서 사탄은 성도에게 고난 없는 편안하고 풍족한 삶으로 유혹해서 구원자 하나님이 필요 없는 상황으로 이끌어서 여호와 하나님을 잊게 만든다. 모세가 이스라엘이 가나안에 들어가기 전에 그토록 하나님을 잊지 말라고 신신당부한 것도 이런 까닭에서이다 (신 8:11-18).

이슬람으로 개종한 이들은 모태신앙으로서, 기독교 문화에서 자랐으며, 하나님과 예수님을 잘 알고 있는 사람들이었다. 예배는 그들의 일상이었으며, 교회 봉사는 그들의 삶이었고, 예수님에 대한 믿음은 그들의 신앙이었다. 그들은 자신들이 기독교인이라 생각했지만, 그들의 개종은 그들의 신앙이 진짜가 아니었음을 보여 준다. 즉 동로마 교회는 외적으로 찬란한 기독교를 문화를 이루며 1,000년을 편안하게 지내왔지만, 내적으로는 구원받지도 못한 유사 그리스도인이 대부분이었다는 것을 증명한다. 그러므로 내적 성숙함이 없는 외적 부흥과 문화는 언제 꺼질지 모르는 영적인 거품이자 허상일 뿐이다.

더 큰 문제는 소수의 진짜 성도들조차도 이런 환경에 젖어 들어 하나님을 향한 갈망과 열정이 사라진 채, 습관적이고 형식적인 신앙생활을 하게 된다는 것이다. 성도가 하나님과의 진정한 관계를 맺지 못하면, 교회는 점점 더 미성숙하고 연약해지면서 세상과의 영적 싸움에서도 패배하게 될 수밖에 없는데, 결국에는 조그만 환난도 이기지 못하고 다 무너지게 된다. 이것이 중세교회의 영적 실상이었으며, 이것을 명확하게 보여 주는 것이 동로마에 살던 기독교인들의 집단적인 이슬람 개종이었다.

주

1 초기 기독교를 바라보던 유대인과 로마 제국의 생각에 관해서는 '래리 허타도, 『처음으로 기독교인이라 불렸던 사람들』, p31-62', '이상규, 『초기 기독교와 로마 사회』, (SFC, 2016), p279-300'를 참고하라. 그들의 관점에서 기독교는 참으로 이해할 수 없고 이상한 신생 종교였다.

2 이것과 관련한 유튜브 강의를 하나 소개하는데, 기독교가 핍박받던 이유와 콘스탄티누스에 의해 공인되고 로마의 국교가 되기까지의 과정을 간략하게 잘 설명하였다. '로마 제국 인구의 80%가 믿었던 기독교, '박해받던' 종교에서 '박해하는' 종교가 되다'. 벌거벗은 세계사 EP. 69(https://www.youtube.com/watch?v=K66603zr0g0)

3 건물로서의 교회의 변화 역사에 대한 제사한 설명은 '프랭크 바이올라, 『이교에 물든 기독교』, p61-109'를 참고하라.

4 건물로 지어진 기독교 최초의 성전은 콘스탄티누스가 지은 '라테라노(Laterano) 대성전'으로 알려져 있는데(AD 324), '라테란 대성전'이라고도 한다.

5 '프랭크 바이올라, 『이교에 물든 기독교』, p62-63' 이것과 관련해서 유튜브 동영상을 하나 소개한다. '[고백채널] 초대교회 이야기(통합): 신전 없는 종교, 제사 없는 종교, 사제 없는 종교'(https://www.youtube.com/watch?v=ylSkw3fDpWE)

6 김경현, 『콘스탄티누스 황제와 기독교』, (세창출판사, 2019), p189

7 박영호는 고고학적으로 적어도 3세기 중반 이전에는 건물로서의 교회를 찾아보기가 어렵다고 말한다. '박영호, 『에클레시아』, (새물결 플러스, 2018), p247' 어떤 이들은 듀라 유로포스(시리아)

에서 발견된 가정집 교회를 교회당으로 이해하기도 한다. 자세한 설명은 '김정, 『초대교회 예배사』, (CLC, 2014), p87-91'를 참고하라. 김정도 이것을 교회 건물로 설명한다. 그러나 이것은 지금처럼 예배를 드리기 위해 교회당 건물을 지는 것이 아니라, 가정집을 개축하여 예배드릴 공간과 침례탕을 가정집 안에 마련한 것뿐이다. 즉 듀라 유로포스는 예배드리는 공간이 있는 가정집이다. 나는 이런 곳을 중국에서도 본 적이 있다. 평소에는 가족이 생활하는 집이지만 성도들이 모여 예배를 드릴 수 있도록 거실을 확장한 것이다. 건물로서의 초대교회에 대한 설명은 '이상규, 『초기 기독교와 로마 사회』, p73-94'를 참고하라.

8 김덕수, 『로마와 그리스도교』, (홍성사, 2017), p282

9 하워드 스나이더는 교회가 건물에 집착하게 될 때 건물은 우리의 부동성(가지 않고 머무름)과 융통성이 없음과 교제의 부재와 자만심과 계급의식을 증명한다고 주장한다. 그렇기에 그는 신약성경이 말하는 진정한 교회가 되기 위해서는 건물에 집착하는 것을 버려야 한다고 주장한다. 자세한 설명은 '하워드 스나이더, 『새 포도주는 새 부대에』, p73-86'. 그런데 문제는 반지의 제왕에 나오는 반지처럼, 건물을 생기면 소유욕이 생기면서 유지와 보수를 위해서라도 재정과 힘을 쏟게 되면서 어쩔 수 없이 집착하게 된다는 것이다. 랄프 네이버는 흔히 교회 건물은 교회 지체들의 자만심과 허영심을 드러낼 뿐이라고 비판한다. '랄프 네이버, 『그리스도의 몸』, p154' 따라서 반지를 버리기 위해서는 엄청난 용기와 결단이 필요한 것처럼, 건물을 떠나기 위해서는 엄청난 용기와 결단이 필요하다.

10 셀교회의 지도자였던 랄프 네이버는 콘스탄티누스 이후로 교회가 건물을 가지면서 공동체가 파괴되었다고 통탄한다. '랄프 네이버, 『그리스도의 몸』, 최은정 옮김, (도서출판 NCD, 2009), p143-147'

11 혼합종교는 하나님을 믿는 믿음과 이방 신들을 믿는 믿음을 함께 가지는 것이다. 이것이 가나안에 입성한 이스라엘이 가진 고질적인 문제로서, 그들은 한 번도 하나님을 완전히 버린 적이 없었다. 다만 하나님과 이방 신들을 함께 섬겼는데, 혼합종교의 중심에는 언제나 왕들이 있었다. 이것처럼 콘스탄티누스가 바꾼 기독교는 혼합 종교화된 기독교였다.

12 이것에 관한 자세한 내용은 '프랭크 바이올라, 조지 바나, 『이교에 물든 기독교』'를 참고하라. 간략하게 보고 싶으면 'p342-348'을 읽어 보기 바란다.

13 콘스탄티누스의 회심에 관한 설명은 '앨런 크라이더, 『초기교회의 인내의 발효』, 김광남 옮김, (IVP, 2021), p410-419'를 참고하라.

14 콘스탄티누스가 기독교를 공인한 이후에도 여전히 태양신을 섬기고 있다는 사실에 관한 자세한 설명은 '김경현, 『콘스탄티누스 황제와 기독교』, p163-180'를 참고하라. 심지어 그는 321년에 일요일(태양일)을 공휴일로 지정하고 사람들에게 태양신을 숭배할 것을 조장까지 했다. (p180)

15 이전에도 전임 사역자들이 있었지만, 고정월급이 아니라 성도들의 자발적인 후원을 받았다. 대부분의 후원은 매달 일정하지 않기 때문에 사역자들은 하나님을 의지하며 하나님의 은혜를 구할 수밖에 없다. 따라서 적은 월급과 후원금이라 해도 실제 삶에서는 많은 차이가 있다.

16 초대교회의 회심에 관한 자세한 조건에 대해서는 '조나단 리먼, 『교회의 교인 자격』, (부흥과 개혁사, 2016), p39-57'를 참고하라.

17 알렌 크라이더, 『초기 기독교의 예배와 복음전도』, 허현 & 고학준 옮김, (대장간, 2019), p60
18 회심에 관한 초대교회의 전통이 콘스탄틴으로 인해 어떻게 변질되었으며 그 결과가 무엇인지에 대한 자세한 내용은 '알렌 크라이더, 『회심의 변질』, 박삼종 외 옮김, (대장간, 2012)'을 참고하기 바란다. 현대교회의 잘못된 회심에 관해 많은 생각을 하게 한다.
19 아이보르 J 데이비드신, 『대중적 신앙』, 라은성 옮김, (그리심, 2012), p111
20 볼프강 짐존, 『가정교회』, 황진기 옮김, (국제제자훈련원, 2004), p114
21 만약에 예수님께서 이 세상에 자신의 왕국을 세우고 싶으셨으면 로마를 심판하고 왕국을 세웠을 것이다. 그러나 그렇게 하지 않으셨다. 그것은 예수님이 원하시는 나라는 이 세상에 속한 나라가 아니기 때문이다(요 18:36). 그럼에도 교회는 크리스텐덤을 이루고 싶은 유혹을 받게 되는데 이것에 관한 설명은 '스캇 맥나이트, 『하나님 나라의 비밀』, p369-396'을 참고하라.
22 초대교회 핍박에 대한 자세한 설명은 '라은성, 『이것이 교회사: 진리의 보고』, (PTL, 2012), p50-144'를 참고하라. 현재 초판은 절판되어 2018년 양장본으로 재출간되었다. 간략한 설명은 '이상규, 『초기 기독교와 로마 사회』, p359-382'를 참고하라.
23 알랜 크라이더, 『초대교회에 길을 묻다』, 홍현민 옮김, (하늘씨앗, 2019), p108-109
24 유세비우스는 유명한 로마의 역사학자로서(AD 263~339), 기독교가 공인된 직후에 10권으로 구성된 기독교 교회사를 기록하였다(AD 324). 이는 기독교 교회사로서는 최초의 기록이며, 그의 기록은 초대교회를 이해하는 데 가장 중요한 자료로 인정받는다.
25 에밀 브루너는 교회가 제도의 특징을 전혀 가지고 있지 않음에도 로마가톨릭이 교회를 제도로 인식하면서 교회가 제도가 되었다고 비판한다. '에밀 브루너, 『교회를 오해하고 있는가』, 박영범 옮김, (대서, 2013), p27-29' 심지어 그는 로마가톨릭의 역사를 교회를 법제화시킨 역사라고 탄식한다.(p27)
26 2001년 5월 4일 로마가톨릭은 동방정교회에게 1204년 콘스탄티노플을 점령한 것을 사과하고 화해를 요청했다. 조강수 기자, 중앙일보, '교회, 정교회에 "십자군 전쟁 유감"…800년 만의 사과', 2001(https://www.joongang.co.kr/article/4072890), 2022.09.14.

3장
교회를 개혁하시는 성령님

1. 개혁을 시작하신 성령님
2. 개혁의 교훈
3. 위기의 기독교

3장 교회를 개혁하시는 성령님

> "주님, 우리를 주님께로 돌이켜 주십시오. 우리가 주님께로 돌아가겠습니다. 우리의 날을 다시 새롭게 하셔서, 옛날과 같게 하여 주십시오." (애 5:21)

1. 개혁을 시작하신 성령님

❖ 타오르기 시작하는 개혁의 불꽃

가톨릭교회의 타락이 극에 달하자 교회 내부에서는 조용한 개혁의 흐름이 일어나기 시작한다. 가톨릭교회는 공의회를 열어서 제도적인 변화를 시도했는데, 이것과는 별개로 교리적인 부분에서 개혁을 시도한 사람들이 있었다. 14세기에는 영국의 존 위클리프가 그리고 15세기에는 보헤미아(현 체코 서부)의 얀 후스가 로마가톨릭의 교리에 반대하기 시작했다.

위클리프는 교회의 세속화를 강력하게 비판했으며 교황의 권위도 부정했으며, 가톨릭교회의 성찬 교리까지도 부정하면서 교황으로부터 핍박을 받는다(1377년). 그의 영향을 받은 윌리엄 틴데일은 라틴 신약성경을 영어 성경으로 번역했다는 이유로 화형당한다(1526년). 특히 후스는 교황의 면죄부를 비판하다가 가톨릭교회에 의해서 화형에 처했다. 또한, 이탈리아의 사보나롤라는 경건한 삶을 강조하며 사치스러운 권력자들을 불편하다가 그도

교수형으로 죽었다(1498년). 그러나 이들의 가르침을 따르는 사람들이 계속 나오면서, 새로운 개혁의 움직임들은 점점 확산하였다.

16세기 초에 네덜란드 출신의 에라스무스는 뛰어난 인문학적 지식을 바탕으로 그 당시 교회를 비롯한 지도자들을 비판하였고, 자신이 출간한 헬라어 성경과 함께 자신이 번역한 라틴어 성경을 통해 로마가톨릭이 사용하던 불가타 성경(4세기 말에 번역된 라틴어 성경)의 문제점들을 지적하였다(1516년). 그는 이 성경에 가톨릭교회가 사용하던 상징적 해석 대신에 초대교회의 역사적 문자적 해석을 사용한 주석까지 상세히 달아, 라틴어를 아는 일반인들도 교회의 도움 없이도 성경을 이해할 수 있게 하였다. 그의 이런 시도는 오직 사제들만이 성경을 해석할 수 있다는 가톨릭교회의 전통에 도전하고 오랜 해석방식을 비판한 것과 다를 바 없었다. 비록 그는 종교개혁에는 동참하지 않았지만, 루터를 비롯해 종교개혁자들에게 큰 영향력을 미쳤다. 이런 움직임 속에는 오직 믿음으로 의로워진다는 이신칭의도 포함되어 있었는데, 그러다가 마침내 16세기 초에 루터가 종교개혁을 시작했다.

그러나 앞에서 설명했듯이 루터와 칼빈 이전에, 하나님은 이미 여러 사람을 부르셔서 개혁을 위한 준비를 시작하셨다. 이것이 중요하다. 교회가 아무리 타락해도, 하나님은 자신의 교회를 그냥 놔두지 않으신다. 사탄이 아무리 유혹해도, 하나님은 교회를 깨우신다. 어둠이 짙어질수록, 보이지 않는 먼 곳에서는 조금씩 빛이 가까워져 오기 마련이다. 하나님께서 하시는 일이 이렇다. 하나님의 방법은 소수이지만 하나님의 사람을 보내셔서 교회를 깨우신다. 그리고 그들을 중심으로 하여 교회를 새롭게 하시는 것이다.

❄ 꺼지지 않는 개혁자들의 열정

하나님은 루터에게 95개의 반박문을 발표하게 하심으로써 타락한 교회의 개혁을 시작하셨다(1517년). 이것을 종교개혁이라고 부르지만, 실상은 종교개혁이 아니라 타락한 교회개혁이었다. 단지 중세유럽에서는 종교가 기독교뿐이었기에 종교개혁이라고 한 것뿐이다. 사실 종교는 아무리 개혁되어도 어차피 구원에 이를 수는 없으므로 개혁될 필요가 없다. 중요한 것은 교회의 개혁이다.

사실 루터가 처음으로 개혁을 시작한 것은 아니었다. 이전에도 이런 움직임들이 있었지만, 강력한 권력을 가진 가톨릭에 눌려 빛을 발하지 못했을 뿐이다. 그럼에도 루터의 종교개혁이 성공하게 된 것은 루터가 반박문을 발표할 무렵에 구텐베르크의 인쇄술로 인해 그의 반박문이 독일 전역에 급속도로 퍼져나갔기 때문이다. 이로 인해 사람들이 가톨릭에 염증을 느끼던 사람들이 동요하기 시작할 뿐 아니라, 교회의 개혁에 동조하는 사람들이 나오기 시작했다.

이때부터 격렬한 신학 논쟁이 벌어졌는데, 루터가 물러서지 않자 로마가톨릭은 루터를 파문하는데 이것에 반발한 루터는 더 강력한 반박문들을 발표했다. 화가 난 로마가톨릭은 루터를 공격하였지만 오히려 루터를 따르는 개혁파들이 늘어나면서, 둘 사이의 갈등과 대립은 더 고조되었다. 그러자 기득권을 지키려는 로마가톨릭은 개혁파를 제거하려 했지만, 이미 타오르기 시작하는 개혁의 불길을 막을 수는 없었다.

이 와중에 루터는 더 급진적인 개혁을 주장하는 사람들과 갈등도 빚는다. 그의 인생 후반기에, 스위스에서는 츠빙글리가 새로운 종교개혁운동을 펼치고 있었다. 이 무렵에 유아세례를 거부하는 재세례파가 일어나는데 이들은 이단으로 규정받고 개혁파의 핍박을 받게 된다.[1] 참으로 안타까운 것은 개혁파들끼리도 서로 싸웠다는 것이다. 그런데 이 싸움이 단순히 논쟁 정도가 아니라 서로를 핍박하고 죽이는 싸움이었다. 그러면서 종교개혁은 단순히 교회개혁이 아니라 정치적인 싸움으로 이어졌다.

이렇게 된 이유는 로마가톨릭이 이미 정치적인 조직이었을 뿐 아니라, 개혁을 주장하던 사람 중에서도 정치지도자들이 있었기 때문이다. 둘은 결코 양립할 수 없었다. 그래서 결국은 서유럽 전체에 가톨릭과 개신교의 참혹한 30년 종교전쟁(1618-1648년)이 일어나게 된다. 그리고 중세는 교회가 권력을 가졌기에 개혁주의자들도 권력을 가지고 있기는 가톨릭과 마찬가지였다. 단지 종교개혁을 통해서 권력의 중심이 가톨릭에서 개신교로 옮겨졌을 뿐이다. 따라서 개혁주의자들 간의 갈등은 권력 투쟁으로 이어질 수밖에 없고, 여기에는 반드시 피 튀기는 끔찍한 싸움이 일어날 수밖에 없다. 결국은 서로의 권력을 위해서 하나님을 사이에 두고 서로 싸운 것이 된다. 어떤 이들은 어쩔 수 없는 싸움이었다고 하지만, 과연 예수님과 사도들이었다면 이들처럼 싸웠을까를 묻지 않을 수가 없다.

그리고 스위스 제네바에서는 츠빙글리의 뒤를 이어서 프랑스 출신의 칼빈이 종교개혁을 이어 갔는데, 이것이 점차 서유럽 전체로 확산하였다. 이런 상황이 되자, 로마가톨릭 안에서도 더 이상 이런 상태로 계속 갈 수는 없다는 반성이 일어나면서 자체 개혁운동이 일어났다.

한편 영국에서는 루터의 종교개혁이 한참 진행될 무렵에 로마가톨릭과 사이가 좋지 않았던 헨리 8세가 로마와의 관계를 단절하고 스스로 교회의 수장이 되면서 성공회(Anglican Church)가 시작되었다(1536년). 종교개혁자들의 영향을 받은 성공회는 제도적으로는 로마가톨릭과 비슷하지만, 신학적으로는 칼빈주의를 받아들임으로써 종교개혁의 한 흐름으로 자리를 잡았다. 그렇지만 콘스탄틴처럼 왕이 정치적인 목적으로 교회를 개혁했고 가톨릭적인 의식을 많이 물려받음으로써 가톨릭과 개신교 중간쯤에 위치하는 개혁을 하게 된다.

이런 영국국교회에 반대하던 사람 중에는 칼빈의 신학을 따르는 장로교(개혁파)도 있었지만, 장로교의 유아세례를 반대하고 성경에 기록된 침례를 주장하는 사람들이 나오면서 침례교가 시작되었다. 그런데 이들이 국교회의 핍박을 받게 되자 그들처럼 핍박받던 청교도와 함께 미국으로 건너가서 미국에서 침례교가 시작되었다.[2]

2. 개혁의 교훈

※ 개혁을 주도하신 하나님

우리는 종교개혁을 생각하면 주로 루터나 칼빈을 생각한다. 그러나 역사를 통치하시는 분은 하나님이시며, 교회를 다스리시는 분도 하나님이다. 성경과 역사에 위대한 믿음의 인물들이 많았지만, 그들을 부르시고 사용하시는 것은 하나님이시다. 루터나 칼빈이 위대할 수는 있겠지만, 그들이 모세나 바울보다 위대하다고 할 수는 없다. 또한 모세와 바울이 아무리 위대해도, 그들은 한낱 인간일 뿐이지 하나님과 비교할 수는 없다.

더욱이 종교개혁자들은 흠이 많은 인간이었다. 대표적인 개혁자인 루터는 농노와 유대인에 대한 적개심으로 탄압을 합리화했고, 츠빙글리는 스위스 시의회가 급진적 개혁파인 재세례파를 학살하는 것을 동조했고,[3] 칼빈은 이단으로 정죄받은 미카엘 세베르투스의 화형을 용인했다.[4] 이런 것들은 우리가 도저히 용납할 수 없는 것들이다.

무엇보다 하나님은 그 무엇과도 비교할 수 없는 거룩하고 초월적인 유일한 신이시다. 이러한 하나님의 속성 중의 하나는 하나님의 모든 것은 영원토록 변함이 없다는 것이다. 하나님의 계획도 사랑도 능력도 변함이 없다. 하나님은 아버지로서 가족을 절대로 버리지 않으신다. 특히 구약은 이것을 너무나 분명하게 잘 보여 준다. 이스라엘의 역사는 배반과 회개의 역사였다. 광야에서, 사사들의 시대에서, 포로기 이전과 이후에도 늘 그랬으며 말라기 이후부터 예수님께서 사역하시던 시기도 마찬가지였다.

그들은 끊임없이 하나님을 배반하고 떠났지만, 하나님은 그들을 버리신 적이 없으셨다. 그들이 하나님을 떠날 때마다, 영적으로 도덕적으로 심각하게 타락했다. 특히 지도자들이 문제였다. 돈과 권력에 취한 그들은 하나님을 이용해 자신의 욕망을 채우기에 급급하면서 사회적으로 더 심각한 타락을 초래하게 되었다. 가정이 파괴되고, 성적으로도 타락하고, 불의와 부정이 가득하고, 형식적이고 제도적인 종교의식만 남게 되었다. 타락한 사회는 암울하고 고통스러울 뿐이어서, 힘없고 어리석은 백성들에게는 아무런 기쁨도 소망도 없다. 이렇게 되면 교회 안에 하나님의 영광이 사라지면서 선교적 소명도 감당할 수 없다. 이것은 하나님의 슬픔이자 아픔이다.

종교개혁이 일어나던 시기도 마찬가지였다. 하나님은 늘 사람들을 부르셔서 교회를 회복시켜 세상을 구원하시는 자신의 역사에 동참하게 하셨다. 쓰러진 것 같지만 다시 일어나고, 사라진 것 같지만 다시 나타나고, 죽은 것 같지만 다시 살아난다. 이것이 아담의 타락 이후부터 지금까지 계속 반복되는 교회의 역사이다. 그러므로 교회야말로 오뚜기 중의 오뚜기이다. 종교개혁은 이러한 하나님의 통치 가운데 일어난 사건 중의 하나이다. 그러므로 종교개혁의 주인공은 루터도 아니고 칼빈도 아니다. 이것을 계획하고 이루신 분은 하나님이셨다.

❖ 미완성된 개혁

개혁자들은 나름대로 개혁을 시도했지만, 미완성의 개혁이었다.[5] 분명히 종교개혁은 필요했으며 종교개혁이 준 유익함도 컸다. 그리고 오직 성경, 오직 믿음, 오직 은혜, 오직 그리스도, 오직 하나님께 영광이라는 그들의 구호도 반드시 회복해야 할 신앙의 핵심이었다.[6] 그러나 초대교회처럼 기독교는 하나님과의 사랑의 관계라는 신앙의 본질과 교회는 하나님의 가족 공동체라는 교회의 본질을 회복하지 못했다. 또한 만물을 회복하시는 하나님 나라의 복음 대신에 개인의 구원에만 집중함으로써, 하나님이 성취하시는 구원의 큰 그림도 못 보았다.[7] 그리고 그토록 가톨릭교회를 비판하면서도 정작 가톨릭교회의 제도와 의식과 전통에서도 완전히 벗어나지 못함으로써,[8] 복음과 성령님 안에서 누리는 기쁨과 자유와 능력도 회복하지 못했다.

이렇게 되자 외적으로는 분명히 개혁되어 새로운 교회가 탄생했지만, 개신교가 국교가 된 나라들에서의 교회 생활은 가톨릭교회보다도 더 강압적이고 제도적이었는데, 심지어 개인의 경건 생활까지도 제도로 규정하였다.[9] 그 결과 그들은 교회를 개혁하였지만, 교회는 가톨릭처럼 여전히 제도권 교회로 남게 되었다. 단지 이름만 바뀐 새로운 제도권 교회가 탄생하였는데, 이것이 지금까지도 계속 이어져 오고 있다. 그래서 유기적 교회 사역자인 프랭크 바이올라는 이렇게 이야기했다. "종교개혁이 '전신자 제사장주의'의 진리는 회복시켰지만, 이 가르침을 실현하는 유기적인 관습들을 부활시키는 데는 실패하고 말았다. … 일반적인 개신교 교회에서, '전신자 제사장주의' 교리는 사장된 진리에 불과하다. 차라리 "몇몇 신자들을 위한 제사장주의"라고 표현하는 것이 나을 것이다."[10]

이렇게 된 이유는 종교개혁자들의 교회에 대한 이해 부족이 원인일 것이다. 특히 초기교회에 대한 이해가 부족했던 것 같다. 만약 그들이 교회가 무엇인지 진정으로 알았다면, 분명히 가톨릭과 같은 제도권 교회로 남아 있지는 않았을 것이다. 사실 성경을 연구한 루터는 신약성경에 기록된대로 가정교회가 회복되기를 원했으나, 이것에 대한 인식이나 열망이 전혀 없는 현실에 압도되어 가정교회로 개혁하는 것을 포기했다.[11] 따라서 그들의 개혁은 다 망가진 컴퓨터의 하드웨어는 그냥 둔 채 몇 가지 소프트웨어만 바꾼 것과 같다.[12] 그러나 아무리 소프트웨어가 좋아도 하드웨어가 받쳐 주지 못하면 아무런 소용이 없다. 교회가 이러하다. 새 술은 반드시 새 부대에 담아야 하는데, 새 술을 외치면서도 옛 부대를 조금 고쳐 사용한 것이다.

교회의 구조가 바뀌지 않으면, 아무리 신앙의 본질을 회복하려 해도 회복될 수가 없다. 이것은 불가능하다. 따라서 하나님은 예수님이 오시기 전에, 예수님을 맞이할 거룩하고 흠이 없는 교회가 되게 하려고 교회를 다시 한번 더 개혁하실 것이다. 이것은 성경에 기록된 하나님의 뜻이기에 반드시 일어난다(엡 5:27; 살전 5:23). 따라서 제2의 종교개혁도 반드시 일어나게 될 것이며, 그 개혁은 오순절처럼 철저히 성령님의 주도와 능력으로 일어나게 된다. 그리고 그때의 개혁은 종교개혁과는 달리 완전한 개혁이 될 것이며, 그 결과로 교회는 초대교회보다 더 성숙하고 아름다운 공동체로 성장하게 될 것이다.

❖ 개신교의 성장과 열매

종교개혁 이후로 개신교는 엄청난 성장과 많은 변화를 겪었다. 부정적인 측면도 많지만, 세상에 많은 선한 영향력도 미쳤다.[13] 사회적 약자의 보호와 인권 신장, 구제 활동, 기독교적 직업관과 윤리, 민주주의 확립, 사회운동, 근대 자본주의, 노예제도 폐지, 일부일처제 폐지, 교육 발전 등 많은 것들이 개신교의 노력과 섬김으로 이루어졌다. 또한 어둡고 악한 시대마다 하나님께서 부흥을 통해서 사람들이 죄에서 떠나므로 범죄가 급격히 줄고 가정이 회복되는 사회적인 변화가 일어난 경우도 많다. 특히 19~20세기에 유럽과 미국의 많은 선교사가 전 세계로 흩어져서 생명을 바쳐 많은 민족과 나라들을 섬겼다.

그중에는 한국에 온 선교사들도 있다. 그들은 많은 학교를 세우고 병원을 짓고 보육원을 세워서 아무런 조건 없이 사람들을 돌보았다. 그리고 많은 유학생을 미국으로 보내 무료로 공부시켜 한국을 개화하는 데 앞장섰으며, 일제에 저항하며 독립운동을 도운 사람들도 있다. 그 결과 한글 교육을 통해 문맹률이 급격히 감소하였고, 여성 교육도 시작되었고 여성 인권도 신장하였다. 이것은 철저히 남성 위주의 엄격한 신분사회에는 도저히 상상할 수도 없었던 일이었다.

덕분에 삼일절 독립선언문에 서명한 33인의 민족 대표 중에 16인이 기독교인이었다. 그 당시 기독교 인구가 매우 소수였다는 점에서 기독교가 나라에 미친 영향력은 참으로 막대하였다. 지금도 컴패션, 월드비전, 국제기아대책기구 등 세계적인 구호단체 중에서 수많은 NGO가 개신교 신자들에 의해 시작된 단체들이다. 복지재단도 마찬가지이다. 특히 컴패션이나 월드비전은 한국전쟁을 계기로 한국 어린이들을 돕기 위해 시작된 단체들로서 너무나 어렵던 시절에 아낌없는 하나님의 사랑을 실천하였다. 개화기의 선교사들부터 시작해서 그들의 숭고한 사랑의 희생이 없었다면 한국은 지금의 한국이 될 수 없었다. 물론 교회가 잘한 것만 있는 것은 아니지만, 이런 섬김이 다른 종교보다 월등히 많은 것은 부인할 수 없는 사실이다.

3. 위기의 기독교

❖ 제도권 교회, 신학과 신앙과 실천의 분리

종교개혁으로 개신교가 시작되었지만, 그동안 많은 어려움과 위기를 겪었다. 이렇게 된 이유는 여러 가지가 있지만, **첫 번째**는 개신교는 태생적으로 제도권 교회로 시작하였기에 제도권 교회의 한계를 벗어날 수가 없었다. 언뜻 생각하기에는 제도가 매우 효과적이고 편리하게 생각될 수 있다. 그러나 제도권 교회는 구조적으로 교권주의가 발생할 수밖에 없기에 성도가 성도로서 온전히 성장하고 사역할 수가 없다. 게다가 시간이 흐를수록 더 많은 제도가 생겨나면서, 나중에는 복음서에 나오는 장로들의 전통처럼 제도의 늪에 빠져 헤어날 수가 없게 된다.

무엇보다 제도에 의해서 성령님의 역사와 성도의 자유로운 사귐이 제한될 수밖에 없기에, 시간이 흐르면서 점점 더 영적으로 더 미성숙하고 약해질 수밖에 없다. 이렇게 되면 사역자들도 성경 연구과 기도와 목회와 복음 전파보다는 각종 행정과 조직 관리에만 집중하게 되면서, 성경이 가르치는 사역은 하지 못하고 세상 조직이나 단체의 직원들처럼 일한다.

교회가 제도화되면서 생긴 심각한 문제 중의 하나는 신학(지성)과 신앙(열정)과 실천(행동)의 분리이다.[14] 신학은 하나님에 대한 이성적인 이해와 확신이며, 신앙은 하나님에 대한 뜨거운 열정과 소망과 갈망이며, 실천은 하나님의 말씀에 대한 의지적인 순종이다. 따라서 지성과 신앙과 실천의 분리는 지성과 감정과 의지의 분리, 곧 마음의 분열을 의미한다. 하나님은 인간을 생각과 감정과 의지가 조화를 이루어 하나가 된 존재로 창조하셨는데, 사탄은 이것을 분리해 서로 갈등하고 대립하게 했다.

예수님은 율법과 예언에 가장 뛰어난 교사(신학)였지만, 하나님에 대한 사랑과 소망으로 불탔으며, 철저히 말씀대로 사시면서 온몸을 바쳐 교회와 세상을 섬기셨다. 말씀이 육신으로 사는 것이 무엇인지 직접 보여 주신 것이다(요 1:14). 사도들과 제자들도 마찬가지였다. 그들의 신학은 그들의 신앙이었고, 신앙은 곧 삶이었다. 그리고 이것이 성도를 향한 하나님의 뜻이다.[15] 초대교회는 고난을 이기기 위해 신학과 신앙과 실천이 일치될 수밖에 없었다. 그러나 제도권 교회가 되어 안정을 누리면서 더 이상 그럴 필요를 못 느끼게 되자 교회 안에서 세 가지가 분리되는 현상이 일어났다.

첫째는 신앙과 실천이 없는 신학이 나오면서, 공허하고 피상적인 지식만 발달하여 교만하고 위선적인 삶을 살게 되었다. **둘째**는 신학과 실천이 없는 신앙이 나오면서, 복음에 대한 지식과 실제적인 행동 없이 감정적인 신앙생활로 인해 실패와 좌절을 거듭하며 성숙함과 선한 열매가 없는 삶을 살게 되었다. 그리고 **셋째**는 신학과 신앙이 없는 실천만 나오게 되면서, 복음을 기초로 한 하나님과 사랑의 사귐도 없이 맹목적이거나 수동적인 행위만 남게 되면서 율법주의적 신앙생활을 하게 되었다.

이렇게 되면 성경 공부만 하면서 신학적 지식만 가득하여 머리와 입만 살아 있는 성도가 되거나, 하나님과의 관계만을 강조하며 기도와 묵상 등을 통한 개인 경건 생활에만 치중하는 마음만 따뜻한 성도가 되거나, 아니면 끊임없이 비전을 외치며 쉴 새 없이 움직여 손과 발만 바쁜 성도가 된 것이다. 위의 세 경우 모두 심각한 문제가 되는데, 문제는 교회 안에 이런 성도가 너무 많다는 현실이다.

이것은 자동차와 비슷하다. 자동차는 이동을 위한 수단이다. 자동차가 움직이려면 운전대와 엔진과 엑셀이 조화롭게 작용해야 한다. 신학과 신앙과 실천은 자동차의 운전대와 엔진과 엑셀과 같다. 신학은 방향을 설정하고, 신앙은 움직일 힘을 주며, 실천은 실제로 움직이게 한다. 아무리 좋은 차라도 하나만 부족하면 움직이지 못하며, 이런 차는 차의 기능을 할 수가 없다.

성도도 마찬가지이다. 성도는 신학과 신앙과 실천의 균형과 조화를 이루어야 한다. 그럴 때 비로소 성도는 하나님이 구원하신 목적대로 선하고 바르며 능력 있는 삶을 살 수 있다.

그렇지만 어느 경우이든지 하나라도 부족하면 결국 삼위 하나님을 온전히 따르지 못함으로써 미성숙하고 나약한 그리스도인이 될 수밖에 없다. 또한 이런 성도들이 모인 교회는 거룩함을 이룰 수도 없고, 복음이 주는 진정한 자유와 평화 그리고 성령님의 능력과 기쁨을 누릴 수도 없다. 무엇보다 이렇게 되면 교회는 세상 속에서 빛과 소금의 역할을 못 하게 되고, 영적 싸움에서도 계속 패배하게 된다. 따라서 복음이 진리임을 증명할 수 없으며, 선교적 사명을 감당하지 못함으로써 예수님의 재림이 계속 지연된다. 그래서 크리스 카라구니스는 "개혁주의 발생지인 유럽이 복음의 생명력을 잃어 간다는 것은 아이러니"라면서, "신학(학문)과 신앙, 그리고 실천이 조화되지 않을 때 교회와 지도자의 위기는 시작된다"라고 말했다.[16]

❈ 자유주의 신학

교회가 위기에 처한 **두 번째**는 자유주의 신학이다.[17] 18세기 들어서 유럽은 정치, 경제, 사회, 문화 등에서 급격한 변화를 경험하게 되었다. 그리고 19세기에는 계몽주의의 영향을 받은 이성적이고 합리적인 신앙을 주장하는 자유주의 신학이 그 당시 철학의 중심지였던 독일에서부터 시작되었다. 여기에 영향을 받은 교회는 하나님의 말씀을 인간의 이성으로 비평하기 시작하면서, 성경의 절대적인 권위를 부정하고 철저히 인간적인 관점으로 성경을 재해석했다.

그러다 보니 성경은 영적인 세상과 존재와 진리를 기록한 책임에도 불구하고,[18] 이제는 도저히 믿기 어려운 신화적인 이야기들만 있는 옛날이야기로 취급받게 되었다. 사실 이렇게 되면 성경에서 믿을 만한 이야기가 얼마나 되겠는가? 결국 이것은 인간이 하나님보다 더 높은 존재가 되었다는 인간의 교만함을 보여 줄 뿐이다. 따라서 자유주의는 교회가 하나님을 떠난 아담과 가인의 길을 따라서 신본주의를 떠나 인본주의가 되었음을 의미한다.

그리고 날카롭고 냉철한 신학만 계속 발달하면서 기독교는 점점 더 철학적이고 관념적일 뿐 아니라, 세상처럼 지극히 인간 중심적이고 현실적이며 윤리적인 종교로 바뀌고 말았다. 그 결과 초월적이고 전통적인 신앙이 사라지게 되었고, 이성이 강조되는 것만큼 감성이 약화하여 신앙적인 갈망과 열정과 기쁨 등도 사라진 차가운 기독교가 되었다. 이런 감성이 신앙의 전부는 아니다. 하지만 감성이 빠지면 인간이 아니라 로봇이 될 뿐이며, 회심과 신앙생활에도 감정은 필수이다(고후 7:9-11). 또한 하나님의 축복과 성령의 열매에도 반드시 감정이 나타난다(갈 5:22).

그런데 서구교회의 주요 교파인 장로교와 감리교와 성공회와 루터교 등이 모두 여기에 영향을 받아 서구교회 전체에 거센 자유주의 물결이 교회를 뒤덮으면서, 기독교는 제도와 신학만 남은 전통과 문화가 되었다.

또한 인본주의에 물든 교회는 복음을 가르치지 않고 세상 종교처럼 종교적인 행위나 도덕적인 삶만을 가르치게 되었다. 게다가 복음도 점점 더 현 세상의 변화를 위한 것으로만 제한되면서, 선교도 점점 십자가와 부활과 재림의 복음이 사라진 채 사회활동이나 정치활동으로 대체되었다. 소위 남미를 중심으로 발달된 민중신학이나 해방신학이 대표적이다. 그리고 급기야 이제는 타 종교에도 구원이 있다는 종교다원주의를 옹호하고, 인간의 인권과 행복을 하나님보다 더 우선하게 여기면서 동성결혼까지도 허용하는 상황에까지 이르렀다.

문제는 종교개혁의 후손들이 사는 유럽교회 대부분이 이것을 옹호한다는 것이며, 그나마 보수적이라는 미국 교회도 교단과 교회별로 이것으로 인한 신학적 대립과 갈등이 치열하게 일어나는 상황이 되었다. 여기에 세상의 지지를 받는 다수의 자유주의 교회가 소수의 보수적인 신학을 가진 교회와 성도들을 핍박하고 억압하는 현상까지 발생하고 있다. 이런 상황은 유럽교회에서 더 심각한데, 마치 콘스탄티누스 이후에 제도화된 교회가 초대교회의 신앙적 전통을 지키려던 소수의 가정교회를 핍박하던 것과 같은 상황이 재현된 것이다. 게다가 서구신학과 교회를 우상처럼 섬기며 맹목적으로 따르는 한국교회를 비롯한 많은 제 3세계 교회들도 이런 흐름의 영향을 받고 있는데, 이것은 앞으로 교회 안에서 더 심각한 문제가 될 것이다.

❖ 교회의 분열

세 번째 이유는 교회의 분열이다. 교회의 분열은 세상이 보기에도 심각한 문제이다. 이런 분열은 개신교가 유럽을 지나 미국과 한국으로 건너오면서 더 심각해졌다. 사실 이미 종교개혁 때부터 갈등과 분열로 몸살을 앓던 개신교는 그 후로도 신학적인 갈등이나 이권 등으로 인한 갈등 때문에 계속해서 분열을 거듭했다. 물론 도저히 용납할 수 없는 신학적인 관점의 차이로 분열될 수밖에 없는 때도 있었다. 그래서 미국에서는 20세기 초에 자유주의 신학에 반발하여 성경의 무오성을 믿고 전통적인 신앙을 고수하는 근본주의가 탄생하여 지금까지 미국의 주류 신학교와 교단을 이루고 있다. 그리고 20세기 중반에 미국과 유럽에서는 자유주의에는 반대하지만 좀 더 온건한 보수신앙을 가진 사람들에 의해서 복음주의가 확산하기 시작한다.[19] 그 외에도 20세기 초반부터 성령님의 은사와 능력을 강조하는 은사주의가 급격히 성장하였는데, 근본주의와 복음주의 교회 안에 광범위하게 확산하여 있지만 심지어 로마가톨릭 안에도 있다.

 이런 흐름은 주로 신학적인 관점의 차이로 인해서 발생한 것이지만,[20] 심각한 문제는 이런 것과 전혀 상관없이, 인간의 교만과 탐욕에 의해서 분열되고 탄생한 교단과 교회들도 너무나 많다는 사실이다. 지금 이렇게 교단이 많고 교회가 분열된 것은 우리의 수치이자 하나님께 죄송함이다. 이는 교회의 주인이 하나님이 아니라 인간이 되었다는 것을 뜻하며, 이렇게 되다 보니 교회의 하나 됨이라는 하나님의 말씀을 완전히 무시하는 것은 어쩌면 너무나 당연한 결과이다. 그나마 가톨릭교회는 명목상이나마 하나로 존재하지만, 개신교는 너무나 많은 갈등과 다툼과 분열이 있기에 하나님의 초자연적인 개입 없이 다시 하나가 되는 것은 불가능한 상황이 되어 버렸다.

❖ 세속주의

 마지막 **네 번째**는 세속주의이다.[21] 18세기 이후로 세상은 급격한 변화를 겪으면서 경제적 풍요와 문화적 발전을 누리게 되었지만, 사람들의 마음은 이전과는 달리 화려하고 풍요로운 세상에 빼앗기기 시작했다. 문제는 교회 안에도 세상의 경향과 문화를 따르는 세속주의가 침투하면서 교회가 세상을 따라가더니 로마가톨릭이 범한 죄를 그대로 답습하였다. 즉 교회의 외적 크기를 축복의 척도로 생각하면서 교회도 경쟁적이고 노골적으로 부와 명성과 권력을 추구하였으며, 탐욕에 빠진 성직자들은 권력을 이용해 성도 위에 군림하고 교회를 사유화해서 세상 속에서 자신의 왕국을 세웠다. 하나님의 나라와 영광이라는 명목 아래에 교회 성장과 부흥을 외치지만, 정작 그 마음 안에는 자신의 나라와 영광을 향한 욕구가 가득하다. 그러다 보니 빚을 내고 성도들에게 강요해서라도 경쟁적으로 큰 건물을 짓고 자랑한다.

성도들도 이런 흐름에 편승하여 교회 안에서도 권력 다툼이 치열해져 갈등과 다툼이 없는 교회가 드물고, 교회는 하나님을 통해 세상적인 복을 누리려는 기복신앙으로 가득해졌다. 협회의 장이나 교회의 직분이 감투나 승진처럼 여기면서, 정치선거와 다를 바가 없는 선거를 하는 것을 보면 참으로 부끄럽기 그지없다. 사실 선거는 세상의 방법이지 교회의 방법이 아니기에, 교회가 선거를 하는 것 자체가 세속화되었다는 증거이다. 이렇게 되면 단지 구하고 의지하는 대상만 다를 뿐이지, 세상 복을 구하는 다른 종교와 별반 다를 바가 없게 된다. 즉, 가나안의 우상숭배를 따르던 이스라엘처럼, 세상이라는 우상과 하나님을 동시에 섬기는 혼합주의 신앙으로 변질하였다.

이런 신앙은 필연적으로 하나님의 인정을 얻기 위해 맹목적인 행위(순종)를 강조하는 율법주의적인 신앙에 빠질 수밖에 없는데, 이렇게 되면 교회는 점점 더 종교로 변질하게 된다. 또한 세상의 타락한 가치관들이 교회 안에 편만해지면서 교회는 진정한 복음과 성도의 참된 삶을 잃어버리고 세상의 경향과 가치를 따르게 되어 이름만 교회이지 세상 단체들과 구별도 안 된다.

그 결과 교회는 기업이 되고, 목회자는 CEO가 되고, 부교역자는 직원이 되고, 건물은 자랑이 되고, 성도는 고객이 되고, 목회는 고객관리가 되고, 직분은 감투가 되고, 가족은 남남이 되고, 예배는 공연이 되고, 관계는 조직이 되고, 전도는 마케팅이 되고, 성령님은 들러리가 되고, 은사는 재능으로 대치되고 말았다. 결국은 하나님의 교회에서 하나님의 임재가 사라지고, 예수님의 교회에서 예수님의 사랑을 경험하기 어렵고, 성령님의 교회에서 성령님의 능력이 없는 교회가 되었다. 교회의 공동체성이 완전히 무너져서 성도라 하면서도 모이지 않는 것은 교회가 극단으로 치닫는 세속적 개인주의를 따르기 때문이다. 앞에서 설명한 것처럼 많은 하나님의 축복과 예수님의 은혜와 성령님의 능력은 공동체를 통해서 주어지기 때문에, 혼자서 하는 신앙생활은 아무리 열심을 내어도 영적인 성장이나 삶의 변화에 절대적인 한계를 직면할 수밖에 없다.[22]

이렇게 되면 교회는 선으로 악을 이길 거룩함을 잃어버리면서 부패와 타락이 따라올 수밖에 없는데, 세상도 하지 않은 일들이 교회 안에서 버젓이 일어나면서 교회가 사회적으로 비난과 조롱의 대상이 되었다. 그리고 급기야 이제는 교회가 세상을 걱정하고 섬기는 것이 아니라, 세상이 교회를 걱정하고 책망하는 상황에까지 이르렀다. 이런 상황에서 하나님은 교회를 바라보시며 무슨 생각을 하실까? 그리고 하나님의 감정은 어떠하실까? 그렇다면 과연 이런 상황에서 하나님은 교회를 어떻게 생각하시고 어떤 감정을 느끼실까? 그리고 무엇을 하고 계실까?

주

1   2010년 7월 22일 루터교 세계연맹은 재세례파를 핍박했던 것을 공식적으로 사과하고 회개했다. 신상목 기자, 국민일보, "예수 정신으로 돌아가라'… 아나뱁티스트 영성, 교회 회복 새 방향 제시", 2010(https://news.kmib.co.kr/article/view.asp?arcid=0004438136&code=23111111), 2022.09.14.

2   청교도는 16세기 말에 철저히 칼빈주의를 따르며 영국성공회의 개혁을 주장하던 무리였다. 이들은 성공회가 로마가톨릭과 너무 비슷하기에 가톨릭적인 요소를 완전히 버릴 것을 주장하였다. 따라서 이들은 그 당시 권력을 가진 성공회의 핍박을 받게 되었으며, 결국 신앙의 자유를 찾아 미국으로 이주하게 된다(1620년). 그 뒤로 많은 청교도가 미국으로 이주하면서 미국에서 장로교가 시작된다.

3   재세례파를 아나뱁티스트(Anabaptist)라 한다. 장로교회가 다수를 차지하는 한국교회에서는 재세례파가 거의 알려지지 않았지만, 개신교 교파 중에서는 초대교회의 신앙에 가장 가까운 교파일 것이다. 재세례파에 관한 책으로 '김승진, 『근원적 종교개혁』, (침례신학대학교 출판부, 2011)'; '알프레드 뉴펠트, 『우리가 함께 믿는 것』, 이정남 & 김영희 옮김, (KAP, 2014)', '스튜어트 머레이, 『이것이 아나뱁티스트이다』, 강현아 옮김, (대장간, 2011)'; '존 D 로스, 『역사-메노나이트의

존재 이유』, 김복기 옮김, (대장간 2020)'를 추천한다.

4   어윈 루처, 『하룻밤에 읽는 종교개혁』, 손현선 옮김, (국제제자훈련원, 2017), p144-151, 159-162, 208-214, 222-223

5   종교개혁에 대한 비판적 이해를 도와주는 책으로 '로드니 스타크, 『우리가 종교개혁을 오해했다』, 손현선 옮김, (헤르몬, 2018)'; '볼프강 비퍼만, 『루터의 두 얼굴』, 최용찬 옮김, (평사리, 2017)'을 참고하라.

6   종교개혁의 핵심 5가지를 설명한 책으로 '제이슨 앨런, 제라드 윌슨, 제이슨 듀닝 외, 『종교개혁의 5가지 원리』, 조계광 옮김, (생명의 말씀사, 2019)'; '최성수, 『현대인을 위한 종교개혁 5대 원리』, (예영커뮤니케이션, 2017)'를 참고하라.

7   스캇 맥나이트는 종교개혁이 복음을 개인적인 구원으로 귀결시켰으며, 그 결과 복음의 문화가 구원의 문화로 바뀌었다고 주장한다. 매우 적절한 지적이다. '스캇 맥나이트, 『예수 왕의 복음』, 박세혁 옮김, (새물결 플러스, 2014), p111-112'

8   성경을 번역하기 위해 신약을 깊이 연구한 루터는 로마가톨릭이 말한 교회(church)와 신약성경이 기록한 에클레시아는 많은 차이가 있음을 알았다. 그래서 교회라는 용어가 바르지 않은 용어라고 비판했지만, 이미 너무 오랫동안(1,000년이 넘게) 사용되었기에 에클레시아가 종교개혁에는 반영되지 못했다. 자세한 것은 '에밀 브룬너, 『교회를 오해하고 있는가』, p26-27'를 참고하라.

9   자세한 내용은 '로드니 스타크, 『우리는 종교개혁을 오해했다』, p45-57'을 참고하라. 일반적으로 개신교는 종교개혁과 종교개혁자들을 우상처럼 추종하지만, 스타크의 책은 우리에게 좀 더 객관적이고 균형 잡힌 시각을 갖게 한다. 심지어 스타크는 종교개혁 이후에도 교회에 이교도적인 요소가 많이 남아 있었다고 주장한다(p27). 다시 말하면 개혁이 덜 되었다는 것이다. 문제는 염증은 그냥 두면 더 곪듯이, 이것들이 지금까지 계속 이어져 오면서 더 심각한 상태가 되었다.

10 프랭크 바이올라, 『다시 그려보는 교회』, (대장간, 2013), p70

11 로이스 바렛, 『가정교회 세우기』, 임종원 옮김, (미션월드 라이브러리, 2002), p20

12 아이러니하게도 종교개혁자들이 급진개혁주의자라 비난하며 핍박하던 재세례파는 성경이 기록한 대로 가정에서 모임을 했다는 것이다. 'Ibid. p21' 만약 그때 루터가 용기를 내어서 가정교회로 개혁하였다면 개신교는 완전히 달라졌을 것이다. 이것을 생각하면 참으로 안타깝다.

13 종교개혁 이후의 개신교 교회사와 한국 교회사를 성찰하며 간략하게 기록한 책으로 '라은성 & 이상규 & 양희송, 『종교개혁 그리고 이후 500년』, (을유문화사, 2017)'을 추천한다. 기독교가 세상에 미친 선한 영향력에 관해 자세한 내용은 '이영철, 『기독교 영향력』, (코렘데오, 2020)'을 참고하라. 성경이 전해진 나라들에서 일어난 선한 영향력과 놀라운 변화에 대해서는 '로렌 커닝햄 & 제니스 로저스, 『열방을 변화시키는 하나님의 책』, 김성원 옮김, (예수전도단, 2007)'을 참고하라.

14 지성과 열정과 행동의 일치의 중요성을 잘 설명한 책으로 '데니스 홀링거, 『머리 가슴 손』, 이지혜 옮김, (IVP, 2008)'을 추천한다. 지금 품절인데 중고서점에서 구할 수 있을 것이다.

15 나는 모든 성도는 사역자로 부르심을 받았다고 믿는다. 사역은 거창한 것이 아니라 하나님을 섬기는 활동은 모두 사역이 된다. 사역자인 성도는 신학자로서 말씀을 깊이 연구해야 하며, 선교사로

서 복음을 전파하고 제자를 양육하고 교회를 세워야 하며, 목회자로서 유기적 관계 안에서 성령님의 은사에 따라 공동체를 섬겨야 한다. 이것이 성도의 삼중 사역이며, 이렇게 될 때 신학과 신앙과 실천이 하나가 될 수 있다. 따라서 모든 성도는 직분과 학위와 상관없이, 내가 바로 신학자요 선교사요 목회자라는 의식이 있어야 한다.

16 크리스 카라구니스는 스웨덴 룬트대 교수이다. 개신교 국가인 스웨덴은 세계에서 가장 부유하고 복지가 잘 된 나라 중의 하나이다. 그러나 지금은 자유주의와 세속주의에 물든 유럽의 다른 나라들처럼 교회가 거의 사라진 무신론 국가가 되어 버렸다. 이런 상황에서 카라구니스가 한국교회에 권면한 기사가 실렸다. 자세한 것은 아래 기사를 참조하라. 함태경 기자, 국민일보, '크리스 카라구니스 스웨덴 룬트대 신약한 명예교수 "학문·신앙·실천 부조화 때 위기 온다.".', 2010년 11월 12일, (https://news.kmib.co.kr/article/view.asp?arcid=0004320722&code=23111111)

17 자유주의의 역사에 대한 자세한 설명은 '로저 올슨, 『현대 신학이란 무엇인가?』, 김의식 옮김, (IVP, 2021)'을 참고하라. 그러나 이 책은 설명이 자세한 만큼 분량도 많다. 조금 더 간략한 책으로는 '김용주, 『자유주의 신학이란 무엇인가』, (좋은 씨앗, 2018)'을 참고하라.

18 우리가 처한 문제 중의 하나는 보수주의 교회라 하더라도 성경에 기록된 초자연적인 세계에 관해 너무 무지할 뿐 아니라 관심도 없고 믿지도 않는다는 것이다. 오히려 초자연적인 것을 신비주의라고 비판하기까지 한다. 그러나 예를 들어 삼위일체, 창조, 사탄과 귀신, 타락, 천사, 출애굽, 불기둥과 구름기둥, 기적들, 환상, 예언, 동정녀 탄생, 부활, 구원, 영적 싸움, 재림, 심판, 지옥, 새 하늘과 새 땅 등이 모두 초자연적이다. 이런 것들로 가득한 성경에서 이것을 빼면 성경을 이해할 수도 없고 우리가 믿을 것도 없다. 교회가 이렇게 된 것은 자유주의 교회들처럼 이성주의와 자연주의 세계관의 영향을 받았기 때문이다. 따라서 우리가 회복해야 할 것 중의 하나가 바로 초자연적인 세상이다. 이것에 관한 자세한 설명은 '마이클 하이저, 『보이지 않는 세계』, 손현선 옮김, (좋은 씨앗, 2019)'; '마이클 하이저, 『성경의 초자연적 세계관』, 채정태 옮김, (좋은 씨앗, 2020)'을 읽어 보라.

19 복음주의는 이미 종교개혁부터 시작되었다고 해서, 20세기에 시작된 복음주의를 신복음주의라 하기도 한다.

20 기독교 주요 교파에 대한 역사와 교리적 특성은 '전희준, 『기독교 교파 한눈에 보기』, (이레서원, 2020)'을 참고하라.

21 현대 세속주의의 특징과 이것에 대한 성경적인 대답은 '팀 켈러, 『팀 켈러의 답이 되는 기독교』, 윤종석 옮김, (두란노, 2018)'을 읽어 보라.

22 이런 상황에서도 감사한 것은 그나마 깨어 있는 성도들이 이 시대 교회의 타락을 보면서 아파하며 교회의 개혁을 부르짖고 있다는 것이다. 세속주의에 대한 경고와 세속주의에 물든 교회에 대한 비판은 '폴 워셔, 『현대교회를 향한 10가지 기소장』, 스데반 황 옮김, (생명의 말씀사, 2018)'; '권수경, 『번영복음의 속임수』, (SFC, 2019)'; '마이클 호튼, 『미국제 영성에 속지 말라』, 김재영 옮김, (규장, 2005)'; '게리 길리, 『다른 복음을 전하는 교회들』, 김세민 옮김, (부흥과 개혁사, 2011)'; '마이클 호튼, 『세상의 포로된 교회』, 김재영 옮김, (부흥과 개혁사, 2001)'; 'C J 매허니 외 5명, 『세속주의를 경계하라』, 소행선 옮김, (부흥과 개혁사, 2010)'; '김세윤 외 5명, 『탐욕의 복음을 버려라』, 김형원 옮김, (새물결 플러스, 2011)'를 읽어 보라. 한국교회에 타락에 대한 외침은 '김광

남, 『대화체 예레미야 강해』, (아바서원, 2016)'; '강영안 외 20명, 『한국 교회, 개혁의 길을 묻다』, (새물결 플러스, 2013)'; '한재술, 『개혁주의자의 회개』, (그 책의 사람들, 2021)'를 참고하라. 이 책들은 나름대로 이 시대를 깨우는 귀한 책들이지만, 이런 책들이 많다는 것은 그만큼 현재 교회가 심각한 상태에 있다는 것을 의미한다. 그럴지만 정작 모든 판단과 비판의 기준이 되는 초기교회에 관한 이해가 부족하다는 점과 제도권 교회의 틀 안에서 교회개혁을 주장한다는 점에서, 이들의 주장에는 근본적으로 절대적인 한계가 있을 수 밖에 없다. 이것이 그토록 개혁을 외쳐도 교회가 개혁되지 못하는 주된 이유이기에 이런 책들은 아쉬움이 크다.

교회를 묻다가 하나님을 만나다

4장
성령께서 이루신 선교의 역사

1. 제1기: 로마제국 선교(AD 0~400)
2. 제2기: 서유럽 선교(AD 400~800)
3. 제3기: 북유럽과 동유럽 선교(AD 800~1200)
4. 제4기: 아시아와 식민지 선교(AD 1200~1600)
5. 제5기: 제 3세계 선교(AD 1600~2000)
6. 종말을 준비하시는 성령

4장 성령께서 이루신 선교의 역사

> "이 하늘 나라의 복음이 온 세상에 전파되어서, 모든 민족에게 증언될 것이다. 그 때에야 끝이 올 것이다." **(마 24:14)**

기독교가 로마에서 공인된 이후로 종교개혁까지 약 1,300년이라는 긴 시간이 흘렀다. 그리고 다시 500년이 지났다. 그동안 많은 변화가 있었다. 나라도 사람도 바뀌었으며, 문화도 상황도 영적 상태도 바뀌었다. 모든 것이 다 바뀌었지만 변하지 않는 것이 있었으니, 그것은 구원을 향한 하나님의 계획이었다.

300년간 초대교회는 다시 오실 예수님을 기다리며 하나님을 향한 믿음과 사랑을 지켰다. 그들은 핍박으로 인한 어려움이 많았음에도 하나님 나라에 대한 뜨거운 열정으로 살았다. 이 열정은 사도들처럼 복음 전파와 제자 양육과 교회 개척으로 이어지게 된다**(행 14:20-24)**. 이것이 선교이다. 그러므로 하나님 나라에 대한 열정은 선교에 대한 열정으로 나타나게 된다.

이 열정이 기독교의 공인 이후로 많이 사라졌다. 여러 이유가 있겠지만, 모두가 예수님을 믿고 교회를 다니는데 굳이 복음을 전해야 할 필요성을 못 느낀 것이 주된 이유이다. 그리고 교회 안에 가짜 성도들과 거짓 사역자들이 너무 많다 보니, 교회는 하나님 나라에 대한 책임감과 열정을 잃어버리게 된다. 그런데도 성령님은 참된 성도들의 마음을 움직여서 복음을 전

하는 일들을 멈추지 않으셨다. 영적으로 타락하고 사회적으로 혼란스러운 시기도 있었지만, 사도들의 뒤를 이은 복음 전파의 행진은 지금까지도 멈추지 않았다. 이것을 선교의 역사라고 한다.

선교학자들은 이것을 몇 단계로 나누어 설명한다. 이것이 학자마다 조금씩 다른데, 유명한 선교전략가였던 랄프 윈터는 2,000년 기독교 선교역사를 5단계로 나누어 400년마다 새로운 선교 운동이 일어났다고 주장한다.[1] 일리가 있다고 생각하는데, 이 단계를 살펴보면 성령님께서 역사 속에서 어떻게 선교를 이루어 가셨는지를 알 수 있다. 그래서 나 역시 400년을 기점으로 하여 다섯 단계로 나누어 간략하게 선교역사를 정리해 본다.[2]

1. 제1기: 로마제국 선교(AD 0~400)

예수님은 왜 하필 2천 년 전에 오셨을까? 여러 이유가 있겠지만 한 가지 분명한 것은 선교를 위함이었다. 예수님이 오시기 전에 그리스는 세계를 정복하면서 헬라어를 공통어로 만들었다. 헬라어는 그 시대의 영어와 같았기에, 헬라어만 사용하면 어디서든지 대화할 수 있었다. 심지어 구약성경도 헬라어로 번역(LXX)이 되어서, 헬라어를 할 줄 아는 사람이면 누구든지 읽고 이스라엘을 구원하시는 하나님을 알 수 있게 되었다.

로마도 선교를 위해 중요한 역할을 하였는데, 가장 큰 역할은 도로이다. 로마는 80,000km의 포장도로를 포함하여 무려 400,000km에 이르는 도로를 깔았는데, 이 도로를 통해서 로마 제국 전역을 쉽고 빠르게 갈 수 있었다.

사도들을 비롯한 제자들은 로마가 만들어 둔 도로를 따라 이동하며, 주로 사람들의 왕래가 잦은 교통과 문화와 상업의 요충지를 중심으로 선교를 했다. 덕분에 복음은 다른 지역으로 빠르게 전해질 수 있었으며, 헬라어를 사용하는 이방인들에게도 쉽게 복음이 전해질 수 있었다.

그리고 예수님께서 태어날 무렵부터 해서 세계 인구가 급속히 증가했다. our world in data에 의하면, 그 무렵 인구는 2억 명이 안 되었던 것으로 추정한다.[3] 그런데 그때부터 인구가 포물선 곡선을 그리며 폭발적으로 증가하면서, 인구증가와 함께 복음도 급속한 속도로 확산하였다.

제자들은 성령님의 부르심을 따라서 세계 곳곳으로 흩어졌다. 가장 멀리 간 사람 중의 한 명은 도마이다. 도마는 인도에서 순교하였는데, 인도는 페르시아(이란) 옆에 있는 나라로서, 그 당시로서는 동쪽으로 땅끝에 가까운 나라였다. 그리고 바울은 로마를 떠나서 스페인까지 선교하고 왔는데 스페인은 서쪽으로 땅끝 나라로 여겼다. 마가와 마태는 남쪽으로 내려가서 마가는 이집트에서, 마태는 에티오피아에서 죽었다. 그 당시에 이 나라들은 거의 남쪽 끝에 가까운 나라들이다.

이는 그들이 예수님의 말씀을 따라 땅끝까지 복음을 전하여 모든 민족을 제자로 삼으려 했다는 것을 알려 준다(마 24:14; 28:18-19; 행 1:8). 덕분에 복음은 로마제국을 넘어서서, 그 당시로서는 가장 먼 나라와 민족들에게까지 전해졌다. 이런 열정은 환난과 핍박 중에도 멈추지 않는다. 콘스탄티누스가 기독교를 공인한 이유 중의 하나도 핍박이 기독교의 증가를 막을 수 없었고, 오히려 기독교를 공인하여 자기 편으로 만드는 것이 제국의 통치를 위해서 더 좋았기 때문이다.

391년에는 기독교가 로마제국의 국교가 되면서, 기독교만이 유일한 종교로 인정받았다. 이때부터 강제 개종이 시작되면서 이교를 믿던 사람들이 하루아침에 무조건 교회로 발걸음을 옮겨야 했다. 그 대신 교회는 문턱을 낮추어 진정한 믿음의 고백이나 삶의 변화가 없이도, 기독교인으로 인정했다.[4] 그러니 회심하지도 않은 문화적 그리스도인들이 쏟아져 나오기 시작하게 되면서 외적으로는 엄청난 부흥을 맞이하게 된다.

2. 제2기: 서유럽 선교(AD 400~800)

기독교가 공인되고 국교가 되면서, 교회는 이전과 같은 선교의 열정을 잃어버렸다. 만약 이때에도 이들이 힘썼다면 세계 복음화는 더 빨리 이루어졌겠지만, 교회는 오랜 고난 끝에 찾아온 평화와 자유를 만끽하기 바빴다. 하지만 이것도 오래가지 못했다. 로마가 동서로 나누어진 뒤로 동로마는 게르만족의 침입으로 인해 정치적으로 매우 불안정한 시기를 맞이했다. 결국은 그들에 의해 동로마가 멸망하고, 이탈리아부터 서유럽까지 통합한 프랑코 왕국이 세워지는데, 그들이 기독교를 받아들이면서 서유럽 전체가 기독교가 된다.

하지만 이것을 무조건 좋아할 수는 없는 것은 종교화된 기독교가 전파될수록 기독교는 타락하기 때문이다. 그러나 하나님은 아합의 시대에도 믿음을 지키는 7,000명을 남겨 놓으신 것처럼, 소수이지만 이런 상황을 안타까워하는 사람들을 남겨 놓으셨다.

4세기 콘스탄틴이 기독교를 공인한 후에. 세속화된 기독교에 동화되지 않고 영성을 지키기 위해서 사막으로 가는 사람들이 나왔다. 그들을 사막의 수도승이라고 한다. 수도승이 나오기 시작한 것은 3세기부터였지만, 본격적으로 나오기 시작한 것은 4세기에 들어서였다.

처음에는 개인적인 수도를 목표로 삼았지만, 점차 이들이 늘어나면서 수도원이 생기기 시작했다. 처음에는 수도원들이 시리아나 이집트의 사막 등에서 시작되었지만, 나중에는 이것이 알려지면서 유럽 전역으로 확장되었다. 수도승들이 초기 제자들처럼 활발하게 복음을 전한 것은 아니었지만, 하나님에 대한 사랑과 개인 영성을 최우선으로 삼고 경건한 삶을 살기 위해서 노력했다는 것은 인정할 만하다. 그리고 이 중에서 복음 전파에 열정적인 이들이 있었는데, 이들은 복음 전파를 위해서 다른 지역으로 갔다.

특히 아일랜드에 많이 갔는데, 그중에 패트릭이 유명하다. 그는 초기 기독교가 끝나 갈 무렵에 아일랜드에서 활발하게 전도했다(AD 385~461). 원래 그는 영국 귀족 출신으로 아일랜드의 노예로 잡혀갔지만 회심하면서 나중에는 아일랜드를 전도하기 시작했다. 그의 열정적인 전도로 인해서 야만인이라 조롱받던 아일랜드에 많은 회심자가 나오면서 교회가 세워졌다. 그 후 6세기에 들어서, 아일랜드는 국가적으로 활발한 선교활동을 하였다. 스코틀랜드에서는 콜롬바(AD 521~597)가 선교사로 헌신하여 스코틀랜드를 돌면서 복음을 전했으며, 그 결과 복음이 영국 전역으로 확산하였다. 영국은 이 무렵부터 200년 동안 활발한 선교활동을 하였는데, 영국에서 파송된 선교사들은 유럽 각 지역을 돌면서 복음을 전파하며 교회를 세웠다.

그 외에도 많은 선교사가 있었다. 캔터베리 대성당의 첫 번째 주교였던 어거스틴(AD ?~604)도 원래 로마 출신인데 영국으로 파송된 선교사였다. 영국 선교사 중에는 보니페이스도 유명한데(AD 680~754) 그도 귀족 출신이었으나 복음 전도자가 되어 독일에 가서 복음을 전하다가 순교하였다. 이 무렵에 이단으로 규정된 네스토리안파가 페르시아와 인도를 거쳐서 중국 당나라에 들어가게 되었는데, 그들은 당 태종의 후원을 받으며 중국에서 선교활동을 펼친다.

이와는 반대로 7세기 초부터 이슬람이 서진 정책을 펼치면서 유럽의 기독교 국가들과 마찰을 빚게 되었다. 이들은 소아시아를 넘어서서 남쪽으로는 북아프리카와 서쪽으로는 스페인까지 점령하였는데, 가는 곳마다 강제 개종을 시켰다. 만약 이것에 따르지 않으면 많은 핍박이 따랐다. 이런 상황에서 순교로 믿음을 지킨 이들도 있었지만, 더 많은 이가 자발적으로 이슬람으로 개종하였다. 그때 여러 나라가 이슬람 국가로 바뀌게 되었는데, 그중의 대표적인 나라가 이집트였다.[5]

그렇지만 환난과 핍박은 이때가 처음이 아니었다. 이것은 초대교회에도 있었지만, 그들은 믿음을 지켰다. 그렇다면 무엇이 이런 차이를 만들었는가? 여러 이유가 있겠지만 콘스탄틴 이후로 교회가 제도화되면서 교회 안에 거짓 성도들도 아주 많았고, 교회도 초기교회가 가졌던 신앙적인 성숙함과 강건함을 잃어버린 것이 핵심이다. 따라서 이들은 환난과 핍박 앞에 무너질 수밖에 없었으며, 후에 동로마 제국이 이슬람국가로 변한 것은 어쩌면 당연한 결과였다.

3. 제3기: 북유럽과 동유럽 선교(AD 800~1200)

서유럽은 복음화가 되었지만, 북유럽에 있던 바이킹은 아직 복음을 듣지 못했다. 이들을 위해 복음을 전한 선교사들이 있었으나 결과는 미약했다. 그런데 바이킹이 선교의 중심지였던 아일랜드를 공략한 후에는 서유럽을 비롯하여 러시아와 아프리카까지도 침략하기 시작했다. 이때부터 아일랜드의 선교의 불은 꺼지게 된다. 이들은 교회와 수도원도 구별하지 않고 다 파괴하였는데, 매우 잔인하고 폭력적인 바이킹은 기독교인들에게 엄청난 공포의 대상이었다.

특히 바닷가나 강가에는 크고 유명한 교회와 수도원이 많았는데, 그것들은 배를 타고 오는 바이킹들에게 좋은 목표가 되었다. 그러자 내륙의 수도

원들이 타락한 수도원장들의 재산을 보호하는 피난처로 전락하게 되며, 이로 인해 많은 문제가 발생하자 수도원들은 영성을 지키기 위해서 자체적인 정화 운동을 펼치게 되었다.

한 가지 주목해야 할 사건은 바이킹들이 많은 신도를 노예로 잡아갔는데 이들이 바이킹을 전도한 것이다. 환난과 핍박에서 오히려 복음의 열정이 타오르면서 노예가 주인들에게 복음을 전했다. 침략받은 자들이 침략한 자들을 전도하면서 200년이라는 짧은 시간에 북유럽의 노르웨이와 덴마크와 스웨덴 등이 복음화되었다. 참으로 아이러니한 선교의 역사가 아닐 수 없다. 따라서 바이킹의 복음화는 복음이 북진하였다는 것을 의미한다.

이 지역을 위한 선교사로 특히 유명한 사람이 북유럽의 사도로 불리는 안스갈이다(AD 801~865). 그는 프랑스 출신의 수도승이었는데, 덴마크와 스웨덴에서 선교활동을 펼쳤다. 이 당시는 바이킹이 기세를 떨치던 시대였기에 바이킹에게 선교한다는 것은 매우 위험했지만, 그는 복음을 위해서 선교를 한다.

이 무렵부터 동유럽의 슬라브족에 대한 선교가 본격적으로 시작되었다. 그리스의 데살로니가에서 태어난 키릴과 포티우스 형제는 모라비아(체코 동부) 왕국의 요청으로 그곳에 선교사로 가게 된다(AD 863). 그 당시에 슬라브족들은 아직 문자가 없었는데 이들은 그들을 위해 문자를 만들고 성경을 번역해 주었다. 이 언어가 러시아를 포함하는 슬라브족이 지금까지 사용하는 키릴문자이며 그 결과로 동유럽의 국가들이 개종하기 시작한다. 그리고 이것이 발칸반도에까지 확산하였으며, 10세기 말에는 러시아에도 복음이 전해졌다. 서유럽을 통과한 복음이 행진이 북유럽을 거쳐서, 이제는 동쪽으로까지 이어진 것이다.

4. 제4기: 아시아와 식민지 선교(AD 1200~1600)

　11세기 말에 십자군 전쟁이 시작되었다. 표면적인 것은 이슬람으로부터 예루살렘과 순례객을 보호하기 위함이었지만, 그 이면에는 정치적, 사회적, 문화적, 경제적인 요인들이 다양하게 얽혀 있었다. 영적인 요인은 빌미일 뿐이며, 이런 요인들로 인해 십자군 원정을 시작하였는데 이 전쟁이 무려 200년이나 지속되었다. 그동안 유럽은 8차례에 걸쳐서 원정군을 보냈지만, 첫 번째만 제외하고서는 모두 패배했다.

　십자군 전쟁에서 패배함으로 인해 많은 변화가 일어났다. 무엇보다 모슬렘들에는 아직까지 씻을 수 없는 상처와 기독교에 대한 잘못된 인식을 주어 깊은 지금까지도 깊은 오해와 반감을 만들었다. 그러나 13세기 말에는 비록 소수이지만 이슬람을 위한 선교가 시작되었으며, 14세기 초에는 유럽의 문화에 관심을 가진 몽골의 요청으로 선교사가 몽골에 가서 선교하였다.

　14세기 중반에 흑사병이 발병하였다. 최소한 1억 명(유럽 인구의 3분의 1) 이상이 죽었을 것으로 추정하는데, 유럽 전체가 끔찍한 공동묘지로 변했다(AD 1348). 특히 수도원이 흑사병으로 인한 피해가 컸는데, 그 이유는 이들이 병자들을 집중적으로 돌보았기 때문이다. 어려운 시기일수록, 진정한 성도들은 삶에서 참된 신앙이 드러난다. 그리고 흑사병으로 인해 노동인구가 부족해지면서, 기존의 장원경제가 무너지고 화폐경제가 확산한다. 이런 상황에서 부패한 교회도 내부적으로 갈등과 분열이 가득해졌다.

　십자군 전쟁의 패배로 인한 결과는 매우 컸다. 콘스탄티노플 중심의 동로마 제국이 멸망하면서, 전쟁을 주도한 교황의 권위가 약화하였으며, 봉건영주체제가 몰락하였다. 그렇지만 이슬람과 무역이 새롭게 발달하였으며 덕분에 상공업도 발달한다. 그러던 중 1492년에 스페인의 콜럼버스가 아메리카 신대륙을 발견하는데, 그곳은 지금의 미국 플로리다 남쪽의 작은 섬이었다. 그리고 1488년에는 포르투갈의 바르톨로뮤 디아스가 아프리카의 희망봉을 발견하였고, 1498년에는 바스쿠 다가마가 희망봉을 지나 인도양에 이르는 새로운 항로를 개척하였는데 이때부터 유럽은 인도와 무역을 시작하면서 아시아로 진출하였다.

그 뒤로 유럽은 본격적으로 새로운 식민지를 찾아 나섰다(16세기). 그런데 이때 가톨릭 선교사들도 함께 가면서, 이전에 볼 수 없었던 전 세계적인 선교 운동이 일어났는데 남아메리카, 아프리카, 인도, 중국, 필리핀에 교회가 세워진 것은 모두 이 무렵이다. 이 당시 가톨릭의 선교는 식민지를 확장하려는 각국과의 협력사역이었는데, 이것은 교회가 복음을 위한다는 명목 아래 무자비한 식민지 정책을 용인했다는 것을 의미한다. 이것이 그 당시 선교 정책이 비판받는 이유이기도 한데, 영화 〈미션〉(1986)은 이 당시 상황을 잘 그린 영화이다.

가톨릭이 선교에 열정이었던 이유는 여러 가지였다. 먼저는 유럽에서 잃어버린 세력의 열세를 만회하기 위함이었다. 식민지 정책이 시작될 무렵에 종교개혁이 일어나면서, 교회는 가톨릭과 개신교로 나누어졌다. 따라서 개신교가 확산하기 전에 먼저 식민지에 가톨릭교회를 세워야 한다는 생각도 있었다. 그리고 가톨릭은 수도원을 통해서 이미 헌신 된 수도승들이 많았기 때문에, 선교를 위한 인적 자원이 개신교보다는 훨씬 더 풍부하였기에 선교하기가 훨씬 쉬웠다.

5. 제5기: 제 3세계 선교(AD 1600~2000)

❈ 쇠퇴하는 로마가톨릭의 선교

종교개혁으로 인해서 교회는 내적으로 새로워지는 시간을 보내게 된다. 성경이 각국 언어로 번역되고, 성경 공부 모임이 생기고, 기도 운동이 일어나면서, 새로운 영생 생활이 강조되었다. 종교개혁의 충격이 워낙 컸기에, 가톨릭도 자체적인 개혁운동을 펼치면서 새로운 변화의 시기를 맞이하게 된다.

그런데 가톨릭이 선교에 열정적인 것에 비하여, 종교개혁자들은 선교에 별로 관심이 없었다. 종교개혁이 일어난 이후 200년간 개신교에서는 선교 활동이 별로 없었다. 심지어 네덜란드 같은 개신교 국가들도 식민지 활동에 참여는 했지만, 선교는 하지 않았다.

개신교가 선교하지 않은 가장 큰 이유는 그들의 신학 때문이었다. 선교적인 소명을 열두 사도에게만 국한하며, 자신들과는 상관없는 일이라고 생각했으며, 성경이 말하는 땅끝이라는 개념도 사도들의 관점에서는 이미 땅끝까지 복음화가 된 것으로 이해했다. 여기에 칼빈의 예정론도 한몫했다. 어차피 구원받을 사람들이라면 어떻게 해서라도 구원받으므로 굳이 선교할 필요가 없다는 생각이었다. 게다가 개신교는 가톨릭과의 전쟁만이 아니라, 같은 개신교끼리도 신학적인 차이로 오랫동안 갈등이 심각했다. 그러니 선교에 힘쓸 여력도 별로 없었다.

물론 선교의 중요성을 외치던 소수의 신학자가 있었지만, 이들의 주장은 다수의 주장에 묻혀 버렸다. 네덜란드가 선교를 위해 신학교를 세웠으나 실패로 끝나고, 퀘이커 교도들이 중국선교를 시도했으나 성공하지 못했다. 그 외에도 간헐적으로 선교를 시작한 사람들은 있었으나 제대로 된 것은 없었다.

그 결과 식민지가 된 곳에는 가톨릭이 들어가게 되면서, 가톨릭은 선교의 황금 시기를 맞이하는데 나중에는 가톨릭이 선교하지 않는 개신교를 비판까지 하는 현상까지 발생했다. 그러나 가톨릭의 이런 선교 열정도 프랑스 혁명 이후로 점차 줄어들기 시작한다. 경제정책의 실패와 과도한 과세로 인해 분노가 극에 달한 프랑스 시민들은 혁명을 일으켜 봉건영주제도를 폐지하고, 가톨릭의 불의한 부정 축재에 저항하여 교회를 파괴하고 로마가톨릭과의 관계도 단절시켰다.

이것으로도 성이 차지 않은 저항군은 이탈리아로 진격하여 로마를 점령하고 교황을 포로로 잡게 되면서(AD 1798), 로마가톨릭의 권위는 완전히 땅에 떨어졌다. 이런 상황이 되자 가톨릭은 선교를 위한 관심과 재정이 부족해지면서 선교의 열기도 차츰 줄어들 수밖에 없었다. 그리고 이제는 영국이나 네덜란드 같은 개신교 국가들도 식민지 개척을 시작하면서, 서유럽 가톨릭 국가들이 식민지를 독점할 수도 없게 되었다. 그 외에도 가톨릭 선교회 간의 갈등과 분열, 그리고 선교회의 부패 등으로 인해서 선교에 어려움을 겪었다.

❖ 개신교의 선교적 열정

이것과는 반대로 개신교는 점차적으로 선교에 열정을 가졌다. 먼저 17세기에 독일에서 경건주의 운동이 일어났다. 경건주의는 그 당시 제도와 교리로 로마가톨릭과의 구별만을 주장하던 루터교의 경직되고 형식적인 신앙생활에 반대하여 일어난 운동으로서, 하나님과의 관계 중심적인 영성을 통한 실제적인 체험과 말씀에 순종하는 실천적인 삶을 중요하게 여겼다.

그래서 경건주의를 따르던 사람들은 작은 모임으로 모여 함께 기도하고 성경을 연구하면서 성도의 거룩하고 헌신적인 삶을 서로 격려하였다. 그러다 보니 이들은 영혼에 관한 관심이 고조되었고 점차적으로 선교에 열정도 가지게 되었다.

특히 경건주의자였던 독일의 진젠도르프 백작이 이끄는 모라비안들은 영혼 구원에 대한 뜨거운 열정이 있었다.[6] 그래서 그들은 18세기 중반에 인도로 선교사를 보내는 것을 시작으로, 30년 동안 226명의 선교사를 10개국에 파송하였다.[7] 이들은 개신교 최초의 선교사들이었는데 그 당시에 가장 힘들고 어려운 지역이라는 곳만을 찾아갔다. 그만큼 복음과 영혼에 대한 열정으로 불타올랐던 그들은 19세기에 들어서 유럽에 여러 선교회를 세웠으며 20세기 초반까지도 많은 선교사를 파송하였다. 한편 영국은 18세기 중반에 모라비안의 영향력을 받은 존 웨슬리를 중심으로 큰 부흥이 일어나면서 개인의 경건과 전도와 봉사를 중요하게 여기는 감리교가 시작되었다.[8] 그리고 18세기 말에는 미국으로 선교사를 파송하고 많은 회심자가 나오면서 미국에서도 감리교가 시작되었다.

현대 선교를 생각할 때 빼놓을 수 없는 인물이 윌리엄 캐리이다(AD 1761~1834). 영국의 침례교 목사였던 그는 선교 신학을 새롭게 정립하고, 선교의 중요성과 긴박성을 주장하였다. 그는 동료들과 함께 교회로부터 독립된 선교회를 조직하고 자비량 선교를 시작했다. 이때부터 그의 영향을 받은 많은 선교회가 세워졌으며, 영국이 본격적으로 활발한 해외선교를 하게 된다. 그리고 윌리엄 캐리 자신도 인도 선교사로 가서 40년을 선교하다가 현지에서 죽었으며, 유명한 리빙스턴도 이 시기에 아프리카 선교사로 갔다. 이 시기 선교의 특징은 주로 해안 중심의 선교였다. 이동 수단이 배였기 때문에, 배가 정박할 수 있는 항구 중심으로 선교가 이루어졌다. 그러다 보니 내륙 깊숙한 곳으로는 들어가지 못했다.

윌리엄 캐리의 영향은 미국에까지 미쳤다. 18세기 말부터 19세기 초까지 미국에서는 2차 영적 대각성운동이 있었다. 이때 수많은 회심자가 생겼음에도 선교에 대한 열정은 별로 없었는데, 대학생 5명이 건초 위에서 기도하다가 선교의 도전을 받았다(AD 1806). 이것을 '건초더미 기도회'라고 하는데, 이들은 선교에 헌신한 젊은이들을 찾아 선교사로 보낼 준비를 하고 있었다. 이들의 열정에 감동한 교회들이 이들을 돕기 위해 미국 최초로 해외선교회를 발족했다.

이후에 이 선교회를 통해서 많은 대학생이 선교사로 해외에 나갔다. 그러던 중에 부흥사 무디를 초청해 대학생 집회를 열었는데(AD 1886), 이 집회를 통해서 유명한 학생자원운동(SVM)이 태동하게 된다. 이 운동으로 말미암아 50여 년 만에 무려 2만 5천명 이상의 학생들이 선교사로 헌신하여 전 세계로 흩어졌는데, 언더우드 아펜젤러 알렌처럼 한국으로 온 미국 선교사들도 모두 여기에서 선교의 도전을 받았다. 그러면서 미국을 중심으로 복음이 세계 곳곳에 확산한다.

이 무렵에는 중국 선교사로 유명한 허드슨 테일러를 시작으로 하여 내지 선교가 일어났다. 내지 선교는 기존의 해안선 중심의 선교를 벗어나서, 복음이 닿지 않은 내륙의 깊은 곳까지 가서 복음을 전하는 선교이다. 그러면서 복음은 나라를 넘어서서 여러 민족 속으로 확산한다.

그렇지만 복음이 쉽게 전해진 것만은 아니었다. 현지에 도착한 많은 선교사가 풍토병이나 다른 이유로 인해서 몇 년 살지 못하고 죽었다. 아프리카 같은 경우는 선교사의 평균 수명이 2년밖에 되지 않았다고 한다. 양화진에 있는 선교사들의 비석을 보면, 우리의 생각보다 훨씬 일찍 죽은 선교사들도 많다. 심지어는 한국에 도착해 몇 달 살지도 못한 선교사들도 있다. 따라서 그 당시에 선교사로 나간다는 것은 유언장을 쓰고 죽으러 나가는 것과 같았다. 그럼에도 성령님이 강권적으로 역사하시니 복음에 대한 열정을 막을 수는 없었다.

6. 종말을 준비하시는 성령

❖ 새로운 선교 운동

새로운 선교운동이 영국 에딘버러 선교대회에서부터 시작되었다(1910년). 학생자원선교 운동(SVM)의 의장이었던 존 모트는 세계 선교를 위해 모든 교회가 함께 전략을 세우고 연합하여, 복음이 전해지지 않은 지역(비기독교 국가)들을 집중해서 선교해야 한다고 생각했다. 그가 이렇게 한 것은 전 세계 선교 현장을 방문하며 파악한 실상과 세계 복음화로 예수님의 재림을 준비한다는 믿음 때문이었다(마 24:14). 그래서 그는 영국과 미국의 여러 교단과 교회와 선교회들을 모아 선교대회를 열었다. 이때 이미 평양 대부흥을 목격한 존 모트를 비롯하여 한국에 파송된 선교사들이 한국을 소개하면서, 한국이 선교의 중심국으로 주목받기도 하였다.

제 1, 2차 세계대전 이후에 전 세계는 엄청난 격변기를 맞이하게 된다. 이 무렵 많은 식민지가 독립하면서 새로운 국가들이 들어서고, 이때부터 미국이 선교의 가장 핵심적인 나라가 된다. 세계 최강국이 된 미국은 선교단체와 교단들 중심으로 하여 많은 선교사를 파송하였는데, 이때 선교에 대한 전략도 많이 바뀌게 된다.

이때부터 예수님이 말씀하신 종족을 새롭게 이해하면서(마 28:19), 효과적으로 복음을 전파하기 위해 문화와 언어 중심으로 전 세계를 2만 4,000개 종족으로 나누어, 나라 중심의 선교에서 종족 중심의 선교로 바꾼다. 또한 통신과 교통의 발달, 언어의 통폐합과 만국어가 된 영어, 오랜 선교 경험, 그리고 교회의 적극적인 선교 후원 등으로 인해 전 세계적으로 선교활동이 활발하게 펼쳐졌다. 그 결과 거의 모든 나라에 복음이 전해졌는데, 서구에서 기독교가 점차적으로 쇠퇴하는 것과 반대로 제3세계에서 기독교는 더욱 성장하게 된다. 특히 20세기 들어서부터 성령님의 역사를 강조하는 오순절 계열의 기독교가 전 세계로 확산하면서, 20세기 부흥의 새로운 주역이 된다.

지금 부흥하는 교회는 대부분이 오순절 계열이거나, 오순절은 아니더라도 성령님의 능력적인 은사를 인정하고 추구하는 교회들이다.[9] 특히 남미와 이슬람 지역과 아프리카에서 오순절 계열의 교회 부흥은 참으로 놀랍다. 아프리카는 말할 것도 없고, 남미에서는 가톨릭이 위협을 느낄 정도로 개신교가 성장하고 있으며, 이슬람 중에서도 기독교인들이 급속도로 증가하고 있다. 강력한 이슬람국가인 이란이나 최대 이슬람 국가인 인도네시아의 부흥도 엄청난데, 이런 부흥은 전례가 없다. 인도와 불교권에서도 부흥하는 교회는 거의 오순절 계열이다.

그리고 인터넷을 통해 서구 문화를 접하게 된 많은 모슬렘이 이슬람을 떠나고 있으며, IS에 염증을 느낀 모슬렘들과 내전으로 인해 난민이 된 모슬렘 중에서 많은 이들이 하나님께로 돌아오고 있다. 그리고 고넬료처럼 성령님이 직접 역사하셔서 모슬렘을 비롯한 많은 이교도가 예수님께로 돌아오고 있다는 놀라운 소식들도 계속 들려온다. 심지어 이슬람 철옹성이던 사우디아라비아도 2019년부터 관광비자를 허용하면서 개방정책을 펼치고 있다. 이것은 지금 성령님께서 강력한 능력으로 마지막 추수를 하고 있다는 증거이다.

한국이나 중국에서도 놀라운 부흥이 있었다. 이들은 오순절이 주요 교단은 아니었지만, 오순절에 못지않게 성령님의 능력을 강조했었다. 특히 유의

해야 할 것은 이스라엘이다. 무려 1,900년 가까이 나라 없이 전 세계에 뿔뿔이 흩어져 핍박과 조롱당하며 살던 유대인이었다. 그런데 예레미야와 에스겔이 예언했듯이 제2차 세계대전이 끝난 후 갑자기 전 세계에서 모여들더니,[10] 이사야의 예언처럼 단 3년 만인 1948년에 이스라엘을 건국하고(사 66:7-9), 1967년에는 예수님이 예언한 것처럼 예루살렘까지 탈환하게 된다(눅 21:24). 건물 하나 짓는 것도 몇 년이 걸리는데, 인류 역사에 전무후무한 이 사건으로 인해 전 세계는 엄청나게 큰 충격을 받았다.

이스라엘은 교회 안에서도 뜨거운 감자이다.[11] 싫어할 수도 있고 좋아할 수도 있지만, 이스라엘을 무시할 수는 없다.[12] 어쨌든 이 사건들을 보면서, 교회 안에서는 성경을 문자적으로 해석하는 흐름이 늘어나기 시작했다. 하나님이 개입하지 않고서는 도저히 일어날 수 없는 경이로운 과정을 보면서, 구약의 예언서가 문자적으로 성취되고 있다고 생각할 수밖에 없기 때문이다. 특히 예언서에 의하면 종말의 핵심적인 지역이 이스라엘과 예루살렘이기에 이곳의 회복은 종말이 가까이 오고 있다는 아주 중요한 증거가 된다.[13]

신약에서도 이것은 종말을 알리는 아주 중요한 징조들이다. 예수님은 복음이 땅끝까지 전해지면 종말이 임박했음을 알아야 한다고 하셨다(마 14:14). 이것은 예수님이 정하신 이방인의 수가 찼다는 것을 의미하며, 이렇게 되면 2가지 중요한 징조가 발생한다. 하나는 예루살렘의 회복이고(눅 24:14), 또 하나는 유대인의 회심이다(롬 11:25-26). 주목해야 할 사실은 예루살렘이 회복된 이후로 조금씩 유대인들이 돌아오기 시작하더니, 2000년대에 들어서는 회심하는 유대인들이 급격하게 늘고 있다. 이것은 유례를 찾아볼 수 없는 현상으로서, 예수님께서 재림하시기 위해 이루어져야 할 단계들이 거의 마무리되고 있다는 중요한 증거가 된다.

❖ 부흥과 종말

이런 일들이 어떻게 일어나게 되었을까? 성령님이 강력한 권능으로 역사하기 때문이다. 콘스탄틴이 기독교를 공인한 이후로 교회 안에서 사라졌던 성령님의 능력이 다시 나타나고 있다. 특히 1906년 미국 LA아주사 부흥 직전에 방언이 다시 시작되더니,[14] 이전에 볼 수 없었던 강력한 치유사역이 아주사 부흥에서 일어났다.[15] 교회 안에서 거의 1,600년 가까이 사라졌던 성령님의 능력이 다시 나타나기 시작하면서,[16] 성령님의 은사를 강조하는 오순절 교단도 탄생하게 된다. 중요한 것은 이것이 일회성이 아니라 시간이 지날수록 이 흐름이 더 강해지면서, 현재 부흥하는 대부분 교회는 은사와 능력을 강조하는 오순절 계열이다. 특히 핍박받는 지역에서는 이런 경향이 더 강하다.

물론 이전에도 부흥의 시기마다 성령님의 강력한 임재와 집단 회심과 경건 운동 등이 일어났다. 그러나 중요한 것은 아주사 부흥 이후로 성령님의 권능이 전 세계적으로 확산하면서 복음도 함께 확산한다는 것이다. 이것은 제2의 오순절이 시작되었다는 것을 의미하는데 오순절은 종말이 시작되었음을 뜻한다(행 2:16-21). 그러므로 제2의 오순절이 시작되었다는 것은 종말을 향한 성령님의 발걸음이 빨라지기 시작했다는 것을 뜻한다.

이런 흐름은 이미 18세기부터 시작되었다.[17] 18세기가 되면서 영국에서 조지 휫필드와 존 웨슬리를 중심으로 하여 부흥이 일어났고, 이 무렵에 미국에서는 조나단 에드워즈를 중심으로 1차 영적 대각성운동이 일어났다. 그런데 19세기 중반에는 미국에서 찰스 피니를 중심으로 2차 영적 대각성이 운동이 일어나면서 미국은 기독교의 새로운 중심국가로 급부상하게 된다. 그런데 이 불길이 다시 영국으로 전달되어 영국에서도 강력한 부흥이 일어나면서 영국과 미국은 대학생을 중심으로 많은 선교사를 보내게 된다.

그리고 19세기 후반에는 노르웨이를 중심으로 북유럽에서도 부흥이 일어 났다.

그러다가 1904년 영국 웨일즈에서 이반 로버츠를 중심으로 다시 한번 강력한 부흥이 일어나는데, 이 부흥의 불길이 1905년에는 인도와 호주로, 1906년에는 미국 아주사로, 그리고 1907년에는 평양으로, 1908년에는 중국으로 옮겨 가며 가는 곳곳마다 강력한 부흥이 일어나면서, 전 세계적인 부흥이 일어나게 되었다.

그리고 부흥의 역사를 보면 부흥이 일어난 곳마다 개인적인 회심을 넘어서서 가정이 회복되고 교회가 부흥할 뿐 아니라, 사회 범죄가 급격히 줄어들고 정의롭고 도덕적이며 사랑과 평화가 흐르는 사회로 변혁이 일어나는 것을 볼 수 있다. 이것은 결국 이상주의자들이 꿈꾸는 변화된 세상은 인간의 노력이나 방법이 아니라 전적으로 성령님의 역사에 의한 것을 알려 준다.

그리고 20세기 들어서 복음은 이전에 볼 수 없었던 속도로 전 세계 모든 민족에게 증거되는 것은 참으로 놀랍다. 예수님의 복음도 누구든지 읽을 수 있도록 모든 언어로 번역되고 있는데, 성경 번역을 전문하는 선교단체의 목표에 의하면 이것이 완성될 날이 얼마 남지 않았다.[18]

이런 상황에 사탄도 가만히 있지는 않는다. 교회를 향한 세상의 공격도 더욱 거세어지지만, 이것과 더불어서 예수님을 향한 세상의 관심도 더욱 커지고 있다. 공산주의자들이나 세속주의자들이 기독교에 대한 반감으로 말살하려 하였지만, 하나님에 대한 열망과 관심을 막을 수 없다.

오히려 시간이 흐를수록 복음은 날로 더 왕성하게 퍼져가고 교회는 계속 세워지고 있다. 주목할 것은 전 세계적으로 뛰어난 신학을 자랑하는 자유주의에 속한 교회는 갈수록 쇠퇴하고 있지만, 제3세계를 중심으로 복음주의 교회(근본주의와 은사주의 포함)에 속한 교회는 갈수록 부흥하고 있다. 물론 모든 복음주의 교회가 성장하는 것은 아니지만, 복음 위에 확고히 세워진 교회는 조금씩이나마 지속적으로 성장하고 있다. 특히 은사주의의 성장세는 더 빠른데, 개신교의 하락을 면치 못하는 유럽에서도 은사주의 교회는 조금씩 성장하고 있다.[19] 이것은 사탄이 아무리 미혹해도 사람들은 예수님께서 말씀하신 대로 참된 진리와 성령님 안에서 예배를 드리는 것에 관심이 있다는 것을 알려준다(요 4:23-24). 더 흥미로운 것은 인간은 교단을 만들어 교회를 분열시켰지만, 오히려 이것 때문에 교단들이 서로 경쟁하듯이 더 적극적으로 선교를 하는 결과가 초래되었다는 사실이다.

이것들은 사탄의 공격도 거세지만, 성령님의 능력은 더 강하다는 것을 의미한다. 인간의 허물이 크고 많지만, 어떤 상황에서도 성령님은 자신의 계획을 이루어 나가신다. 세상이 보기에는 너무나 어둡고 혼란스러운 상황이라 해도, 오히려 성령님은 이런 상황을 이용해서 자신의 선하신 뜻을 성취하심으로써 구원의 약속을 이루어 가신다. 어떠한 상황도 성령님의 역사에 방해가 될 수 없기에 성령님에게는 절망이 없다. 오히려 인간의 절망적인 상황은 성령님께서 역사하시는 기회일 뿐이다. 그래서 성령님을 역전의 명수라고 한다.

교회가 이것을 본다면 큰 소망과 용기를 얻을 것이다. 이제 만물이 회복되어 예수님의 영광스러운 임재로 충만하게 될 날이 가까이 오고 있다. 그러므로 영적으로 깨어 있는 자들은 시대를 분별함으로, 예수님의 재림으로 성취될 완전한 하나님의 나라를 기쁘게 맞이하도록 준비한다.

> 예수께서 그들에게 말씀하셨다. "너희는 저녁때에는 '하늘이 붉은 것을 보니 내일은 날씨가 맑겠구나' 하고, 아침에는 '하늘이 붉고 흐린 것을 보니 오늘은 날씨가 굳겠구나' 한다. 너희는 하늘의 징조는 분별할 줄 알면서, 시대의 징조들은 분별하지 못하느냐?" (마 16:2-3)

주

1. 랄프 윈터 & 스타브 호돈, 『퍼스펙티브스 1: 성경적 역사적 관점』, 한철호 & 정옥배 옮김, (예수전도단, 2010), p466-487
2. 선교역사에 관한 더 자세한 내용은 'J. 허버트 케인, 『세계선교역사』, 변창욱 옮김, (CLC, 2020)'를 참고하라. 랄프 윈터는 선교역사의 5단계를 로마인 선교, 야만인 선교. 바이킹족 선교, 이슬람 선교, 땅끝까지로 하였는데, 이런 제목은 적절하지 않은 것 같다. 그래서 나는 단계마다 지역을 중심으로 하는 새로운 제목을 붙였는데, 로마제국 선교, 서유럽 선교, 북유럽과 동유럽 선교, 아시아와 이슬람 선교, 제3세계 선교이다. 이렇게 하면 복음이 확산하는 지역과 순서를 볼 수 있게 됨으로써, 성령님이 이루시는 선교역사를 더 쉽고 분명하게 이해할 수 있다.
3. Our World in Date(https://ourworldindata.org)
4. 초대교회의 회심의 과정에 관한 간략한 설명은 '알렌 크라이더, 『초대교회에 길을 묻다』, p65-77를 읽어보라. 2~3세기 초대교회는 불신자가 진정으로 회심하고 신자가 되기까지 보통 1~2년 정도는 집중적으로 교육하였다. 심지어 3년이나 되는 과정을 거치기도 했다. 교회는 그들이 복음이 무엇인지 확실하게 이해하고, 그것을 진정으로 믿는지를 점검하였다. 그런 뒤에도 그들이 성도로서의 변화된 삶을 사는지를 확인하고, 공동체 앞에서 자신의 신앙을 고백한 뒤에야 교회의 지체로 받아 주었다. 특히 초대교회는 공동체 앞에서 침례를 주었는데, 그 당시는 핍박받는 상황이었기에 침례를 받는다는 것은 예수님을 위해서 죽을 수도 있다는 것을 고백하는 의식이었다. 교회는 이런 고백을 하는 성도들이 모인 공동체였기에, 환란과 핍박에서도 무너지지 않을 수 있었다.
5. 그런데도 지금까지 신앙을 지키고 있는 소수의 기독교인이 있다. 콥틱교도라고 하는 그들은 예수님의 인성을 부정하고 신성만을 믿는 단성론자이다. 이들은 지금 이집트 인구의 10% 정도 되는데 사회적으로는 대체로 천민 취급받지만, 여전히 믿음을 굳게 지키고 있다. 2015년 리비아에서 IS에 의해서 21명의 콥틱교도들이 참수당하면서도 신앙을 지킨 영상이 공개되면서 전 세계에 널리 알려지는 계기가 되었다.
6. 원래 모라비안은 체코의 모라비아와 보헤미아 근처에서 활동하였기에 모라비아 형제단 또는 보헤미아 형제단으로 불렀다. 이들은 15세기 체코에서 활동하던 존 후스의 영향력을 받은 사람들로서 엄격한 개인 경건과 공동체 생활을 통해 초대교회의 신앙을 회복하고자 하였다. 이들은 체코에서 상당한 세력을 형성하였지만, 오히려 후스를 따르던 이들의 신앙으로 인해 로마가톨릭의 핍박을 받게 되자, 17세기 초에 발생한 신·구교 간의 30년 전쟁 기간에 독일로 피난하게 된다. 그런데 거기에서 그들에게 피난처를 제공한 진젠도르프를 만나 그를 중심으로 독일의 루터파와 함께 새로운 공동체를 형성하였는데 이 공동체를 모라비안 교도라고 한다.
7. J. 허버트 케인, 『세계선교역사』, p105
8. 감리교(Methodist)는 그 당시 자신들의 제도와 교리만을 전통으로 주장하며 영적으로 경직되고 침체되어 있던 성공회에 반발하여, 영적 갱신과 거룩함을 위한 경건 훈련, 소모임, 죄 고백과 전도와 사회봉사 등을 중요하게 여기며 규칙적인 생활을 하던 요한 웨슬리와 그 친구들을 영적인 방법론자(Methodist)로 비꼬는 말이었다.

9   복음적인 기독교인 중에서 성령님의 은사를 부정하는 사람은 없을 것이다. 그러나 성령님의 은사 중에서 방언, 방언 통역, 예언, 신유 같은 은사를 초자연적인 은사(기적의 은사, 능력 은사)라고 하는데, 이것을 이해하는 관점은 여러 가지가 있다. 보통 지금도 이런 은사가 있다고 믿는 사람들을 은사주의자(은사 옹호론자)라고 하고, 지금 이런 은사가 없다고 믿는 사람들을 은사 중지론자라고 한다. 은사와 관련해서 다양한 관점은 '리처드 개핀 외 3명, 『기적의 은사는 오늘날에도 있는가』, 한화룡 옮김, (부흥과 개혁사, 2009)'을 참고하라. 마틴 로이드 존스 목사의 후임으로 영국 웨스트민스터 채플을 섬긴 R. T. 켄달이 은사주의를 비판한 책으로 'R. T. 켄달, 『거룩한 불』, 박철수 옮김, (순전한 나드, 2015)'도 읽어 보라. 나는 지금도 성령님은 이런 은사로 역사하시기에 은사 중지론은 비성경적이라 믿는다. 그렇다고 해서 신약성경에 기록된 수준으로 은사가 나타나는 것은 아니지만, 그렇다고 완전히 사라진 것은 아니다. 오히려 시간이 지날수록 더 확산하고 있다. 성령님의 은사 중에서도 가장 논란이 되는 것은 예언이다. 보수적인 개혁신학자인 웨인 그루뎀은 대표적인 은사 옹호론자로서, 예언의 은사가 지금도 존재한다는 것을 주장한다. 자세한 것은 '웨인 그루뎀, 『예언의 은사』, 김동수 & 김윤아 옮김, (솔로몬, 2013)'을 참고하라. 그리고 성령의 은사를 인정하는 견해에서 쓴 책으로 '김동수, 『방언과 예언』, (킹덤북스, 2016), p183-262', '막스 터너, 『성령과 은사』, 김재영 & 전남식 옮김, p553-572'도 참고하라.

10 예레미야와 에스겔은 이스라엘이 세계 여러 나라에서 모여들 것을 거듭 예언했다(렘 16:14-15; 23:7-8; 31:7-8; 32:36-37; 겔 20:41; 34:10-15; 36:24-26). 같은 예언을 여러 번 반복해서 예언했다는 것은 예언의 중요성과 확실성을 나타낸다. 구약을 상징으로 해석하는 사람들은 이 구절을 이스라엘이 바벨론 포로에서 돌아오는 것으로 해석하지만, 성경은 분명히 세계 여러 나라에서 돌아온다고 기록하고 있다. 반면에 바빌론 포로귀환은 바빌론에서 온 것이지 여러 나라에서 온 것이 아니다. 이스라엘이 바빌론 포로 이후에 세계 여러 나라에서 귀환한 것은 이스라엘이 건국할 때 처음 있었다.

11 이스라엘에 대한 여러 관점에 관해서는 '채드 O 브랜드, 『이스라엘과 교회에 대한 관점: 네 가지 견해』, 정규영 옮김, (성서 침례대학원(대학교) 출판부, 2016)'을 참고하라.

12 이스라엘의 회복을 이해하는 데 도움을 주는 몇 권의 책을 추천한다. '김충렬, 『이스라엘 아세요?』, (국민북스, 2020)'; '김인식, 『성경 빅 픽처를 보라』, (두란도, 2021)'; '폴 모리스, 『신약성서와 유대인 선교』, 김광남 옮김, (새물결 플러스, 2017)'; '댄 저스터, 『유대적 뿌리』, 부성범 옮김, (종합선교 한사랑, 2012)'; '마이클 L 브라운, 『우리 손이 피로 물들었나이다: 유대민족의 비극적 역사와 교회』, 김영우 옮김, (한사랑, 2019)'을 참고하라.

13 사 2:2-3; 60:1-3, 66:7-8; 14; 렘 3:17; 16:16-17; 30:2-10; 31:35-38; 겔 5:5; 32:36-40; 37:1-22; 39:1-6; 43:4-7; 단 9:27; 11:40-41; 욜 3:9-13; 미 4:1-4; 슥 8:2-3; 12:10; 13:7-9; 14:2-5

14 아직도 보수적인 기독교인이나 교단에서는 성령님의 권능이 나타나는 역사를 사탄의 역사처럼 생각한다. 대표적인 사역자로 존 맥아더가 있다. 그래서 이것의 시작이 된 아주사 부흥을 무시하고 거의 거론하지 않지만, 현대 은사주의와 부흥을 이해하는 데 핵심적인 사건이다. 이것에 관한 자세한 내용은 '로버트 리어든, 『아주사 부흥』, 김광식 옮김, (서로사랑, 2008)'을 참고하라.

15 치유사역의 중요성을 신학적 목회적으로 잘 설명한 책으로 '프랜시스 맥너트, 『치유의 영성』, 신선명 옮김, (아침영성지도연구원, 2006)', '월터 카이저, 『치유자 예수님』, 김진우 옮김, (선교햇불, 2009)'를 추천한다. 치유를 위한 실제적인 책으로는 '손기철, 『하나님의 힘으로 병이 낫는다』, (규장, 2016)'; '랜디 클락, 『치유사역 훈련지침서』, 인터내셔널 갈보리교회 번역팀, (순전한 나드, 2011)'; '프랜시스 맥너트, 『치유의 목회』, 신현복 옮김, (아침영성지도연구원, 2010)'를 추천한다.

16 초대교회 이후로 교회 안에서 성령의 은사와 능력이 사라지게 되는 과정에 대한 상세한 설명은 '프랜시스 맥너트, 『거의 완벽한 범죄』, 김주성 옮김, (순전한 나드, 2007)'를 참고하라.

17 부흥과 관련한 자세한 내용은 '박용규, 『세계 부흥운동사』, (한국기독교사연구소, 2016)'를 참고하라.

18 https://www.wycliffe.org/about

19 우리가 눈여겨보아야 할 사실은 로마가톨릭을 비롯하여 전통과 제도가 강한 교회와 교단일수록 빠르게 감소하고 있으며, 전통과 제도가 약한 교회와 교단일수록 더 성장한다. 특히 교단에 속하지 않은 초교파 교회의 성장과 확산은 더 빠르다. 이것이 의미하는 것은 교회의 전통과 제도가 교회의 생명력을 억제한다는 것이며, 이것이 줄어들수록 성령님은 교회 안에서 더 강한 생명력으로 역사하신다는 것이다.

교회를
묻다가
하나님을
만나다

PART 6

삼위일체 하나님과 교회의 신비(Ω)

1장
환난과 부흥

1. 거세지는 핍박과 가정교회의 확산
2. 마지막 부흥과 교회의 성숙

1장　　　　　　　　　　　　　　　　　　　　　환난과 부흥[1]

1. 거세지는 핍박과 가정교회의 확산[2]

> "하늘아, 그리고 그 안에 사는 자들아, 즐거워하여라. 그러나 땅과 바다는 화가 있다. 악마가, 자기 때가 얼마 남지 않은 것을 알고, 몹시 성이 나서 너희에게 내려갔기 때문이다." (계 12:12)

많은 교회가 선교를 지상교회의 가장 중요한 사명으로 생각하지만, 예수님의 재림을 준비하는 것이 더 중요하다. 만물의 회복을 위한 하나님 구원의 완성은 예수님의 재림 이후에 이루어지기 때문에, 선교는 예수님께서 재림하시기 위해 꼭 필요한 요소이자 단계이기는 하지만(마 24:14), 이것이 궁극적인 것은 아니다. 오히려 예수님의 재림 직전에 교회가 감당해야 할 마지막 과업은 사랑의 사귐을 통한 교회의 하나 됨(연합)인데, 이것이야말로 영원한 부르심이자 창조와 구원의 목적이다(요 17:11, 22-23). 반면에 복음 전파, 영혼 구원, 그리고 교회 개척을 위한 선교는 지상 교회에게만 한시적으로 주어진 부르심일 뿐이다. 다만 선교의 완성 없이는 재림도 없으므로 성령님은 더욱 강한 능력으로 선교를 완성하신다.

그런데 복음이 땅끝까지 전해질수록 사탄은 본능적으로 예수님의 재림이 가까이 옴을 느끼며 초조해한다.[3] 이것이 정확하게 언제일지는 알 수 없지만, 재림이 임박했다는 것은 자신의 멸망이 임박했다는 것과 같다. 더욱

이 온 세상에 복음이 전파되는 것과 곳곳에서 일어나는 놀라운 부흥은 예수님의 재림이 가까이 오고 있다는 분명한 증거이다. 여기에 극도로 분노한 사탄은 재림을 방해하기 위해 세상을 극도로 어지럽힌다(계 12:12).

따라서 세상은 이전에 볼 수 없었던 이상한 일들이 곳곳에서 동시에 일어나게 된다. 심각한 자연재해들이 일어나고, 새로운 전염병이 창궐하고, 이로 인해 식량, 환경, 보건 문제가 심각하게 대두되면서 사회적으로 경제적으로도 아주 힘든 상황에 발생한다. 국제 정치도 매우 혼란스러워지고, 민족과 나라 간의 갈등과 분쟁이 심해지면서, 세계 곳곳에서 전쟁이 일어나게 되어 사람들의 마음에 불안과 두려움도 점점 더 증가한다. 또한, 많은 이단이 나타나면서 교회는 혼란에 빠지고, 이것을 알지 못하는 세상은 교회를 더 비난하고 미워하게 된다. 한마디로 종말은 모든 면에서 엄청난 격동기이다.[4]

❖ 증가하는 핍박과 교회의 혼란

이러한 혼란기에 사탄은 세상을 확실하게 미혹하기 위해서 오래전부터 준비한 바빌론의 경향을 전 세계로 더욱 확산시킨다(계 17-18장). 바빌론은 바벨탑의 후손이 세운 제국으로서 역사상 가장 부유하였을 뿐 아니라, 점성술과 건축술을 비롯하여 뛰어난 문화를 자랑하였으며 우상숭배가 극심한 제국이기도 하였다. 무엇보다 남유다를 멸망시킨 제국이었는데, 사탄이 교회를 멸망시키고자 온 세상을 미혹하여 바벨론의 악한 경향을 추구하게 한다. 여기에 미혹당한 세상은 발달한 지식과 문화로 인해 교만함에 빠지며, 탐욕과 교만과 허영심에 사로잡혀 돈을 버는 데 혈안이 되며, 역사에 없던 부유함과 화려함과 쾌락이 사람들의 마음을 휘어잡는다.

이런 흐름에 빠진 세상은 자기 사랑에 빠져 오로지 자기 행복과 자랑만을 위하며, 도덕적 타락으로 인해서 사회적으로 악이 창궐하면서 세상은 더욱 뒤숭숭하고 어두워져만 간다. 또한 귀신들도 더 강하게 역사하면서 사람들의 마음을 악하게 하여, 가정을 비롯한 모든 인간관계를 무너뜨릴 뿐 아니라 각종 중독과 심리적인 질환들도 일으킨다.

이것들이 성경에 기록된 대표적인 종말의 징조들이며, 이는 예수님의 재림을 방해하려는 사탄의 공격 때문에 발생한다. 이것이 전 세계적인 현상이 되면서(눅 21:35), 세계적으로 심각한 문제로 대두되게 되며, 세상 사람들에게 이것은 큰 불안과 두려움이다. 이렇게 종말에 일어날 사건과 현상과 경향들을 성경은 해산의 진통으로 표현한다(마 24:8). 여인이 새로운 생명을 탄생하기 위해 해산의 수고를 하듯이, 이 세상도 새로운 세상으로 탄생하기 위해서 해산의 수고를 하는 것이다. 그리고 해산이 임박할수록 진통이 더 커지듯이 예수님의 재림이 가까울수록 세상은 더 요동친다.

이러한 때에 하나님을 모르는 사람들은 살아남기 위해 더욱 세상의 길을 가는데, 사탄에게 미혹된 이들은 영적인 분별력을 상실한 채 동물처럼 모든 관심이 먹고 즐기는 것에 집중한다. 옳고 그름과 진리와 거짓을 분별하지 못하고, 자기 생각과 감정과 욕망을 따라서 사는 것이다. 게다가 사탄이 세상에 악을 확산시킴으로써 문화와 사회 전반에 걸쳐서 문제들이 더 악화하는데도, 하나님을 모르고 거부하는 세상은 노아의 시대처럼 더 악해지고 도덕적으로도 더 타락한다. 그렇지만 이들은 악을 거부하고 진리를 선포하는 교회를 조롱하고 핍박하는 것을 당연하게 생각하며 기뻐할 것이며, 이런 이유로 인해 교회는 더 큰 어려움을 겪을 것이다.

이 시기는 알곡과 가라지가 갈라지는 시기이다. 이때는 핍박과 고난의 시기이기 때문에 이전처럼 복받기 위해서 하나님을 믿는 시기가 아니다. 오히려 예수님을 향한 믿음과 사랑 때문에 세상에서 많은 어려움을 겪는 시기이다. 이런 까닭에 많은 이들이 예수님을 버리고 세상을 따를 것이다. 세상에 대한 걱정과 근심으로 하나님을 떠나고, 세상이 주는 유혹과 쾌락을 따르기 위해 하나님을 버리고, 이단들의 거짓 교리에 빠져서 하나님을 떠난다.

문제는 이런 상황에서도 제도와 전통에 갇힌 교회들은 여전히 위기의 상황에 대처할 준비가 되지 않았기에, 이슬람에 굴복한 동로마 교회처럼 사탄의 공격 앞에서 무력하게 무너지게 된다는 사실이다. 영적으로 잠들어 있던 많은 교회는 어떻게 해서든 예전의 영광을 회복하려 하지만, 세상의 거친 공격 앞에서 모든 것이 무용지물일 뿐이기에 절망감과 두려움을 느끼게 된다. 또한 핍박을 피하고자 세상과 타협하고 세상을 따르는 거짓교회들도 많아질 것인데, 히틀러에 동조한 독일교회와 신사참배를 받아들인 한국교회처럼 믿음을 떠나는 배도가 전 세계적으로 일어난다.

❈ 떠오르는 적그리스도의 제국

무엇보다 이 무렵에 적그리스도가 서서히 세상의 왕으로 등장한다. 예수님의 재림을 반대하는 사탄의 적극적인 후원을 받는 그는 사탄을 대신해서 온 세상의 유일한 왕으로 등극할 것이다.[5] 많은 사람이 적그리스도를 말도 안 되는 황당한 이야기로 치부하였지만, 사실 세계정부는 이미 오래전부터 UN을 비롯하여 여러 경로를 통해 많은 논의가 있었다. 그런데 팬데믹 이후로 급변하고 요동치는 세계정세 속에서 세상은 평화를 줄 세계적인 지도자를 찾게 된다. 특히 정치, 경제, 환경, 보건, 식량 등은 전 세계적인 문제이기에, 전 세계를 통합해서 다스릴 지도자가 필요하게 된다.

이러한 때에 열 개국 동맹이 세계를 정복하면서 군국주의와 전체주의가 전 세계로 확산하는데,[6] 이런 상황에서 적그리스도는 이들의 강력한 후원을 받아 세계적인 지도자로 급부상한다. 모든 독재자가 그러했듯이 그도 본심을 숨기고 세상을 미혹하여 자신의 제국으로 만든다. 권력을 잡은 그는 로마의 황제나 북한의 김일성처럼 자신을 신격화시킨 뒤 나중에는 유일한 신으로 숭배하게 할 것인데, 이것에 반대하는 모든 사람을 핍박하면서 홀로코스트처럼 대량 학살이 일어나게 된다. 특히 악의 화신인 그는 온 힘을 다해 예수님의 재림을 방해하려 하기에, 예수님의 신부들이 모인 교회는 더 심각한 핍박의 대상이 된다. 이것이 바로 마지막 대환난이다(단 12:1; 마 24:21; 계 7:14).7

이것으로 인해 성도들이 큰 고통을 당하며, 영적으로도 매우 힘들고 어려운 시기를 보낼 것이다. 더 심각한 문제는 멸망이 코앞에 닥쳐도 깨닫지 못하는 남유다처럼, 이런 상황에서도 시대를 분별하지 못하는 많은 교회가 예수님의 재림이 가까이 왔음을 깨닫지 못한다는 것이다. 이런 교회는 사탄의 밥이 될 수밖에 없기에 성도들의 수가 급격히 감소하고 수많은 교회가 무너지게 될 수밖에 없다. 따라서 외적으로 보면 교회는 많은 어려움을 겪으면서 이제는 아무런 소망도 없는 것처럼 보일 것이다.

❈ 깨어나는 교회와 제2의 종교개혁

이런 상황에서도 하나님은 언제나 그러하셨듯이 하나님을 사랑하고 경외하며 믿음을 지키는 자들을 남겨 놓으셨다. 그런데 성령님께서 이들을 영적인 잠에서 깨우시자, 이들이 시대를 분별하게 되고 영적으로도 각성한다.

이들은 예수님의 재림이 임박함을 깨닫고 재림을 준비하기 위해 성령님의 인도하심을 따라 새로운 믿음의 여정을 가게 된다. 이 여정은 영적인 잠에 빠진 제도권 교회를 떠나서, 성령님의 인도하심을 따라 초대교회처럼 성도들의 자발적인 공동체로 모이는 것을 의미한다.

사실 이것은 이미 오래전부터 계속된 교회갱신 운동의 하나이다.[8] 재침례파들과 독일의 모라비안 교도들과 영국의 감리교도들은 작은 공동체를 아주 중요하게 여겼는데, 그들은 공동체를 통해서 믿음을 지키고 영적으로 더 성숙해질 뿐 아니라 선교에 대한 열정을 불태웠다. 특히 이들은 평신도라 하는 성도들을 사역자로 생각하고 이들을 중심으로 공동체를 섬기고 복음을 전파하였다. 이런 흐름이 계속 이어져 오다가, 20세기 중반부터 교회 안에서 성도들의 친밀한 관계와 영적 성장을 위한 소그룹의 중요성을 인식하기 시작하면서 전 세계로 소그룹 운동이 확산하기 시작했다. 더불어서 제도화되고 세속화된 교회에서 벗어나 교회의 본질을 찾고 원형으로 돌아가기 위한 가정교회 운동도 전 세계로 확산하기 시작했다[9]. 이것이 팬데믹으로 인해 가정교회의 중요성이 주목받으면서, 제도권 교회에서도 가정교회를 새롭게 인식하게 되었다.

이것은 하나님께서 종말에 일으키실 가정교회(유기적 교회) 운동을 오래전부터 미리 준비하신 것인데,[10] 이것이 종말에 핍박으로 인해서 폭발적으로 일어나기 시작한다. 그렇지만 이들이 오랫동안 몸담았던 교회를 떠나는 것을 결코 쉬운 일이 아니다. 그럼에도 이들이 떠나게 된 것은 기존의 전통적인 교회가 새로운 시대에 전혀 준비되지 못했기 때문이다. 국가가 제 역할을 못 할 때 자경단이 생기는 것처럼, 교회가 제 역할을 못 하자 성도들이 신앙을 지키기 위해서 자발적으로 모이기 시작하는 것이다. 제도권 교회는 이것을 못마땅하게 생각하겠지만, 이것은 성령님께서 명목상의 성도에서 진정한 성도로 그리고 이름뿐인 교회에서 참된 교회로 변화시키는 여정이다.[11]

이 시기는 드디어 제2의 종교개혁이 일어나는 시기이다. 따라서 교회에는 매우 중요한 시기이다. 종교개혁자들은 만인 제사장을 외쳤지만, 실제로 교회는 성직자라고 부르는 사역자들과 평신도로 나누어져 세상의 직제처럼 계급화가 되었으며, 철저히 사역자들 중심으로 조직되고 유지되었다.[12]

그런데 이것이 지금까지도 계속 이어져 오고 있다.

물론 성경은 직분과 직분에 따른 역할도 가르친다. 그러나 직분과 역할의 차이가 있을 뿐이지, 모든 성도는 하나님을 섬기는 제사장이기에 사역자로서 성령님이 주신 은사를 따라서 교회를 섬겨야 한다. 여기에는 제도권 교회처럼 인간이 만든 각종 전통과 제도에 얽매임이 없다. 오히려 초기교회처럼 이들이 교회 개척을 하고 말씀을 가르치며 성찬식도 할 것이며, 교회 안에 목자(shepherd)는 있지만 목사(pastor)는 사라진다(엡 4:11).[13] 그럼으로써 진정한 성도로 거듭난다.

2. 마지막 부흥과 교회의 성숙

> "다른 천사가 성전에서 나와서, 구름 위에 앉아 있는 분에게 큰 소리로 외쳤습니다. '낫을 대어 거두어들이십시오. 땅에 있는 곡식이 무르익어서, 거두어들일 때가 되었습니다.' 그러자 구름 위에 앉은 분이 낫을 땅에 휘둘러서, 땅에 있는 곡식을 거두어들였습니다." (계 14:15-16)

> "평화의 하나님께서 친히, 여러분을 완전히 거룩하게 해 주시고, 우리 주 예수 그리스도께서 오실 때에 여러분의 영과 혼과 몸을 흠이 없이 완전하게 지켜 주시기를 빕니다. 여러분을 부르시는 분은 신실하시니, 이 일을 또한 이루실 것입니다." (살전 5:23-24)

❖ 위기의 교회

적그리스도가 등장하기 이전부터 교회는 세상으로부터 조롱과 핍박의 대상이 된다. 특히 서구교회는 이런 상황이 더 심각해지면서, 교회는 세상에 선한 영향력은커녕 오히려 암적인 존재로 비난받으면서 존폐까지도 걱정해야 할 상황이 온다. 참으로 암담하고 고통스러운 순간이 아닐 수 없다. 하지만 어떤 상황에서도 자신의 교회를 보호하시고 인도하시는 하나님은 성령님을 통해 도리어 이런 상황을 이용하셔서 교회를 더 성숙시키고 강건하게 하신다. 따라서 세상의 핍박은 오히려 교회에게 기회가 된다.

이를 위해 성령님은 위기에 처한 교회에게 하나님을 향한 갈망과 소망을 넣어 주심으로써 교회를 깨우신다. 고난은 인간의 견고한 진을 무너뜨리는 강력한 힘이다. 풍요로움과 편안함과 세상의 욕망에 젖어 영적인 잠에 취해 있던 교회가 서서히 깨어나면서 다시 여호와 하나님을 찾기 시작한다. 핍박의 상황에서 하나님만이 구원이자 소망이라는 절박감이 하나님을 갈망하게 하면서, 교회 안에서 기도의 불이 다시 타오른다(사 26:16). 예수님은 종말에 믿음으로 기도하는 성도들을 찾아보기가 어려울 것이라고 말씀하셨다(눅 18:8). 이것은 사실이다. 그러나 가족을 절대로 버리지 않으시는 아버지 하나님은 교회가 위기의 상황을 겪게 하면서 자신을 간절히 찾게 하신다(욜 2:31-32).

❖ 가정교회의 확산과 구원의 방주

이때 교회는 생사의 갈림길에 있기에 매우 절박하다. 이 시기는 세상과 타협한 거짓교회를 제외한 교회는 초대교회와 같은 가정교회로 모이고 있을 때이다. 이런 교회는 기존의 제도권 교회가 중요하게 여긴 것들(전통, 제도, 건물, 조직, 프로그램…)은 아무것도 없는 교회로서, 이 교회의 특징은 이런 것들이 없기에 오히려 하나님과의 사랑의 관계와 지체들과의 사랑의 관계에 집중한다. 따라서 이들은 하나님만을 더욱 의지하고 따라갈 수밖에 없을 뿐 아니라, 어느 때보다도 하나님과 친밀하고 이웃들과 가까워지면서 자연스럽게 유기적 교회로 변화다.

이런 교회의 기도는 강력하고 순수하다. 성령님은 이들의 기도를 기뻐하시고 응답하셔서 교회를 새롭게 하시며, 참된 성도로 이루어진 진정한 교회는 성령님의 능력과 은혜로 더욱 예수님을 사랑하며 핍박 중에도 믿음을 지키게 된다(벧전 1:5). 성령님께서 환난을 이용하여 교회가 상황과 환경을 초월한 믿음과 사랑을 가지게 하시는 것이다(벧전 1:7-9). 그러면서 교회는 영적으로 한결 더 강건해지고, 도덕적으로도 더 순결해지며, 성품도 더 성숙해지면서, 예수님을 맞이할 아름다운 신부로 준비된다(엡 5:26-27; 살전 3:13; 5:23).

이러한 교회는 가정교회가 될 것인데, 그렇다고 꼭 가정에서만 모여야 한다는 것은 아니다. 가정에서 모여도 얼마든지 제도적인 교회가 될 수 있기에, 모든 성도가 철저히 하나님의 가족으로서의 관계를 맺는 것이 핵심이다.[14] 이런 관계를 맺기 위해서는 작은 공동체로 모일 수밖에 없으며, 그곳이 대체로 가정집이 되겠지만 사무실이 될 수도 있고 아니면 다른 곳이 될 수도 있다. 그러나 건물이 중심이 된 제도권 교회는 세상의 공격에 목표가 될 수밖에 없기에, 모이기도 어렵고 모여도 많은 제약을 받을 수밖에 없다. 따라서 성령님은 그들이 핍박을 피하고 믿음을 지킬 수 있도록, 기존의 제도권 교회를 떠나 새로운 장소로 모으신다.[15]

많은 사람들이 이런 상황을 염려하지만, 교회는 전통과 제도를 떠났기 때문에 이전보다 훨씬 편하고 자유로운 공동체로 모이게 되면서 자연스럽게 초대교회와 같은 교회로 돌아가게 된다.[16] 지금까지 "초대교회로 돌아가자"라는 구호를 그토록 외쳤지만, 그리고 팬데믹의 어려움과 혼란에도 미동조차 하지 않던 교회가 큰 핍박의 상황에서 어쩔 수 없이 초대교회처럼 가정교회로 돌아가는 것이다.

그러나 이것이 마지막 때의 환난을 이기는 방주이다. 노아의 가족이 탔던 방주는 거대한 방주였지만, 마지막 때의 방주는 작은 방주가 될 것이다. 그 방주는 초대교회와 같은 작은 가정교회를 의미한다. 사실 노아의 방주도 크기만 컸지, 구원받은 사람은 노아의 가족뿐이었다. 초대교회가 환난과 핍박을 이길 수 있었던 것도 성령님께서 이런 상황이 올 것을 아시고 미리 작은 가정교회로 모이게 하셨기 때문이다. 이것처럼 성령님은 마지막 대환난에서도 하나님의 가족들을 구원하기 위해 중국의 지하교회들처럼 방주의 역할을 할 수많은 가정교회를 세우실 것이다.

그리고 이것이 바로 교회를 위한 성령님의 역사요 인도하심이다. 성령님은 성도들을 새로운 교회로 모이게 하시게 되면서 자연스럽게 교회를 개혁시키신다. 그리고 이것의 목적은 초대교회의 회복이 아니라 삼위 하나님이 의도하신 교회로의 회복이며, 이것이 바로 제2의 종교개혁이다. 따라서 다가올 종교개혁은 인간이 주도해서 이루어지는 것이 아니라, 고통스럽고 절망적인 상황에서 철저히 성령님의 주도하심과 역사로 말미암아 일어나는 개혁이다.[17]

❖ 부흥을 위한 교회의 준비

이 시기 교회의 또 다른 특징은 연합이다.[18] 이제는 더 이상 교단이 의미가 없고 노회도 필요 없다. 그저 예수님의 몸 된 교회만 있을 뿐이다. 이렇게 모인 성도들은 서로 위로하고 격려하며 섬기면서, 세상이 줄 수 없는 사랑을 경험하고 용기를 얻으면서 공동체는 이전에 경험하지 못한 하나 됨을 이룬다.

그런데 이때 비록 소수일 수는 있겠지만, 가톨릭과 동방정교회에서 구원받은 성도들도 환난으로 인해 어쩔 수 없이 가정교회로 모이면서 이전과는 전혀 다른 믿음의 여정을 걷게 된다.[19] 그들에게 이것이 낯설고 새로울 수 있겠지만, 성경에 기록된 초대교회를 따르는 여정이다. 중요한 것은 환난으로 인해서 개신교와 가톨릭과 정교회가 하나가 되는 날이 온다는 것이다. 이들은 적그리스도라는 공동의 적 앞에서 하나님의 구원과 승리를 위해 한 마음으로 기도하고 서로를 도우면서, 교회는 교리와 전통과 제도를 초월하여 자연스럽게 다시 하나가 될 것이다.[20]

성령님께서 이렇게 하는 것은 교회가 성령님이 주실 마지막 부흥을 맞이할 준비를 하기 위함이다. 종말이 가까워지면서 사람들이 교회를 많이 떠났지만, 오히려 이런 시기에 세상의 허무함과 거짓과 타락을 보면서 하나님을 찾는 사람들도 늘어나게 된다. 초대교회도, 중국교회도, 이슬람 국가의 교회들도 환난 중에 성령님의 능력으로 오히려 더 부흥했다. 자비로운 성령님은 종말에 한 명이라도 더 많은 사람이 구원받기를 원하시기에(벧후 3:9), 이전보다 더 강력한 부흥을 다시 한번 전 세계적으로 일으키심으로써, 거대한 마지막 영혼의 추수를 시작하신다(계 14:14-16).[21]

지금까지 서구교회와 이를 추종하는 한국교회는 사람들을 편안하고 즐겁게 해 주어야 교회가 부흥하는 것으로 착각했다. 이렇게 되면 사람이 모일 수는 있겠지만, 결국 문화적 그리스도인이요, 유사 그리스도인이 양산될 수밖에 없다. 그러나 환난 중에 성도가 된다는 것은 곧 고난에도 예수님을 믿겠다는 것을 의미하므로 이 시기의 성도들은 초대교회 성도들처럼 진정한 성도들이 될 수밖에 없다. 그리고 이런 성도들이 모인 교회는 순결하고 강건할 수밖에 없으며, 이런 교회들이 마지막 때의 환난을 이긴다. 따라서 교회는 환난을 이용해서 이런 성도들을 부르신다.

하지만 무엇보다 교회가 먼저 준비가 되어야 한다. 현대교회가 부흥될 수 없었던 이유도 교회가 성령님의 능력을 의지하지 않고, 세상을 따른 온갖 인간적인 방법과 노력으로 이루려 했기 때문이다.[22] 이런 것들은 인간을 높이고 자랑할 수밖에 없으며, 결국은 교회를 사유재산처럼 여겨 자녀에게 개인 재산 상속하듯이 편법 세습을 하게 된다. 따라서 이런 방법으로는 절대로 성령님의 부흥에 동참할 수가 없다.

❖ 마지막 부흥

성령님의 부흥은 인간의 이성과 능력을 초월한 초자연적인 역사이기에, 오직 성령님의 방식으로만 일어날 수 있다. 따라서 부흥이 오려면 먼저 성령님께서 원하시는 조건이 갖추어져야 하는데, 이 조건은 세상이 생각하는 것과는 전혀 다른 조건이다.[23]

이 조건은 교회가 성경이 기록한 교회답게 모이는 것이 핵심이다.[24] 그래야 회심자들을 사랑과 말씀으로 양육하고 훈련할 수 있으며, 하나님의 임재와 능력이 나타나는 공동체를 통해서 하나님의 나라를 확장할 수 있다. 따라서 아무리 좋은 음식을 만들어도 그릇이 더러우면 담을 수가 없는 것처럼, 성령님은 부흥을 주시기 전에 교회가 부흥의 열매를 담을 수 있도록 새롭게 하실 것이다.

이러한 예를 잘 보여 주는 것이 초대교회였다. 초대교회도 부흥이 일어나기 전에 성령님께서 교회를 먼저 준비시키셨다. 교회가 교회답게 모이게 되자, 그제야 하나님께서 믿는 자들을 늘어나게 하셨다(행 2:47). 이것이 진짜 부흥이다.

이것처럼 교회가 준비되자, 성령님께서 역사상 전무후무한 거대한 부흥을 주신다.[25] 물론, 이미 부흥은 세계 여러 곳에서 간헐적으로 계속 일어났지만, 이제는 강력한 전 세계적인 부흥이 일어나는 것이다. 이것을 위해서 성령님이 이전에 볼 수 없었던 권능으로 이적을 일으키며 하나님의 영광을 나타내시자, 성령님의 은혜로 마음이 부드러워진 사람들이 하나님의 복음에 귀를 기울이기 시작하면서(겔 36:26), 제3세계 중심으로 일어났던 부흥이 전 세계적으로 확산한다. 요셉의 때에 극심한 7년 흉년이 오기 전에 엄청난 7년 풍년을 주신 하나님께서, 이제 대환난 이전에 마지막 추수를 하시는데 이 추수는 엄청난 추수가 될 것이다(계 14:14-15).[26] 세상의 시각에서는 교회가 무너진 것처럼 보이지만, 오히려 성령님은 각 가정 속에서 수많은 공동체를 세워서 예수님의 재림을 준비하신다. 따라서 환난과 핍박은 하나님의 은혜의 때요 구원의 시간이다(고후 6:2).

이것이 교회의 큰 기쁨과 감사가 될 것이기에 교회는 하나님을 향한 더 굳건한 믿음과 불타는 소망으로 가득하게 될 것이며, 더욱 하나님을 의지하여 뜨겁게 기도하며 담대하게 복음을 전파할 것이다. 또한 성령님의 능력을 목격하고 은혜를 맛본 성도들이 동지애로 뭉쳐서, 서로 사랑하고 섬김으로 초대교회의 영광이 교회 안에서 서서히 재현된다. 하나님은 그 교회 안에 더욱 충만하게 임재하실 것이며, 교회는 성령님이 베푸시는 놀라운 능력과 은혜를 더욱 경험하면서 더욱 연합될 것이다.[27] 그러면서 예수님의 재림을 맞이할 성숙하고 거룩한 교회로 준비된다.

주

1   이 장은 역사적 전천년의 관점에서 종말에 일어날 일들을 순서대로 기술한 것이다. 전천년주의는 예수님께서 재림하신 후에 직접 왕으로 통치하신다는 문자적인 천년왕국을 믿는다. 전천년주의도 세대주의와 역사주의로 나누는데, 역사적 전천년은 역사적으로 오랫동안 믿어 온 전천년설이라고 해서 붙여진 이름이다. 세대주의는 교회가 환난 전에 휴거된다고 생각하며, 역사주의는 교회가 환난을 통과해야 한다고 생각한다. 나는 역사적 전천년이 가장 성경적이라고 믿는다. 역사적 전천년의 관점에서 종말에 일어날 사건들과 주제들을 발생할 시간순으로 정리한 책으로는 '정기화, 『모두가 알아야 할 성경적 종말론』, (생명의 말씀사, 2016)'를 추천한다. 감사한 것은 예수님의 재림이 가까워지는 이때에 역사적 전천년이 급속하게 확산하고 있다는 사실이다. 이것은 성령님께서 역사적 전천년을 통해서 교회를 깨우고 예수님의 재림을 준비하게 하신다는 것을 의미할 것이다.

2 종말에 일어날 해산의 진통에 관한 자세한 설명은 '존 맥아더, 『재림의 증거』, 김미연 옮김, (넥서스 CROSS, 2015), p119-237'를 참고하라.

3 흥미로운 사실은 귀신을 쫓는 축사의 현장에서는 귀신들이 예수님의 재림이 얼마 남지 않았다며 나가기를 극렬히 저항하는 일들이 빈번하다는 것이다. 나 역시 몇 번 이런 경험이 있다. 악한 영들은 영적으로 매우 민감한 존재이기 때문에 그날이 매우 가까웠음을 본능적으로 느낀다. 어떤 이들은 이것을 매우 신비적이고 이상하게 생각하지만, 성경은 분명히 사탄은 예수님의 재림이 가까이 왔음을 안다고 기록하고 있다(계 12:12). 오히려 영적으로 둔감하고 무관심한 것은 악한 영들이 아니라 교회이다.

4 데이비드 윌커슨은 자신이 본 환상을 중심으로 재림직전에 일어날 종말의 징조들을 예언적으로 설명한다. 그의 환상은 1973년에 본 것이지만, 시간이 지날수록 예언의 정확성을 눈으로 확인할 수 있다. 물론 성경의 예언이 아닌 개인 예언이기에 완전히 신뢰할 수 없다고 해도 종말을 살아가는 이 시대 교회에게 아주 중요한 영적 교훈을 준다. 이 예언은 유튜브에도 육성으로 올라와 있는데, 자세한 내용은 '데이빗 윌커슨, 『마지막 때의 환상과 징조』, 임은묵 옮김, (예찬사, 2015)'을 참고하라.

5 세계단일정부와 관련하여 많은 음모론이 있다. 대표적인 것이 프리메이슨이나 신세계질서(NWD)나 일루미나티 등이다. 세계단일정부나 적그리스도 등은 매우 흥미로운 주제이다 보니 사람들은 성경보다 이런 것에 더 관심을 가진다. 실제로 유튜브 등을 보면 이것과 관련해서 검증되지 않은 "~카더라"라는 수많은 음모론이 사람들의 호기심을 자극한다. 그러나 나는 이런 것에 많은 관심을 가질 필요가 없다고 생각한다. 우리가 이것을 안다고 해서 이것을 막을 수도 없으며, 이것을 이길 지혜와 힘을 얻는 것도 아니다. 오히려 이런 것들은 불안과 두려움만 조장할 뿐이다. 물론 우리는 늘 시대를 살피면서 분별하는 것은 중요하지만, 이런 것을 몰라도 때가 되면 모두가 분명하게 알게 된다. 그리고 우리가 정말 관심을 가지고 집중해야 할 것은 개인적인 영적 성숙함과 공동체 안에서의 사랑하는 삶이다. 이것이 되지 않으면 종말의 현상과 사건을 아무리 많이 안다 해도 절대로 종말의 환난과 혼란을 이길 수 없다.

6 제1, 2차 세계 대전에서 독일을 중심으로 동맹국들이 결성되어 전쟁이 시작되었듯이, 성경은 마지막 날에 10개국 동맹이 일어날 것을 예언하고 있다(단 7:24; 계 17:12). 그러나 이것을 10개의 거대한 정치세력이라고 해석하는 사람들도 있다. '정성욱, 『밝고 행복한 종말론』, p271'

7 아마도 천년왕국보다 더 부담스러운 주제가 적그리스도에 의한 대환난일 것이다. 이것을 좋아할 기독교인은 없겠지만, 성경을 문자적으로 해석하면 대환난을 믿을 수밖에 없다. 또한 지금 세상이 돌아가는 상황을 보아도, 전 세계적으로 기독교에 대한 전방위적인 핍박이 어느 때보다 거센 것을 알 수 있다. 특히 이번에 팬데믹으로 인해 전 세계적으로 국가에 의한 통제사회가 일어났다는 것과 사람들이 이것을 자발적으로 받아들였다는 것은 적그리스도의 제국으로 가기 위한 중요한 전 단계일 수 있다. 이것에 대한 설명은 '정성욱, 『밝고 행복한 종말론』, p251-284', '정기화, 『모두가 알아야 할 성경적 종말론』, p93-104, 105-115, 127-144'를 참고하라.

8 가정교회 중심의 교회갱신 운동을 간략히 설명한 것으로는 '로버트 뱅크스 & 줄리아 뱅크스, 『교회 또 하나의 가족』, 장동수 옮김, (IVP, 1999), p81-100'을 참고하라.

9   R. T. 켄달은 이것에 관한 흥미로운 사실을 전한다. 그에 따르면 스미스 위글스워스라는 유명한 은사주의 사역자가 1947년에 영국에서 은사주의 운동(1960년대) 이후에 전통적인 교단을 떠나서 새로운 교회를 개척하려는 사람들이 일어날 것을 예언했다. 그런데 실제로 영국에서 1970년대에 가정교회 운동이 일어나기 시작했다. 'R. T. 켄달, 『교회를 깨우는 한 밤의 외침』, 심현석 옮김, (순전한 나드, 2017), p57-59'. 그러나 영국에서는 이미 20세기 중반에 오스틴 스팍스가 신약성경에 기록된 새로운 교회를 위한 사역이 시작되었는데, 널리 확산한 것이 1970년대이다. 그리고 미국에서는 1970년대에 진 에드워드가 신약성경에 기록된 교회의 회복을 위한 가정교회 사역을 본격적으로 시작하며 전 미국으로 확산한 것으로 추정한다.

10 가정교회와 유기적 교회는 둘 다 작은 소모임이지만 조금 다른 의미이다. 가정교회는 초대교회처럼 가정에서 작은 모임으로 모이는 것을 의미한다. 그리고 유기적 교회는 가정에서 모일 수도 있지만, 성도들의 자체적인 모임과 유기적 관계를 더 중요하게 여긴다. 즉 가정교회는 교회가 모이는 장소의 의미이며, 유기적 교회는 교회의 특성을 의미한다. 따라서 가정교회는 주로 제도권 교회에서 초대교회의 회복을 추구하는 사람들에 의해서 많이 사용되며, 유기적 교회는 제도권 교회를 떠나 신약성서에 기록된 교회의 완전한 회복을 추구하는 사람들에 의해서 더 많이 사용된다. 유기적 교회가 조금 더 성경적인 의미를 담고 있지만, 둘 다 교회의 정확한 의미를 담고 있지는 못하다.

11 이것에 관한 자세한 내용은 '빌 헤몬, 『성도의 시대』, 박노라 옮김, (CI KOREA, 2011)'를 참고하라.

12 평신도라는 용어는 성경에 전혀 나타나지 않은 용어로서, 콘스탄틴 이후에 교회가 제도화되면서 생긴 매우 비성경적인 용어이다. 따라서 교회 안에서 이 용어는 마땅히 사라져야 함에도, 교회 안에 너무 뿌리 깊은 전통이 되어 있다. 20세기 후반에 들면서 이것이 조금씩 허물어지기 시작했지만, 교회는 여전히 여기에서 벗어나지 못하고 있다. 이것에 관하여 자세한 설명은 '프랭크 바이올라, 조지 바나, 『이교에 물든 기독교』, p163-201'를 참고하라.

13 목사는 에베소서 4:11에 단 한 번 나온다. 그러나 목자로 번역한 헬라어 '포이멘'은 목자를 뜻하며, 이들은 교회 안에서 성도들을 돌보는 사람들을 말하는데(행 20:28-29; 벧전 5:2-4), 목자는 지금처럼 직분이 아니라 은사이다. 신사도주의자들은 이것을 직분으로 주장하지만, 만약 직분으로 주장한다면 비슷한 은사가 기록된 로마서 12:7이나 고린도 전서 12:10, 28-29도 모두 직분으로 해석해야 한다. 이렇게 하면 봉사하는 사람들이나 방언하는 사람들도 직분자로 해석해야 하는 오류가 발생하게 된다. 그리고 에베소서 4:11에는 목자와 교사가 있다는 점에서 지역 교회가 아니라 개교회를 의미하는 것으로 해석해야 하는데, 사도를 직분을 해석하면 모든 가정교회마다 사도가 있다고 해석해야만 한다.

14 하나님의 가족이라는 것은 많은 의미가 있다. 하나님은 창조주이시며 왕이시며 구원자이시다. 그러므로 하나님의 가족은 창조주의 가족이요, 왕의 가족이요, 구원자의 가족이라는 뜻이다. 그리고 여기에는 창조의 능력으로, 만물을 통치하며, 구원의 역사에 동참하는 가족이라는 뜻이 포함되어 있다. 또한 하나님은 거룩하시며 사랑이시며 한 분으로 존재하신다. 따라서 하나님의 가족은 거룩한 가족이기에 세상과 구별된 거룩한 삶을 살며, 삼위 하나님처럼 사랑의 사귐을 통해서 하나로 존재하는 가족이다. 따라서 마지막 때에 세워질 가정교회는 이런 교회가 될 것이다.

15 핍박받는 상황에서 가정교회로 모이는 것에 대한 자세한 내용은 '에릭 폴리, 『지하교회를 심으라』, 김가히 & Margaret Folley 옮김, (한국 순교자의 소리, 2018)'를 참고하라.

16 감사한 것은 이미 이런 움직임들이 일어나고 있다는 것이다. 제도와 전통의 폐해를 깨달은 이들을 중심으로 점차 탈전통적이고 탈제도적인 교회로 모이고 있다는 것이다. 그중의 하나가 초교파 교회의 증가와 관계 중심적인 작은 공동체들이 증가하고 있다는 것이다.

17 자세한 내용은 '빌 해몬, 『아직 성취되지 않은 예언의 말씀』, 장용기 옮김, (올리브북스, 2012)'를 참고하라.

18 하나 됨은 교회의 핵심 중의 하나이지만, 현대교회가 가장 무관심할 뿐 아니라 직면한 가장 심각한 문제 중의 하나이기도 하다. 이것에 관한 더 많은 내용은 '프랜시스 첸, 『예수로 하나가 될 때까지』, 정성묵 옮김, (두란노서원, 2021)'를 참고하라.

19 핍박이 일어나게 되면 개신교도 가정교회로 흩어지게 되겠지만, 가톨릭이나 정교회도 흩어질 수밖에 없다. 즉 환난의 시기에 하나님께서 개신교뿐만 아니라 가톨릭과 정교회까지도 개혁하시면서 모든 교회를 다 개혁하실 것이다.

20 예전에 시리아 선교사님을 통해서 들은 놀라운 간증인데, 시리아 내전이 일어나고 IS가 시리아를 공격하면서 시리아 안에 있는 개신교와 가톨릭과 정교회가 연합으로 구원을 위해 기도하기 시작했다는 것이다. 이것은 정교회가 분리된 이후 1,000년 만에 처음 있는 일이었다. 이 같은 일들이 앞으로 전 세계적으로 일어나게 될 것이다.

21 마지막 때의 부흥과 관련한 더 자세한 내용은 'R. T. 켄달, 『교회를 깨우는 한밤의 외침』'을 참고하라.

22 R 로랜 샌드포드는 앞으로 일어날 마지막 대부흥은 대규모 집회 형식으로 일어나지 않을 것으로 말한다. 'R. 로렌 샌드포드, 『임박한 하나님의 때』, 정성경 옮김,(순전한 나드, 2013), p60' 나도 여기에 전적으로 동의한다. 우리는 그동안 대형집회를 통해서 인위적으로 부흥을 일으키려 했다. 그러나 부흥의 역사를 보면 부흥이 일어나 대형집회를 한 적은 많지만, 어떤 경우도 대형집회에서부터 부흥이 시작된 적은 없다. 이런 집회를 통한 부흥은 결국 이 집회를 인도하는 사역자만 높이는 집회가 될 뿐이다. 그래서 모든 부흥은 작은 모임에서 시작되었다. 이것처럼 마지막 시대의 부흥은 철저히 작은 모임 중심으로 일어나서, 작은 모임을 세우는 부흥이 될 것이다.

23 지금까지 우리가 부흥을 위해 많은 집회와 모임을 했지만, 부흥이 일어나지 않은 이유는 4가지이다. 1. 아직 우리가 절박하지 않고, 2. 우리가 교만하기 때문이며, 3. 우리의 방법으로 인위적인 부흥을 일으키려 했기 때문이며, 4. 우리가 아직 부흥을 맞이할 준비가 안 되었기 때문이다. 즉 아직은 때가 아니지만, 때가 되면 성령님은 마지막 부흥을 일으키신다. 그때는 1. 더 절박하고 2. 아주 겸손하며 3. 하나님만을 절대적으로 의존하고 순종해야 하고 4. 거룩하고 성숙한 교회로 변하는 때이다. 이것은 교회가 외적으로 완전히 죽는 때로서, 대부분 교회는 죽기를 거부할 것이다. 그러나 예수님께서 말씀하신 대로 죽고자 하는 자는 살 것이고, 살고자 하는 자는 죽는다(마 10:39). 따라서 교회가 부활하기에 앞서 먼저 죽어야만 한다. 이런 영적 진리를 안다면, 부흥을 위해서 우리가 기도해야 할 것은 교회가 완전히 죽는 것이다.

24 이러한 교회의 특징은 에베소서 4:1-16에 나와 있다. 여기에는 두 가지 특징이 있는데, 하나는 교회의 하나 됨이요, 두 번째는 오중 은사를 중심으로 하는 모든 성도의 사역자이다. 이렇게 될 때

교회는 예수님을 닮아 성숙해지고 강건해진다. 신사도주의자들은 엡 4:11을 오중 직임으로 이해해서 스스로 사도와 예언자로 부르지만, 이 구절은 직분을 말하는 것이 아니라 은사를 의미한다. 중요한 것은 이것이 다시 활성화될 것이며, 교회도 환난과 핍박 아래에서 하나가 될 것이다.

25 예수님께서 재림하시기 전에 교회에 남은 소망이 하나 있다면 그것은 오직 성령님의 능력으로 일어나는 마지막 대부흥뿐이다. 지금 수많은 교회가 인간적인 방법으로 위기를 극복하려 하지만, 성령님이 직접 일으키시는 부흥이 아니면 아무런 소망이 없다. 이 부흥은 전적으로 성령님의 능력과 은혜로 일어나는 것이며, 철저히 성령님의 때와 방법에 따라 일어나게 된다. 그러므로 우리는 겸손하게 전적으로 성령님을 의지하고 기도로 준비하며 기다려야 한다.

26 안타까운 것은 복음주의 교회에서는 부흥에 대한 소망과 믿음이 없다는 것이다. 개교회주의에 함몰된 복음주의 교회에게 부흥이라 하면 그저 개교회의 성장을 의미할 뿐이다. 오히려 오래전부터 부흥을 소망하고 기도하던 사람들은 복음주의자들이 무시하던 은사주의자들이었다. 은사주의자들도 복음주의자들에게 배울 것이 많지만, 마지막 대부흥은 철저히 성령님의 권능에 의한 부흥이기에 오히려 오랫동안 기도로 준비한 은사주의 교회가 더 크게 쓰임을 받을 것이다. 은사주의자들이 마지막 부흥과 종말에 일어날 일들에 관해 쓴 책으로 '릭 조이너, 『추수』, 이선협 옮김, (은성, 2002)'; 'R 로랜 샌드포드, 『임박한 하나님의 때』, 정성경 옮김, (순전한 나드, 2012)'; '토니 피어스, 『종말을 향한 카운트 다운』, 김광석 옮김, (서로사랑, 2012)'를 추천한다.

27 예수님의 재림이 임박하였을 때는 사도행전 2장에 기록된 요엘의 예언이 온전히 성취되면서, 성경에 기록된 성령님의 은사가 모두 역사하는 시기이다. 그런데 성경에는 기록된 은사가 전부라고 한 적이 없기에, 어쩌면 성경에 기록되지 않은 은사들도 나타내실 수 있다. 중요한 것은 성령님의 다양한 은사로 말미암아 교회가 이전에 누리지 못한 은혜를 풍성하게 누리게 될 것이며, 관계적으로 더 연합되고 모든 면에서 더 성숙하고 강건해질 것이다. 성령님께서 이렇게 하시는 것은 이런 교회만이 마지막 때의 환난을 이길 뿐 아니라, 영적으로 승리하고 하나님의 나라를 확장하는 삶을 통해 예수님의 재림을 준비할 수 있기 때문이다. 그러므로 마지막 때의 교회는 이전과는 비교할 수 없는 감사와 기쁨을 누리게 될 것이다.

2장
재림과 부활

1. 예수님의 영광스러운 재림
2. 성도의 부활과 우주적 교회
3. 혼인 잔치와 완전한 연합

2장   재림과 부활

1. 예수님의 영광스러운 재림

> "보아라, 그가 구름을 타고 오신다. 눈이 있는 사람은 다 그를 볼 것이요, 그를 찌른 사람들도 볼 것이다. 땅 위의 모든 족속이 그분 때문에 가슴을 칠 것이다. 꼭 그렇게 될 것입니다. 아멘." (계 1:7)

❈ 교회의 믿음과 소망

재림직전은 역사상 가장 악하고 어둡고 혼란스러운 시기이다. 그런데 얼마 전부터 하늘에서 이해할 수 없는 엄청난 나팔 소리가 나더니, 그때마다 천둥과 번개와 지진이 온 세상에 일어나면서 천지가 요동치고 지축이 흔들리기 시작한다. 이것도 무서운데, 나팔이 불 때마다 하나님께서 상상할 수 없는 무서운 재앙들이 일으키시면서 악한 사탄의 왕국을 심판하신다. 출애굽 때 이집트에 내려졌던 재앙보다 더 무서운 것들이 전 세계에 내리는 것이다.

하지만 하나님은 이것을 홀로 하지 않으신다. 악이 창궐할수록, 하나님의 정의를 사모하는 교회의 기도도 더 뜨거워지고(계 6:10), 하나님은 자신을 향한 믿음과 소망과 사랑이 담긴 성도의 기도를 기뻐하신다. 그래서 성도의 기도를 천사들이 고귀한 금 대접에 담아 하나님께 올려 드리면(계 5:8), 하

나님은 사랑하는 이들의 기도를 들으시고 세상의 악을 심판하신다. 따라서 이것은 성도의 기도의 응답이며, 세상에서 가장 연약한 존재로 취급받는 성도들이 실제로는 하나님과 함께 세상을 통치하는 통치자들임을 알려 준다.

그러므로 종말을 맞이하는 성도는 절대로 무기력한 자들이 아니다. 이들은 이미 부활의 예수님을 통해 이긴 승리를 향해서 전진하는 믿음의 용사들이며, 이 믿음이 이들의 소망이다. 따라서 성도의 소망은 단순한 기대가 아니라, 믿음을 근거로 한 분명한 확신이다. 성도는 이 확신으로 하나님의 정의가 임하기를 기도하며, 하나님은 성도의 기도에 응답하신다(계 8:3-5). 예수님께서 말씀하신 대로, 교회가 땅에서 기도하는 대로 하늘에서 역사하는 것이다(마 16:19). 이것이 바로 왕의 권세를 가진 교회의 능력이다. 종말의 교회는 고난도 받겠지만, 이것을 더욱 분명하게 경험하게 된다. 이 경험이 교회를 더욱 굳건하게 할 것이며, 교회는 이 믿음으로 환난을 이길 것이다.

❖ 재림을 위한 나팔 소리

엄청난 나팔 소리가 계속 날 때마다 더 이상한 일들이 일어나면서, 세상의 모든 것이 파괴되는 끔찍한 상황이 발생한다(습 1:16). 인간의 이성과 능력으로 감당할 수 없는 무서운 상황이 계속 발생하게 되면서 세상은 극도의 불안과 두려움을 느낀다. 하지만 이 나팔 소리는 교회의 신랑 되신 예수님이 오심을 온 세상에 알리는 왕의 발소리기에, 이 소리가 더 크게 들릴수록 왕의 귀환이 더 가까웠다는 것을 알려 준다(시 47:5). 그러므로 나팔 소리는 악의 세력들에게는 공포의 소리가 되지만, 성도에게는 기쁨의 소리이다.

이윽고 일곱 번째 나팔이 부는데, 이는 예수님의 재림과 관련이 있다 (마 24:31; 살전 4:15-17). 성경은 나팔이 일곱 번 불 것이며(계 8:2, 6), 마지막 나팔이 불 때 예수님께서 재림하실 것이라고 하였다(고전 15:51-52). 성경에서 일곱은 완전을 뜻한다. 따라서 일곱째 나팔은 하나님의 구원계획이 완전히 이루어짐을 알리는 매우 특별한 나팔이다(계 10:7; 11:15).

갈수록 핍박이 거세어지지만, 나팔 소리는 성도들의 소망의 종소리이다. 마지막 나팔 소리가 언제 날지 알 수 없지만, 그날이 얼마 남지 않은 것은 분명히 안다. 어둠이 짙어 갈수록 새벽이 가까이 오듯이, 나팔 소리가 날수록 예수님의 재림도 가까워지는 법이다. 여섯 번째 나팔이 불 때 한 번만 더 불면 되기에, 성도들은 벅찬 소망으로 더 불타오른다. 이 말은 이제 조금만 더 견디면 된다는 것이며, 곧 영광스러운 예수님의 재림을 목격하게 된다는 것을 의미한다.

❖ 재림하시는 예수님

이윽고 때가 되니 마지막 일곱째 나팔 소리가 들리기 시작하더니, 이전과는 달리 **"세상 나라는 우리 주님의 것이 되고, 그리스도의 것이 되었다. 주님께서 영원히 다스리실 것이다"**라는 외침이 우레처럼 하늘에서 들렸다(계 11:15). 이 소리는 이전의 나팔에 비해서 유난히 큰데다가(사 27:13), 너무나 신비롭고 장엄하기에 세상 모든 사람이 다 듣고 충격을 받는다.

사람들이 두려워하고 있을 때, 갑자기 하늘이 흔들리고 별들이 떨어지기 시작한다(사 34:4). 해와 달도 빛을 잃고 어두워지더니(욜 2:10; 마 24:24-29), 하늘은 이내 붉게 물들기 시작하여 마치 온 하늘이 불타는 것처럼 보인다(살후 1:7-8). 이 같은 일은 하늘에서만 일어나지는 않는다. 땅도 흔들리기 시작하면서 온 세상에 큰 지진이 일어나고 화산들이 터지며, 바다도 요동을 치더니 엄청난 파도와 거대한 해일이 일어난다(눅 21:25).

인류 역사에 수많은 천재지변이 있었지만, 하늘과 땅과 바다가 한꺼번에 흔들린 적은 한 번도 없었다. 참으로 무섭고도 두려운 순간이다. 그때 엄청난 외침이 하늘에서 들리는데(살전 4:16), 모든 사람이 이 소리를 듣고 놀라서 하던 일을 모두 멈추고 하늘을 쳐다볼 것이다. 무슨 소리인지 몰라 어리둥절해 있을 때, 예수님께서 구름 사이로 수많은 천사를 거느리고 영광스럽게 땅으로 내려오신다(마 24:30-31).

이 같은 장면이 완전히 새로운 것은 아니다. 이미 구약에서도 비슷한 사건이 있었다. 하나님이 시내산에서 이스라엘을 만나 주실 때, 엄청난 번개와 천둥소리와 짙은 구름과 큰 산양 뿔 나팔 소리와 함께 내려오셨다(출 19:13, 16-19). 이때 이스라엘은 영광 중에 오시는 하나님을 만났는데, 예수님의 재림도 비슷할 것이다(마 24:30). 다만 하나님은 이스라엘과 약혼식을 하러 시내산으로 내려오셨다면, 예수님은 성도들과 혼인잔치를 하기 위해서 땅위로 내려오신다. 그럼으로써 구약의 예언자들이 외쳤던 그 예언들이 모두 이루어지게 된다(계 10:7).

특히 예수님의 재림은 두 번째 출애굽이 일어남을 의미한다.[1] 첫 번째 출애굽은 이스라엘을 억압하던 이집트가 하나님의 심판을 받고, 이스라엘이 가나안에 가기 위해 모세의 인도로 홍해를 건넘으로써 일어났다. 이제 두 번째 출애굽은 영적 이스라엘을 핍박하던 사탄의 제국이 예수님의 심판을 받고, 성도들이 휴거되어 하나님의 나라에 들어감으로써 일어나게 된다. 하나님은 출애굽을 통해 재림의 모형을 보여 주심으로써 성도들이 믿음으로 재림을 기다리게 하셨는데, 이제 예수님께서 재림을 통해 진정한 출애굽을 이루심으로써 성도들의 소망을 이루어 주신다.

2. 성도의 부활과 우주적 교회

> "주님께서 호령과 천사장의 소리와 하나님의 나팔 소리와 함께 친히 하늘로부터 내려오실 것이니, 그리스도 안에서 죽은 사람들이 먼저 일어나고, 그다음에 살아남아 있는 우리가 그들과 함께 구름 속으로 이끌려 올라가서, 공중에서 주님을 영접할 것입니다. 이리하여 우리가 항상 주님과 함께 있을 것입니다." (살전 4:16-17)

❖ 부활하는 성도

세상 모든 사람이 예수님께서 재림하시는 장면을 보게 된다(계 1:7). 잠자던 자들도 깊은 바닷속이나 동굴에서 일하던 자들도 보게 될 것이며, 악을 행하던 자들도 멈추고 두려운 마음으로 볼 것이다. 하지만 성도들은 눈물을 흘린다. 이는 슬픔이나 아픔의 눈물이 아니다. 마치 올림픽 시상식에서 금메달을 받는 선수들의 눈물처럼, 고생스러웠던 지난 시간이 주마등처럼 지나가면서 기쁨과 감격의 눈물을 흘린다.

그때 예수님께서 엄청난 소리로 구원받은 자들을 부르신다. 그러자 놀라운 일들이 일어나는데, 죽은 자들이 부활하기 시작하는 것이다. 부활은 이미 이사야와 다니엘이 예언했었다(사 26:19; 단 12:2). 하지만 부활에 관한 기록이 많지 않다 보니, 바리새인들과 사두개인들이 부활의 여부를 두고 서로 논쟁까지 하였다(마 22:23).

그러나 예수님은 직접 부활하심으로써 부활의 논쟁에 종지부를 찍으셨다. 부활은 막연한 기대나 환상이 아니라 역사 속에서 반드시 일어날 실제라는 것이며, 예수님은 스스로 부활의 첫 열매가 되심으로써 앞으로 많은 부활의 열매가 맺힐 것을 확증해 주셨다(고전 15:20). 또한 많은 성도가 부분적이나마 삶에서 부활을 경험하였다.

그렇지만 완전한 부활은 아니기에 성도와 만물은 오랫동안 이날을 기다려 왔다(롬 8:21, 23). 고통 속에서 신음하면서도 이날을 기다리는 것은 부활만이 유일하고 완전한 소망이기 때문이었는데, 예수님께서 재림하실 때 드디어 이 열매들이 맺힌다. 갑자기 온 사방에서 땅이 갈라지고 죽었던 성도들이 살아나기 시작하면서 하늘로 올라간다(살전 4:15-17). 그들이 언제 어디에서 어떻게 죽었는지는 전혀 상관없다. 바다에서, 산에서, 들에서, 그리고 도시에서 죽었던 성도들이 동시에 부활할 것이다. 창조 이래 구원받았던 모든 성도는 한 명도 예외가 없이 모두 살아난다.

그런데 그들의 몸이 이상하다. 분명히 인간의 몸이지만, 인간의 몸이라고 하기는 너무나 찬란하고 아름답다. 흠잡을 것이 없을 만큼 깨끗하다. 성경은 이 몸을 영광스러운 몸이라고 한다(빌 3:21). 이 몸은 죽지도 않고 썩지도 않는 몸이며, 어떤 부족함이나 흠도 없는 완전한 몸이다.

이들만 이런 몸이 되는 것은 아니다. 예수님께서 재림하실 때 살아 있던 성도들의 몸도 마치 영화의 한 장면처럼 순식간에 영광스러운 몸으로 바뀌기 시작한다(고전 15:52-53). 그것도 산과 바다와 동굴과 집 등 각지에서 숨어 있던 수많은 성도가 하늘로 올라가면서 비천한 몸을 벗고 아름답고 찬란한 몸으로 변하는데, 하늘에서는 찬란한 빛이 비치고 이전에 듣지 못한 아름다운 찬양 소리가 들린다.

하늘에서는 예수님께서 천사들과 함께 땅으로 내려오시고, 부활한 모든 성도는 하늘로 올라가는데 공중에서 모든 성도가 함께 만나게 된다(살전 4:16-17). 이렇게 부활한 모든 성도가 모인 교회를 우주적인 교회라고 한다. 이 교회는 예수님께서 세우시겠다고 하신 진정한 믿음의 공동체이며(마 16:18), 역사 이래 구원받은 모든 성도가 다 모인 하나의 공동체이기에 이 교회야말로 진정한 보편교회이다. 그러니 이 공동체에 참가한 성도들의 수가 엄청날 것이며 이 교회가 공중에서 예수님을 만나게 된다.[2]

❖ 부활하지 못한 자들

　살아 있는 모든 사람이 이 장면을 볼 것인데, 도저히 믿을 수 없는 이 사건으로 인해 땅에 남아 있는 사람들은 경악을 금하지 못할 것이며, 너무 큰 충격을 받아 쓰러지는 사람들이 태반일 것이다. 그들은 이 장면을 보고서야 비로소 예수님이 하나님의 아들이자 구원자이심을 깨닫게 되지만 이미 때는 늦었다. 더 이상 기회는 없기에 이들은 땅을 치고 통곡하며 후회한다(마 24:51).

　그리고 이들만 부활하지 못한 것은 아니다. 거짓 믿음을 가진 이단들도 부활하지 못할 것이며, 구원받지 못한 유사 그리스도인들도 부활하지 못한다. 더 충격적인 것은 하나님을 위해서 예수님의 이름으로 수많은 일을 행하였던 수많은 거짓 사역자들도 부활하지 못한 채 땅에 버려져 있을 것인데, 이들 중에 상당수는 많은 사역과 뛰어난 설교와 큰 성전 등으로 알려진 사람들이며(마 7:22-23), 예수님과 친밀한 관계와 뛰어난 지식을 자랑하던 사람들이었다(눅 13:26). 그렇지만 그들은 자신의 욕망을 위해 하나님의 이름을 판 종교장사꾼일 뿐이기에 하나님은 단호하게 모른다고 하실 것이며(고후 2:17),³ 사람들은 이 상황을 보면서 큰 충격을 받을 것이다.

3. 혼인 잔치와 완전한 연합

"'할렐루야, 주 우리 하나님, 전능하신 분께서 왕권을 잡으셨다. 기뻐하고 즐거워하며, 하나님께 영광을 돌리자. 어린 양의 혼인날이 이르렀다. 그의 신부는 단장을 끝냈다. 신부에게 빛나고 깨끗한 모시옷을 입게 하셨다. 이 모시옷은 성도들의 의로운 행위다.' 또 그 천사가 나에게 말하였습니다. '어린양의 혼인 잔치에 초대받은 사람은 복이 있다고 기록하여라.'"(계 19:6-9)

❖ 하나님과의 완전한 연합과 사귐

우주적인 교회는 공중에서 예수님을 만나 혼인잔치를 한다. 어떤 사람들은 모든 성도가 실제로 면사포를 쓰고 예수님과 결혼식을 할 것으로 생각하기도 하는데, 인터넷을 찾아보면 이런 그림도 많다. 그러나 이것은 예수님과의 완전한 사랑의 연합이 이루어진다는 것을 뜻한다.

성도에게는 내주하시는 성령님이 계셨다. 그러나 성도가 살아 있을 때는 죄성을 가진 상태이기에 성령님과의 거리감을 느끼게 된다. 그러나 이 정도만 해도 다행이다. 때로는 마치 성령님께서 완전히 떠나시거나 사라지신 것처럼 느껴지기도 하면서, 하나님의 자녀임에도 하나님과의 관계에서 여전히 어려움을 겪게 된다. 하지만 부활한 성도는 다르다. 성도는 죄에서 완전히 벗어났기에, 죄의 영향력을 전혀 받지 않는다. 영광스럽고 완전한 몸을 가진 상태로 부활한 성도는 영육의 모든 면에서 진정으로 거룩해지면서 예수님과의 관계의 장애물이 완전히 제거된다(엡 5:27; 살전 3:13; 5:23).

이는 성도가 타락하기 이전 인간의 상태를 완전히 회복하였다는 것을 의미하며, 교회는 이런 상태에서 예수님을 만나게 된다. 교회를 만난 예수님은 새신랑이 신부를 기뻐하듯이 교회를 기뻐하시며 교회와 결혼하심으로써(사 61:10), 다시는 교회를 떠나지 않고 영원토록 교회와 함께 계신다. 그것도 영원토록 교회와 사랑의 사귐을 가지며 함께 계신다. 이 사랑은 완전한 사랑이기에 교회는 더 이상 예수님의 부재를 느끼지 않는다.

예수님은 제자들에게 자신이 제자들 안에 있고, 제자들이 자신 안에 있다는 것을 알게 될 것이라고 하셨다(요 10:38). 예수님과 교회가 완전한 연합을 이룬 상태가 올 것인데, 이것이 너무나 분명하여 모두가 알 수밖에 없는 날이 온다는 것이다.

예수님은 앞으로 제자들이 자신을 볼 수 없는 날이 오겠지만, 언젠가 하나님께서 정하신 때가 되면 그들이 예수님 안에 있고 예수님은 그들 안에 있을 날이 온다고 하셨다(요 14:19-20). 그런데 예수님은 하나님 안에 계시므로(요 14:20), 예수님 안에 있는 것은 곧 하나님 안에 있는 것과 같다. 또한 성령님께서 예수님 안에 계시기에(마 1:18; 롬 1:4), 예수님 안에 있으면 성령님 안에도 있게 된다. 결국은 교회가 삼위일체가 되신 하나님과 완전히 하나 됨을 이루는 날이 온다는 것이며, 이는 사랑이신 하나님과의 연합이기에 오직 사랑으로 충만하게 연합된 관계가 될 것이다(요일 3:23-24; 4:16).

이것이 일차적으로 오순절에 예수님의 영으로 오신 성령님을 통해서 이루어졌는데, 이제 교회가 공중에서 예수님을 만남으로써 예수님과의 연합이 실제로 이루어진다. 이때 교회는 예수님을 통해 삼위 하나님과의 완전한 연합을 이루게 된다.

하나님은 언젠가 때가 되면 성도들이 하나님을 주인으로 부르지 않고 남편으로 부를 것이라고 하셨다(호 2:16-20). 만물을 창조하신 하나님께서 자신이 구원한 성도들과 결혼하겠다고 하셨다. 그것도 영원한 결혼이라고 하시면서 헤어지지 않겠다고 결심하셨다. 결혼은 연합을 의미하기에 하나님은 영원히 연합된 관계를 맺으실 것을 말씀하셨다.

그때가 되면 하나님은 성도를 정의와 공평과 사랑과 긍휼로 대하실 것이기에, 성도들은 이전과는 비교할 수 없는 선하고 아름다운 관계를 맺으며 살게 되면서 비로소 성도들은 하나님이 참으로 어떤 분이신지를 바로 알게 된다. 유대인들에게 이것은 꿈만 같은 예언이었지만, 하나님은 예수님의 재림으로 말미암아 교회의 남편이 되심으로써 이 예언을 성취하신다.

❖ 교회의 완전한 사귐과 연합

이것은 예수님과 성도와의 수직적인 관계의 변화이고, 이때부터 성도들끼리의 수평적인 관계의 변화도 일어나게 된다. 부활한 성도들은 세상에서의 사귐과는 완전히 다른 새로운 사귐을 가지는데, 이 사귐은 에덴에서 아담과 하와가 범죄하기 이전에 누렸던 그 아름다운 사귐이다. 따라서 이 사귐은 하나님의 사랑으로 충만한 사귐이요, 완전한 지혜와 선함으로 서로를 섬기는 사귐이요, 기쁨과 평화로만 가득한 사귐이다. 또한 이 사귐은 아담부터 시작하여 구원받은 모든 성도가 하나님의 가족으로서 서로를 형제자매로 부르며 사귀는 대가족의 사귐이다. 그러니 이 사귐은 날마다 새롭고 더 깊고 풍성해질 수밖에 없는 놀라운 축복이며, 이 사귐으로 말미암아 요한이 고백한 것처럼 하나님의 사랑이 우리 안에서 완성된다(요일 4:12).⁴

예수님이 재림하게 되면 천년왕국이 시작된다. 천년왕국은 다음 장에서 자세하게 설명하겠다. 그곳에서 성도의 삶은 각자가 하나님께 받은 상급과 역할에 따라서 달라질 것이기에 분명히 개인의 삶도 있다. 그러나 이곳에서는 세상처럼 지독히 자기중심적인 삶에서 벗어나서 철저히 우리 중심적인 삶으로 살 것인데, 이 삶을 공동체적 삶이라고 한다. 여기에서는 아무도 고립되거나 외로움을 느끼거나 고독하지 않다. 오히려 늘 누군가와 사귐을 가지면서, 그들을 위해 사랑으로 섬기고, 하나님의 영광을 위해 그들과 함께 협력하면서 살게 될 날이 온다. 이것이 바로 창조의 목적이자 구원의 목적이었는데, 하나님은 예수님의 재림으로 말미암아 이 목적을 드디어 성취하신다.

더 중요한 것은 교회가 완전한 연합을 이루게 된다는 것이다. 지상교회는 성도들이 아무리 서로 사랑한다 하여도 죄성을 가진 존재이기에 허물과 부족함이 있을 수밖에 없다. 그리고 이로 인해 완전한 하나됨도 이루어질 수 없기에 이것이 늘 교회의 아픔이었고 간절한 기도였다. 하지만 부활한 성도들은 죄에서 완전히 벗어나 거룩하고 영광스러운 존재가 되었기에, 이제는 아무런 흠도 티도 없는 완전하고 거룩한 사귐을 가지게 된다. 그 결과 교회는 삼위일체 하나님처럼 어떠한 갈등도 다툼도 분열도 없는 완전한 사랑의 연합을 이룸으로써, 드디어 예수님께서 십자가에 죽으신 목적이 이루어진다(요 11:52).

그러나 이것은 완전한 사귐의 시작일 뿐이다. 하나님은 이런 공동체가 너무나 아름다워 그들을 더 가까이하시니(시 133:1), 교회 공동체와 삼위 하나님 공동체는 공동체적으로 깊은 사랑의 사귐을 가지게 된다(요일 1:3). 즉 성도 개인과 하나님과의 사귐을 넘어서서, 이제는 공동체와 공동체간의 사귐이 일어난다. 이것이 에덴에서 삼위 하나님이 그의 가족인 아담과 하와와 함께 맺은 사귐이자, 진정한 사랑의 마지막 단계이다.

이렇게 되면 교회는 공동체적으로 더 충만한 하나님의 임재와 은혜를 누리게 될 뿐 아니라, 교회와 삼위 하나님은 공동체 간의 연합을 이루게 된다(엡 5:31-32). 이 연합은 사랑의 사귐으로 인해 마음까지도 하나가 된 연합으로서, 삼위 하나님과 교회가 삼위 하나님을 중심으로 온전히 하나가 된다(요 14:20). 그 결과 하나님께서 그토록 원하셨던 사랑으로 완전히 연합된 하나님의 가족 공동체가 탄생한다. 이것이 바로 하나님께서 창조하시고 구원하신 목적이다.

주

1 댄 저스터는 요한계시록을 두 번째 출애굽으로 해석한다. 자세한 설명은 '댄 저스터, 『유월절 계시록을 여는 열쇠』, 고병헌 옮김, (와이크라, 2016)'을 읽어 보라.

2 성도가 부활하여 하늘로 올라가는 것을 휴거라고 한다. 휴거를 믿는 사람들은 모두 전천년자들인데, 전통적으로 역사적 전천년은 환난 후에 휴거가 일어날 것으로 믿는다. 그런데 100년 전에 환난 전에 휴거된다는 세대주의적 전천년이 나왔으며, 근래에는 환난 중간에 휴거된다는 새로운 종

말론(중간 휴거론)까지 나왔다. 휴거의 시점에 대한 여러 관점에 관해서는 '앨런 헐트버그, 『휴거 세 가지 견해』, 김석근 옮김, (성서 침례대학교 출판부, 2019)'를 참고하라.

3   종교장사꾼들이 갈 곳은 지옥뿐이다. 브루스 애쉬포드와 히스 토머스는 마가복음 12:38-40을 근거로 위선적인 율법교사들이 지옥에서 가장 심한 벌을 받을 것이라고 한다. 가장 심한 벌을 받을지는 확실하지 않지만, 매우 강한 벌을 받을 것은 분명하다. '브루스 애쉬포드 & 히스 토마스, 『왕의 복음』, p166' 그렇다면 이것은 지금 우리와는 전혀 상관없는 과거의 이야기일 뿐인가? 중요한 것은 우리 시대에 위선적인 율법교사는 누구인가 일 것이다. 우리 자신을 돌아보지 못하면, 이것은 나와 전혀 상관없는 옛날이야기에 불과하다.

4   이웃 사랑으로 완성되는 하나님의 사랑에 관한 자세한 설명은 '채영삼, 『코이노니아와 코스모스』, (이레서원, 2021), p449-454'를 참고하라.

교회를 묻다가 하나님을 만나다

3장
만물의 회복과 하나님의 영광

1. 천년왕국과 세상을 심판하는 교회
2. 예수님과 영원한 사랑을 누리는 교회
3. 예수님과 함께하는 영원한 통치
4. 하나님의 속성으로 충만해진 세상

3장 만물의 회복과 하나님의 영광

1. 천년왕국과 세상을 심판하는 교회

> "내가 또 보좌들을 보니, 그 위에 사람들이 앉아 있었는데, 그들은 심판할 권세를 받은 사람들이었습니다. … 그들은 살아나서, 그리스도와 함께 천 년 동안 다스렸습니다."
> (계 20:4)

❈ 천년왕국의 시작

성경에 의하면 일곱 나팔 재앙 뒤에 일곱 대접 재앙이 있다(계 15-16장). 인 재앙과 나팔 재앙도 무시무시하지만, 대접 재앙은 더 무서운데, 이야말로 악의 세력을 완전히 심판하시는 예수님의 마지막 심판이며 예수님은 부활한 성도들에게 이 재앙을 내릴 권한에 참여하게 하신다. 그러자 사탄이 최후의 발악을 한다. 그는 세상의 모든 왕을 모아서 예수님의 재림에 극렬히 저항하려 하지만 마지막 심판을 피할 수는 없다.

성도가 부활한 이후에 상황은 완전히 역전되었다. 부활 이전에는 사탄이 세상의 왕 노릇을 하며 교회를 핍박하였기에 성도들은 은밀한 곳으로 숨어야 했지만, 부활 이후에 성도는 공중에서 예수님과 함께 있기에 더 이상 숨을 필요도 없고 두려워할 것도 없다. 오히려 왕의 자녀이자 신부로서 당당

하게 악의 세력들을 직접 심판할 것이니, 성도들에게는 너무나 가슴 후련하고 통쾌하지 않을 수 없다. 이 장면을 사탄을 비롯한 모든 악한 존재들이 다 보게 될 것인데, 그들은 분을 못 이겨 미친 듯이 발광할 것이지만 이미 완전히 기울어진 전세를 뒤집을 수는 없다.

종말에 예수님의 재림을 방해하던 모든 악한 세력들이 하나님의 준엄한 심판을 받아 멸망하면서 천년왕국이 시작된다.[1] 천년왕국은 에덴이 거의 회복된 특별한 곳으로서, 성도들과 예수님이 천 년 동안 왕으로서 통치하는 특별한 기간이다.[2] 쉽게 생각하면 이곳은 예수님이 대통령이라면, 성도들은 장·차관이나 도지사나 시장 등으로 다스리는 것과 같다. 다스림은 믿음의 행위와 소망의 인내와 사랑의 수고에 따른 상급에 따라 개인별로 달라진다(살전 1:3; 마 25:14-30).

천년왕국은 요한계시록에서만 한 번 기록되었지만(20:6), 신약에서 여러 차례 암시되었으며(마 5:5; 6:10; 고전 15:23-26; 계 2:26-27), 구약에서는 더 많이 암시되었다(시 72:8-14; 사 2:2-4; 11:6-9; 65:20-25; 겔 36:35; 단 7:14, 18; 미 4:1-8). 성경에서 천년왕국이 정확하게 기록된 것은 요한계시록 20:4뿐이어서 천년왕국을 믿을 수 없다는 사람들도 있지만, 한 번을 말씀하셔도 하나님의 말씀은 중요한 말씀이며 반드시 이루어진다.

그리고 성경에는 천년왕국 외에도 한 번 기록된 것들이 있는데, 대표적인 것이 바벨탑이다.[3] 천년왕국이 한 번만 기록되었기에 믿을 수 없다면 바벨탑도 믿을 수 없을 것이지만, 만약 바벨탑을 믿는다면 천년왕국도 얼마든지 믿을 수 있을 것이다. 그리고 천년왕국을 암시하는 구절들은 천년왕국으로 이해하지 않으면 해석도 어려워서, 상징적인 의미를 억지로 부여할 수밖에 없다. 따라서 문자적 천년왕국이 가장 합당하다.

천년왕국이 되면 세상은 순식간에 에덴의 상태를 회복하게 된다. 이것이 어떻게 일어나게 될까? 아마 〈나니아 연대기〉나 마법이 나오는 판타지 영화 또는 만화 영화 등을 보면 악한 마법사의 저주를 받은 세상이 그가 죽으면서 순식간에 이전의 아름다운 상태를 회복하는 것을 종종 볼 수 있다. 먼지 같았던 성도의 몸도 부활하면서 순식간에 영광스러운 몸으로 변화된다(빌 3:21). 이것처럼 예수님과 성도들이 세상에 내려올 때 하나님은 세상을 보시기에 매우 아름다웠던 에덴의 상태로 즉시 변화시키신다.

❖ 최후의 심판과 상급

천년왕국이 끝나면 마지막으로 백보좌 심판이 있다. 백보좌 심판은 예수님께서 흰 보좌에 앉으셔서 심판하시기에 붙여진 이름이다. 이때 그동안 세상에 존재했던 모든 사람이 심판받는데, 심지어 악인들도 모두 부활하여 심판대에 서게 된다. 이 심판은 최종적이며 영원하기에 최후의 심판이라고 하며, 이 심판 후에 사탄과 구원받지 못한 모든 불신자가 함께 영원한 지옥 불에 떨어진다.

흔히들 불신자만 심판받는 것으로 생각하지만, 구원받은 성도들도 심판을 피할 수는 없다. 성경은 분명히 모든 사람이 예수님의 심판대 앞에 나타나야 한다고 했으며, 공정하신 재판관이신 예수님은 우리가 살아 있을 때 했던 모든 행위와 말과 마음에 대해서 공정하게 심판하실 것이다(고후 5:10). 하지만 불신자와 성도는 심판의 목적이 다르다. 불신자들은 형벌의 정도를 위한 심판이고, 성도들은 상급의 정도를 위한 심판이기 때문이다.

어떤 사람들은 하나님은 공평하신 분이기에 이것은 일종의 차별이라고 생각하고 매우 불편해한다. 성경도 하나님은 차별이 없으신 분이라고 하였기에(행 15:9; 롬 2:11; 3:22; 10:12), 세상 사람들처럼 사람을 차별하지 않으신다(엡 6:9). 그러나 하나님께서 차별하지 않으시는 것은 구원과 관련해서이다. 유대인만이 아니라 이방인들도 오직 믿음만을 보시고 구원을 베푸신다는 점에서 차별이 없다. 오히려 하나님은 심판에도 차별이 없다고 하였기에(골 3:25), 악인들이 행한 악에 따라서 그들에게 공정한 형벌을 내리실 것이다.

상급도 마찬가지이다. 하나님은 정의롭고 공평하신 분이시므로(시 97:2), 성도의 모든 섬김에 공정하게 보상하여 주신다. 세상적인 기준에 따라 가산점을 받는 것도 아니다. 만약 하나님께서 성도들의 섬김과 수고에 보상하지 않으신다면, 오히려 이것이야말로 하나님의 공평과 정의의 속성에 어긋난다. 종말에 하나님께서 성도들에게 상급을 주신다는 것은 구약에서도 예언이 되었으며(사 40:10; 61:7-8), 바울도 하나님이 주실 상급을 바라보며 믿음의 길을 가라고 권면하였다(고전 9:23-26). 그러므로 성도들은 분명히 자기 삶에 따라 상급을 받는다.

그러나 이 상급은 누림을 위한 것이 아니라, 섬김의 왕으로 오신 예수님처럼 철저히 섬김을 위한 것이다(마 20:26-28). 따라서 천년왕국에서 성도들의 통치도 세상적인 권력을 가진 통치가 아니라, 종처럼 자신을 낮춘 겸손한 섬김의 기회를 얻는 것이 된다.

예수님은 불신자를 심판하실 때 교회도 심판자로 참여시키신다. 성도들이 지상에 있을 때 악한 자들에 의해서 많은 고난을 겪었음에도, 하나님의 정의로운 심판을 믿고 참으신 예수님처럼 인내하며 참았지만(빌 3:10; 벧전 4:13), 이들의 한 맺힌 기도는 하늘에 도달해서 예수님의 가슴에 맺혔다(계 6:10).

따라서 예수님은 왕의 신분을 가지게 된 성도를 심판에 참여시키시는데, 이들은 하나님의 정의와 공의가 실현되는 것에 참여하는 특권을 누리게 된다. 그럼으로써 교회는 세상에서는 가장 낮고 약한 자였지만, 실제로는 가장 높고 강한 자임을 다시 한번 보여 주신다.

2. 예수님과 영원한 사랑을 누리는 교회

> "나는 새 하늘과 새 땅을 보았습니다. … '보아라, 하나님의 집이 사람들 가운데 있다. 하나님이 그들과 함께 계실 것이요, 그들은 하나님의 백성이 될 것이다. 하나님이 친히 그들과 함께 계시고, 그들의 눈에서 모든 눈물을 닦아 주실 것이니, 다시는 죽음이 없고, 슬픔도 울부짖음도 고통도 없을 것이다. 이전 것들이 다 사라져 버렸기 때문이다.'" (계 21:3-4)

> "하나님과 어린 양의 보좌가 도성 안에 있고, 그의 종들이 그를 예배하며, 하나님의 얼굴을 볼 것입니다. 그들의 이마에는 그의 이름이 적혀 있고, 다시는 밤이 없고, 등불이나 햇빛이 필요 없습니다." (계 22:3-5)

❖ 새 하늘과 새 땅

최후의 심판이 끝난 뒤에 하나님은 모든 구원 사역을 마무리하시고, 만물을 완전히 새롭게 재창조하신다. 사실 말이 재창조이지 모든 것을 없애고 다시 창조하는 것이 아니라, 예전에 창조하신 세상을 완전히 새롭게 리모델링한다는 의미이다(시 104:30).[4] 단지 기본 골격만 그대로 두고 전부 리모델링하기에, 이전의 모습과는 전혀 다른 모습으로 재탄생한다는 점에서 재창조라고 한다.

하나님은 이렇게 새 하늘과 새 땅을 창조하시므로 이사야의 예언을 성취하신다(사 65:17). 새 하늘과 새 땅이 되었다는 것은 이전과는 전혀 다른 하늘과 땅이 창조되었다는 것을 의미한다. 땅은 이 세상을 의미한다. 그런데 하늘은 우리가 바라보는 하늘도 있지만, 영적인 세상으로서의 하늘도 있다(마 6:9; 행 1:11; 엡 2:6).[5] 그러므로 새 하늘과 새 땅은 영적인 세상과 물리적인 세상이 통합되어 하나가 된 세상이며(엡 1:10), 이 세상을 창조하는 것이 하나님

의 궁극적인 계획이요 구원의 완성이다.⁶

　이곳을 창조하신 하나님은 이제 자신이 사랑하는 가족들이 살 집을 하늘에서부터 새로운 세상으로 내려보내신다. 새 예루살렘이라고 하는 이곳은 실제로 하늘에 있는 거대한 하나님의 집으로서, 하나님께서 특별히 임재하시고 모든 곳을 통치하시는 하나님의 왕궁이다.⁷ 따라서 이곳은 마치 대통령이 살고 일하는 대통령 집무실과 관사와 같은 곳이다. 이곳이 대한민국에서 가장 중요한 곳이듯이, 새 예루살렘이야말로 하나님 나라의 중심이며, 이곳이 바로 우리가 흔히 말하는 천국이다. 천국(天國, Heaven)은 하늘에 있는 나라인데, 성경이 말하는 천국은 바로 새 예루살렘이다.⁸ 이곳은 규모가 지름 1,600km가 넘는 엄청난 크기의 정육면체이며, 이곳이 하늘에서 내려와서 새로운 세상 위에 세워지게 된다.

　구약에서 하나님은 예루살렘 성전에 임재하셨는데, 이제 하나님은 새 예루살렘이라는 새로운 성전을 직접 지으시고 그곳에 임재하시면서 만물을 통치하신다(계 21:22). 따라서 옛 예루살렘 성전은 새 예루살렘의 모형에 불과하며(히 8:5), 종말에 하나님께서 하늘에서 내려보내시는 새 예루살렘이 진짜 예루살렘이다. 그러므로 성도는 옛 예루살렘 성전을 그리워할 것이 아니라 새 예루살렘을 소망하고 기다려야 한다.

　새 예루살렘은 영적인 공간이기도 하지만 물리적인 공간이기도 하다. 사실 하나님은 영이시기에 물리적인 공간이 필요 없으시지만, 새 예루살렘을 창조하시고 거기에 머무시는 것은 자녀들이 육체를 가진 존재이기 때문이다. 하나님은 그들이 머물 수 있도록 물리적인 공간을 창조하셨고, 그들과 함께 머무시기 위해서 그곳에 보좌를 두시고 임재하셨다. 그래서 새 예루살렘은 하나님께서 사랑하는 자녀들과 함께 머물 하나님의 집이자 성도들의 집이다.

　새 하늘과 새 땅은 천년왕국과는 다르다. 천년왕국은 에덴이 거의 회복된 곳이라면, 새 하늘과 새 땅은 에덴 그 이상의 장소이다. 왜냐하면 모든 악한 것들이 영원한 지옥에 갇힌 상태에서 새 하늘과 새 땅이 창조되기에, 이곳은 악과 죽음이 전혀 없는 곳이다.[9] 그러므로 새 예루살렘에서는 죄를 지을 가능성이 완전히 제거된 상태이기에 에덴보다도 더 온전한 곳이기도 하다. 그리고 새 예루살렘에는 삼위 하나님이 임재하신다. 물론 에덴에서도 하나님께서 충만하게 임재하셨지만, 새 예루살렘은 삼위 하나님께서 직접 보좌에 앉으셔서 임재하시고 통치하신다는 점에서 에덴보다 더 특별하고 영광스럽다.

하나님의 이미 에스겔을 통해서 새 예루살렘을 예언하셨다(겔 37:27-28). 에스겔은 주전 600년쯤에 살았던 사람이니, 그의 예언도 참으로 오래된 예언이다. 그렇지만 결코 이 집을 잊지 않으신 하나님은 때가 되면 이 집을 성도들에게 보내 주셔서 이곳에서 영원토록 그들과 함께 지내실 것인데, 성도들은 교회를 뜻하기에 새 예루살렘은 교회가 살게 될 집이기도 하다.

교회는 이곳에서 예수님과 영원히 함께하는 삶을 살게 된다. 교회는 죽을 때 모든 고통에서 벗어나지만, 새 예루살렘에서 다시 한번 하나님의 위로를 받으며 세상에서 누리지 못한 완전한 기쁨과 평안을 누릴 것이다. 이때 하나님은 교회 안에 충만하게 임재하실 것이며, 교회는 하나님의 따뜻하고 포근한 임재 안에서 말로 표현할 수 없는 위로와 안식을 누리게 된다.

❈ 완전한 사랑의 사귐과 연합

새 예루살렘은 하나님과 예수님이 왕으로 임재하시며 통치하시는 곳이지만 이미 오순절부터 성령님은 교회 안에 임재하고 계셨다. 그러므로 교회가 새 예루살렘에 가게 될 때 교회는 하나님과 예수님만이 아니라 성령님과도 함께하게 됨으로써 삼위 하나님과 사랑의 사귐을 가지게 된다. 얼마나 놀라운 축복인가? 구약에서 성도들은 하나님과 교제를 나누었으며,

제자들은 예수님과 교제를 나누었고, 교회는 성령님과 교제를 나누었다. 물론 삼위 하나님은 한 분이시기에, 한 분을 통해서도 다른 두 분과 교제를 나눌 수 있었다. 그러나 이제부터는 삼위 하나님 모두와 실질적인 교제를 나눈다.

교회는 천년왕국에서도 삼위 하나님과 사귐을 가졌다. 그러나 천년왕국은 예수님 중심이지만, 새 예루살렘에서는 하나님의 보좌도 있기에 천년왕국보다 더 깊고 실질적인 사귐을 가진다. 예수님은 어느 날 너희가 내 안에 있게 될 것이라 하셨다(요 14:20). 이 말씀처럼 새 하늘과 새 땅은 성도들이 삼위일체 하나님의 공동체 안으로 완전히 들어가는 축복을 누리는 곳이다.

그런데 이것이 전부는 아니다. 교회는 하나님의 얼굴을 직접 보게 된다. 모세도 보지 못했고 천사들도 자기 얼굴을 가려야만 했던 하나님의 얼굴을 우리가 본다는 것이다. 이스라엘의 지도자들이 시내산에서 하나님의 얼굴을 뵈며 먹고 마셨다. 그러나 이것은 하나님과의 언약식을 기념하여 잠시 주어진 특권이었을 뿐이며(출 24:11), 죄성을 가진 그들이 하나님을 얼마나 분명하게 보았을지는 모르겠다. 하지만 새 예루살렘에서는 제자들이 예수님의 얼굴을 보았듯이, 이제는 모든 성도가 하나님의 얼굴을 볼 수 있게 된 것이다. 그것도 잠시 보는 것이 아니라 계속 보게 될 것인데, 이것은 하나님을 온전히 알게 된다는 것을 의미한다(고전 13:12). 이들에게 하나님은 더 이상 신비로운 분이 아니시며, 멀리 계신 분도 아니시다. 하나님은 사랑하는 교회의 남편이시기에 교회와 가까이 계시며 교회에게 자신의 모든 것을 다 보여 주시고 알려 주신다.

또한 하나님은 사랑이시기에 하나님을 안다는 것은 사랑을 안다는 것과 같다. 하나님의 사랑 안에는 하나님의 모든 선하고 아름다우며 완전한 속성으로 충만하다. 여기에서의 안다는 것은 지적으로 아는 것만이 아니라, 사랑의 관계를 통해서 경험적으로 아는 살아 있는 지식이다.

교회를 지극히 사랑하시는 하나님은 교회와 뜨거운 사랑의 관계를 맺으실 것이다. 하나님과 사랑의 관계를 맺는다는 것은 하나님의 이런 속성을 모두 누린다는 것을 뜻한다. 성도가 세상에 살 때는 하나님을 부분적으로만 알았으며 경험했지만(고전 13:12), 이때부터는 하나님의 모든 것을 온전히 누린다. 그럼으로써 교회는 사랑의 하나님을 온전히 깨닫고 경험하면서, 하나님을 더욱 뜨겁게 사랑하게 된다.

또한 성도 간의 관계도 이전보다 더 깊고 새롭고 풍성해진다. 천년왕국에서는 그곳에 존재하는 불신자들을 보면서 느끼는 안타까움이 있지만, 모든 악이 다 사라지고 불신자도 전혀 없는 새 하늘과 새 땅에서 사는 성도들은 그런 안타까움조차도 느끼지 않는다. 따라서 성도들의 관계도 이전과는 다를 수밖에 없는데, 이 관계는 오직 기쁨과 감사와 만족과 평안으로만 충만한 관계이다.

사도 요한은 우리가 서로 깊은 사랑의 사귐을 가지게 될 때, 하나님께서 우리 안에 충만하게 임재하시면서 하나님의 사랑이 우리 안에서 완성된다고 하였다(요일 4:12). 새 하늘과 새 땅은 교회의 모든 지체가 완전한 사랑의 사귐을 가질 때, 삼위 하나님께서 그들 안에 충만하게 임재하심으로서, 교회와 하나님의 사랑의 사귐이 진정으로 완성되는 곳이다. 그러니 그곳에는 사랑의 사귐으로 인한 축복과 기쁨으로만 가득한 곳이 된다.

3. 예수님과 함께하는 영원한 통치

"이기는 사람은 이것들을 상속받을 것이다. 나는 그의 하나님이 되고, 그는 내 자녀가 될 것이다." (계 21:7)

"그들은 영원무궁하도록 다스릴 것입니다." (계 22:5)

❖ 유업으로 받은 하나님 나라

하나님은 아담과 하와를 창조하시고 자녀로 삼으신 다음 에덴을 유업으로 물려주었다. 자신의 왕국을 상속해 주신 하나님은 그에게 그곳을 통치하라고 하셨다(창 1:26, 28). 유업, 상속, 통치는 오직 하나님의 가족들만이 누리는 특권이자 책임이다. 그런데 하나님께서 이렇게 하신 것에는 이유가 있다.

하나님은 사랑하는 가족을 창조하고 싶으셨고, 그들에게 선물을 주고 싶으셨다. 사랑은 선물을 받는 것보다 주면서 더 기뻐한다. 사랑이신 하나님은 가족을 위해 많은 선물을 준비하셨다. 사랑의 사귐, 영원한 생명, 하나님의 형상, 공동체, 기쁨과 성숙함, 평화와 안식, 아름다운 에덴 등이 대표적이지만, 그 외에도 상속과 통치가 있다. 하나님은 기쁜 마음으로 그들에게 이 모든 것을 줄 것을 상상하시며 만물을 창조하셨다(엡 1:11). 사랑하는 자녀를 창조하는 것도 기쁨이었지만(엡 1:4-5), 그들에게 최고의 선물을 주는 것도 기쁨이었다.

하나님은 자신의 나라를 상속해 주고 싶으셔서 인간을 창조하시고 자녀로 삼으셨으며, 자신이 유업으로 물려준 에덴을 아담과 하와가 잘 다스려서 더 아름답고 선한 곳이 되기를 소망하셨다. 그런데 사탄이 인간을 타락시킴으로써 인간은 상속자는커녕 하나님의 저주와 심판을 받는 존재로 전락하였고, 하나님 이것을 마음 아파하시고 슬퍼하셨다.

하지만 사탄이 하나님의 계획을 막을 수는 없다. 하나님은 예수님과 성령님을 통해서 사탄이 왕 노릇 하던 세상을 수복하셔서 자신의 왕국을 재건하셨다. 특히 예수님은 세상을 구원하기 위해서 직접 십자가에서 죽으시고 부활하셨기에 예수님만이 이 세상을 통치하기에 합당하신 분이시다. 그래서 하나님은 예수님을 만물의 상속자로 삼으시고(히 2:5) 예수님에게 이 나라를 유업으로 물려주시기에(빌 2:7-11), 예수님은 왕으로 세상에 재림하셔서 악의 세력을 심판하시고 하나님의 나라를 통치하신다(딤전 6:15). 따라서 이 나라는 이사야가 예언한 것처럼 영원토록 완전한 정의와 평화가 이루어진 나라가 된다(사 9:6-7).

이 나라는 천년왕국에서 시작되어, 새 하늘과 새 땅에서 완성되게 된다. 천년왕국은 요한계시록 20장에 기록되어 있고, 새 하늘과 새 땅은 요한계시록 21~22장에 나와 있으며, 둘 다 이사야에서 예언되어 있다. 하나님은 우리가 도저히 상상도 할 수 없는 꿈만 같은 세상이 도래할 것을 예언하셨는데 종말에 드디어 성취하신다.

❈ 통치하는 교회

성경은 새 하늘과 새 땅으로 하나님의 구원 역사라는 대단원의 막을 내린다. 지금까지 세상에는 나름대로 대단원이라고 하는 것들이 있었지만, 어느 것도 하나님의 구원 이야기와 감히 비교할 수 없다. 하나님은 이미 오래전에 예언자들을 통해서 이것을 예언하셨지만(슥 9:10), 인간이 볼 때 이것은 결코 이루어질 수 없는 꿈만 같은 세상이었다. 그런데 이 나라가 예수님의 재림으로 말미암아 완전히 성취되면서 영원한 평화의 나라가 이루어진다. 그렇지만 하나님은 예수님만 이 나라를 다스리게 하지는 않으시고, 성도에게도 이 나라를 유업으로 물려주셔서 하나님의 통치에 동참할 수 있는 특권을 주신다(행 20:32; 히 9:15).

이것은 성도들이 하나님의 자녀이기에 누리는 특권이다(갈 4:7). 하나님은 맏아들이신 예수님만 아니라(롬 8:29; 히 1:6), 예수님의 동생뻘인 성도들에게도 유업으로 물려주신다(마 5:3, 10).

성경이 말하는 성도들은 교회이므로, 교회는 하나님의 나라를 물려받을 상속자이다(약 2:5). 그래서 하나님은 교회가 예수님을 닮은 성숙한 상속자가 되게 하려고 교회를 고난의 여정으로 인도하셨다. 예수님은 상속받으시기 전에 먼저 만물의 구원을 위해서 고난을 받으심으로 하나님으로부터 만물의 상속자로 인정을 받으셨다. 이것처럼 교회도 세상의 구원을 위해 예수님의 고난에 동참하였기에, 하나님으로부터 만물을 통치할 특권을 누린다(롬 8:17). 단지 차이점이 있다면 예수님은 하나님과 성도를 위해 고난을 받으셨다면, 성도는 결국 자신의 성숙함과 상급을 위해 고난을 받았다는 것이다.

이 특권은 세상의 어떤 것과도 비교할 수 없는 영광이자 교회를 향한 하나님의 사랑의 선물이다. 교회는 이것을 알기에 기꺼이 자신을 희생하고 환난 중에도 기쁨으로 하나님을 섬긴 하나님의 자녀들이다. 하나님은 이러한 교회를 기뻐하시며, 그들의 희생과 수고에 따라서 하나님의 나라를 유업으로 물려주신다.

그러므로 상속자로서 교회는 재림하신 예수님과 함께 하나님의 나라를 다스린다(계 20:6; 22:5). 그것도 잠시 다스리는 것이 아니라 영원히 기쁨과 감사과 겸손함으로 세상을 다스린다.

여기에는 놀라운 축복이 있다. 창조의 하나님께서 교회도 창조의 축복을 누리게 하신 것이다. 교회는 이미 에덴에서 창조의 사역에 동참한 적이 있지만, 새 하늘과 새 땅은 초월적이며 창조적인 하나님의 임재가 넘치기에 모든 것들이 날마다 새로운 곳이다. 교회는 이곳에서 하나님처럼 무한하고 완전한 사랑과 지혜와 자유와 선함과 능력으로 그곳을 섬기게 될 것이기에 아버지 하나님을 닮아 날마다 새로운 창조를 경험할 것이다. 그러니 모든 날이 새롭고, 날마다 새로운 성취감으로 인한 만족과 기쁨과 감사가 넘친다. 그리고 이것으로 인해 날마다 새로운 삶의 변화와 성장을 경험하겠지만, 성도들의 사귐도 날마다 새롭고 더 깊어지며 풍성하다. 따라서 여기에는 어떠한 지루함도 조금의 답답함도 없을 것이니 얼마나 큰 축복인가?

4. 하나님의 속성으로 충만해진 세상

"바다에 물이 가득하듯이, 주의 영광을 아는 지식이 땅 위에 가득할 것이다." **(합 2:14)**

"하나님께서는 만물을 그리스도의 발아래 굴복시키시고, 그분을 만물 위에 교회의 머리로 삼으셨습니다. 교회는 그리스도의 몸이요, 만물 안에서 만물을 충만케 하시는 분의 충만함입니다." **(엡 1:22-23)**

❈ 예수님의 성품을 통치하는 나라

교회는 하나님 나라를 어떻게 다스리며, 교회가 하나님 나라를 다스리게 되면 어떻게 되는가? 예수님이 대통령이라면, 교회는 대통령을 돕는 참모의 역할을 하게 된다. 예수님은 일방적으로 결정하시는 독재자가 아니시다. 예수님은 제자들과 늘 대화를 나누시고 하나씩 가르치신 분이셨으며, 그들의 의견을 존중하고 인내하며 기다려 주신 분이기도 하다. 예수님은 제자들처럼 교회와 많은 대화를 나누시며 통치를 가르쳐 주실 것이며 교회에게 세상을 통치해 보라고 하실 것이다. 이 과정에서 교회는 예수님으로부터 많은 것을 듣고 배울 것이다.

이때의 통치는 세상의 왕들처럼 자신의 욕망을 위해 백성들을 지배하고 군림하는 것이 아니라 겸손한 섬김이다. 예수님은 섬기는 왕으로 오신 분이시다**(마 20:28)**. 그래서 태어나실 때도 베들레헴 마구간에 태어났고, 예루살렘에 입성하실 때도 화려한 마차가 아니라 작은 나귀를 타셨으며, 죽으실

때도 화려한 궁전이 아니라 저주받은 십자가에서 죽으셨다. 이처럼 예수님은 섬기기 위해서 스스로 가장 낮은 자리로 가신 분이셨다.

이것은 하나님께서 아담에게 에덴을 돌보라고 명령하셨을 때도 나타난다 (창 2:15). 이 돌봄은 섬기기 위해서 자신을 종처럼 낮춘다는 의미이다. 아담은 에덴을 돌보기 위해서 자신을 종처럼 여기고 겸손히 낮추어야 했다. 그것도 억지가 아니라, 기쁨과 감사함과 적극적이고 열정적으로 섬기는 것이다. 따라서 하나님께서 아담에게 에덴을 정복하고 다스리라고 하셨지만 (창 1:28), 우리의 생각과는 전혀 다른 방식임을 알 수 있다. 하나님과 성령님도 마찬가지이다. 하나님은 세상을 섬기기 위해서 자신의 독생자를 아끼지 않고 주셨으며, 성령님은 성도를 섬기기 위해서 아예 성도 안에 들어오셔서 영원히 함께하신다.

하나님의 방식은 하나님의 선하고 아름다운 성품을 따른다. 바로 사랑, 기쁨, 겸손, 충성, 희생, 인내, 온유, 친절, 동행 등이 바로 세상의 왕들과 완전히 구별되는 하나님의 통치 방식이다. 예수님은 교회에게 이 방식으로 다스리라고 하실 것이며, 교회는 이 말씀을 따라 겸손하게 하나님의 왕국을 섬길 것이다.

❖ 충만한 하나님 나라

교회는 하나님의 형상을 가진 하나님의 가족 공동체이다. 형상은 속성을 뜻하기에, 종말에 영광스럽게 변화될 교회는 하나님의 속성이 온전히 회복된 성도들의 공동체가 된다. 따라서 이 공동체에는 악하고 거짓된 것은 조금도 없이 하나님의 선하고 아름다운 속성만 있다.

이런 속성을 가진 교회가 사랑의 사귐으로 함께 하나님의 나라를 섬기게 되면서 하나님의 나라는 하나님의 속성으로 더 충만하게 된다. 사랑과 사랑이 만나 사랑이 더 충만하게 되고, 지혜가 지혜를 만나 더 지혜로워지며, 은혜가 은혜를 만나 은혜가 더 풍성해진다. 따라서 종말에 창조될 새 하늘과 새 땅과 그곳에 세워질 교회는 하나님의 온갖 속성으로 넘치는 상태가 된다(엡 3:19; 계 21:23).

성경에는 새 하늘과 새 땅에는 눈물도 죽음도 슬픔도 울부짖음도 고통도 없다고 하였다(계 21:3). 하나님께서 보시기에 악한 모든 것이 다 사라진 그곳은 영원한 생명 안에서 누리는 완전하고 무한한 자유와 평화와 평등과 기쁨과 정의와 안식 아름답게 조화를 이룬 세상이자, 끊임없는 사랑으로 사귀는 사회이며, 하나님만이 왕으로 통치하시는 왕국이다. 그리고 새 하늘과 새 땅에서는 하나님의 자녀들이 하나님의 나라까지 다시 유업으로 물려받음으로써, 희년의 완전한 성취를 통해 기쁨의 동산이었던 에덴이 완전히 회복되었음을 의미한다. 하나님께서 모세를 통해서 선포하신 희년이 예수님을 통해 성취되기 시작했고 성령님을 통해 확장되었는데, 이제 종말에 삼위 하나님이 이것을 완전히 성취하심으로써 이전에는 볼 수 없었던 완전히 새로운 세상과 사회와 왕국을 창조하신다.[10] 새 하늘과 새 땅은 모든 피조물이 이 축복을 온전히 누리는 곳이다.

이사야와 하박국은 물이 바다를 덮고 있는 것처럼, 하나님을 아는 지식이 온 세상에 가득한 시대가 온다고 하였다(사 11:9; 합 2:14). 이 지식은 이론적이고 관념적인 지식이 아니라 살아 있는 지식이다. 이는 하나님의 얼마나 은혜롭고 지혜로우며 선한 분인지를 경험함으로 아는 것이며, 새 하늘과 새 땅은 이 지식으로 가득한 곳이다.

이것이 바로 바울이 에베소서에서 말한 만물의 충만함이다(엡 1:23). 하나님은 누구보다 자신의 속성으로 충만하신 예수님을 통해서 이것을 이루시기를 원하셨기에(골 1:19; 2:9), 부활하신 예수님을 승천하게 하셔서 예수님에게 만물을 통치할 수 있는 권한을 주셨다(엡 4:10).

그러나 예수님은 교회를 만물의 통치에 참여시키시는데, 이는 만물을 충만하게 하시는 것은 예수님의 역할이지만, 이것을 위한 축복의 통로로 교회를 사용하신다. 먼저 교회에 충만하게 임하신 하나님의 영광이, 교회를 통해서 세상에 흘러가게 함으로써, 세상도 하나님의 영광으로 충만하게 하시는 것이다. 그럼으로써 교회도 섬김의 기쁨을 누리게 되며, 예수님은 이런 교회를 칭찬하시고 기뻐하신다. 이 과정을 통해 놀라운 축복과 은혜를 마음껏 누릴 교회는 좋으신 예수님을 온 마음과 목숨과 뜻과 힘을 다해 찬양하게 된다.[11]

인간도 사랑하시지만, 만물도 너무나 사랑하시는 하나님은 예수님의 십자가를 통해서 만물도 구원하기를 원하셨다(요 3:16; 골 1:20). 이 사랑은 타락한 니느웨를 향한 하나님의 마음에서도 잘 나타나 있는데(욘 4:11), 이것이 완전히 이루어진 곳이 새 하늘과 새 땅이다.

새 하늘과 새 땅에서는 죄로 인해서 고통받으며 신음하던 만물도 구원받아 에덴의 축복(평화와 안식과 기쁨)을 누리며(롬 8:21-22), 이것을 경험한 만물도 교회와 함께 온 정성을 다해 예수님을 경배하고 찬양을 드린다(계 5:13). 이 찬양은 습관도 제도도 의식도 아니다. 오히려 이 찬양은 경외함과 감사함에서 우러나오는 자발적이고 기쁨으로 드리는 진정한 찬양이다. 여기에 모든 천사도 가세하여 함께 찬양을 드리면서, 우리가 상상할 수도 없는 멜로디와 악기와 연주가 어우러져 참으로 신비롭고 아름다우며 감격스러운 찬양이 드려진다. 이것이 바로 하나님께서 인간을 창조하신 궁극적인 목적인데(사 43:7, 21), 새 하늘과 새 땅은 이런 찬양이 울려 퍼지는 곳이며, 교회는 삼위 하나님과 영원한 사랑의 사귐을 가지며 즐거움과 열정으로 그곳을 섬긴다. 무엇보다 이들을 바라보는 삼위 하나님의 마음에는 기쁨 가득하다.

> "삼위일체 하나님께는 영광과 찬양을
> 하나님의 가족에는 자유와 기쁨을
> 만물에는 평화와 안식을
> 이것이 영원 영원토록"

> "아멘, 우리의 왕 예수님, 어서 오시옵소서.
> 아버지 하나님의 정의와 사랑이 완전히 회복될 그 나라를
> 성령님과 함께 우리가 간절히 기다립니다."

주

1 역사적 전천년은 요한계시록 20장을 문자적으로 해석하여 성경에 기록된 대로 실제로 예수님의 재림 이후에 천년왕국이 있을 것을 믿는다. 그러나 꼭 천 년은 아닐 수도 있다고 생각하는 학자들도 있다. 반대로 문자적인 천년왕국이 아니라 상징적인 기간으로 믿는 종말론에는 무천년과 후천년이 있다. 천년왕국에 대한 다양한 관점에 관해서는 '케네스 젠트리 외 2인, 『천년왕국이란 무엇인가』, 박승민 옮김, (부흥과 개혁사, 2011)'를 참고하라. 토마스 슈라이너는 무천년과 전천년 중간 입장에서 전천년을 설명하는데, 결론은 전천년이 더 성경적이라고 결론을 맺는다. '토마스 슈라이너, 『요한계시록 신학』, 김기탁 옮김, (부흥과 개혁사, 2022), p219-244' 또한 그는 세대주의 전천년은 설득력이 없다고 주장한다(p223). 그렇다면 결론은 역사적 전천년이다.

2 계시록을 기록한 사도 요한의 제자들을 비롯하여 초대교회 대부분의 교부는 교회가 대환난을 통과한 뒤에 휴거되고, 예수님과 함께 천년왕국에 들어간다고 믿었다. 이것이 원래 교회가 가졌던 전통적인 종말의 믿음이며, 이것을 역사적 전천년이라 한다. 따라서 초대교회의 신앙을 회복한다는 것은 곧 역사적 전천년을 믿는 것과 같다. 자세한 것은 '정성욱, 『정성욱 교수의 밝고 행복한 종말론』, (눈 출판그룹, 2016), p49-57'을 참고하라. 더 자세한 논증은 '도널드 페어, "천년왕국과 환난에 대한 현 시대의 논쟁:초대교회는 누구 편인가", 크레이그 블롬버그 & 정성욱 편저, 『역사적 전천년설』, 조형옥 옮김, (CLC, 2014), p244-293'를 참고하라. 초대교회의 종말적 신앙은 '박아청, 『초대교회 신도들의 사생관』, p205-239'를 참고하라.

3 웨인 그루뎀, 『웨인 그루뎀의 조직신학』, 노진준 옮김, (은성, 2009), p423-424

4 새 하늘과 새 땅에 관한 신학적 고찰은 'J. 리처드 미들턴, 『새 하늘과 새 땅』, 이용중 옮김, (새물결플러스, 2015)'를 참고하라. 그러나 이 책은 새 하늘과 새 땅을 자세하게 설명하기보다는 성경을 종말론의 관점에서 해석하고, 성경의 이야기들이 새 하늘과 새 땅과 어떻게 연결되는지를 설명한 책이다. 새 하늘과 새 땅에 관한 간략한 설명은 '브라이언 탭, 『요한계시록 성경신학』, 김귀탁 옮

5 '폴라 구더, 『마침내 드러난 하늘나라』, p33' 성경에 기록된 하늘에 관한 다양한 의미를 알고 싶으면 이 책을 읽어 보라.

6 하워드 스나이더와 조엘 스캔드렛은 죄로 인해서 영적인 세상인 하늘과 물질적 세상인 땅이 죄로 인해 이혼하게 되었는데, 종말에 하늘과 땅이 다시 결혼하게 된다고 설명한다. '하워드 A. 스나이더, 조엘 스캔드렛, 『피조물의 치유인 구원』, p25-26' 매우 흥미롭고 적절한 설명이다. 왜냐하면 성경은 결혼의 목적이 하나 됨이라고 했으며, 새 하늘과 새 땅은 하늘과 땅이 하나로 통일된 새로운 세상이기 때문이다(엡 1:12).

7 새 예루살렘에 관한 간략한 설명은 '브라이언 탭, 『요한계시록 성경신학』, p270-289'; '토머스 슈라이너, 『요한계시록 신학』, p203-218'; '데스몬드 알렉산더, 『에덴에서 새 예루살렘까지』, 배용덕 옮김, (부흥과 개혁사, 2012), p157-193'; '폴 윌리엄슨, 『죽음과 내세 성경신학』, 김귀탁 옮김, (부흥과 개혁사, 2020), p271-284'; '정기화, 『모두가 알아야 할 성경적 종말론』, (생명의 말씀사, 2016), p341-351'를 참고하라.

8 천국에 관한 자세한 설명은 '랜디 알콘, 『헤븐』, 김광석 옮김, (요단 출판사, 2006)'을 추천한다. 이 책은 천국의 특징과 천국에서 성도의 삶을 아주 자세하게 설명하였다. 좀 더 짧은 책으로는 '존 맥아더, 『천국을 말하다』, 조계광 옮김, (생명의말씀사, 2013)'; '로버트 제프리스, 『천국, 그 모든 것』, 조계광 옮김, (생명의말씀사, 2020)'를 권한다. 그러나 사실 이 책들은 모두 천국이라는 제목으로 새 하늘과 새 땅 그리고 새 예루살렘을 설명하는 책이다. 그러므로 새 하늘과 새 땅 그리고 새 예루살렘을 아는 것이 곧 천국을 아는 것이다.

9 천년왕국과 새 하늘과 새 땅의 차이는 정성욱 교수(덴버 신학교)를 통해서 가르침을 받았다.

10 천년왕국과 새 하늘과 새 땅의 차이점 중의 하나는 천년왕국에는 엄청난 심판에서 살아남은 자연인(죄성을 가진 인간)들도 함께 살지만, 새 하늘과 새 땅에서는 오직 구원받은 성도들만 살게 된다. 따라서 천년왕국에서는 자연인들의 죽음과 이들로 인한 죄가 존재하는 세상이지만, 새 하늘과 새 땅은 죄와 죽음과 악이 완전히 사라진 새로운 세상이다. 그러므로 천년왕국은 희년이 거의 성취된 곳이라면, 새 하늘과 새 땅이야말로 희년이 완전히 성취된 세상이라 할 수 있다.

11 구약에는 종말에 모든 민족이 하나님을 찬양하고 예배하게 될 날이 올 것을 예언하는 구절들이 많다. 자세한 것은 '크리스토퍼 라이트, 『하나님의 선교』, (IVP, 2012), p600-629'를 참고하라. 종말은 이 예언들이 완전히 성취되는 때이다. 이 예언들을 읽으면 하나님의 뜻이 얼마나 분명하고, 하나님의 열정이 얼마나 뜨겁고, 하나님의 의지가 얼마나 확고한지를 알 수 있다. 그리고 이런 예언들이 많다는 것은 그만큼 하나님께서 우리에게 꼭 알려주고 싶어 하신다는 것을 뜻한다.

교회를
묻다가
하나님을
만나다

글을 마치며

교회를 안다는 것

내가 이 책을 쓴 목적은 교회에 대한 독자들의 생각을 새롭게 하기 위함이었다. 이는 급변하는 시대 속에서 성령님께서 지금 교회를 새롭게 하고 계시기 때문이기도 하지만, 교회의 중요성에 비해서 우리가 교회를 너무나 모르고 있기 때문이다. 이것을 위해서 꼭 필요한 것이 있는데 그것은 하나님을 새롭게 아는 것이다. 교회는 하나님처럼 존재하기 위해서 하나님의 형상으로 창조되었기 때문에, 교회를 알려면 하나님을 알아야 하며 하나님을 아는 것만큼 교회를 알게 된다.

하지만 하나님을 아는 것이 간단하지 않은데 이것이 문제이다. 우리는 생각보다 우리 자신도 세상도 잘 모른다. 그런데 하물며 위대한 창조자이자 초월자이시며 영적인 존재이신 하나님을 어떻게 알 수 있겠는가? 그렇지만 한 가지 기쁜 소식은 하나님은 우리가 하나님을 알 수 있도록 성경을 통해서 일부러 자신을 계시해 주셨다는 것이다. 이를 위해 하나님께서 사용하신 방법이 바로 교회의 역사를 기록한 성경이다. 성경이 기본적으로 역사책인 것도 이 때문이다.

그러므로 우리가 하나님을 알려면 먼저 성경에 기록된 교회의 역사를 알아야 한다. 우리는 흔히 교회사를 생각하면 초대교회부터 지금까지의 역사를 생각하지만, 앞에서 고찰한 것처럼 성경 전체가 교회의 역사이기에 우리의 생각보다 훨씬 오래된 역사이다. 이 역사는 하나님의 분명한 목적을 담고 있는 특별한 역사이며, 이 역사의 중심은 교회를 구원하여 회복하시는 하나님의 역사이다. 그리고 이를 구속사(救贖史, Salvation history)라 한다. 따라서 하나님을 알기 위해 우리는 성경에 기록된 구속사를 중심으로 하나님을 연구하는 것이 필요한데, 이것을 성경신학적 연구라고 한다. 따라서 교회도 조직신학적인 탐구보다는 먼저 성경신학적으로 탐구해야 한다.

 교회를 안다는 것은 한 사람을 아는 것과도 같다. 한 사람을 알려면 그 사람의 인생 전체를 먼저 살펴야 한다. 그래야 그 사람을 바르게 알 수 있다. 물론 그 사람의 사상이나 직업이나 업적이나 가족 관계 등을 살피는 것도 중요하다. 그러나 이것들은 그 사람의 인생의 한 부분이지 그 사람의 전부는 아니다. 우리가 눈으로 보는 사람의 모습은 그 사람의 지극히 표면적이고 부분적일 뿐이다. 오히려 그 안에는 수많은 사건과 교육과 경험과 관계들이 있는데 이 모든 것들이 서로 긴밀하게 연결되어 한 사람의 인생을 구성하게 된다. 매우 복잡하기는 하지만, 한 사람을 안다는 것은 이 모든 것을 다 아는 것을 뜻한다. 우리가 인물을 공부할 때 그 사람의 전기를 공부하는 것도 이런 이유에서이다.

 교회도 마찬가지이다. 교회는 건물도 아니고, 조직도 아니고, 제도도 아니고, 전통도 아니다. 오히려 교회는 하나님의 가족으로서, 살아 있는 생명체와 같다. 성경이 교회를 유기적 관계로 연결된 인간의 몸으로 비유한 이유 중의 하나도 바로 이런 까닭이다. 그리고 교회는 창조 이전부터 계획되어서 영원 이후까지 계속되는 영원한 생명체이다. 한 사람의 인생도 복잡다단한데, 유구한 교회의 역사는 말할 것도 없다. 이는 그만큼 교회 안에 많은 요소가 있다는 것이기도 하다.

그리고 여기에는 많은 의미가 담겨 있는데, 성경은 이것을 비밀(신비)이라 한다. 그러나 비밀이라 해서 우리가 모르도록 하나님께서 일부러 숨겨 놓으신 것이 아니라, 참으로 하나님을 사랑하고 갈망하는 사람들에게만 알려 주기 위해서 감추어 두신 것뿐이다. 따라서 하나님은 누구든지 진정으로 자신을 사랑하고 찾는 사람들에게는 교회의 비밀을 기꺼이 알려 주신다.

하나님을 알기 위한 3가지 요소

핵심은 우리가 진정으로 하나님을 알고 싶은가이다. 성경을 통해서 하나님을 탐구하게 되면, 성경은 교회에 대한 하나님의 이야기이기 때문에 교회를 알 수밖에 없다. 반대로 교회를 탐구하다 보면 교회의 뿌리는 하나님이시기에, 교회의 근원이신 하나님을 탐구할 수밖에 없다.

그렇다면 하나님을 알려면 어떻게 해야 하는가? 하나님을 아는 것은 크게 세 가지로 나눌 수 있는데 하나님의 속성과 생각과 사역이다. **첫 번째**, 하나님의 속성은 하나님이 원래부터 가지셨던 고유한 본성을 아는 것이다. **두 번째**, 하나님의 생각은 하나님의 뜻과 계획과 관점을 아는 것이다. 뜻은 하나님의 원하시는 것이며, 계획은 하나님이 앞으로 하실 것을 의미하며, 관점은 하나님께서 바라보시는 시각을 뜻한다. **세 번째**, 하나님의 사역은 하나님의 생각을 이루기 위해서 하나님이 하시는 활동이다.

하나님을 아는 것은 이 세 가지 모두를 아는 것인데, 세 가지는 서로 긴밀하게 연결되어 있기에 세 가지 모두 아주 중요하다. **첫 번째**, 하나님의 속성을 알아야 하는 것은 하나님은 모든 것을 자신의 속성을 따라 속성 안에서만 하시기 때문이다. 그러므로 하나님이 하시는 모든 것은 하나님의 속성과 깊은 관련이 있다. **두 번째**, 하나님의 생각을 알아야 하는 이유는 하나님은 생각하시는 분으로서, 생각한 모든 것을 성취하실 뿐 아니라 우리가 그 생각에 합당하게 반응하도록 자신의 생각을 알려 주시기 때문이다. 그리고 **세 번째**, 하나님의 사역을 알아야 하는 것은 하나님은 자신의 계획을 온전히 이루시기 위해서 끊임없이 무엇을 하고 계실 뿐 아니라, 우리를 부르셔서 우리와 함께 이것을 이루시기를 원하시기 때문이다.

이런 사실들을 통해서 우리는 하나님은 우리와 관계 맺기를 기뻐하시는 분이심을 알 수 있으며, 하나님과 관계 맺고 하나님을 섬기는 것은 하나님을 아는 것에서부터 시작한다. 다시 말하면 하나님을 아는 것이 모든 것의 시작이자 기초이다. 그렇다면 우리가 알아야 할 하나님은 어떤 분이신가?

하나님은 누구신가

하나님은 세 분이시지만 하나이시며, 가족이라는 공동체로 존재하시되, 사랑의 사귐으로 기쁨과 영광을 누리신다. 이러한 속성을 따라서 삼위 하나님은 새로운 가족을 창조하시기로 계획하셨으며, 이 가족을 교회라 하셨다. 그리고 이들과 함께 머물 집을 마련하셨는데, 그 집이 바로 에덴이었다. 비록 이들이 범죄함으로 아버지를 떠났지만, 하나님의 창조 계획은 변함이 없기에 삼위 하나님은 가족을 구원하기 위한 계획을 세우시고 각자의 역할을 정해 분담하셨다. 이 계획에 따라서 삼위 하나님은 각자의 역할을 충실하게 감당하심으로써, 자신의 가정을 파괴한 악의 세력을 심판하여 가족을 구원할 뿐 아니라 집도 새롭게 창조하심으로써, 그곳에서 가족들과 함께 영원토록 사랑의 사귐을 가지실 것이다.

그렇다면 하나님은 왜 이렇게 하시는가? 예수님은 하나님을 아빠라고 불렸다. 아버지인 나는 아버지와 아빠의 차이를 안다. 아마 자녀들도 알 것이다. 느낌이 완전히 다른데, 아빠가 훨씬 친근감 있는 호칭이다. 하나님은 우리도 하나님을 아빠라 부르게 하셨다. 하나님을 아빠라고 부르다니? 세상에 많은 종교가 있지만, 어떤 신도 아빠라 하지 않는다. 누가 부처를 아빠라고 하는가? 아니면 알라를 아빠라고 하는가? 힌두교에는 삼억이 넘는 신들이 있다는데, 그 많은 신 중에 아빠로 부를 수 있는 신이 있다는 이야기는 못 들었다.

하나님은 아빠가 되고 싶으셨다. 아빠가 되고 싶으신 하나님은 자녀를 포기하지 않으시는 집념의 하나님이시다. 성경은 이 집념을 기록한 책으로써 핵심은 구원을 통한 만물의 회복이다. 다시 말하면 아담과 하와가 기쁨의 동산이자 하나님의 임재로 충만하였던 에덴에서 하나님을 아빠라 부르며 하나님과 함께 즐겁게 살았던 그 시절로 돌아가는 것이다. 그래서 삼위 하나님의 공동체와 자녀들이 모인 교회가 영원토록 사랑의 교제를 누리시는 것이다. 이것을 구원(문제 발생 이전의 상태로 되돌아감)이라 하고, 이것이 바로 아버지의 꿈이고 기쁨이다.

성도의 부르심

구원받은 모든 성도는 이 사실을 깨닫고 이것을 위한 하나님의 사역에 동참하도록 부르심을 받았다. 여기에는 중요한 두 가지가 있는데 **첫 번째**는 종처럼 일하는 존재가 아니라, 자녀로서 아버지와 사랑의 사귐으로 여기에 동참한다는 것이다. 즉 벌받지 않고 구원을 얻기 위해 두려움으로 일하는 것이 아니라, 하나님의 자녀이자 상속자이기에 하나님의 사랑 안에 머물면서 기쁨으로 자원하여 섬기는 것이다.

두 번째, 모든 성도는 공동체로 모여 서로 사랑의 사귐을 통해 삼위일체 하나님처럼 하나로 살아가야 한다. 그럴 때 교회는 삼위 하나님과 사랑의 연합을 이루면서 하나님의 속성으로 충만해지게 되고, 세상에 하나님의 찬란한 빛을 비춤으로써 선교의 사명을 감당하게 된다. 이것이 성경이 우리에게 가르치는 핵심이다.

이것은 아주 간단한 사실이지만, 이 책을 통해서 살펴본 것처럼 이 진리 안에 많은 의미가 담겨 있다. 사실 더 깊고 넓은 진리들이 담겨 있지만, 이 책에서는 아주 핵심적인 것들만 간략히 기록하였을 뿐이다. 우리는 이것도 어렵다고 생각할 수 있지만, 오히려 하나님은 우리가 여기에 만족하지 않고 더 깊이 탐구하고 더 많은 것을 배워서 가슴에 새기고 기도하기를 원하신다. 그래서 우리가 하나님의 마음을 가지고 하나님과 동행하면서 하나님의 사역에 지원하여 동참하기를 바라신다.

이렇게 되면 우리는 삶에서 하나님의 지혜와 선하심과 능력과 사랑을 경험하고 누리게 되어, 참으로 하나님이 어떤 분이신지를 알게 될 뿐 아니라 진심으로 하나님께 감사하고 기뻐하며 찬양하게 된다. 이것이 하나님께도 영광이지만, 우리에게도 가장 큰 축복이다.

이것을 위해 하나님은 지금도 열심히 사역하고 계신다. 하나님의 생각은 바뀐 적이 없고, 하나님의 계획은 실패가 없으며, 하나님의 뜻은 반드시 이루어진다. 그런데 이제 왕이신 예수님이 재림하실 날이 다가오면서, 이것이 완전히 이루어질 그 복된 날이 점점 더 가까워지고 있다. 팬데믹은 잠자고 있는 세상에 이것을 알려 주시는 성령님의 종소리이다. 그렇다면 우리는 이 소리를 듣고 합당하게 반응해야 한다. 즉 영적으로 깨어나 예수님의 재림을 준비해야 한다는 것이며, 이것의 시작은 하나님을 바르게 아는 것이다.

하나님을 안다는 것의 핵심은 사랑을 완성하기 위한 하나님의 분명한 뜻과 불타는 열정과 확고부동한 의지를 아는 것이다. 그리고 하나님의 속성과 생각과 사역을 통해서 하나님이 어떤 분인지를 아는 것이다. 우리가 참으로 하나님을 알게 되면 우리는 하나님의 사랑에 감동하여, 하나님처럼 생각하면서 하나님의 열정을 느끼고 하나님의 의지에 동참하게 된다. 그것도 누가 시켜서 하는 것이 아니라, 자원하여서 기쁨으로 하게 된다. 물론 여기에는 용기와 결단이 필요하며 희생과 인내도 요구되나, 사랑하기에 기꺼이 이것을 감당한다. 이것이 바로 사랑의 본성이자 힘이다. 그리고 하나님과 사랑으로 동행했던 예수님도, 예수님과 사랑으로 동행하였던 사도들과 제자들도 모두 이 삶을 사셨다. 그러므로 이제는 우리도 이렇게 살아야 하며, 이것이 내가 책을 쓴 목적이기도 하다.

하나님을 알게 되면 하나님의 형상으로 창조된 교회를 알게 되면서, 하나님께서 교회를 얼마나 사랑하고 소중하게 여기시는지를 알게 된다. 이것이 극명하게 드러난 것이 교회를 위한 예수님의 십자가였다. 교회를 위해 하나뿐인 자기 아들까지도 죽게 하셨다는 것이야말로 하나님께서 교회를 얼마나 사랑하시는지 분명하게 알 수 있는 증거가 아니겠는가? 무엇보다 예수님은 교회를 그리스도의 몸으로 부르시면서 자신처럼 여기신다. 그래서 하나님을 사랑하면 교회를 사랑하지 않을 수가 없고, 하나님을 가까이하고 싶으면 교회를 가까이하지 않을 수가 없고, 하나님을 섬기고 싶다면 교회를 섬기지 않을 수가 없게 되면서 철저히 교회 중심적으로 살게 된다.

하나님께 관심이 없는 교회

나는 하나님을 알게 되면서 교회를 더 사랑하게 되었으며, 특히 가정교회를 섬기게 된 것에 감사할 수밖에 없었다. 이전에 교회는 나의 꿈을 이룰 대상이요, 방법일 뿐이었다. 물론 그 꿈은 재림과 선교를 위한다는 명목이었지만, 결국 교회는 나를 이루고 높이고 자랑하기 위한 수단에 지나지 않았다. 그러나 이제는 하나님께서 교회를 얼마나 사랑하시고 소중히 여기는지를 알게 되면서, 교회에 대한 나의 마음이 바뀌었다. 그렇다면 나는 독자들에게 물어보고 싶다. 독자들은 진정으로 하나님을 알기를 원하는가?

하나님은 호세아를 통해서 "나의 백성이 하나님을 알지 못해서 망한다"고 하셨으며(호 4:6), 이사야를 통해서 "나의 백성이 지식이 없어서 포로가 되고, 귀족들을 굶주리고 평민은 갈증으로 목이 탈 것이다"라고 하셨다(사 5:13). 나는 이것이 이 시대를 향한 하나님의 음성이라고 생각한다. 아니, 지식이 쏟아지는 이 시대에 하나님을 모른다니! 이것은 무슨 소리인가? 유튜브에는 설교와 강의가 넘쳐 나고, 신학교와 신학박사들도 너무나 많고, 좋은 책들도 날마다 쏟아진다. 그리고 교회마다 각종 성경 공부와 프로그램은 얼마나 많이 하는가? 과연 2,000년 교회 역사에 지적으로 이렇게 풍요로웠던 적이 있었던가?

우리는 라오디게아 교회처럼 외적으로는 참으로 부유하고 편리해서 조금도 부족함이 없어 보인다. 실제로도 그렇다. 좋은 건물, 최신식 시설, 깔끔한 예배, 감각적인 찬양, 부담 없는 설교, 세련된 사역자, 다양한 프로그램, 다양한 지식, 뛰어난 신학, 체계적인 조직, 편리한 신앙생활까지 갖추고 있으니 더 이상 무엇을 바라겠는가?

그러나 실상은 영적으로 너무나 빈약하고 연약하여, 영적 무장해제까지 당해 세상의 포로가 된 비참한 상태에까지 이르렀다(계 3:17). 정보는 많으나 경험되지 않으니 살아 있는 지식이 아니며, 들은 것은 많아도 믿음과 결합하지 않으니 공허한 관념에 지나지 않는다. 그리고 전통과 신학에 갇혀 스스로 우물 안의 개구리가 되고 말았다. 무엇보다 홀로 신앙생활 하면서 공동체가 무너지고, 사랑의 사귐이 사라지면서 하나 됨도 없다. 이렇게 되면 참된 성도들이 급격히 줄게 되고, 아무리 많은 사람이 모여도 교회가 아니라 그냥 무리가 될 뿐이다. 그럼에도 우리는 영적인 눈이 멀어서 우리의 실상을 모르고 있다.

어쩌면 다들 어느 정도 느끼고는 있지만 정확하게 모를 뿐일 수도 있다.

만약 우리가 정확하게 안다면 이러고 있지는 않을 것이다. 내가 병에 걸렸는데 암이라는 진단이 나왔다고 하자. 이것을 알고도 가만히 있을 사람이 있겠는가? 지금 우리는 몸이 아프고 정상이지 않다는 것은 잘 알지만, 말기 암이라는 사실은 인정하고 싶지 않아 힘써 거부하는 사람들과 같다. 문제는 이런 상태임에도 병원에 가지 않고, 진통제 몇 알 먹으면서 괜찮다고 하며 얼마 남지 않은 시간을 보내면 어떻게 되겠는가? 나는 지금 교회가 이렇다고 생각한다.

우리가 진정으로 영적인 실상을 알게 되면 하나님을 찾지 않을 수가 없다. 그리고 하나님을 찾는 것도 겸손과 갈망이 필요하지만, 실상을 돌아보는 것도 엄청난 용기와 결단이 필요하다. 영적 실상을 직면하는 것이 너무나 두려운 인간은 그것을 외면하고 부정함으로써 그저 현 상태에 계속 머물려 한다. 그렇지만 결국은 죽음에 더 가까이 갈 뿐이다.

팬데믹은 우리의 영적 실상을 적나라하게 보여 준 사건이었다. 팬데믹 앞에서 어찌할 바를 몰라 당혹해하는 교회는 성경을 믿는다지만, 실제로 성경에 기록된 수많은 재림의 징조들에 관해서 얼마나 무관심하고 종말을 무대책으로 일관해 왔는지를 잘 보여 주었다. 그 결과는 무방비로 인한 혼란과 무너짐이었고, 교회는 어쩔 수 없이 가정에서 예배를 드리기 시작했다. 이는 변화해야 할 시기임에도 불구하고 교회가 꿈쩍도 하지 않자 성령님께서 강제로 흔드신 것이다.

그렇지만 팬데믹뿐인가? 지금 세상을 돌아보면 위기의식을 느끼지 않을 수가 없다. 마지막 때는 세상의 모든 것이 흔들리는 시대이다 (히 12:26). 지금 환경, 전쟁, 에너지, 경제, 식량, 보건 등으로 인해 요동을 치는 세상을 보라. 이처럼 모든 문제가 동시에 전 세계적으로 드러난 적 있었던가? 이제는 예수님을 믿든지 안 믿든지 우리는 지구의 종말을 생각할 수밖에 없는 시대에 살고 있다.

이것을 가장 잘 아는 사람들이 과학자들인 것 같다. 요즘 텔레비전이나 유튜브를 보게 되면 기후변화와 관련하여 과학적 지식과 데이터를 가지고 지금 우리가 얼마나 심각한 상황에 놓였는지를 설명하는 프로그램이 종종 나온다. 전 세계적인 극단적 기후변화는 성경이 전하는 대표적인 종말의 징조 중의 하나인데(마 24:7; 눅 21:11), 이렇게 된 원인은 인간의 어리석음과 탐욕이 극에 달했기 때문이다. 죄악이 하늘에 닿아 심판받았던 노아 시대나 소돔과 고모라처럼, 회개할 줄 모르는 인간의 악이 하나님의 심판을 자초한 것이다. 세상도 종말을 경고하는데, 예수님을 믿는 우리는 종말을 생각하지 않을 수가 없다.

이런 상황에서도 시대를 분별하지 못하는 많은 성도와 사역자들이 이집트를 의존하여 바빌론을 이기려 했던 남유다의 지도자들처럼, 세상의 방법과 인간의 능력으로 어려움을 극복하려 한다. 참으로 어리석고 안타깝기 그지없다. 하나님이 흔드시는데 인간이 어떻게 이것을 막을 수 있는가? 앞으로 교회는 더 많이 흔들리게 되겠지만, 영적으로 깨어 있고 지혜로운 성도들은 하나님에 대한 갈망으로 겸손히 하나님 앞에 머물며 하나님을 찾을 것이다. 나는 이 책들을 읽는 독자들이 이런 사람이 되기를 간절히 소망한다.

하나님께로 돌아가야 할 때

이러한 때에 가장 중요한 것은 하나님이다. '**기본으로 돌아가라**'라는 말처럼, 우리는 먼저 모든 것의 근원이신 하나님께로 돌아가야 한다. 이것은 하나님과의 관계를 재정립하는 것으로서, 이는 하나님을 바르게 아는 것에서부터 시작한다. 교회도 마찬가지이다. 교회는 하나님의 형상으로 창조되었기에, 교회를 알기 전에 먼저 교회의 근원이신 하나님을 알게 되면 교회가 무엇인지도 자연히 알게 된다.

교회개혁도 마찬가지이다. 교회개혁이 너무나 중요하고 시급하지만, 교회의 창조주이자 왕이시며 구원자이신 하나님을 알게 되면, 교회개혁의 목적과 방향성과 방법이 분명해진다. 어떤 이들은 제도권 교회에 염증을 느껴 가정교회를 한다. 그러나 이것은 시작부터 잘못되었기에 결코 오래가지 못한다. 가정교회도 중요하지만, 더 중요한 것은 먼저 하나님을 바르게 아는 것이다. 종말도 동일하다. 많은 사람이 종말에 일어나는 현상이나 사건에 집중하지만, 진짜 집중해야 할 것은 오직 하나님뿐이다.

예전에 유튜브에서 "마지막 때, 결국 가정교회가 정답인가?"라는 영상을 보았다.[1] 나는 가정교회 사역자이지만, 마지막 때의 정답은 가정교회가 아니라 예수님이다. 가정교회는 마지막 때에 예수님께서 구원을 위해 쓰시는 방법뿐이며, 구원은 하나님만이 주실 수 있다(벧전 1:5).

지금 우리가 해야 할 것은 예레미야의 고백처럼 **"지나온 길을 돌이켜 살펴보고, 우리 모두 하나님께로 돌아가는 것"**이다(애 3:40). 즉 탕자가 아버지에게 돌아가기 전에 타락으로 인해 고통에 빠진 자기 삶을 돌아본 것처럼, 도대체 지금 우리는 무엇이 문제인지를 깊이 생각하는 것부터 시작하는 것이다. 이러한 문제의식이 없으면, 어리석고 완고한 인간은 잘못된 길임에도 계속 간다. 우리가 교회의 실상을 돌아보는 것도 결국은 하나님께 돌아가기 위함이다. 하나님께 돌아가는 것의 기본은 하나님을 찾고 바르게 아는 것이다. 우리가 힘써 하나님을 찾는다면, 성령님께서 분명히 독자들을 하나님께로 더 가까이 인도해 주실 것이다(약 4:8).

그렇게 되면 독자들은 하나님을 더 알게 되고 하나님과 동행하면서, 예수님의 재림을 준비하는 영광을 누릴 것이다. 그것은 독자들이 성령님께서 회복하실 교회의 지체로 참여하여, 이전과는 전혀 다른 새로운 공동체 생활을 하며 그들과 함께 주님의 길을 예비하는 것을 의미한다. 곧 교회 안에 충만하게 임재하시는 성령님을 통해서 이전에 누리지 못한 은혜와 능력을 경험하게 될 것이며, 영적인 성숙함과 강건함으로 악의 세력과 싸워 이기며 담대함과 기쁨으로 하나님의 나라를 확장하는 삶을 살게 될 것이다.

나의 소망은 독자들이 하나님을 새롭게 만나는 여정에 이 책이 작은 통로로 쓰임받는 것이다. 나는 한 권의 책으로 교회의 모든 것을 설명할 수 있다고 생각하지 않는다. 이것은 평생토록 이루어질 여정이며, 이 책은 이 여정을 위한 첫 발걸음일 뿐이다. 우리는 첫술에 배부를 수는 없다는 사실을 기억하고 인내심을 가져야 한다. 나는 이 책을 통해서 독자들이 교회에 관해서 분명하게 말하지는 못해도, 뿌리 깊은 고정관념이 흔들리고 교회와 하나님에 대해 더 고민하고 탐구하게 되기를 바란다. 그렇다면 눈물을 흘리며 씨앗을 뿌리는 사람은 기쁨으로 추수하게 된다는 말씀처럼(시 126:5), 독자들이 뿌린 것보다 더 큰 가치와 의미를 발견하고 하나님의 크신 축복과 은혜를 누릴 것이다.

이제 하나님의 구원 역사가 완성될 날이 가까이 왔다. 귀 있는 사람들은 성령님께서 이 시대 교회에게 하시는 음성을 듣고 부르심을 향해서 믿음으로 새로운 여정을 떠날 것이다. 아무쪼록 독자들이 기쁨과 소망으로 이 여정을 갈 수 있기를 간절히 기도한다.

주

1 BradShow 58회 "마지막 때, 결국 가정교회가 정답인가?"-비키 살바디(나다니엘 재단)(https://www.youtube.com/watch?v=6cC2g-wUSIE)